■2025年度高等学校受験用

開智高等学校

収録内容一覧

★この問題集は以下の収録内容となっています。また、編集の都合上、解説、解答用紙を省略させていただいている場合もございますのでご了承ください。

（○印は収録、－印は未収録）

入試問題と解説・解答の収録内容			解答用紙
2024年度	第1回	英語・数学・国語	○
	第2回	英語・数学・国語	○
2023年度	第1回	英語・数学・国語	○
	第2回	英語・数学・国語	○
2022年度	第1回	英語・数学・国語	○
	第2回	英語・数学・国語	○
2021年度	第1回	英語・数学・国語	○
	第2回	英語・数学・国語	○
2020年度	第1回	英語・数学・国語	○

★当問題集のバックナンバーは在庫がございません。あらかじめご了承ください。

JN008330

●凡例●

【英語】

≪解答≫

〔　〕　①別解
②置き換え可能な語句（なお下線は置き換える箇所が2語以上の場合）
(例) I am〔I'm〕glad〔happy〕to～

(　)　省略可能な言葉

≪解説≫

1，2…　本文の段落（ただし本文が会話文の場合は話者の１つの発言）

〔　〕　置き換え可能な語句（なお〔　〕の前の下線は置き換える箇所が２語以上の場合）

(　)　①省略が可能な言葉
(例)「(数が) いくつかの」
②単語・代名詞の意味
(例)「彼（＝警察官）が叫んだ」
③言い換え可能な言葉
(例)「いやなにおいがするなべにはふたをするべきだ（＝くさいものにはふたをしろ)」

//　訳文と解説の区切り

cf.　比較・参照

≒　ほぼ同じ意味

【数学】

≪解答≫

〔　〕　別解

≪解説≫

(　)　補足的指示
(例)（右図１参照）など

〔　〕　①公式の文字部分
(例)〔長方形の面積〕=〔縦〕×〔横〕
②面積・体積を表す場合
(例)〔立方体ABCDEFGH〕

∴　ゆえに

≒　約、およそ

【社会】

≪解答≫

〔　〕　別解

(　)　省略可能な語

＿＿　使用を指示された語句

≪解説≫

〔　〕　別称・略称
(例) 政府開発援助〔ODA〕

(　)　①年号
(例) 壬申の乱が起きた（672年)。
②意味・補足的説明
(例) 資本収支（海外への投資など)

【理科】

≪解答≫

〔　〕　別解

(　)　省略可能な語

＿＿　使用を指示された語句

≪解説≫

〔　〕　公式の文字部分

(　)　①単位
②補足的説明
③同義・言い換え可能な言葉
(例) カエルの子（オタマジャクシ)

≒　約、およそ

【国語】

≪解答≫

〔　〕　別解

(　)　省略してもよい言葉

＿＿　使用を指示された語句

≪解説≫

〈　〉　課題文中の空所部分（現代語訳・通釈・書き下し文)

(　)　①引用文の指示語の内容
(例)「それ（＝過去の経験）が ～」
②選択肢の正誤を示す場合
(例)（ア，ウ…×)
③現代語訳で主語などを補った部分
(例)（女は）出てきた。

／　漢詩の書き下し文・現代語訳の改行部分

開智高等学校

所在地	〒339-0004 埼玉県さいたま市岩槻区徳力186
電　話	048-793-1370
ホームページ	https://koutoubu.kaichigakuen.ed.jp/
交通案内	東武アーバンパークライン　東岩槻駅北口より徒歩15分 (JR線大宮駅・東武スカイツリーライン春日部駅乗り換え)

普通科

男女共学

くわしい情報は
ホームページへ

応募状況

年度	募集数	受験数	合格数	倍率
2024	Tコース　50名 S1コース 100名 S2コース　70名	単願 184名 併願1150名	70名 773名	— —
2023	Tコース　50名 S1コース 100名 S2コース　70名	単願 231名 併願1511名	83名 887名	— —
2022	Tコース　50名 Sコース　100名 Dコース　70名	単願 223名 併願1731名	88名 1077名	— —

＊各コース合計。
＊合格者数は実合格者数。

試験科目　(参考用：2024年度入試)

単願／併願：国語・数学・英語

教育理念

国際社会に貢献できる人材，論理的思考力と創造力を兼ね備えた人材，人格を陶冶し，ソーシャルスキルの高い人材，を育成する。

コース編成

・Tコース…東大や国立大医学部を志す。論理的思考力を磨く，開智の智力開発メソッドの最先端をリードするコース。
・S1・S2コース…旧帝大・早慶などの難関大学をめざして学力を伸ばしていくコース。
※2年次より志望や成績等により再編成。理系・文系に分かれ，それぞれグレード別のクラス編成となる。3年次はさらに国公立大受験型のⅠ類，私立大専願型のⅡ類に分かれる。

特色ある取り組み

・放課後特別講座(3年次は月〜土まで開講)
・論理エンジン・思考ルート
・英語学習プログラム「EJ」
・フィールドワーク「Contemporary Issues」
・ディベート学習
・独習室(自習室)・学びスペースの充実

主な学校行事

6月　時鐘祭(文化祭)，芸術鑑賞
7月　独習合宿
8月　海外語学研修
9月　体育祭，Academic Inquiry(社会科見学)
10月　Contemporary Issues(研修旅行)
12月　球技祭
2月　ロードハイク

進路状況

京都大をはじめ，国公立大学に80名合格。また，私立最難関といわれている早稲田大，慶應義塾大，上智大，東京理科大には合わせて157名合格。(2024年3月現在・高等部のみ)

編集部注—本書の内容は2024年3月現在のものであり，変更されている場合があります。正確な情報は，学校のホームページ等で必ずご確認ください。

出題傾向と今後への対策 英語

出題内容

	2024		2023		2022	
	1回	2回	1回	2回	1回	2回
大問数	6	6	6	6	6	6
小問数	47	47	47	47	47	47
リスニング	×	×	×	×	×	×

◎大問６～７題で小問数は45問程度。長文はやや短めである。教科横断的な問題や，対話文形式の英問英答などが出題されている。

2024年度の出題状況

《第１回》

Ⅰ読解総合―説明文
Ⅱ対話文総合
Ⅲ長文読解総合
Ⅳ長文読解総合―説明文
Ⅴ長文読解総合―説明文
Ⅵ作文総合

《第２回》

Ⅰ読解総合―説明文
Ⅱ対話文総合
Ⅲ長文読解総合
Ⅳ長文読解総合―説明文
Ⅴ長文読解総合―説明文
Ⅵ作文総合

解答形式

《第１回》　記　述／マーク／併　用

《第２回》　記　述／マーク／併　用

出題傾向

中学校で学習する重要事項だけでなく高１レベルの文法問題が出題されることもある。選択肢には紛らわしいものも含まれているので十分な対策が必要である。長文のジャンルは説明文が多く，設問は読解力を試す問題と文法知識を試す問題が半々程度である。この他，対話文形式の総合問題や，作文などが出題されている。

今後への対策

読解力が重視されているので，速読速解の練習を十分に積んでおきたい。教科書で単語・文法の基礎固めをしたうえで，長文読解の問題集でさまざまな英文を読もう。黙読だけでなく音読もすると記憶に残りやすい。文法は問題集を何度も反復練習して基本例文を全て暗記しよう。これは英作文対策にもなる。仕上げに過去問を解こう。

◆◆◆◆◆ 英語出題分野一覧表 ◆◆◆◆◆

分野		年度	2022		2023		2024		2025予想※	
			1回	2回	1回	2回	1回	2回	1回	2回
音声	放送問題									
	単語の発音・アクセント									
	文の区切り・強勢・抑揚									
語彙・文法	単語の意味・綴り・関連知識		●	●	●	●	●	●	◎	◎
	適語(句)選択・補充									
	書き換え・同意文完成		●						△	
	語形変化			●						△
	用法選択									
	正誤問題・誤文訂正									
	その他									
作文	整序結合		●	●	●	●	●	●	◎	◎
	日本語英訳	適語(句)・適文選択								
		部分・完全記述	●	●	●	●	●	●	◎	◎
	条件作文		●	●	●	●	●	●	◎	◎
	テーマ作文									
会話文	適文選択		■	●	■	■	■	■	◎	◎
	適語(句)選択・補充		●	●			●	●	◎	◎
	その他(英問英答)		■	■	■	■	■	■	◎	◎
長文読解	内容把握	主題・表題								
		内容真偽								
		内容一致・要約文完成	■	■	★	★	★	★	◎	◎
		文脈・要旨把握	●	●	●	●	●	●	◎	◎
		英問英答	●	●			●	●	◎	◎
	適語(句)選択・補充		■	■	★	★	★	★	◎	◎
	適文選択・補充							●		△
	文(章)整序									
	英文・語句解釈(指示語など)		●						△	
	その他									

●印：１～５問出題，■印：６～10問出題，★印：11問以上出題。
※予想欄　◎印：出題されると思われるもの。　△印：出題されるかもしれないもの。

出題傾向と今後への対策　数学

出題内容

2024年度　《第１回》

[1]，[2]は小問集合。[1]は各分野から計６問。[2]は数量の計算と文字式の利用から計６問。[3]は場合の数・確率に関するもの。[4]は関数で，放物線と図形に関するもの。[5]は空間図形から正八面体を題材にした計量題。

《第２回》　証

[1]は小問集合で，各分野から計６問。[2]は関数で，放物線と直線に関するもの。[3]は場合の数で，７人の座り方を求めるもの。[4]は関数で，放物線と直線に関するもの。[5]は平面図形。三角形を折ってできる三角錐についても問われている。

2023年度　《第１回》　グ

[1]，[2]は小問集合。[1]は各分野から計７問。[2]は確率と関数から各３問。[3]は場合の数に関するもので，できる自然数の個数などを求めるもの。[4]は関数で，数の性質を利用したもの。グラフをかく問題もある。[5]は平面図形の計量題。

《第２回》

[1]，[2]は小問集合。[1]は各分野から計７問。[2]は場合の数と関数から各２問。[3]は商品の並べかえに関する問題。[4]は関数で，一次関数と反比例のグラフを利用した問題。[5]は平面図形。三角形を折ってできる三角錐についても問われている。

作…作図問題　証…証明問題　グ…グラフ作成問題

解答形式

《第１回》　記　述／マーク／併　用

《第２回》　記　述／マーク／併　用

出題傾向

大問は５題で，小問集合２題と，関数，図形は必出。小問集合では，解答にいたる手順が少し多いものもある。関数，図形は，標準的であるが，数値や設定がやや複雑になることがある。その他，確率などから出題されることもある。また，例年，考え方を記す問題がいくつかある。

今後への対策

数学は土台が大事であるから，まずは基礎・基本を定着させること。次に，少しレベルの高い問題集などで，問題に慣れるようにし，いろいろな解法パターンを身につけていこう。演習を積み重ねることがレベルUPの近道である。複雑な計算になることもあるので，計算練習もおろそかにしないように。

◆◆◆◆◆ 数学出題分野一覧表 ◆◆◆◆◆

分野	年度	2022		2023		2024		2025予想※	
		1回	2回	1回	2回	1回	2回	1回	2回
数と式	計算，因数分解	■	■	★	■	★	■	◎	◎
	数の性質，数の表し方	●	●		■	●		◎	◎
	文字式の利用，等式変形					★		△	
	方程式の解法，解の利用	●	●	●	●	●	■	◎	◎
	方程式の応用		■						△
関数	比例・反比例，一次関数	★		●	★			◎	◎
	関数$y=ax^2$とその他の関数	★	★	★	★	★	★	◎	◎
	関数の利用，図形の移動と関数			★				△	△
図形	（平面）計　量	★	●	★	★	●	★	◎	◎
	（平面）証明，作図	●					●	△	△
	（平面）その他								
	（空間）計　量		★		●	★			◎
	（空間）頂点・辺・面，展開図		★						△
	（空間）その他								
データの活用	場合の数，確率	★	★	★	★	★	★	◎	◎
	データの分析・活用，標本調査								
その他	不等式								
	特殊・新傾向問題など								
	融合問題								

●印：１問出題，■印：２問出題，★印：３問以上出題。
※予想欄　◎印：出題されると思われるもの。　△印：出題されるかもしれないもの。

出題傾向と今後への対策　国語

出題内容

2024年度

《第１回》

論説文　小説　古文

課題文　一義江彰夫「服色と身分と個性」
二幸田　文『おとうと』
三鴨長明『発心集』

《第２回》

論説文　小説　古文

課題文　一柏木　博『「しきり」の文化論』
二古内一絵『金のお米パン』
三向井去来『去来抄』

2023年度

《第１回》

説明文　随筆　古文

課題文　一左巻健男『中学生にもわかる化学史』
二森見登美彦「吉備団子」／仁木英之「キュウリ」
三『平家物語』

《第２回》

随筆　小説　古文

課題文　一佐伯和人「月を穿って見る」
二原田マハ『デトロイト美術館の奇跡』
三『とりかへばや物語』

解答形式

《第１回》　記　述／マーク／併　用

《第２回》　記　述／マーク／併　用

出題傾向

設問は，現代文の読解問題に８問前後，古文の読解問題に７問前後となっている。現代文の課題文は，比較的分量が多く，内容的にも難しいものが選ばれていることが多い。また，とりわけ小説は，著名な作家の作品からの出題が目立つ。古文の課題文は，比較的読みやすく，平安・鎌倉時代の有名な説話や随筆から出されることが多い。

今後への対策

難しい文章を速く正確に読みこなすためには，問題集で読解力を養うと同時に，日頃から読書の時間をとることが大切である。また，記述式の解答に対応するため，50～60字程度で自分の考えがまとめられるくらいの基本的な表現力も身につけておく必要がある。国語の知識については，参考書などで知識の整理をしておくこと。

◆◆◆◆◆　国語出題分野一覧表　◆◆◆◆◆

分野		年度	2022		2023		2024		2025予想※	
			1回	2回	1回	2回	1回	2回	1回	2回
現代文	論説文 説明文	主題・要旨	●		●		●	●	◎	△
		文脈・接続語・指示語・段落関係	●	●					△	△
		文章内容	●	●	●		●	●	◎	◎
		表現	●	●					△	△
	随筆 日記 手紙	主題・要旨								
		文脈・接続語・指示語・段落関係								
		文章内容								
		表現			●	●			△	△
		心情			●				△	
	小説	主題・要旨			●				△	
		文脈・接続語・指示語・段落関係								
		文章内容	●	●			●	●	◎	◎
		表現				●		●		◎
		心情		●			●	●	△	◎
		状況・情景	●			●			△	△
韻文	詩	内容理解								
		形式・技法								
	俳句 和歌 短歌	内容理解	●						△	
		技法	●						△	
古典	古文	古語・内容理解・現代語訳	●	●	●	●	●	●	◎	◎
		古典の知識・古典文法	●		●			●	◎	△
	漢文	（漢詩を含む）								
国語の知識	漢字 語句	漢字	●	●	●	●	●	●	◎	◎
		語句・四字熟語	●		●	●	●	●	◎	◎
		慣用句・ことわざ・故事成語		●				●		◎
		熟語の構成・漢字の知識								
	文法	品詞								
		ことばの単位・文の組み立て								
		敬語・表現技法		●						△
		文学史		●	●		●	●	◎	◎
作文・文章の構成・資料				●	●				△	△
その他										

※予想欄　◎印：出題されると思われるもの。　△印：出題されるかもしれないもの。

合格を勝ち取るための

本書の使い方

本書に掲載されている過去問をご覧になって，「難しそう」と感じたかもしれません。でも，大丈夫。ほとんどの受験生が同じように感じるのです。高校入試の出題範囲は中学校の定期テストに比べて広いですし，残りの中学校生活で学ぶはずの，まだ習っていない内容からも出題されているかもしれません。

ですから，初めて本書に取り組む際には，点数を気にする必要はありません。点数は本番で取れればいいのです。

過去問で重要なのは「間違えること」です。自分の弱点を知るために，過去問に取り組むのです。当然，間違った問題をそのままにしておいては意味がありません。

本書には，長年にわたって高校受験に関わってきたベテランスタッフによる詳細な解説がついています。間違えた問題は重点的に解説を読み，何度も解きなおしてください。時にはもう一度，教科書で復習するのもよいでしょう。

別冊として，抜き取って使える解答用紙を収録しました。表示してあるように拡大コピーをとれば，実際の入試と同じ条件で，何度でも過去問に取り組むことができます。特に記述問題では解答欄の大きさがヒントになる場合があります。そうした，本番で使える受験テクニックの練習ができるのも，本書の強みです。

前のページにある「出題傾向と今後への対策」もよく読んで，本校の出題傾向に慣れておきましょう。

2025年度 高校受験用

開智高等学校　5年間スーパー過去問

をご購入の皆様へ

お詫び

本書、開智高等学校の入試問題につきまして、誠に申し訳ございませんが、以下の問題文は著作権上の問題により掲載することができません。設問と解説、解答は掲載してございますので、ご必要とされる方は原典をご参照くださいますよう、お願い申し上げます。

記

2024年度　第1回　国語　一　の問題文

以上

株式会社　声の教育社　編集部

2024年度 開智高等学校(第1回)

【英　語】（50分）〈満点：100点〉

I　以下の設問に答えなさい。

1．In the diagram, a circle is inscribed in a square with sides of 6 cm. Use π to denote pi.

(1)　What is the area of the circle in cm^2?

(2)　What is the area of the shaded region in cm^2?

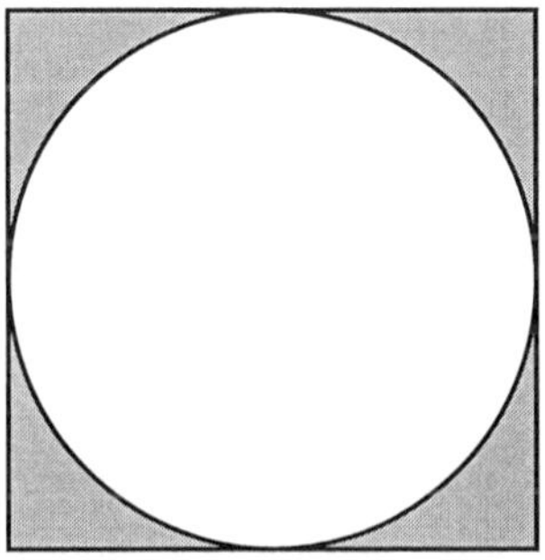

2．次の（　　）に入る日本の伝統芸能は何か。漢字で正しく答えなさい。

（　　）is a traditional form of Japanese comedic theater that originated in the medieval period. It is often performed alongside Noh plays and is characterized by its humorous and satirical content, as well as exaggerated physical actions and gestures. It typically features short, laughable sketches that provide comic relief and contrast with the more serious tone of Noh performances.

3．次の（　　）に入る自然現象は何か。漢字で正しく答えなさい。

（　　）are natural events that occur when there is a sudden release of energy in the Earth's crust. This release of energy creates seismic waves that can shake the ground.

4．次の空所に入る地名を漢字で正しく答えなさい。

The（　　）Peace Memorial, also known as the Atomic Bomb Dome, is a powerful symbol of peace in（　　）City. It stands as a reminder of the devastating impact of the atomic bomb that was dropped during World War II. The dome represents the desire for a world without nuclear weapons and serves as a place for reflection on the importance of peace.

Ⅱ 以下の設問に答えなさい。

A それぞれの対話を読み、Questionに対する答えとして最も適切なものを、ア～エのうちから１つずつ選びなさい。

(1) A：What time does the museum open?
B：It opens at 9:00 a.m.
A：Oh, we're here early then.
B：Yeah, we've got half an hour to wait.

Question：What time did they arrive at the museum?
ア 8:00 a.m.　イ 8:30 a.m.　ウ 9:00 a.m.　エ 9:30 a.m.

(2) A：Do you have a moment to chat?
B：Sure, what's up?
A：I want to discuss the upcoming event details.
B：Go ahead.

Question：What is the purpose of this conversation?
ア To ask for directions.　イ To make a plan for the weekend.
ウ To talk about an event.　エ To exchange greetings.

(3) A：Excuse me, how much is this necklace?
B：That one is $75, but a 20% off sale starts tomorrow.
A：Perfect, I'll come back tomorrow then.

Question：How much will the necklace cost during the sale?
ア $15.00.　イ $55.00.　ウ $60.00.　エ $90.00.

(4) A：Do you have any favorite hobby?
B：Yes, I like to play ballgames on my holidays.
A：I prefer to spend my free time indoors.

Question：What is Mr. B's favorite hobby?
ア Reading novels.　イ Cooking.
ウ Painting and sketching.　エ Playing tennis.

(5) A：Can you lend me your notes from yesterday's lecture?
B：Sure thing, I'll email them to you.
A：Thanks, I was feeling sick and couldn't attend.
B：No worries.

Question：What will B do for A?

ア Attend the lecture.　　イ Take notes for A.
ウ Share notes with A.　　エ Give a presentation.

(6) A：I'm planning a trip to Europe next summer.
B：That sounds amazing! Where in Europe are you going?
A：I'll be visiting the Eiffel Tower and the Leaning Tower of Pisa.
B：I haven't been to either of those. I've been to Turkey. Anyway, enjoy your trip.

Question：Which two countries is A planning to visit in Europe?

ア France and Spain.　　イ France and Italy.
ウ Turkey and Italy.　　エ France and Turkey.

(7) A：I can't find my phone anywhere. Can you call it for me?
B：Sure, let me dial your number.
A：Thanks, I appreciate it.
B：No problem.

Question：What will B do for A?

ア Look for the phone.　　イ Call the phone.
ウ Buy a new phone.　　エ Help with work.

(8) A：Are you comfortable with public speaking?
B：Yes, I've given presentations in front of large audiences.
A：That's great. You'll need this to enhance your slides.
B：Thank you.

Question：What will B use to enhance their slides?

ア A cookbook.　　イ A raincoat.
ウ A magnifying glass.　　エ A projector.

B　それぞれの対話を読み、空所に入るものとして最も適切なものを、ア～エのうちから１つずつ選びなさい。

(9) A：My cell phone is dead. Can I borrow your phone?
B：Sorry. I left it at my office. (　　　)
A：I just remembered that I have to call my customer to change our appointment at once.
B：Then, you should get back to the office as quickly as possible.

ア I'm using it now.
イ The line is busy now.
ウ I'll call you back later.
エ Can't you wait until we finish lunch?

(10) A：How was your speech in class today?
B：(　　　) When I got to class, I realized that I had left my notes at home.
A：Does that mean you didn't give your speech?
B：No. My teacher told me to do it without notes. I did my best, but I forgot to say many things.

ア It was fantastic.
イ I'm satisfied with what I did.
ウ It was terrible.
エ Couldn't be better.

(11) A：Yamada Dental Clinic.
B：Hi. This is Machida. I'm sorry, but I'm not going to be able to make it to my appointment with Dr. Yamada today.
A：I see. (　　　)
B：Yes, please. Monday would be best, if possible.

ア Would you like to come in another day?
イ What time will you be able to come today?
ウ Do you have your insurance card?
エ You should have left your home earlier.

(12) A：Mr. Kaneko is leaving our branch tomorrow.

B：Really? Why so suddenly?

A：(　　　) I heard he got promoted to the new department chief.

B：I see. I won't tell anyone.

ア Mind your own business.

イ Give me a break.

ウ Let's call it a day.

エ Just between you and me.

(13) A：Good morning. What can I do for you?

B：Good morning. I need to rent a car.

A：(　　　)

B：From tomorrow to next Saturday.

A：I can assist you with that. Let me get the details.

ア How long do you need the car for?

イ Can I take your order?

ウ Are you looking for a hotel?

エ Do you have a reservation?

(14) A：Did you get the groceries I asked you to buy on your way home from work?

B：(　　　)

A：What? This is the second time this week. Do we have to go out for dinner again?

B：I promise I'll remember next time.

ア Of course, I did.

イ Oh, no! I'm sorry, I forgot again.

ウ Let's order pizza delivery.

エ I would rather not go out for dinner today.

(15) A：Can you help me with this heavy box?

B：(　　　) I'm happy to lend a hand.

ア Absolutely.

イ Maybe.

ウ Doubtful.

エ Unlikely.

以下の英文や資料を読み、設問の答えとして最も適切なものを、それぞれア〜エの中から選びなさい。

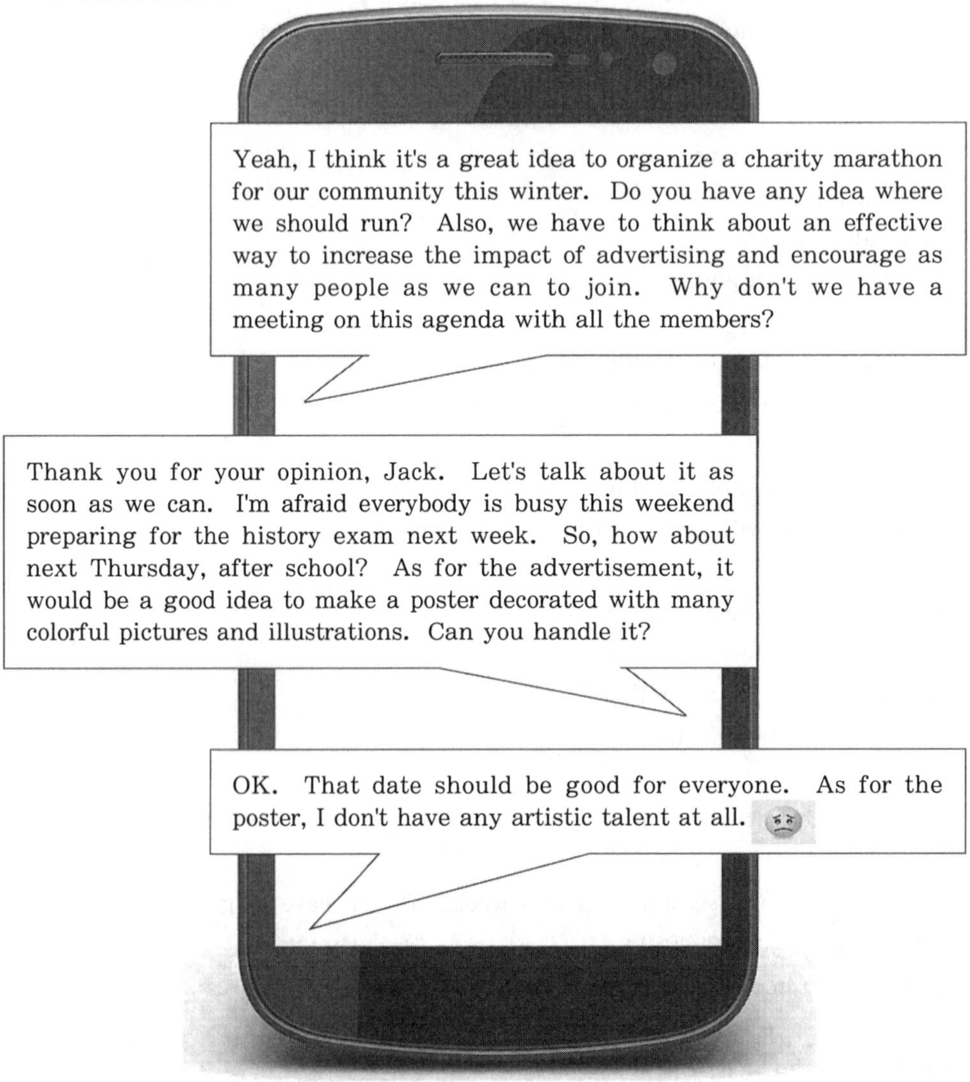

> Yeah, I think it's a great idea to organize a charity marathon for our community this winter. Do you have any idea where we should run? Also, we have to think about an effective way to increase the impact of advertising and encourage as many people as we can to join. Why don't we have a meeting on this agenda with all the members?

> Thank you for your opinion, Jack. Let's talk about it as soon as we can. I'm afraid everybody is busy this weekend preparing for the history exam next week. So, how about next Thursday, after school? As for the advertisement, it would be a good idea to make a poster decorated with many colorful pictures and illustrations. Can you handle it?

> OK. That date should be good for everyone. As for the poster, I don't have any artistic talent at all.問1 What does Jack want to decide?

ア A course to run and how to make an announcement.

イ A good name for the marathon.

ウ Where to hold the event and its timetable.

エ What to discuss at the next meeting.

問2 How will you reply to Jack's second text message?

ア No, the poster is excellent.

イ Thank you for your help.

ウ Then I'll talk to a friend of mine at Kaichi University of Arts.

エ You can be a good artist. Never give up.

Study Tour Program in "The Emerald of the Equator" Indonesia

Our high school will have a tour program in Indonesia next March. It includes three primary aspects: meeting with Japanese people working abroad; cultural exchange with Indonesian students; and experiencing Jamu, a traditional style of medicine.

The tour is planned for third- and fourth-year students. The participants need to make presentations in English. Therefore, we are looking for students with a high English score who challenge themselves.

Program Schedule

March 15	Welcome party at the hotel Orientation by a staff member
March 16	Visit The Sukarno Center with a guide Lectures by JICA members in Jakarta
March 17	Visiting unique buildings designed by the architect Andra Matin Sightseeing in Jakarta with students studying at Bandung Institute of Technology
March 18	Exchange program at Global Jaya School Experience local-style lunch with the students Two presentations on history and culture (1) Indonesian students (2) Japanese students
March 19	Study tour at Panti Werdha Budi Mulia Explanation about the facility and services at the nursing home
March 20	Jamu Treatment Experience (1) Consultation by a doctor (2) Jamu Treatment Farewell party

●Meeting place with college students will be the school cafeteria

●Meeting language will be Japanese. The college students have been learning Japanese.

For more information and to sign up, contact Mr. Tanaka in the English teachers' office by October 13.

問3　The purpose of this notice is to find students who ________.

ア are able to host students from Indonesia

イ have experience studying in Indonesia

ウ are anxious to experience a different culture

エ want to make presentations on nursing homes in Japan

問4　During the study tour, the Japanese students are going to ________.

ア get a modern medical treatment in Indonesia

イ use only English in meeting with the students in Indonesia

ウ visit a nursing home and learn how the elderly are treated

エ meet with some Japanese doctors working in JICA

問5　The tour will be a good opportunity because all of the students will ________.

ア be able to visit a college and a school in Indonesia

イ have a chance to learn about advanced technology in Indonesia

ウ observe endangered animals in Indonesia

エ be able to experience Indonesian cooking habits

IV 次の英文を読んで、後の設問に答えなさい。

There is an art superhero named Banksy. But he has a secret: nobody knows who he really is! He's like *Batman, but instead of fighting bad guys, he fights for art and encourages people to think with his creativity. Banksy's true identity is a big secret, and that adds a lot of excitement to his art adventures.

Banksy's art is all about surprise and magic. He travels to different cities all (a) the world and does something amazing – he paints really cool pictures on walls, buildings, and even bridges. But he doesn't use (①) paintbrushes. He has special stencils that help him make his art quickly. This way, he can finish his art (b) anyone even knows he's there!

What's really amazing about Banksy's art is that it's not just pretty pictures. It's like he's telling stories with his art. His pictures have ②[about / that / us / who / messages / think / make] important things. He might paint something that shows how we're hurting the planet (c) being careless with our environment. Or he might draw something so that we can think about how we treat each other, like being kind and fair. His art is like a secret code that helps us to see the world in a new way.

But here's the tricky part: (③) Banksy's art is often on walls and buildings outside, it doesn't last forever. Sometimes, people don't like his art, and they paint over it. Other times, the weather washes it away. But before his art (④), it becomes famous! One of his most famous artworks is called "Balloon Girl." It's a picture of a young girl reaching out for a heart-shaped balloon. It's like a secret message about ⑤[like / love and / how / is / happiness / important].

Banksy's art is so cool because it's like a puzzle that forces us to ask questions and talk about big ideas. Some people think his art is amazing, (d) others aren't sure what to make of it. But one thing is for sure – he's changed how people see art, and that's why he is like an art superhero!

(注) *Batman バットマン (アメリカの漫画の主人公)

問1　空所（ a ）～（ d ）に入る最も適切な語を、次のア～キから1つずつ選び、記号で答えなさい。同じ記号は2回以上使用してはいけません。

ア by　イ after　ウ before　エ for　オ over　カ during　キ while

問2　下線部②、⑤の［　］内の語句を正しく並べかえなさい。ただし、それぞれ余分な語が1つずつある。

問3　空所（ ① ）、（ ③ ）、（ ④ ）に入る最も適切な語句を、次のア～エからそれぞれ1つ選び、記号で答えなさい。

（ ① ）ア special　イ important　ウ normal　エ excited

（ ③ ）ア since　イ so　ウ as a result　エ for example

（ ④ ）ア reads　イ disappears　ウ makes　エ brings

問4　以下の説明に当てはまる語を本文中から抜き出しなさい。

"It's the collection of things that make you unique and special. This includes your name, where you're from, and what you like."

V　次の英文を読んで、後の設問に答えなさい。

If you are afraid of insects, this might be difficult reading. A fossil found on a beach in England shows that the biggest bug that ever lived was the size of a small vehicle. The fossil is of a giant millipede. This monster creature could have had hundreds of legs. Although the name "millipede" means "one thousand legs" in Latin, few species actually have 1,000 feet. There is one species that can have 1,300 legs. The fossil hunters in England said (①) they found is "definitely the biggest bug that ever lived". They said the millipede was around 2.7 meters long and weighed over 50kg. This would have been a scary sight. It would need a huge amount of insect spray to keep it away.

The scientists found the fossil by chance. A lecturer at the University of Cambridge's department of earth sciences said they found a rock on the beach. It had recently fallen from a cliff. He said: "It was a complete fluke of a discovery. It was an incredibly exciting find." He explained that the fossil dates back over 326 million years. This was 100 million years before the Age of the Dinosaurs. The researchers believe that the millipede had a high-nutrient diet (②). They said: "While we can't know for sure (①) they ate, there were a lot of nutritious nuts and seeds at the time." They may also have eaten frogs and lizards, but not humans (or any of our ancient ancestors).

問1　空所 (①)、(②) に入る最も適切な語句を、それぞれ次のア～エから選び、記号で答えなさい。

(①)　ア when　　イ which　　ウ that　　エ what

(②)　ア if it was so hard
イ while it was so hungry
ウ because it was so huge
エ though it was so small

問2　以下は本文をまとめたものです。（　1　）～（　8　）に適する語を、ア～チの中から選び、記号で答えなさい。同じ記号は２回以上使用してはいけません。

If you don't (　1　) insects, reading this will be (　2　). A new fossil shows that a millipede was the biggest bug that ever lived. It was the size of a (　3　). It was 2.7 meters long and weighed over 50 kg. The word "millipede" means "one thousand legs," but not many millipedes have 1,000 feet. Seeing it would have been (　4　).

The scientists found the fossil on a beach by (　5　). They said it was "an incredibly exciting (　6　)". The fossil is 326 million years old. That's 100 million years older than the dinosaurs. The scientists are not sure about its food. It probably ate (　7　) of nuts and seeds (　8　) at the time. It may have eaten frogs and lizards, but not humans.

ア hate	イ bike	ウ accident	エ reasonable	オ certain
カ like	キ event	ク hard	ケ plenty	コ hardly
サ frightening	シ car	ス sufficient	セ discovery	ソ amount
タ invention	チ available			

VI　以下の設問に答えなさい。

1．（　　）内の日本語を［　　］の語を用いて英語に直しなさい。その際、［　　］内の語も含み英語６語になるようにしなさい。（don'tなどの短縮形は１語と数える）

A：May I take your order?

B：Yes, please. I'd like Today's Salad and the Salmon Steak Meal.

A：The Meals all come with a green salad.

B：Oh, OK. I'll just take the Salmon Steak Meal, then.

A：Certainly.（どんな種類のドレッシングがよろしいでしょうか。［would］）like for the salad?

B：Italian, please.

2．［　　］内の単語を用いて自然な会話文になるように６語の英文を作りなさい。（［　　］内の単語は1語と数え、またdon'tなどの短縮形も１語と数える）

A：May I see your passport?

B：Here you are.

A：What's the purpose of your visit?

B：Visiting my friend.

A：［　going　］?

B：At his dormitory in Chicago.

A：Are you a college student?

B：Yes, I am.

A：How long will you be staying?

B：Just ten days.

【数　学】（50分）〈満点：100点〉

（注）1．分数は既約分数に直し，無理数は分母を有理化し，根号内はできるだけ簡単に，比はもっとも簡単な整数値にして答えること。

2．【考え方】に記述がなく，答えのみの場合は得点にはなりません。

1　次の各問いに答えなさい。

(1)　$12a^2-27$ を因数分解しなさい。

(2)　$x^2-2x-2024=0$ を解きなさい。

(3)　$\sqrt{1.08}\times\left(\frac{1}{\sqrt{27}}-\sqrt{2}\right)+\frac{1}{10}(3\sqrt{2}+\sqrt{3})^2$ を計算しなさい。

(4)　A，Bは自然数で，A＜Bとする。このとき，A 以上 B 以下の自然数の個数を，AとBを用いて表しなさい。

(5)　大小２個のサイコロを同時にふるとき，出た目の和が素数になる確率を求めなさい。

(6)　正方形に内接する円と外接する円の面積比を求めなさい。

2　次の[ア]～[カ]を埋めなさい。

(1)　60分の番組を，1.5倍速で見たら，[　ア　]分かかる。

(2)　A分の番組を，B倍速で見たら，A×([　イ　])分かかる。

(3)　10,000円の商品を，3割引で買うと，[　ウ　]円である。

(4)　A円の商品を，B割引で買うと，A×([　エ　])円で計算できる。

(整数値に直さなくてよい。)

(5)　税込価格702円の品物で，消費税が8%かかっているとき，

税抜価格は[　オ　]円である。

(6)　税込価格A円の品物で，消費税がB%かかっているとき，

税抜価格はA×([　カ　])円で計算できる。(整数値に直さなくてよい。)

3　次の ア ～ ク を埋めなさい。

開くん　：世の中には，「５手ジャンケン」というものがあるらしいよ。

智ちゃん：何それ？やりたいからルールを教えて！

開くん　：グー，チョキ，パーの他に，あと２つ手があるんだ。今回は，親指だけを立てた「オーライ」と，親指，人差し指，小指の３本を立てた「ウィッシュ」の２つを加えるよ。

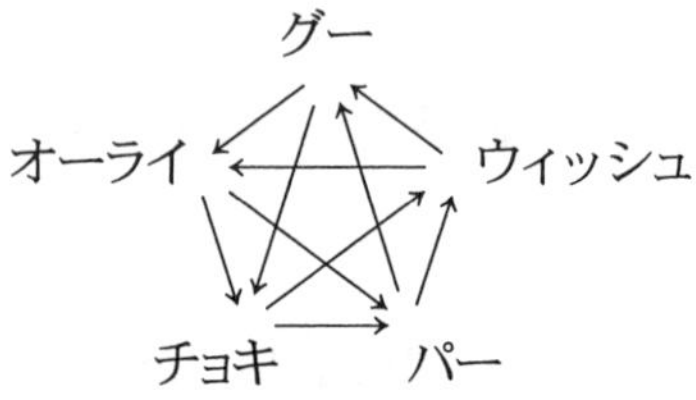

智ちゃん：勝ち負けの条件は？

開くん　：同じ手どうしならあいこだよ。
あとは右の表をみて。
「パーはグーに勝つ」を「パー→グー」のように表現しているよ。

智ちゃん：私と開くんの２人で５手ジャンケンを１回するとき，２人とも５種類の出し方があるから，組み合わせは全部で［ ア ］通りあるね。
このとき、私がグーで勝つ確率は［ イ ］で，
私が勝つ確率は［ ウ ］だわ。

開くん　：あいこになる確率は［ エ ］だよ。

校長先生：面白いことをしているのう。ワシもまぜてくれんか？

智ちゃん：校長先生！３人で５手ジャンケンをするとき，ルールはどうなるのかしら？

開くん　：普通のジャンケンと同じで，３人とも同じ手ならあいこ，
２人が同じ手，１人がちがう手を出せば，勝ち負けが決まるよ。
例えば，パーが２人，グーが１人なら，パー２人の勝ち。
ややこしいのは，３人がすべてちがう手を出しても，
あいこになるときとならないときがあるんだ。

校長先生：例えば，グー，チョキ，パーのときはあいこじゃが，パー，グー，ウィッシュの場合はパーの勝ち，パー，チョキ，ウィッシュの場合は，チョキの勝ちじゃ。

開くん　：両方の相手に勝った人が，ジャンケンの勝者ってことだよ。
片方に勝っても，もう片方に負けたらダメ。

智ちゃん：この３人で５手ジャンケンを１回するとき，私１人だけがパーで勝つ確率は，［ オ ］，私１人だけが勝つ確率は［ カ ］，
私が勝つ確率は［ キ ］，あいこになる確率は［ ク ］よ。

4　2次関数 $y=ax^2$ …①上に2点A(2, −4), B(−2, −4)がある。

このとき，次の各問いに答えなさい。

(1)　aの値を求めなさい。

(2)　原点をOとする。y軸上に点Cを，四角形OACBがひし形となるようにとるとき，

Cの座標を求めなさい。

(3)　(2)のとき，①上に点Pをとり，x軸上に点Qをとる。

平行四辺形AQBPの面積と四角形OACBの面積が等しくなるとき，

点Qの座標をすべて求めなさい。

5　図のような，1辺の長さが6の正八面体ABCDEFについて，

次の各問いに答えなさい。

(1)　正八面体ABCDEFの体積を求めなさい。

(2)　線分BDの中点をGとする。点Gから平面ABCに垂線をおろすとき、

その垂線の長さを求めなさい。

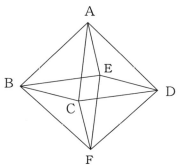

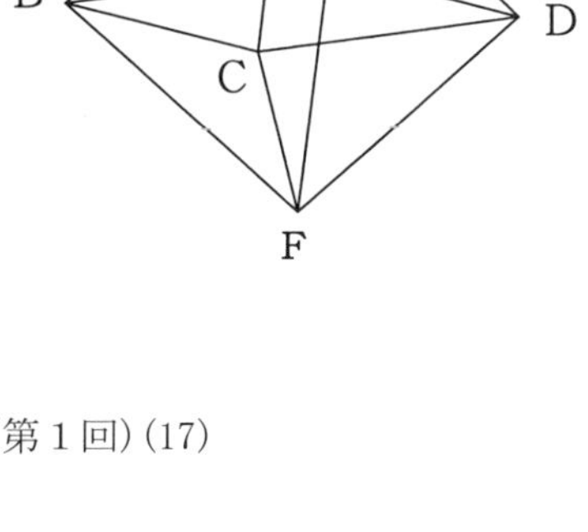

(3)　正八面体ABCDEFの

内接球の体積を求めなさい。

なさい。

ア　母は、息子が自分の来世の幸福のためだけに仏道修行に励んでいると思って喜んでいたが、息子がいろいろなことに手を出して修行をおろそかにしていることに気づいたから。

イ　母は、息子が仏道修行を重ねることによって順調に昇進していくことを願い、将来を楽しみにしていたが、息子は自分の利益を優先して生活していることがはっきりしたから。

ウ　母は、息子が仏道に励んでいるので、今の生活が厳しくても来世では救われると信じていたが、息子が来世でなく現世の自分を救おうとするような行為をしてしまったから。

エ　母は、息子を仏門に入れて来世で幸福になれると思っていたが、そのために現実の世界では貧しい暮らしを強いられ、息子がそれをなかなか助けてくれなくて苦しかったから。

オ　母は、自分の経済状況が非常に苦しかったものの、誰かの世話になるようなことは望んでいなかったが、息子にかわいそうだと思われて援助されることを屈辱的に感じたから。

問5　傍線部⑦「ありがたかりける母の心」とあるが、なぜ「ありがたかりける」というのか。理由として最も適切なものを次の中から選び、記号で答えなさい。

ア　現世より後世の幸福を願い、息子が仏道に没頭する要因になったから。

イ　自分が苦しい生活から解放されたことに感激して長く泣き続けたから。

ウ　自分と考え方が違ってしまった息子とは一切会わないと決心したから。

エ　息子が自分の生活を心配してくれていたことを実は感謝していたから。

オ　息子のふるまいも含め、現世は地獄であると強く思いこんでいたから。

問6　右の文章の作者である鴨長明の作品として適切なものを次の中から一つ選び、記号で答えなさい。

ア　『新古今和歌集』　イ　『太平記』　ウ　『徒然草』
エ　『土佐日記』　オ　『方丈記』

この母、世のわたらひ絶え絶えしきさまなり。（生活もやっとの様子だった。）「②いかに悦《よろこ》ばれん」と思ふほどに、これをうち見て、③うち後ろむきて、さめざめと泣かる。いと④心得ず、（理解できず、）「⑤君、うれしさのあまりか」と思ふあひだに、とばかりありて、（しばらくして、）母のいふやう、「法師子《ほふしご》を持ちては、我、後世《ごせ》を助けらるべきこととこそ、年ごろは頼もしくて過ぎしか。（法師になった子供を持つと、後世を助けてもらえると、長年頼もしく思って過ごしてきた。）cまのあたり、かかる⑥地獄の業を見るべきことかは。夢にも思はざりき」といひもやらず、泣きにけり。（このような地獄に堕ちる業を見ることになるとは。夢にも思わなかった」と言い終えずにまた泣いた。）

これを聞きて、僧都発心《ほつしん》して、遁世《とんせい》せられけり。（悟りを開こうと思い立ち、俗世間をお離れになった。）⑦ありがたかりける母の心なり。

（鴨　長明『発心集』）

注1　「恵心僧都」…平安時代中期の天台宗の僧、源信《げんしん》。『往生要集《おうじょうようしゅう》』という仏教書を書き残し、後世に影響を与えた。僧都とは、僧正に次いで地位の高い僧。

注2　「導師」…法事などで中心となって儀式を執り行う僧。

問1　波線部a～cの意味として最も適切なものをそれぞれ後の中から選び、記号で答えなさい。

a　「志」

ア　周囲への優しさ

イ　出世を望む意欲

ウ　母に対する思い

エ　仏に対する思い

オ　道を極めたい心

b　「布施」

ア　極楽浄土の様子が描かれた絵図

イ　謝礼として僧に渡す金銭や品物

ウ　僧が読経で使用する高級な経文

エ　地位の高い僧が身につける衣服

オ　貧しい母のために渡された金品

c　「まのあたり」

ア　予想どおり　　イ　正直なところ　　ウ　想像するに

エ　まったく　　オ　目の前で

問2　傍線部①「孝養することもなくて」、②「いかに悦ばれん」の解釈として最も適切なものをそれぞれ後の中から選び、記号で答えなさい。

①「孝養することもなくて」

ア　親孝行することもできず

イ　母と暮らすこともできず

ウ　母を供養することもなく

エ　深く学習することもなく

オ　仏道修行することもなく

②「いかに悦ばれん」

ア　どうしたらお喜びになるのか

イ　どうして喜ばれないのだろう

ウ　どれほど喜んだらいいだろう

エ　どんなにお喜びになるだろう

オ　何とかして二人で喜びあおう

問3　傍線部③「うち後ろむきて」、④「心得ず」の主語、および⑤「君」の指す人物の組み合わせとして最も適切なものを次の中から選び、記号で答えなさい。

ア　③　恵心僧都　④　恵心僧都　⑤　母

イ　③　恵心僧都　④　母　⑤　恵心僧都

ウ　③　恵心僧都　④　母　⑤　母

エ　③　母　④　恵心僧都　⑤　母

オ　③　母　④　恵心僧都　⑤　恵心僧都

問4　傍線部⑥「地獄の業」とあるが、母はなぜそのように言ったのか。理由として最も適切なものを次の中から選び、記号で答え

問4　傍線部③「じれているほうがまだましだった」とあるが、なぜ「ましだった」のか。理由として最も適切なものを次の中から選び、記号で答えなさい。

ア　待たされることに慣れているため、これから入院までのあわただしい時間の流れをいったん断ち切るように、時間をつぶしたいと思ったから。

イ　待たされることに慣れているため、なまじすぐにアイスクリームが運ばれてきたとしても、すぐに食べてしまっていいものか迷ってしまうから。

ウ　待たされるのはじれったいが、いま二人にできることは特に何もなく、それならば二人でゆっくりと世間話でもしている方がいいと思ったから。

エ　待たされるのはじれったいが、かと言って、すぐにアイスクリームが運ばれてきて、食べ終わってしまえば、碧郎の入院の時が近づくだけだから。

オ　待たされるのはじれったいが、待たされている間にげんも碧郎も入院するための段取りや心構えをしっかりと決めなければならなかったから。

問5　傍線部④「いまは違う」とあるが、何がどう「違う」ことになったのか。「最初は、～いまは、～」という形式を用いて、七十字以上八十字以内で説明しなさい。

問6　傍線部⑤「ぐいっと首を掉りたてた気もち」とあるが、ここではどのような気持ちを表しているか。最も適切なものを次の中から選び、記号で答えなさい。

ア　強気だが実は困っている弟を励ますため、やさしそうに見せたい気持ち。

イ　強気でいる弟に負けないように、自分も気丈にふるまおうと思う気持ち。

ウ　強気になった弟をなだめるため、落ち着いているように見せたい気持ち。

エ　取り乱してしまった弟を説得するために、少し怖そうに見せたい気持ち。

オ　ふざけている弟を叱りつけるため、自分はまじめになろうとする気持ち。

問7　傍線部⑥「かわいそうがっている……と云いあてられたのはこたえた」とあるが、その理由として最も適切なものを次の中から選び、記号で答えなさい。

ア　弟が、姉である自分に強く当たることによって不安を解消しようとするだけの、まだ幼い人間にすぎないと気づかされたから。

イ　弟に自分の心のうちを読まれたことは今までに一度もなかったのに、今回はとうとうすべて見通されたような気がしたから。

ウ　げんは、つねに弟をあわれむことで自分が優位に立ってものごとを進めようとしていたが、それを弟に指摘され驚いたから。

エ　自分が本当は弟に対して愛情がなかったということが暴露されたため、置かれた状況からしてかなり気まずさを感じたから。

オ　病気の弟をあわれに思うだけで、弟の身になって気持ちを考え、心に寄りそったわけではなかったことに気づかされたから。

問8　傍線部⑦「写真は写してあるほうがいいと思いはじめた」とあるが、それはなぜか。理由を五十字以上六十字以内で説明しなさい。

三　次の文章を読んで後の問いに答えなさい。

注1恵心僧都《ゑしんそうず》、年たかくわりなき（生活もままならない）母を持ち給ひけり。a志は深かりけれども、いとこともかなはねば（経済的に苦しいので）、思ふばかりにて、①孝養することもなくて、過ぎ給ひにけるほどに、しかるべき所に仏事しける（あるところに法事の導師として招かれて）注2導師に請《しやう》ぜられて、b布施《ふせ》など多く取り給ひたれば、いとうれしくて、すなはち、母のもとへあひ具してわたり給へり（ご持参なさった。）。

思った。

（幸田　文『おとうと』）

注1　「バラック」…災害後の焼け跡などに建てられた急造の粗末な建物。
注2　「震災」…関東大震災（一九二三年）のこと。
注3　「先生とあれだけ渡りあった」…診察後、医師から入院を言い渡されたとき、碧郎は、自分が生きられる可能性が高いのか低いのかを医師に問いつめていた。
注4　「駿河台」…東京都千代田区の地名。

問1　波線部a～cの意味として最も適切なものをそれぞれ後の中から選び、記号で答えなさい。

a　「愕然として」
ア　呆気《あっけ》にとられて　　イ　怒りを感じて
ウ　とても驚いて　　エ　落胆しきって
オ　不審に思って

b　「いじらしかった」
ア　あわれでみすぼらしかった
イ　虚勢を張っているようだった
ウ　けなげでかわいそうだった
エ　純粋でかわいらしく感じた
オ　まだまだ幼いように見えた

c　「捨てばち」
ア　意地の悪いこと　　イ　怒りを増すこと
ウ　縁起が悪いこと　　エ　自分勝手なこと
オ　投げやりなこと

問2　傍線部①「げんの舌はぺらぺらととめどなく廻りだした」とあるが、これはどういうことか。説明として最も適切なものを次の中から選び、記号で答えなさい。

ア　げんは、結核という診断が下され、入院費もかなり高額であることがわかったため、碧郎のことだけでなく父親のことも心配になり、自然に早口になったということ。
イ　げんは、結核と診断されて大きなショックを受けているはずの碧郎のことを思いやり、二人の会話が病気の話題になるのを防ぐように、必死で話を続けたということ。
ウ　げんは、結核のため入院するべきであるという医師の診断が正しいと信じ、それについて碧郎が異論を唱える間を与えないように、声を張り上げて話したということ。
エ　げんは、結核のためすぐに入院するべきであるという診断が下された以上、医師からの指示を碧郎に伝えなければならないと思い、ひたすら説明を続けたということ。
オ　げんは、診断の場に居合わせたのが両親ではなく自分だったので、両親ならここで碧郎にどのような話をするだろうかと思案しながら慎重に説明を続けたということ。

問3　傍線部②「碧郎は自分の考えをかためていたと見える」とあるが、碧郎はどのように「自分の考えをかためて」いたのか。最も適切なものを次の中から選び、記号で答えなさい。

ア　自分が結核ですぐ入院する必要があるということを冷静に受け止め、入院までの時間をどう過ごすかなどということを悲観的にならずに考えていた。
イ　自分が結核で入院しなければならないということがどこか他人事のようであまり現実味が感じられず、姉と話しながら理解を深めようと考えていた。
ウ　自分が入院することになると費用などの面で父に多大な迷惑をかけてしまうことになるので、少しでもそうした悪影響を軽減する方策を考えていた。
エ　自分が入院することを申し訳なく思うと同時に、世話になったことに感謝し、入院までに残された時間をできる限り姉と二人で過ごそうと考えていた。
オ　自分が入院するということを頭では理解できていても心では納得できていないので、早く外へ出て新鮮な空気を吸って決意を固めようと考えていた。

だ、という感じだった。むろん伝染のことも承知している。だから世間が伝染を恐れて逃げたがる、そのゆえにつくられる垣根というふう解釈していた。世間のほうでこしらえる垣根と思っていたのである。あの人からこの人、この人からその人へと、碧郎およびその家族の知人友人がみな外側へまわって、碧郎と結核とから逃げていようとしてつくる垣根だと思っていたのだ。ところが④いまは違う。結核への遮断の垣根は、そんなただ広くのんきなものではないとわからせられたのだ。伝染への遮断の垣根は、実は彼のからだの皮膚一重《ひとえ》を境にしてぎっしりと建てこめられた垣根なのだ。あの人この人が建てまわす垣根なら、まだゆとりもあろうというものである。自分のからだ一つを残して皮膚一重のぐるりにぎっしりと建てつらねられた遮断の垣根であることを悟った以上、彼には身じろぎ一つの自由も許されていないことに気がついたのだ。伝染ということは、彼に身じろぎ一つ許さないほどきつい遮断で彼を縛ってしまっていた。伝染の負け目を感じて、彼はまったく孤立させられた。げんは彼の気もちをおしはかって、きっとそう感じているだろうと察した。だが碧郎は、電車の動揺なんかでへたばるものかという調子で、電車といっしょに揺れて立っている。電車を降り家へ帰り、自分の机に寄りかかって一人になったとき、彼には失望感だけしか残るまい、とげんは思う。どうしてやったらいいか。……げんだって失望にぐんと重くのしかかられているのだった。

　電車を降りたところに写真館があった。古くからある写真屋さんで、お金持ちなのか家の構えはりっぱだった。碧郎は、「記念に撮っておこう」と云う。そんな考えはbいじらしかった。死をそんなにはっきり考えているのだかどうだかはわからないけれど、「病み窶《やつ》れてからじゃいやだよ。病み呆《ほう》けた十九歳の若さ、なんていうのじゃたまらないからね。いずれ寝たきりにされちまえば、病人づらになっちまうにきまってる。こうして立って歩いているうちがいいよ。今ならまだ二本の足で歩いてらあ」というのが彼の主張なのだ。

「なにもそんな、もう立って歩けないようなこと云わなくてもいいじゃないの？　治療すれば済むことなのに、いやに気が弱くなったものね。」

　彼は穏やかに、姉をあわれむ眼つきで見た。「ねえさん案外頭にぶいね。気が弱いどころか、いまおれ、気が強いてっぺんなんだよ。いいかねえさん、おやじのことだって考えなけりゃ。……写真の一枚くらいあったほうがよかろ？　おなし病人でもきょうは立っている病人だし、あすは寝かされてる病人だもの、そのあとは何年かかって治るって云うんだい？　死んだほうがましだあ。おれのほうでさきへ捨てらあ、肺病なんか。……気は強いんだよ。」

　むかむかっとどなりたくなったのを我慢して、そのかわりげんも⑤ぐいっと首を掉《ふ》りたてた気もちだった。「そんなに云うならいいわよ、写したいだけ写しておけばいいんだわ。要するにわがままよ。自分の気が済むようにしたいってことなんでしょ？」

「おこらないでくれよ、ねえさん。」

「癪《しゃく》に障るわよ。なによ？　死ぬみたいなこと云って。これから治そうっていう矢先にそんなc捨てばち云うなんて、腹が立つわ。」

電車通りのはじで、げんは泣きそうになりながら文句を云った。その文句を碧郎ははっとやめさせた。

「腹が立ってるほうがましだろうよ。少くもかわいそうがられるよりはましだ。」そしてそのあといたずらっぽく云った。「ねえさん、お金ある？　写真うつすだけ。」

⑥かわいそうがっている……と云いあてられたのはこたえた。金文字で＊＊写真館とあるドアを押した。

　やはり他人が一枚はいるのはいいことかもしれない。いやに重々しく飾りつけた応接間へ通され、勿体《もったい》ぶった技師が出て来て紙の大きさや枚数をきめていると、げんもおちついてきた。碧郎はよその新郎新婦の写真や著飾《きかざ》った一家の写真や、すましかえった見合用らしいのやをアルバムから拾って笑ったが、げんは碧郎の云うように⑦写真は写してあるほうがいいと思いはじめた。なるほど治って写すことはあっても、それはきっと長い長いさきの話になるだろうと

注2震災の焼失から免れた山の手の病院へ電話で紹介しておいたから即刻入院すること、寝台車はいつでも用意のあることなどであった。

「いったんうちへ帰ってからにしたいと思いますが。」

「それがねえ、この陽気でしょ、もし途中で喀血《かっけつ》するなんてことになると大変ですよ。弟さん大ぶよくないんです。それにあの気象だからな、ああいう青年は敏感に病気の重さ軽さを反映しちまうんでね。注3先生とあれだけ渡りあったのは、きっとそれをよく承知してるからと思えます。何と云ってもひどいショックを受けてますからね、喀血なんかの危険はあるんですよ。」

いまや姉は完全に保護者の責任を取らなくてはならないのだった。碧郎を説くよりほかなかった。碧郎の前へ行くと、①げんの舌はぺらぺらととめどなく廻《まわ》りだした。碧郎がじいっとげんの眼を見つめれば見つめるほど、ぺらぺらは速く廻転《かいてん》した。弟は冷淡に聞き流していて、「ねえさん入院費やなんか訊《き》いて来たの?」と云った。a愕然《がくぜん》としてげんは医局へ取って返し、特等室・一等室と階級のある療養費を順々に書きとめたが、それはげんの予想をはるかに超えた高額なのだった。附属するその他一切のかかりを考えると入院は一家にとって容易ならぬ一大事であり、父の資力は追っつかなさそうだった。

そのひまに②碧郎は自分の考えをかためていたと見える。彼は車寄せの木蔭《こかげ》にすでに出て待っていた。

「ねえさん、行こうや。入院は入院でいいから、とにかく歩こう。おれはもう娑婆《しゃば》を歩けないことになるかもしれねえからな、つきあってくれてもいいだろう?」……娑婆なんてことを云った!「なんだい、ねえさんのほうがへんな顔していやだな。」

げんは碧郎に連れられて行った。

二人は注4駿河台《するがだい》の坂の上にいる。坂はずっと伸びてさがっていた。学生がぞろぞろ歩いていた。みな姉と弟とには無関係な人波だった。降りきったところはいっそう人波が繁《しげ》かった。そこに時々きょうだいの行く喫茶店があった。街のお茶の飲みおさめという気が二人に通った。こんだテーブルの中にやっと席を見つけて腰かけた。口のなかが熱くねばこく、冷たくあまいものがほしかった。アイスクリームをあつらえた。待たされた。待つ間がじれったかったが、③じれているほうがまだましだった。じれもしないで待っていれば、何かに追いつかれて取返しがつかなくなりそうな気がした。

でも、アイスクリームが運ばれて来て匙《さじ》ですくったとき、碧郎はふと手を控えて見つめてしまった。

「ねえさん、おれ、これ食えないや。」

「なぜ? 気もちが悪いの?」

「おれ結核だあ。伝染するだろ、人にうつすよねえ!」

げんも匙を置いた。弟はりっぱに見えた。姉は、……なすところを知らなかった。

いちど伝染という負《ひ》け目を感じたら、それこそもうどこにも身を置く席はまったくなくなったと知らされるのである。碧郎はアイスクリームの匙を境にして、はっきり伝染の負け目を憚《はばか》りだした、と思えるのである。ふらふらと歩いて、それでもちゃんと帰りの電車へ乗るべき停留所へ来て立った。電車を待っているのが大儀そうだった。彼はもはや吊革《つりかわ》の環《わ》へも憚るらしく、手をかけない。動揺をこらえて一しょう懸命に足を踏みしめているのがわかる。それでもげんは、「あたしに摑《つか》まったらどう」とは云えない。きっと弟はむっとして、「そんな心配いらねえや」ぐらいは云うだろう。はらはらしながら黙って見ているのが、弟を庇《かば》ってやるただ一つの手段みたいなものである。

碧郎はいま、結核の伝染ということによってすべてのものから除《の》けものにされてしまっている。結核による遮断が行なわれているのである。彼もげんもそのことは最初に診断されたときすでに、自分たちのまわりの世界が急にひどく狭められた、と感じとって承知していたのである。それでもそのときはまだよかったのだ。結核というものを世間が嫌って、遮断の垣根をはりめぐらそうとしているの

二〇二四年度
開智高等学校（第一回）

【国　語】〈五〇分〉〈満点：一〇〇点〉

一　次の文章は、１９８８年に大学生向けに書かれたものである。日本史を専門とする筆者が、「色」をテーマにして説明している。文章を読んで、後の問いに答えなさい。

〔編集部注：課題文は著作権上の問題により掲載しておりません。作品の該当箇所につきましては次の書籍を参考にしてください〕
・義江彰夫著「服色と身分と個性」（『東京大学「教養学部報」精選集』所収）
〈東京大学出版会　二〇一六年四月二八日初版発行〉
四五頁八行目～四八頁最終行〔一部改変あり〕

注１「律令国家」…法に基づいて支配する国のあり方。
注２「裳」…腰から下にまとった古代の衣服の総称。
注３「奴婢」…律令制における賤民の一つ。人格を認められず、財産として売買等の対象となっていた。
注４「賤民」…律令制において身分的に卑しい存在とされたもの。
注５「下達」…上の者の考えや命令等を下の者に伝えること。
注６「穢」…不潔や不浄等の理想的でない状態を指す。死や疫病、出血、犯罪等が穢れとされた。
注７「歩揺」…髪飾り、簪《かんざし》の一種。
注８「参内」…宮中に出仕すること。
注９「権門」…権力や権勢のある家柄や役人。

問１　二重傍線部Ａ～Ｄの漢字の読みを、ひらがなで答えなさい。
問２　波線部ａ～ｅのカタカナをそれぞれ漢字に直しなさい。なお、文字は楷書で一画ずつ丁寧に書くこと。
問３　傍線部①「身分表識の役割」とあるが、ここでいう役割とはどのようなものか。三十字以上四十字以内で説明しなさい。
問４　傍線部②「統一的身分体系」とあるが、ここでいう身分体系を説明している二十字程度の箇所を、傍線部②より前から探し出し、最初の八字を抜き出して答えなさい。
問５　傍線部③「これぐらい強力な身分表識はないといってよい」とあるが、どういうことか。分かりやすく説明しなさい。
問６　傍線部④「有無をいわさず」の言葉の意味として最も適切なものを次の中から選び、記号で答えなさい。
ア　あるかないかに関わらず
イ　正しくても間違っていても
ウ　高い身分でも低い身分でも
エ　出来ていても出来ていなくても
オ　納得していても納得していなくても
問７　傍線部⑤「庶民が朝廷の雑務に従うとき」とあるが、本来庶民が公務につくときにはどのような上着を着なくてはならなかったか。最も適切なものを次の中から選び、記号で答えなさい。
ア　赤色の上着　イ　青色の上着　ウ　紫色の上着
エ　黄色の上着　オ　黒色の上着
問８　傍線部⑥「色のもつ魔力と魅力」とあるが、本文中で筆者はそれをどのようなものと説明していたか。本文全体を踏まえて説明しなさい。

二　げんは、結核の疑いがある弟の碧郎《へきろう》とともに高名な医師のいる病院を訪れたが、医師の診断はやはり結核で、すぐに入院するよう言い渡された。以下はそれに続く文章である。これを読んで後の問いに答えなさい。

処方ができたと云《い》ってげんだけ医局へ呼ばれ、院長の伝言が伝えられた。この注１バラック病院は狭くてあき病室がないこと、

2024年度／開智高等学校（第１回）

英語解答

I　1　(1)　9π　(2)　$36-9\pi$
　2　狂言　　3　地震　　4　広島

II　(1)　イ　(2)　ウ　(3)　ウ　(4)　エ
　(5)　ウ　(6)　イ　(7)　イ　(8)　エ
　(9)　エ　(10)　ウ　(11)　ア　(12)　エ
　(13)　ア　(14)　イ　(15)　ア

III　問１　ア　問２　ウ　問３　ウ
　問４　ウ　問５　ア

IV　問１　a…オ　b…ウ　c…ア　d…キ
　問２　②　messages that make us think about
　⑤　how important love and happiness is
　問３　①…ウ　③…ア　④…イ
　問４　identity

V　問１　①…エ　②…ウ
　問２　１…カ　２…ク　３…シ　４…サ
　５…ウ　６…セ　７…ケ　８…チ

VI　1　What kind of dressing would you
　2　Where are you going to stay

I〔読解総合―説明文〕

１＜要旨把握―図形＞「この図では，１辺が6 cmの正方形に円が内接している。円周率を表すにはπを用いよ」　diagram「図」　inscribe「(円などを)内接させる」　denote「～を表す」　(1)「この円の面積は何cm^2か」　この円が内接する正方形の１辺は6 cmなので，円の半径は3 cm。よって円の面積は$3\times3\times\pi=9\pi(cm^2)$。　(2)「影をつけた部分の面積は何$cm^2$か」　この円が内接する正方形の面積は$6\times6=36(cm^2)$。(1)より内接円の面積は$9\pi$ cm^2なので，影をつけた部分の面積は$36-9\pi(cm^2)$。　region「部分」

２＜適語補充―日本史＞「狂言は中世に始まった日本の喜劇舞台の伝統的な一形態である。それは能とともに上演されることが多く，誇張された身体の動きやジェスチャーに加え，滑稽で風刺に富んだ内容を特徴とする。短くて笑いを誘う寸劇を典型的な特色としており，それはコミカルな場面を提供するもので，能の舞台のより真面目な雰囲気とは対照的である」　medieval「中世の」　alongside「～と一緒に」　satirical「風刺の」　exaggerated「誇張された」　feature「～を特徴とする」　comic relief「コミックリリーフ，緊張をほぐすための笑いの場面」

３＜適語補充―地学＞「地震は地殻内で突然のエネルギー放出が起こると発生する自然現象である。このエネルギー放出が，地面を揺らす地震波を生み出す」　crust「地殻」　seismic「地震の」

４＜適語補充―日本史＞「広島平和記念碑は原爆ドームとしても知られており，広島市における平和を強く訴えるシンボルである。これは第二次世界大戦中に投下された原子爆弾の壊滅的な影響を思い出させるものとして立っている。このドームは核兵器のない世界への希望を表し，平和の重要性について深く考えさせるための場所としての役割を果たしている」　devastating「壊滅的な，破壊的な」　rcflcction「熟考」

II〔対話文総合〕

A＜英問英答＞

(1)A：この美術館，何時に開館するの？／B：午前９時に開館だって。／A：えっ，じゃあ私たち早く着いちゃったね。／B：うん，30分待たないといけないね。
　Q：「彼らはこの美術館に何時に到着したか」―イ．「午前８時30分」　午前９時開館で，30分待つと言っている。

(2)A：少し話す時間あるかな？／B：もちろんだよ，どうかしたの？／A：今度のイベントの詳細

について話し合いたいんだけど。／B：どうぞ。

Q：「この会話の目的は何か」―ウ．「あるイベントについて話し合うこと」 discuss「～について話し合う」 upcoming「まもなくやってくる」

(3)A：すみません，このネックレスはおいくらですか？／B：そちらのお品は75ドルですが，20パーセント引きのセールが明日始まりますよ。／A：それはちょうどよかった，だったら明日また来ます。

Q：「そのネックレスはセール中だといくらになるか」―ウ．「60ドル」 75ドルの20パーセント引きは75×(1－0.2)＝60(ドル)。

(4)A：何か好きな趣味はある？／B：うん，休日は球技をするのが好きだよ。／A：私は暇な時間は屋内で過ごす方が好きだな。

Q：「Bさんの好きな趣味は何か」―エ．「テニスをすること」 ballgame(s)「球技」 prefer to ～「～することを好む」

(5)A：昨日の講義のメモを貸してもらえる？／B：もちろんいいよ，メールで送るね。／A：ありがとう，具合が悪くて出席できなかったんだ。／B：心配ないよ。

Q：「BはAのために何をするつもりか」―ウ．「メモをAと共有する」 'share＋物事＋with＋人'「〈物事〉を〈人〉と共有する」

(6)A：今度の夏にヨーロッパへ旅行する予定なんだ。／B：それは楽しそうだね！ ヨーロッパのどこに行くつもりなの？／A：エッフェル塔とピサの斜塔を訪れるつもりだよ。／B：私はどちらにも行ったことがないな。トルコなら行ったことがあるんだけどね。いずれにせよ，旅を楽しんできてね。

Q：「Aはヨーロッパのどの2つの国を訪れる予定か」―イ．「フランスとイタリア」 エッフェル塔はフランス，ピサの斜塔はイタリアの観光名所である。

(7)A：私の電話が見当たらないの。私の電話に電話をかけてくれない？／B：いいよ，君の番号にかけてみるよ。／A：ありがとう，感謝するわ。／B：どういたしまして。

Q：「BはAのために何をするつもりか」―イ．「電話をかける」

(8)A：あなたは人前で話すのが平気なの？／B：うん，大勢の聴衆の前で発表をしたことが何度かあるよ。／A：それはすごいね。あなたのスライドを見やすくするのにこれが必要でしょ。／B：ありがとう。

Q：「Bはスライドを見やすくするのに何を使うつもりか」―エ．「プロジェクター」 スライドを見やすくするための道具として適するものを選ぶ。 enhance「(精度など)を高める」 magnifying glass「虫眼鏡」

B<対話文完成―適文選択>

(9)A：携帯の充電が切れちゃった。君の電話借りてもいい？／B：ごめん。オフィスに置いてきちゃった。お昼を食べ終わるまで待てない？／A：面会予定を変更してもらうように顧客に今すぐ電話しなきゃならないことを，たった今思い出したんだ。／B：それなら至急オフィスに戻った方がいいね。∥携帯電話を貸してほしいとAに頼まれたBの発言。直前のオフィスに置いてきたという内容にうまくつながるのは，お昼を食べ終わるまで待てないかを尋ねるエ。

(10)A：今日の授業でのスピーチはどうだったの？／B：ひどいものだったよ。授業に行ったら，メモを家に忘れたことに気がついたんだ。／A：つまりスピーチはしなかったの？／B：いや。先生がメモなしでやるよう言ったんだ。できるだけのことはしたけど，言い忘れたことがたくさん

あったよ。／／スピーチの感想を尋ねられたBの返答。この後に続く内容から，スピーチの出来は良くなかったとわかる。　couldn't be better「これ以上ないほど良い」

(11) A：ヤマダ歯科医院です。／B：こんにちは。マチダです。申し訳ありませんが，今日のヤマダ先生の診察予約にどうしても行けなくなってしまいまして。／A：わかりました。別の日に来院されますか？／B：はい，お願いします。できれば月曜日がいいんですが。／／この後Aが都合のつく曜日を提示しているので，予約の取り直しについて尋ねたとわかる。

(12) A：カネコさんが明日うちの支社から異動になるんだって。／B：そうなの？　なんでそんな急に？／A：これは内緒にしてほしいんだけどね。新しい部署のチーフに昇進したそうだよ。／B：なるほどね。誰にも言わないでおくよ。／／直後でBは「誰にも言わない」と言っている。between you and me「ここだけの話」

(13) A：おはようございます。どういったご用件でしょうか？／B：おはようございます。車を1台借りる必要がありまして。／A：どのくらいの期間その車をご利用ですか？／B：明日から来週の土曜日までです。／A：ではご用意させていただきます。詳細をお伺いします。／／この後でBが車を借りたい期間を答えている。

(14) A：仕事帰りに買ってきてって頼んだ食料品，買ってきてくれた？／B：あっ，しまった！　ごめん，また忘れちゃった。／A：何ですって？　これで今週2度目よ。また外食しなきゃいけないの？／B：次こそ忘れないって約束するよ。／／食料品を買ってきたかという質問に対する返答。この後に続くやり取りから，買うのを忘れたとわかる。

(15) A：この重い箱を運ぶのを手伝ってくれる？／B：もちろん。喜んで手伝うよ。／／直後の発言から，Bは依頼を引き受けたことがわかる(lend a hand は「手を貸す，手伝う」という意味)。absolutely には，会話表現で強く肯定する返答として「そのとおり」「もちろん」といった意味がある。　doubtful「疑わしい」

Ⅲ〔長文読解総合〕

＜英問英答―チャット＞≪全訳≫❶そうだね，今年の冬に地域のためにチャリティーマラソンを開催するのはとてもいい考えだと思うよ。走る場所について，何かアイディアはある？　あと，広告の効果を高めて，できるだけ多くの人に参加してもらうための効果的な方法を考えないとね。メンバー全員でこの議題について話し合いをするのはどう？❷意見をありがとう，ジャック。なるべく早くそれについて話し合おう。今週末はみんな来週の歴史の試験の準備で忙しいと思うんだ。だから来週木曜日の放課後はどうかな？　広告に関しては，たくさんのカラフルな写真やイラストで飾ったポスターをつくったらいいんじゃないかな。それを君にお願いできる？❸わかった。その日ならみんな都合がいいはずだよ。ポスターに関しては，僕には芸術的才能が全くないんだよね。

＜解説＞問1．「ジャックは何を決めたがっているか」―ア．「走るコースと告知の仕方」　第1段落第2，3文参照。　問2．「ジャックの2つ目のテキストメッセージにあなたならどのように返信するか」―ウ．「じゃあ，カイチ芸術大学にいる僕の友達に話してみるよ」　第2段落最終文および第3段落参照。ポスター制作を打診されたジャックは，自分には芸術の才能が全くないと言っている。ここでの handle は「(仕事など)をこなす，行う」という意味。　not ～ at all「全く～ない」

＜内容一致―広告＞≪全訳≫「赤道のエメラルド」，インドネシアでの学習ツアープログラム❶我が高校では次の3月にインドネシアでツアープログラムを実施します。このプログラムには3つの主要な側面があります。それは，海外で働く日本人との面会，インドネシアの学生との文化交流，伝統様式

の医薬品ジャムウの体験です。❷このツアーは３年生と４年生を対象に予定されています。参加者は英語でプレゼンテーションを行う必要があります。したがって，高い英語のスコアを持つ，チャレンジ精神のある生徒を募集しています。／プログラムスケジュール／３月15日　ホテルで歓迎会　スタッフメンバーによるオリエンテーション／３月16日　ガイドの方とスカルノセンターを訪問　ジャカルタのJICAメンバーによる講義／３月17日　建築家アンドラ・マティンによって設計されたユニークな建造物を訪問　バンドン工科大学で学ぶ学生たちとジャカルタ観光／３月18日　グローバル・ジャヤ・スクールにて交流プログラム　学生たちと現地スタイルの昼食を体験　歴史と文化に関する２つのプレゼンテーション　⑴インドネシアの学生　⑵日本の学生／３月19日　パンティ・ワーダ・ブディ・マリアにて学習ツアー　老人ホームでの施設とサービスについての説明／３月20日　ジャムウ治療体験　⑴医師による診察　⑵ジャムウ治療　送別会／●大学生とのミーティングの場所は学校の食堂となります。／●ミーティングの際の言語は日本語となります。大学生たちは日本語の勉強をしてきた方々です。／詳しい情報，およびお申し込みについては，10月13日までに英語科職員室のタナカ先生に連絡してください。

＜解説＞問３．「このお知らせの目的は，(　　)生徒を見つけることである」―ウ．「異文化を経験することに強い意欲のある」　第１，２段落参照。be anxious to ～で「～することを切望する」という意味。　　問４．「この学習ツアーの間，日本人学生は(　　)ことになっている」―ウ．「老人ホームを訪問し，高齢者がどのような待遇を受けているかを学ぶ」　３月19日のスケジュール参照。　facility「施設」　nursing home「老人ホーム」　　問５．「全ての学生は(　　)ので，このツアーはよい機会となるだろう」―ア．「インドネシアの大学と学校を訪問することができる」　３月17日と18日のスケジュールおよび注意書きの１つ目参照。　Institute of Technology「工科〔工業〕大学」

Ⅳ〔長文読解総合―説明文〕

≪全訳≫❶バンクシーという名のアートのスーパーヒーローがいる。だが，彼には秘密がある。彼が本当は誰なのかを知る人は誰もいないのだ。彼はバットマンのようでもあるが，悪漢と戦うのではなく，芸術のために闘い，自分の創造力で人々にものを考えさせようとしている。バンクシーの本当の正体は大きな謎であり，そのことが彼のアートの冒険に大きなワクワク感を与えているのだ。❷バンクシーのアートは全てが驚きとマジックである。彼は世界中のさまざまな都市に出かけては驚異的なことを行う――壁や建物や橋にまで，実にクールな絵を描くのだ。だが，彼は普通の絵筆を使わない。彼は自分の絵をすばやく作成するのに役立つ特殊なステンシル(型抜き)を持っている。このようにして，彼がそこにいることすら誰も気づかないうちに，彼は自分の作品を仕上げることができるのである。❸バンクシーの作品について実に驚くべきことは，それがすばらしい絵画であるという点だけではない。彼は自分の作品を使って物語を伝えているようなのである。彼の絵画には，②私たちに大切なことについて考えさせるようなメッセージが含まれている。彼は，私たちが環境に対して無頓着でいることによって，いかに地球を傷つけているかを示すものを描くかもしれない。あるいは，私たちが，親切にしたり公平にしたりといったように，どのようにお互いに接するべきかについて考えられるようにするために何かを描くかもしれない。彼の作品は私たちが世界を新たな方法で見るのに役立つ暗号のようなものだ。❹しかし，困った点もある。バンクシーの作品は壁や建物の外面に描かれることが多いため，永遠には残らないのだ。ときには，彼の作品を気に入らない人が，その上からペンキを塗り直してしまうこともある。またある場合には，天候のせいで作品が洗い流されてしまうこともある。だが，彼の作品は消えてしまう前に，有名になるのだ。彼の最も有名な作品の１つは『風船と少女』と呼ばれるものである。これは

幼い少女がハート型の風船に手を伸ばしている絵である。これは⑤愛と幸福がいかに大切かについての秘密のメッセージのようである。❺バンクシーの作品はとてもすばらしい，というのもそれは私たちが疑問を発したり壮大な考えについて話したりせずにはいられなくなるなぞなぞのようなものだからだ。彼の作品をすばらしいと思う人もいれば，それをどう解釈すればいいのかわからないという人もいる。だが，１つ確かなことがある──彼は人々のアートの見方を変化させたのであり，だからこそ彼はまるでアートのスーパーヒーローだといえるのだ。

問１＜適語選択＞ａ．all over ～で「～のいたるところで」。　ｂ．バンクシーが自分の作品をすばやく完成させることを説明した部分。誰かに気づかれる「前に」作品をつくり終えているのである。　ｃ．環境に配慮せずにいること「によって」地球に害を与えているという意味になればよい。by ～ing「～することによって」の形。　ｄ．‘Some ～, (while) others …’で「～な人もいれば，…な人もいる」という意味。この while は「～である一方」という意味で‘対比’を表す接続詞。

問２＜整序結合＞②空所の直前の have の目的語としてまず messages を置く。この後に that を主格の関係代名詞として続け，残りは‘make＋目的語＋動詞の原形...’「～に…させる」の形にまとめる。不要語は who。　⑤ about の目的語となる部分を‘疑問詞＋主語＋動詞...’の間接疑問の形にまとめる。how は「どれほど」という‘程度’の意味の場合は直後に形容詞〔副詞〕が続くので‘疑問詞’を how important とすることに注意。不要語は like。

問３＜適語(句)選択＞①直後に，特別なステンシルという道具を使うとあるので，「普通の」絵筆は使わないとわかる。　③空所直後の，バンクシーの作品が壁面に描かれるという説明は，文後半の，作品が残らないという内容の理由となる。since には「～なので」という‘理由’を示す用法がある。　④バンクシーの作品には永続性がないにもかかわらず知名度が高いのは，作品が「消える」前に有名になるからである。

問４＜単語の定義＞「人を独自で特別なものにしている特徴を集めたもの。これには名前，出身地，好きなものなどが含まれる」─identity「正体，身元，自己同一性」　第１段落最終文参照。

Ⅴ〔長文読解総合─説明文〕

≪全訳≫❶もしあなたが虫を恐れるなら，これを読むのは難しいかもしれない。イングランドの海岸で発見されたある化石は，かつて存在した最大の虫は小型自動車くらいの大きさがあったということを示している。これは巨大ヤスデの化石である。この怪物のような生物は，何百本もの足を持っていた可能性がある。millipede という名前はラテン語で「1000本の足」という意味だが，実際に1000本の足がある種はほとんどいない。1300本の足があることのある種が１種類いる。イングランドの化石採集者らは，自分たちが発見したのは「間違いなく史上最大の虫」だと述べた。彼らが言うには，このヤスデは体長約2.7メートルで重さは50キログラム以上あったとのことだ。それは恐ろしい光景だったことだろう。この虫を追い払うには大量の虫除けスプレーが必要だろう。❷研究者たちがこの化石を発見したのは偶然だった。ケンブリッジ大学の地球科学部のある講師は，自分たちは海岸で１つの岩石を発見したと語った。それは最近崖から落下したものだった。彼はこう語った。「それは完全に偶然の発見でした。信じられないほどの興奮をもたらす発見でしたよ」　その化石の年代は３億2600万年前に遡ると彼は説明した。これは恐竜時代の１億年前のことである。研究者たちは，このヤスデは非常に大きいので，栄養価の高い食べ物を食べていたと考えている。彼らはこう語った。「彼らが何を食べていたのか，はっきりとはわかりませんが，当時は栄養価の高い木の実や種子がたくさんありました」　ヤスデはまたカエルやトカゲも食べていた可能性もあるが，人間(または我々の古代の祖先のいずれか)は食べていなか

っただろう。

問１＜適語(句)選択＞①どちらも「～するもの〔こと〕」の意味で先行詞を含む関係代名詞 what が入る。what they found で「彼らの見つけたもの」, what they ate で「それらが食べていたもの」となる。　②この虫が栄養価の高い食べ物を食べていたという前半の内容にうまくつながるのは，‘理由’を表す because で始まり体が巨大だったことを示すウ。

問２＜要約文完成＞≪全訳≫もしあなたが虫を1好きでないならば，これを読むのは2大変なことだろう。新たな化石は，あるヤスデが史上最大の虫だったことを示している。それは3車と同じ大きさだった。それは体長2.7メートルで，重さが50キログラム以上あった。millipede という言葉は「1000本の足」という意味だが，1000本の足を持つヤスデは多くはいない。それを目にすることは4恐ろしいことだったろう。／科学者たちは5偶然海岸でその化石を発見した。それは「信じられないほど興奮をもたらす6発見」だったと彼らは述べた。この化石は３億2600万年前のものである。それは恐竜よりも１億年年代が古い。科学者たちは，そのヤスデの食べ物について確証を持っているわけではない。それはおそらく当時8手に入った7大量の木の実や種子を食べていた。それはカエルやトカゲは食べていたかもしれないが，人間は食べなかっただろう。

＜解説＞１．第１段落第１文参照。be afraid of ～「～を恐れる，怖がる」を，ここでは don’t like ～「～が好きではない，苦手だ」と言い換える。　２．第１段落第１文参照。difficult「難しい」と同様の意味を持つ hard を補う。　３．第１段落第２文参照。vehicle「車，乗り物」を car で言い換える。　４．第１段落最後から２文目参照。scary「怖い，恐ろしい」と同様の意味を持つ frightening「ぞっとさせる」を選ぶ。　５．第２段落第１文参照。 by chance「偶然」≒ by accident　６．第２段落第５文参照。ここでの find は「発見」の意味の名詞として用いられており，これは discovery で言い換えられる。　７．第２段落最後から２文目参照。 a lot of ～「たくさんの～」≒ plenty of ～　８．第２段落最後から２文目参照。当時はたくさんの木の実や種子があったということは，これらをヤスデが入手できたということ。available は「入手可能な」という意味の形容詞。

Ⅵ〔作文総合〕

１＜和文英訳＞≪全訳≫Ａ：ご注文をお伺いしましょうか？／Ｂ：はい，お願いします。本日のサラダと，サーモンステーキセットをください。／Ａ：セットには全て野菜サラダがついてきますが。／Ｂ：あっ，そうなんですね。それならサーモンステーキセットだけお願いします。／Ａ：かしこまりました。サラダにはどんな種類のドレッシングがよろしいでしょうか？／Ｂ：イタリアンでお願いします。

＜解説＞文頭にくる疑問詞の「どんな種類のドレッシング」は What kind of dressing と表せる。「～がよろしいでしょうか」は，would が指定されているので，would like ～「～が欲しい」を疑問文にして表す。

２＜条件作文＞≪全訳≫Ａ：パスポートを拝見できますか？／Ｂ：はいどうぞ。／Ａ：渡航の目的は何ですか？／Ｂ：友人を訪ねてきました。／Ａ：どちらに宿泊するご予定ですか？／Ｂ：シカゴの彼の寮です。／Ａ：あなたは大学生ですか？／Ｂ：はい，そうです。／Ａ：どのくらい滞在するつもりですか？／Ｂ：ちょうど10日です。

＜解説＞この質問に対し，ＢがAt his dormitory「彼の寮」と答えていることから，滞在中の宿泊場所を尋ねる文にする。Where で始め，going が指定されているので be going to ～「～する予定だ」を疑問文の形で使う。最後に「泊まる，滞在する」の意味の動詞として stay を置く。

2024年度／開智高等学校（第１回）

数学解答

1 (1)　$3(2a+3)(2a-3)$
(2)　$x=-44,\ 46$　(3)　$\frac{23}{10}$
(4)　$B-A+1$　(5)　$\frac{5}{12}$
(6)　$1:2$

2 (1)　40　(2)　$\frac{1}{B}$　(3)　7000
(4)　$1-\frac{B}{10}$　(5)　650　(6)　$\frac{100}{100+B}$

3 ア…25　イ…$\frac{2}{25}$　ウ…$\frac{2}{5}$　エ…$\frac{1}{5}$
オ…$\frac{4}{125}$　カ…$\frac{4}{25}$　キ…$\frac{8}{25}$　ク…$\frac{7}{25}$

4 (1)　-1　(2)　$(0,\ -8)$
(3)　$(2\sqrt{2},\ 0)$，$(-2\sqrt{2},\ 0)$

5 (1)　$72\sqrt{2}$　(2)　$\sqrt{6}$　(3)　$8\sqrt{6}\pi$

1〔独立小問集合題〕

(1)＜式の計算─因数分解＞与式$=3(4a^2-9)=3\{(2a)^2-3^2\}=3(2a+3)(2a-3)$

(2)＜二次方程式＞$(x+44)(x-46)=0$　$\therefore x=-44,\ 46$

(3)＜数の計算＞$\sqrt{1.08}=\sqrt{\frac{108}{100}}=\sqrt{\frac{27}{25}}=\frac{3\sqrt{3}}{5}$，$\frac{1}{\sqrt{27}}=\frac{1}{3\sqrt{3}}$より，与式$=\frac{3\sqrt{3}}{5}\left(\frac{1}{3\sqrt{3}}-\sqrt{2}\right)+\frac{1}{10}\{(3\sqrt{2})^2+2\times3\sqrt{2}\times\sqrt{3}+(\sqrt{3})^2\}=\frac{1}{5}-\frac{3\sqrt{6}}{5}+\frac{1}{10}(18+6\sqrt{6}+3)=\frac{1}{5}-\frac{3\sqrt{6}}{5}+\frac{1}{10}(21+6\sqrt{6})=\frac{1}{5}-\frac{3\sqrt{6}}{5}+\frac{21}{10}+\frac{3\sqrt{6}}{5}=\frac{2}{10}+\frac{21}{10}=\frac{23}{10}$

(4)＜数の性質＞B以下の自然数の個数はB個で，A未満の自然数の個数は$A-1$個だから，A以上B以下の自然数の個数は，$B-(A-1)=B-A+1$と表せる。

(5)＜確率─サイコロ＞大小２個のサイコロの目の出方は全部で$6\times6=36$(通り)ある。また，出た目の和は２以上12以下だから，和が素数になるのは，2，3，5，7，11となる場合である。よって，出た目の和が素数になるのは，和が２の場合，(大，小)＝(1，1)の１通り，和が３の場合，(大，小)＝(1，2)，(2，1)の２通り，和が５の場合，(大，小)＝(1，4)，(2，3)，(3，2)，(4，1)の４通り，和が７の場合，(大，小)＝(1，6)，(2，5)，(3，4)，(4，3)，(5，2)，(6，1)の６通り，和が11の場合，(大，小)＝(5，6)，(6，5)の２通りで，合わせて$1+2+4+6+2=15$(通り)ある。以上より，求める確率は$\frac{15}{36}=\frac{5}{12}$となる。

(6)＜平面図形─面積比＞右図のように，正方形に内接する円は正方形の４つの辺に接する円であり，正方形に外接する円は正方形の４つの頂点を通る円である。正方形の１辺の長さをaとおくと，内接する円の直径は正方形の１辺と等しく，aなので，半径は$\frac{a}{2}$で，面積は，$\pi\times\left(\frac{a}{2}\right)^2=\frac{\pi a^2}{4}$となる。また，外接する円の直径は正方形の対角線と等しく，その長さは等しい２辺の長さがaの直角二等辺三角形の斜辺の長さに等しく，$\sqrt{2}a$だから，半径は$\frac{\sqrt{2}}{2}a$で，面積は，$\pi\times\left(\frac{\sqrt{2}}{2}a\right)^2=\frac{\pi a^2}{2}$となる。よって，内接する円と外接する円の面積比は，$\frac{\pi a^2}{4}:\frac{\pi a^2}{2}=1:2$である。

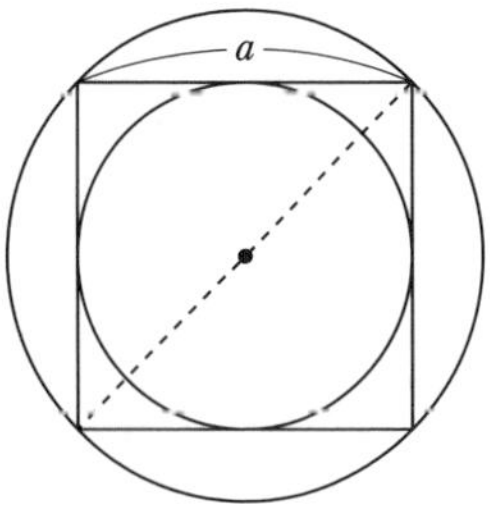

2〔独立小問集合題〕

(1)＜数量の計算＞番組を見る速さとかかる時間は反比例の関係にあるから，1.5倍速で見ると，かかる時間は，$1\div1.5=\frac{2}{3}$(倍)になる。よって，60分の番組を1.5倍速で見ると，$60\times\frac{2}{3}=40$(分)かかる。

(2)＜文字式の利用＞B倍速で見ると，かかる時間は，$1\div B=\frac{1}{B}$(倍)になるから，A分の番組をB倍速で見ると，$A\times\frac{1}{B}$分かかる。

(3)＜数量の計算＞3割引で買うと，もとの値段の$\frac{3}{10}$倍に当たる金額が引かれるから，買う値段はもとの値段の，$1-\frac{3}{10}=\frac{7}{10}$(倍)になる。よって，10000円の商品を3割引で買うと，$10000\times\frac{7}{10}=7000$(円)になる。

(4)＜文字式の利用＞B割引で買うと，もとの値段の$\frac{B}{10}$倍に当たる金額が引かれるから，買う値段はもとの値段の，$1-\frac{B}{10}$倍になる。よって，A円の商品をB割引で買うときの値段は，$A\times\left(1-\frac{B}{10}\right)$円で計算できる。

(5)＜数量の計算＞消費税が8%かかっているとき，税込価格は税抜価格の，$1+\frac{8}{100}=\frac{27}{25}$(倍)になっている。よって，税込価格が702円のとき，税抜価格は，$702\div\frac{27}{25}=650$(円)である。

(6)＜文字式の利用＞消費税がB%かかっているとき，税込価格は税抜価格の，$1+\frac{B}{100}=\frac{100+B}{100}$(倍)になっている。よって，税込価格が$A$円のとき，税抜価格は，$A\div\frac{100+B}{100}=A\times\frac{100}{100+B}$(円)で計算できる。

3〔データの活用―確率―ジャンケン〕

智ちゃんと開くんの2人で5手ジャンケンを1回するとき，2人とも5種類の出し方があるから，2人の手の出し方は全部で$5\times5=\underline{25}_{\text{ア}}$(通り)ある。また，問題文中の図より，グーはオーライとチョキに勝ち，パーとウィッシュに負けることがわかる。よって，智ちゃんがグーで勝つ場合は，開くんが，オーライを出す場合とチョキを出す場合の2通りあるから，智ちゃんがグーで勝つ確率は$\underline{\frac{2}{25}}_{\text{イ}}$となる。同様に，智ちゃんがオーライ，チョキ，パー，ウィッシュで勝つ場合もそれぞれ2通りあるから，智ちゃんが勝つ場合は，$2\times5=10$(通り)あり，その確率は$\frac{10}{25}=\underline{\frac{2}{5}}_{\text{ウ}}$となる。あいこになる場合は，2人が同じ手を出す場合で5通りあるから，その確率は$\frac{5}{25}=\underline{\frac{1}{5}}_{\text{エ}}$である。次に，3人で5手ジャンケンを1回するとき，3人の手の出し方は全部で$5\times5\times5=125$(通り)ある。パーはグーとウィッシュに勝つので，智ちゃんだけがパーで勝つ場合，開くんと校長先生の手の出し方は，(開くん，校長先生)＝(グー，グー)，(グー，ウィッシュ)，(ウィッシュ，グー)，(ウィッシュ，ウィッシュ)の4通りある。よって，その確率は$\underline{\frac{4}{125}}_{\text{オ}}$となる。同様に，智ちゃんだけがウィッシュ，グー，オーライ，チョキで勝つ場合もそれぞれ4通りあるから，智ちゃんだけが勝つ場合は，$4\times5=20$(通り)あり，その確率は，$\frac{20}{125}=\underline{\frac{4}{25}}_{\text{カ}}$となる。また，智ちゃんが勝つ場合は，(i)智ちゃんだけが勝つ場合，(ii)智ちゃんともう1人が同じ手を出して勝つ場合があり，(i)の場合は20通りある。(ii)の場合，智ちゃんと開くんがグーを出して勝つとき，校長先生はオーライかチョキを出す2通りあり，智ちゃんと開くんがオーライ，チョキ，パー，ウィッシュを出して勝つ場合もそれぞれ2通りあるので，智ちゃんと開くんが勝つ場合は，$2\times5=10$(通り)ある。同様に，智ちゃんと校長先生が勝つ場合も10通りあるから，(ii)の場合は，$10+10=20$(通り)ある。よって，智ちゃんが勝つ場合は，$20+20=40$(通り)あるので，その確率は$\frac{40}{125}=\underline{\frac{8}{25}}_{\text{キ}}$となる。さらに，開くんだけが勝つ場合と校長先生だけが勝つ場合は，智ちゃんだけが勝つ場

合と同様にそれぞれ20通りあり，開くんと校長先生が勝つ場合は，智ちゃんと開くんが勝つ場合や智ちゃんと校長先生が勝つ場合と同様に10通りある。したがって，勝ち負けが決まる場合は，$20\times3+10\times3=90$(通り)あるから，あいこになる場合は，$125-90=35$(通り)あり，その確率は$\frac{35}{125}=\frac{7}{25}$ク となる。

4〔関数—関数 $y=ax^2$ のグラフ〕

(1)＜比例定数＞2点A，Bのy座標はともに負であることから，$a<0$である。よって，関数$y=ax^2$のグラフは，右図のように下に開いた放物線となる。この放物線$y=ax^2$上にA(2，−4)があるので，$y=ax^2$に$x=2$，$y=-4$を代入して，$-4=a\times2^2$，$4a=-4$，$a=-1$となる。

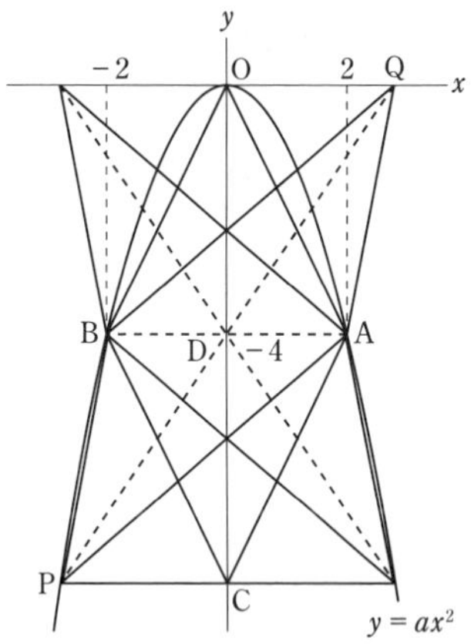

(2)＜座標＞右図で，2点A(2，−4)，B(−2，−4)はy軸について対称の位置にあるので，ABとy軸の交点をDとすると，AD＝BD，OD⊥ABである。よって，y軸上に点Cを，OD＝CDとなるようにとると，四角形OACBは対角線がそれぞれの中点で垂直に交わるので，ひし形となる。このとき，$\mathrm{CD}=\mathrm{OD}=0-(-4)=4$より，点Cの$y$座標は，$-4-4=-8$となる。したがって，C(0，−8)である。

(3)＜座標＞まず，点Pの座標を求める。平行四辺形は，対角線により合同な2つの三角形に分けられる。よって，〔平行四辺形AQBP〕＝2△ABP，〔ひし形OACB〕＝2△CABとなるから，〔平行四辺形AQBP〕＝〔ひし形OACB〕のとき，2△ABP＝2△CABより，△ABP＝△CABである。これより，△ABPと△CABの共有するABを底辺と見ると，高さが等しいので，AB∥PCとなる。つまり，PCはx軸に平行なので，点Pのy座標は点Cのy座標−8に等しい。したがって，点Pは放物線$y=-x^2$上の点だから，$-8=-x^2$，$x^2=8$，$x=\pm2\sqrt{2}$より，点Pの座標は$(-2\sqrt{2},\ -8)$または$(2\sqrt{2},\ -8)$である。次に，平行四辺形AQBPで，対角線PQと対角線ABはそれぞれの中点で交わるから，PQの中点は，ABの中点D(0，−4)と一致する。よって，$\mathrm{P}(-2\sqrt{2},\ -8)$のときのQの$x$座標を$q_1$とすると，中点の$x$座標について，$\frac{-2\sqrt{2}+q_1}{2}=0$が成り立ち，これを解くと，$q_1=2\sqrt{2}$となる。同様に，$\mathrm{P}(2\sqrt{2},\ -8)$のときのQの$x$座標を$q_2$とすると，$\frac{2\sqrt{2}+q_2}{2}=0$より，$q_2=-2\sqrt{2}$となる。以上より，点Qの座標は$(2\sqrt{2},\ 0)$または$(-2\sqrt{2},\ 0)$である。

5〔空間図形—正八面体〕

(1)＜体積＞右図で，正八面体ABCDEFは，体積の等しい2つの正四角錐A-BCDEと正四角錐F-BCDEに分けられる。線分BDの中点をGとすると，点Gは正方形BCDEの対角線の交点で，AG⊥〔正方形BCDE〕，FG⊥〔正方形BCDE〕である。ここで，四角形ABFDは正方形なので，△ABGは直角二等辺三角形になり，$\mathrm{AG}=\frac{1}{\sqrt{2}}\mathrm{AB}=\frac{1}{\sqrt{2}}\times6=3\sqrt{2}$である。よって，〔正四角錐A-BCDE〕＝$\frac{1}{3}$×〔正方形BCDE〕×AG＝$\frac{1}{3}\times(6\times6)\times3\sqrt{2}=36\sqrt{2}$より，〔正八面体ABCDEF〕＝$36\sqrt{2}\times2=72\sqrt{2}$である。

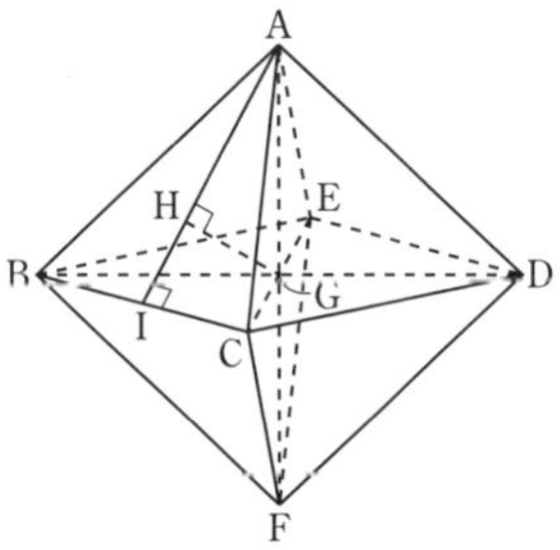

(2)＜長さ＞右上図のように，点Gから平面ABCに引いた垂線と平面ABCとの交点をHとすると，垂線GHの長さは，三角錐G-ABCにおいて底面を△ABCと見たときの高さに当たる。△ABCは1辺が6の正三角形より，頂点Aから辺BCに垂線AIを引くと，△ABIは3辺の比が$1:2:\sqrt{3}$

の直角三角形となるから，高さは，$AI=\frac{\sqrt{3}}{2}AB=\frac{\sqrt{3}}{2}\times6=3\sqrt{3}$ となる。よって，$\triangle ABC=\frac{1}{2}\times6\times3\sqrt{3}=9\sqrt{3}$ である。また，正四角錐 A-BCDE は三角錐 G-ABC と合同な 4 つの三角錐に分けられるから，〔三角錐 G-ABC〕$=\frac{1}{4}$〔正四角錐 A-BCDE〕$=\frac{1}{4}\times36\sqrt{2}=9\sqrt{2}$ である。以上より，$\frac{1}{3}\times9\sqrt{3}\times GH=9\sqrt{2}$ が成り立つ。これを解くと，$GH=\sqrt{6}$ となる。

(3)＜体積＞正八面体 ABCDEF の内接球は，前ページの図の点 G を中心とし，正八面体 ABCDEF の全ての面と接する。このとき，内接球と △ABC との接点と点 G を結んだ線分は，△ABC と垂直になるから，この線分は(2)の線分 GH に一致する。つまり，内接球の半径は GH の長さより，$\sqrt{6}$ だから，その体積は，$\frac{4}{3}\pi\times(\sqrt{6})^3=8\sqrt{6}\pi$ である。

国語解答

一 問１　A　さかのぼ　B　かっとう　C　たずさ　D　うかが

問２　a　壮観　b　習熟　c　明瞭　d　独占　e　託

問３　制服を見ることで，その学生がどこの学校の生徒であるかをわかるようにする役割。（38字）

問４　天皇を頂点とする

問５　何の教育を受けていない人でも色の差異はわかるので，さまざまな身分関係を着用する衣服などの色分けで示すことで，誰にでもすぐに相手の身分や立場を判断できるということ。

問６　オ　　問７　エ

問８　教育を受けていない人でも誰でもすぐに衣服などの色から身分を理解できるため強力な身分表〔標〕識となる一方で，着用する衣服の色によって個性と人格の豊かな発露となる力もあること。

二 問１　a…ウ　b…ウ　c…オ

問２　エ　　問３　ア　　問４　エ

問５　最初は，世間の人々が碧郎から遠ざかっていくだけで少しゆとりがあると感じていたが，いまは，碧郎は身じろぎ一つの自由も許されずに孤立させられているように感じている。（80字）

問６　イ　　問７　オ

問８　病気が治るとしても何年かかるかわからないので，十九歳の元気な碧郎の写真を残しておくことは意味のあることだと思ったから。（59字）

三 問１　a…ウ　b…イ　c…オ

問２　①…ア　②…エ　　問３　エ

問４　ウ　　問５　ア　　問６　オ

一〔論説文の読解―文化人類学的分野―日本文化〕出典：義江彰夫「服色と身分と個性」。

≪本文の概要≫奈良時代の律令国家においては，公務服の色を身分によって細かく規定することで，天皇を頂点とする統一的で重層的な身分体系を，表示し，維持してきた。だが，私的な日常生活や社会生活の場では，民衆も貴族もまちまちな色の服を着こなしており，平安時代以降には，公務服さえ規定外の色の服を自由に着る風潮もあり，鎌倉時代以降には，公服の色は基本的に自由になった。これは，日本社会が，誰でも了解できる色の差異と未開社会以来の色彩シンボリズムによって，服色の色分けを強力な身分表識としていた時代から，文明化が進んで，色で表示しなくても制度や法で身分秩序を維持できる時代に到達したからである。また，色を個性と人格の表現として大切にしたいという人間の営みが，強まった結果でもある。近代になると，貨幣と資本の発達の中から複雑多様な職種の分化が生み出された結果，人々は内側から社会を画一的にまとめる必要を感じ，色による身分表示が復活した。しかし，近代が十分に成熟した現代において，個性と人格の豊かな発露を色に託す人間の努力によって，職業や身分による服色の規定を再び乗り越えようとする現象が活発になるのは必然である。個性と人格をのびのびと服の色に表現できれば，人間社会は豊かなものになる。

問１＜漢字＞A．「遡る」は，過去や根本に戻る，という意味。。　B．「葛藤」は，互いに譲らず対立すること。　C．音読みは「携帯」などの「ケイ」。　D．「窺う」は，見て察知する，という意味。

問２＜漢字＞a．「壮観」は，眺めが大規模ですばらしい様子。　b．「習熟」は，十分に慣れ，上手になること。　c．「明瞭」は，はっきりしている様子。　d．「独占」は，一人じめするこ

と。　　e．「託す」は，物事や思いを他の人に任せる，という意味。

問３＜文章内容＞制服の色や型は，それを着ている学生が「どこの学校の生徒であるか」を，制服を見ただけでわかるように「表示する」役割を持っている。

問４＜文章内容＞「天皇を頂点とする統一的で重層的な上下の体系」を，「どのような方法で表示し，維持するか」が，律令国家の確立と安定のために重要であった。そこで国家は，誰もが了解できる色で，「社会内の色彩シンボリズム」をふまえながら，その「統一的身分体系」に合った「色彩の位階体系」をつくった。

問５＜文章内容＞「色の差異は，何の教育を受けなくても」誰でもはっきりわかる。だから，公務服の色彩によって「統一的身分体系」を表示することは，人々にとってわかりやすい身分の判断基準になる。

問６＜語句＞「有無をいわさず」は，問答無用に，無条件に，否応なしに，という意味。

問７＜文章内容＞律令国家の規定では，「無位つまり一般民衆と家人・奴婢などの賤民の公務服」は，「前者」の「一般民衆」は「黄」で，「後者」の「家人・奴婢などの賤民」は「橡墨」であった。

問８＜主題＞「色の差異は，何の教育を受けなくても，だれしも明瞭に了解できる」ので，「強力な身分表識」となる。その一方で，衣服の色は，人間の「個性と人格の豊かな発露」として大切にされてきたのである。

二〔小説の読解〕出典：幸田文『おとうと』。

問１＜語句＞a．「愕然」は，非常に驚く様子。　　b．「いじらしい」は，いかにも哀れで同情したくなる感じである様子。　　c．「捨てばち」は，思いどおりにならず，やけになること。

問２＜文章内容＞げんは，医局から，碧郎の容態がだいぶよくなく「喀血なんかの危険」があるため，「即刻入院」が必要だと告げられた。そのためげんは，「保護者の責任」として，「碧郎を説く」よりほかないと思い，碧郎に事情を説明するときに，よどみなく次から次へとしゃべった。

問３＜文章内容＞碧郎は，「入院は入院でいい」と自分の置かれた状況を受け入れ，「おれはもう娑婆を歩けないことになるかもしれねえ」から，思い残すことのないよう外を出歩こうと，入院までの今できることを考えていた。

問４＜文章内容＞げんは，アイスクリームを待つ間が「じれったかった」が，「じれもしないで待っていれば，何かに追いつかれて取返《とりかえ》しがつかなくなりそうな気」がしていた。アイスクリームを食べ終えるまでは，碧郎が入院するという現実に直面することにわずかな猶予が与えられることになるので，げんは，現実に直面するよりは，じれて待っている方がましだと感じたのである。

問５＜文章内容＞げんも碧郎も，最初に結核と診断されたときは，「世間が伝染を恐れて逃げたがる」ためにつくられる「垣根」のようなもので，「自分たちのまわりの世界」は狭められるが，「まだゆとりもあろう」と思っていた。しかし今は，碧郎には，「身じろぎ一つの自由も許されていない」のであり，げんは，碧郎が「まったく孤立させられ」ていると感じていた。

問６＜心情＞碧郎は，結核で入院という深刻な事態に直面しても，「気が弱いどころか，いまおれ，気が強いてっぺんなんだよ」と言った。碧郎の気丈さを前にして，げんは，「ぐいっと首を掉りたて」て，「そんなに云うならいいわよ」と言い，病人を支える側である自分も心を強く保とうとした。

問７＜文章内容＞げんは，写真を「記念に撮っておこう」という碧郎の考えを最初いじらしく思ったものの，自分が死ぬことを前提としたような碧郎の発言に怒りを覚えた。しかし，碧郎に「少《すくな》くもかわいそうがられるよりはましだ」と言われて，げんは，自分が結核に侵された碧郎をあわれんで

かわいそうに思っているだけであることに気づき，碧郎に言い当てられたと痛感したのである。

問８＜文章内容＞碧郎の結核が「治って写す」機会もまたあるかもしれない。だが，そのときは，長期にわたる療養の後で，今の碧郎ではなくなっているだろう。そう考えると，碧郎の言うとおり，今のまだ立って歩けている比較的元気な十九歳の碧郎の姿を写真に残しておくことはよいことだと，げんも思うようになったのである。

三〔古文の読解―説話〕出典：鴨長明『発心集』第七ノ九。

≪現代語訳≫恵心僧都は，年老いて生活もままならない母を持っていらっしゃった。（母に対する）思いは深かったが，経済的に苦しいので，思うだけで，親孝行することもできず，過ごしていらっしゃるうちに，ある所に法事の導師として招かれて，お布施などをたくさんもらいなさったので，とてもうれしくて，すぐに，母のところへご持参なさった。／この母は，生活もやっとの様子だった。（僧都は母が）「どんなにお喜びになるだろう」と思っていると，（母は）これ（＝お布施）をちらと見て，ちょっと後ろを向いて，さめざめと泣かれた。（僧都は）とても理解できず，「母上は，うれしさのあまり（に泣かれるの）か」と思ううちに，しばらくして，母が言うことには，「法師になった子どもを持つと，私は，後世を助けてもらえると，長年頼もしく思って過ごしてきた。目の前で，このような地獄に堕《お》ちる業を見ることになるとは。夢にも思わなかった」／と言い終えずに，また泣いた。／これを聞いて，僧都は悟りを開こうと思い立ち，俗世間をお離れになった。めったにないほどすばらしい母の心だ。

問１＜古語＞ａ.「志」は，愛情，誠意のこと。恵心僧都は，母に対して親孝行したいという思いが深かったが，自分も経済的に苦しくて，親孝行ができなかった。　ｂ.「布施」は，お経をあげたお礼などとして，僧に渡す金品のこと。　ｃ.「まのあたり」は，眼前に，という意味。

問２＜現代語訳＞①「孝養」は，ここでは子が親に孝行すること。　②「いかに」は，どんなに，という意味。「悦ばれん」の「れ」は，尊敬の助動詞で，～なさる，お～になる，と訳し，「ん」は，推量の助動詞で，～だろう，と訳す。

問３＜古文の内容理解＞③恵心僧都の持参したお布施を見て，母は，ちょっと後ろを向いて泣いた。④恵心僧都は，母の泣く理由を理解できなかった。　⑤母は，うれしさのあまりに泣かれるのかと，恵心僧都は思った。

問４＜古文の内容理解＞母は，法師になった子どもを持っているので，自分は来世を助けてもらえると信じていたのに，子どもである恵心僧都は，名声を得てお布施をたくさんもらい，母の現世での生活の困窮を救おうとしてお布施を持参した。母は，子どもがこのように俗世のことにとらわれているようでは，自分の来世は救われないだろうと思い，恵心僧都の所業を「地獄の業」と言って嘆いたのである。

問５＜古文の内容理解＞「ありがたし」は，めったにないほどすばらしい，という意味。恵心僧都の母は，自分の現世での貧しい生活を助けるお布施の金品をもらっても喜ばず，子どもが俗世のことにとらわれているようでは自分の来世も救われないと思って嘆いた。恵心僧都は，母の思いを知って，俗世を離れて悟りを開こうと思い立った。恵心僧都が発心し仏道に専念するきっかけとなった母の心が，めったにないほどすばらしいのである。

問６＜文学史＞『方丈記』は，鎌倉時代前期に鴨長明が書いた随筆。『新古今和歌集』は，鎌倉時代前期に藤原定家らが編さんした勅撰和歌集。『太平記』は，室町時代に成立した軍記物語。『徒然草』は，鎌倉時代後期に兼好法師が書いた随筆。『土佐日記』は，平安時代初期に紀貫之が書いた日記。

Memo

2024年度 開智高等学校(第２回)

【英　語】 (50分) 〈満点：100点〉

I　以下の設問に答えなさい。

1．The table below shows the deepest point for four lakes.

Lake	Average depth (m)	Deepest point (m)
Biwa	41	103
Chuzenji	95	163
Shikotsu	265	360
Tazawa	280	423

(1) Which lake has the biggest difference between the deepest point and average depth?

(2) Which lake has the least difference between the deepest point and average depth?

2．次の説明文は何についてのものか。漢字で正しく答えなさい。

Explanation: (　　　) is a chemical reaction between an acid and a base, leading to the formation of a salt and water. This reaction helps balance the acidic and basic properties of the substances involved, resulting in a more neutral state.

3．次の空所に入る地名を漢字で答えなさい。

(　　　) Castle, located in (　　　) City, Hyogo Prefecture, is a magnificent castle known for its white appearance. It was built in the 17th century and has been remarkably preserved. With its unique design, including narrow paths and defensive walls, (　　　) Castle represents Japan's feudal past and offers a glimpse into the country's rich history.

4．以下の英文は誰のことを言っているか。漢字で正しく答えなさい

He was a prominent Japanese Buddhist monk, scholar, and artist who lived in the 9th century. He is best known for founding the Shingon school of Buddhism in Japan. He traveled to China to study Buddhism and returned to Japan with a deep understanding of esoteric Buddhism, which he then taught and promoted in Japan.

Ⅱ 以下の設問に答えなさい。

A それぞれの対話を読み、Questionに対する答えとして最も適切なものを、ア～エのうちから１つずつ選びなさい。

(1) A：Do you know how to set up a tent?
B：Yes, I've gone camping several times.
A：The weather might change, so take this with you.
B：Sure thing.

Question：What should B take with them for changing weather conditions?
ア A skateboard.　イ A sled.　ウ A swimsuit.　エ A rain jacket.

(2) A：Can I get a large pepperoni pizza, please?
B：Our large pizzas are $12 each, and toppings are $1 each.
A：Add extra cheese and olives, please.

Question：How much will the pizza cost?
ア $12.00.　イ $13.00.　ウ $14.00.　エ $15.00.

(3) A：What time is it now?
B：It's half past three.
A：The meeting is at 4:00 p.m. We still have time.
B：Sounds good.

Question：What time is this conversation taking place?
ア 2:30.　イ 3:00.　ウ 3:30.　エ 4:00.

(4) A：I'm thinking about taking up a new hobby.
B：That's a great idea. What are you interested in?
A：I've always wanted to learn a musical instrument.
B：That sounds great.

Question：What hobby is A interested in taking up?
ア Playing chess.　イ Playing the piano.
ウ Playing soccer.　エ Singing songs.

(5) A：Have you traveled to many places?
B：Yes, I love traveling. I've been to some Asian countries.
A：Wow, that's impressive. I've explored some parts of South America.
B：Traveling broadens our horizons, doesn't it?

Question：Which country has Mr. B traveled to?
ア America.　イ Nigeria.　ウ Brazil.　エ Indonesia.

(6) A：I just started learning a new language.
B：That's great! Which language are you learning?
A：I'm learning Spanish. I want to be fluent for my next vacation.
B：Speaking a new language is wonderful.

Question：Why is A learning Spanish?
ア For work.　イ For a conversation with the locals.
ウ For a school project.　エ For a job interview.

(7) A：I'm feeling a bit lost in this new city.
B：I've lived here for a while. I can be your guide in this city.
A：That would be great! I appreciate it.
B：It's my pleasure.

Question：What will B do for A?
ア Give directions.　イ Show around the city.
ウ Provide a map.　エ Cook a meal.

(8) A：I'm thinking about starting a small garden.
B：Gardening is so rewarding. Which plants do you want to grow?
A：I'd like to grow some vegetables and herbs to cut my food expenses.
B：That's a great idea. Fresh herbs make meals taste better.

Question：Why does A start gardening?
ア To make the garden beautiful.　イ To eat what he grows.
ウ To sell what he grows.　エ To start something new.

B　それぞれの対話を読み、空所に入るものとして最も適切なものを、ア～エのうちから1つずつ選びなさい。

(9) A：Excuse me. How much is this hat? It doesn't have a price tag.
B：May I see it? (　　　) Perhaps another customer dropped it.
A：Oh. That's too bad. I really liked it.
B：I'm sorry about that.

ア Here is the price tag.
イ It's two thousand yen.
ウ This is our recommendation.
エ This isn't the one we sell.

(10) A：Why does it rain so much here in Yakushima?
B：It's because of this island's location. On this island, warm winds from the sea meet cold air coming from the mountains.
A：(　　　)
B：Well, when the warm wind meets the cold air, it makes clouds. The rain comes from these clouds.

ア How does that make rain?
イ That's why this island is like a jungle.
ウ It will rain tomorrow.
エ It hasn't rained since last week.

(11) A：Have you ever bought brand-name bags or wallets?
B：No, never.
A：(　　　) I think brand-name goods are too expensive.
B：I think so too. Inexpensive bags are good enough.

ア Me, too.
イ That's a pity.
ウ I haven't, either.
エ I don't think so.

(12) A：What's the big smile for? You seem really happy today.
B：I can't hide my feelings, you know. I won first prize in a tennis tournament.
A：(　　　)!
B：Thanks so much.

ア That's too bad
イ I wish you good luck
ウ Congratulations
エ I hope you'll win

(13) A：Thanks for the party. I have to be going now.
B：So soon? (　　　)
A：I'd love to, but I have to get up early tomorrow.

ア Do you really have to go?
イ It's not that late, is it?
ウ It's getting dark.
エ Why don't you stay a little longer?

(14) A：Do you have time to talk about our Halloween party?
B：Sure. I'm going to make cookies that look like pumpkins.
A：Great! I think we should (　　　)
B：That's a nice idea! I'll call everyone tonight and tell them to wear their most interesting outfits.

ア have a costume contest.
イ get up early on that day.
ウ be careful not to eat too much.
エ study harder.

(15) A：You won't believe what my husband got me for my birthday.
B：What?
A：He got me the same thing as he did last year.
B：(　　　)

ア I envy you.
イ That's good to hear.
ウ When is your birthday?
エ At least he remembered your birthday.

以下の英文や資料を読み、設問の答えとして最も適切なものを、それぞれア～エの中から選びなさい。

Do you remember the essay assignment Mr.Yamauch gave us yesterday? The topic is "What was the biggest thing that happened to us in the last few years?" Right? But I'm not sure about the deadline because I seem to have left my datebook at school. Could you tell me when it is? Oh, I also need to know how many words must be written in the essay. Please get back to me as soon as you can.

Hi, Daniel. OK, we are supposed to send our completed essay by attaching it to an e-mail to Mr.Yamauchi by Monday next week. As for the number of words, he said it should be between 500 and 600.

Thank you very much for the information. I think I have to write my essay right away. By the way, I'm thinking of using a graph or chart in it. I wonder if I should count the number of words used in it along with the body.

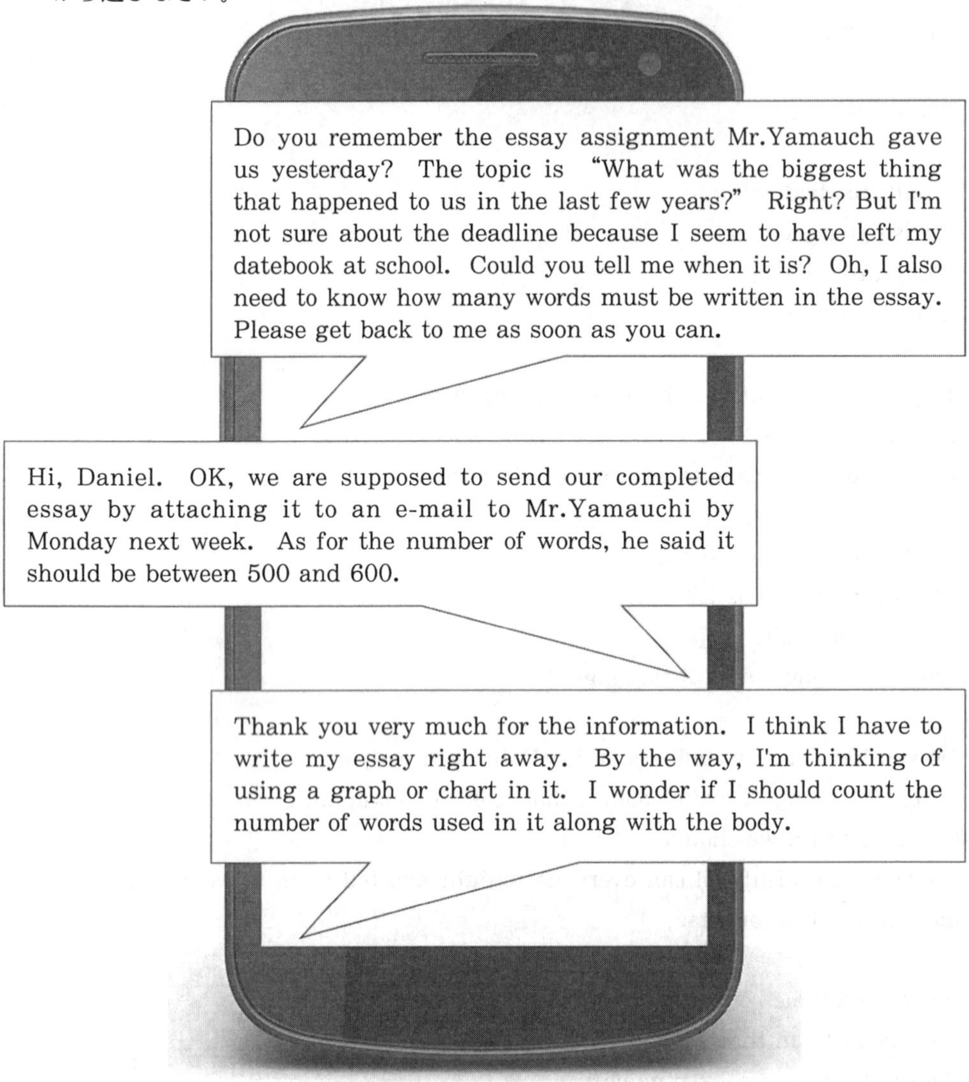

問1　What was Daniel's request?

　ア To give him some information about their homework.

　イ To tell him the news that happened in the past few years.

　ウ To tell how many words should be written in his chart.

　エ To write an essay for him.

問2　How will you respond to Daniel's second text message?

　ア No, I don't think it's a good idea.

　イ You don't have to write your essay now.

　ウ You should read your essay more carefully.

　エ Why don't you ask Mr.Yamauch by e-mail?

ENGLISH SPEAKERS WANTED!
Seeking student guides
for the Global Refugee Forum 2021

Our city will host the Global Refugee Forum 2021 next October. The Forum is scheduled from Saturday, October 15th to Tuesday, October 18th. We expect a variety of participants from more than thirty countries, most of whom are visiting Japan for the first time.

We are now looking for college students who are interested in showing the foreign participants around the city. We need not less than 20 students who are eager to guide our guests. As thanks for cooperation, volunteers are invited to one of the lectures delivered at the Forum.

Global Refugee Forum 2021: Schedule

Day 1	(Oct. 15)	13:00	Registration
		14:00	Arrival of foreign participants
		19:00	Reception
Day 2	(Oct. 16)	10:00 – 12:30	City tour (guided by volunteer college students)
		12:45 – 13:45	Lunch at a local Japanese restaurant (with students)
		16:30 – 18:30	Keynote Address
Day 3	(Oct. 17)	9:30 – 12:30	Lectures & Session 1
		14:00 – 17:00	Lectures & Session 2
		19:30 – 21:30	Cultural Exchange Evening (traditional Japanese dances, arts and cafts)
Day 4	(Oct. 18)	9:30 – 11:30	Closing Ceremony

●Parties, lectures, and sessions will be held at the Civic Center.

●The activities in the Forum will take place in English. The guests are non-native English speakers with a good command of English.

To sign up, click here before 10 p.m. August 25th.

⇒Foreign Affairs Division of the City Hall

問3　Guests to the 2021 Forum are ________.

ア people living in Japan for a few years

イ able to speak and understand Japanese

ウ expected to guide Japanese college students around the city

エ coming from many foreign countries

問4　Students who offer to help out during the Forum ________.

ア can take part in all of the events on Oct. 17th

イ must have experience of staying in foreign countries in the past

ウ should welcome the guests in English and enjoy sightseeing together

エ have to arrange receptions and sessions at the civic center

問5　Students who participate ________.

ア are invited to a lecture at the Forum

イ will study the mother tongues of their guests beforehand

ウ will be paid for each guest they guide

エ must register at 13 p.m. Oct. 15th

IV　次の英文を読んで、後の設問に答えなさい。

*Yawning is very interesting, and scientists are trying to find out the secret (①) why we do it. One reason we yawn is because our bodies need more oxygen. When we yawn, we take a big breath of air, and that extra oxygen can wake up our brain and body. Think of it as a way to stretch your insides!

Yawning isn't just about oxygen, though. Sometimes we yawn (a) we're tired. It's like our body is sending us a signal that it's time for a break and some rest. You know how your computer sometimes needs (b) restart when it's been running for a while? Yawning might be a bit like that for our bodies – a way ②[brain / break / to / a little / make / our / give].

Now, here's a really cool thing: *contagious yawning. Have you ever noticed that when you see someone yawn, you start yawning too? It's almost like a yawning chain reaction! Scientists are trying to understand (c) this happens. They think it might be because our brains are connected to other people's brains in a way. It's like our brain is saying, "If my friend is yawning, maybe I ③[ready / rest / get / should / to / already] too."

But guess (④)? Yawning isn't just a human thing. Some animals yawn too! Dogs, cats, and even birds have been caught in the act of yawning. And just like with humans, scientists aren't sure why animals yawn. It might have something to do with their body needing more oxygen or maybe they yawn when they're preparing to go to bed.

So, while we've learned a lot about yawning, there's (⑤) a bit of a mystery to it. Think of it like a puzzle that scientists are still putting together. Next time you feel a yawn coming on, remember that your body might be asking for a bit more oxygen or signaling that it's time for a rest – or maybe you're just catching a yawn wave (d) your friends or even your pet!

(注) *yawning あくび　　*contagious 人にうつりやすい

問1　空所（　a　）～（　d　）に入る最も適切な語を、次のア～キから１つずつ選び、記号で答えなさい。同じ記号は２回以上使用してはいけません。

ア but　　イ why　　ウ when　　エ in　　オ too　　カ from　　キ to

問2　下線部②、③の［　　］内の語句を正しく並べかえなさい。ただし、それぞれ余分な語が１つずつある。

問3　空所（　①　）、（　④　）、（　⑤　）に入る最も適切な語を、次のア～エからそれぞれ１つ選び、記号で答えなさい。

（　①　）　ア after　　イ above　　ウ by　　エ behind

（　④　）　ア who　　イ what　　ウ which　　エ when

（　⑤　）　ア still　　イ until　　ウ never　　エ along

問4　以下の説明に当てはまる語を本文中から抜き出しなさい。

"a super-smart and powerful computer inside your head"

V　次の英文を読んで、後の設問に答えなさい。

Many people around the world monitor how many steps they walk every day. This is due to studies that suggest 10,000 steps a day is sufficient to help us stay healthy and live longer. A new study says just 4,000 steps a day could be the magic number for us to live well into old age. Researchers from the Johns Hopkins University of Medicine analyzed 17 studies that looked at (①) people walked during the week. The scientists concluded that 4,000 steps per day reduced the risk of dying from diabetes, cardiovascular diseases and other life-threatening conditions. Study author Dr. Seth Shay Martin said 4,000 steps is roughly a 30- to 45-minute walk, or about three to four kilometers.

The study is published in the European Journal of Preventive Cardiology. The research looked at health and exercise data from more than 225,000 adults worldwide over seven years. They had an average age of 64. Some people were in good health, while others suffered from heart problems. Dr. Martin said his conclusion that 4,000 steps were beneficial was a minimum amount. He said: "I wouldn't want people to see the suggested step count as a magical number that must be strictly followed. It's not necessary to adhere to that exact number. More is better." He added that walking an additional 1,000 steps per day is associated with a roughly 15 percent lower risk of premature death. He said (②).

問1　空所（ ① ）、（ ② ）に入る最も適切な語句を、それぞれア～エから選び、記号で答えなさい。

（ ① ）　ア how far　　イ how hard　　ウ how many　　エ how soon

（ ② ）　ア some people could follow the exact number
　　　　イ people should think about premature death
　　　　ウ people should add at least one walk to their daily schedule
　　　　エ some people must regard the steps as a magic number

問2　以下は本文をまとめたものです。（　1　）～（　8　）に適する語を、ア～チの中から選び、記号で答えなさい。同じ記号は2回以上使用してはいけません。

Many of us (1) how many steps we walk every day. Research says 10,000 help us to live longer. A new study says 4,000 steps is (2). Researchers said 4,000 steps lowered the risk of (3) heart disease. Taking 4,000 steps is the (4) as a 30-minute walk, or walking about four kilometers.

Researchers (5) data from 225,000 adults over seven years. The adults had an average age of 64. The lead researcher said 4,000 was not a "magic number". He said the more steps you (6), the better. Walking an extra 1,000 steps per day could (7) the risk of an (8) death by 15 percent.

ア looked	イ same	ウ lately	エ cut	オ illness
カ check	キ enough	ク scientists	ケ examined	コ early
サ about	シ told	ス danger	セ getting	ソ take
タ shorter	チ additional			

VI　以下の設問に答えなさい。

1．（　　）内の日本語を［　　］の語を用いて英語に直しなさい。その際、［　　］内の語も含み英語６語になるようにしなさい。（don'tなどの短縮形は１語と数える）

A：Good afternoon. How can I help you, sir?

B：I've got a terrible pain in my knees. It's especially bad when I bend them down.

A：I see. It's been cold these couple of days, and that's really bad for aches and pains.

B：Yes, it is. （何か私にできることはありますか。[anything]） to stop the pain?

A：Well, I always recommend these hot compresses on the areas.

B：OK. And they really work well?

A：Yes, but I also recommend you see your doctor.

2．［　　］内の単語を用いて自然な会話文になるように６語の英文を作りなさい。（［　　］内の単語は１語と数え、またdon'tなどの短縮形も１語と数える）

A：How much does my tea and cheese cake come to?

B：It's 1,200 yen.

A：OK…Oh, no!

B：What? Don't say you don't have enough money, Kazuo?

A：I'm really sorry, but I've forgotten my wallet again. ［ some ］?

B：Give me a break! I paid for you last time, too.

A：I promise I'll pay you back tomorrow.

【数　学】 (50分) 〈満点：100点〉

(注) １．分数は既約分数に直し，無理数は分母を有理化し，根号内はできるだけ簡単に，比はもっとも簡単な整数値にして答えること。

２．【考え方】に記述がなく，答えのみの場合は得点にはなりません。

1　次の各問いに答えなさい。

(1) b^3-b^2-2b を因数分解しなさい。

(2) $x^2+2x-9=0$ を解きなさい。

(3) $\dfrac{1}{1-\sqrt{2}+\sqrt{3}}$ の分母を有理化しなさい。

(4) １から５の数字がそれぞれ書かれた５枚のカードから同時に２枚選ぶとき，２枚の数の積が偶数となる確率を求めなさい。

(5) 次の連立方程式を解きなさい。

$$\begin{cases} 2x+3y=4 \\ 3x-5y=-13 \end{cases}$$

(6) 図のように，点Ｏを中心とする半径 $\sqrt{2}$ の円周上に３点Ａ，Ｂ，Ｃがある。線分ＡＢ上に点Ｏがあり，ＡＣ⊥ＢＣである。さらに，点Ｃを中心とし，２点Ａ，Ｂを通る円を描いたとき，２つの円の共通部分の面積を求めなさい。

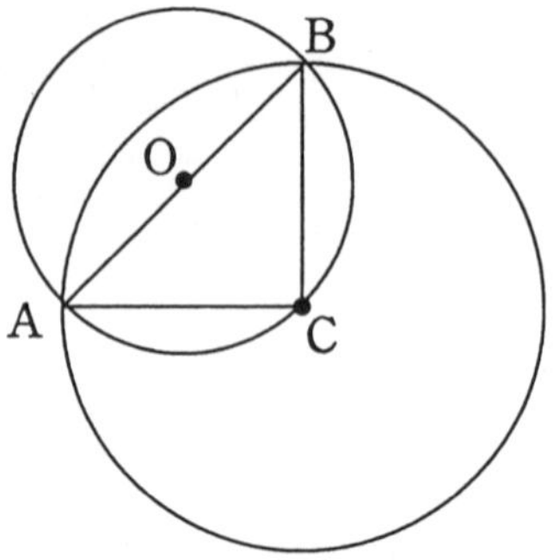

2　次の[ア]～[サ]を埋めなさい。

$y=x^2$ 上に２点 A $(a,\ a^2)$，B $(b,\ b^2)$ があるとき，

直線 AB の傾きは，[ア]，直線 AB の切片は [イ] である。

$C_0(-1,\ 1)$，$C_1(2,\ 4)$ とする。

直線 C_0C_1 の傾きは [ウ]，切片は [エ]，

直線 C_0C_1 と垂直な直線の傾きは [オ] である。

$y=x^2$ 上の点を $C_2(c,\ c^2)$ とする。

直線 C_1C_2 が，直線 C_0C_1 に垂直だとすると，

$c=$ [カ] で，直線 C_1C_2 の切片は [キ] である。

同様にして，$C_3(d,\ d^2)$ が $y=x^2$ 上にあり，

直線 C_2C_3 が直線 C_1C_2 に垂直だとすると

$d=$ [ク]，直線 C_2C_3 の切片は [ケ] である。

同様の規則で，すべての自然数 n について，点 C_n は $y=x^2$ 上にあり，

$C_nC_{n+1}\perp C_{n-1}C_n$ であるとすると，C_{10} の x 座標は [コ]，

直線 C_9C_{10} の切片は [サ] である。

参考図

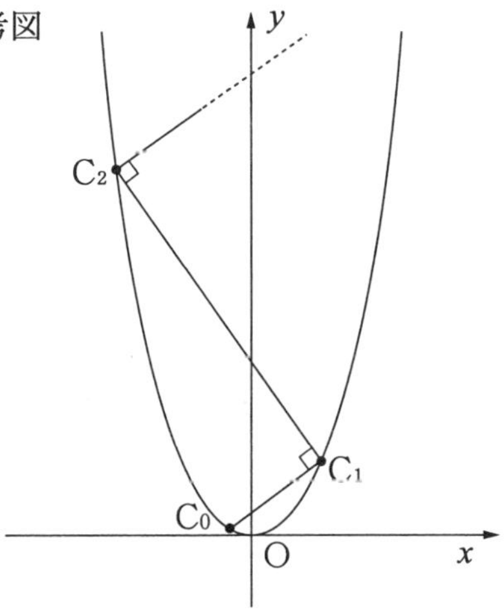

3

図のような７人がけのイスがあり，座席位置をＡ～Ｇとする。

A	B	C	D	E	F	G

ここに座ろうとする人は，全員が次のルールに従って着席していく。

ルール

⓪ 両端（ＡとＧ）が両方とも空いているときは，どちらかに座る。

① 両端（ＡまたはＧ）のうち一方だけが空いているときは，そこに座る。

② 両端が両方とも埋まっているときは，両隣が空席となる位置を選んで座る。

③ ⓪～②をみたす席がないときは，片方の隣が空席となる位置を選んで座る。

④ ⓪～③で座れないときは，空いている席に座る。

(1) すべて空席の状態で，１人目に来た人が座る位置は何通りか。

(2) １人がすでに座っている状態で，２人目に来た人が座る位置は何通りか。

(3) ２人がすでに座っている状態で，３人目に来た人が座る位置は何通りか。

(4) ３人がすでにＡ，Ｄ，Ｇに座っている状態で，４人目に来た人が座る位置は何通りか。

(5) すべて空席の状態から，１人ずつ順番に４人が座っていくとき，その座り方は何通りか。

(6) すべて空席の状態から，１人ずつ順番に７人が座っていくとき，その座り方は何通りか。

4 2次関数 $y=ax^2$ …①上に点A $(-2,\ 2)$ がある。

このとき，次の各問いに答えなさい。

(1) a の値を求めなさい。

(2) 点Aを通る傾き $\frac{1}{2}$ の直線と2次関数①の交点のうち，Aと異なる点をBとする。
原点をOとして，△OABの面積を求めなさい。

(3) (2)のとき，△OABを x 軸の周りに回転させてできる立体の体積を求めなさい。

5　1辺の長さが1である正三角形ABCにおいて，辺AC上に点Dを AD：DC＝2：1となるようにとる。また，直線BDに関して，点Aと対称な点をEとして，BCとDEの交点をFとする。このとき，次の各問いに答えなさい。

(1)　△BEF ∽ △DCFであることを証明しなさい。

(2)　AEの長さを求めなさい。

(3)　BDを折り目として，平面ABDと平面CBDが垂直となるように折り曲げたとき，4点A，B，C，Dを頂点とする立体の体積を求めなさい。

参考図

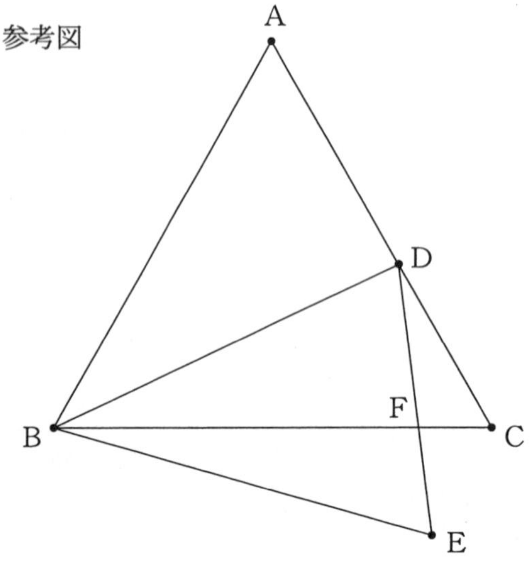

ている言葉として最も適切なものを次の中から選び、記号で答えなさい。

ア　あり　　イ　あれ　　ウ　あらむ　　エ　あらめ

問2　傍線部②「いふにあらず」の訳として最も適切なものを次の中から選び、記号で答えなさい。

ア　言うのである　　イ　言うべきである

ウ　言うまでもない　　エ　言うのではない

オ　言うはずがない

問3　傍線部③「たとへば」とあるが、何の例をあげようとしているか。最も適切なものを次の中から選び、記号で答えなさい。

ア　句のさび　　イ　閑寂なる句

ウ　賑やかなる句　　エ　静かなる句

問4　傍線部④「今一句をあぐ」の訳として最も適切なものを次の中から選び、記号で答えなさい。

ア　今一句をあなたに贈ろう

イ　今一句をあなたが読みなさい

ウ　今一句を例として示そう

エ　今一句を褒めてみせよう

オ　今一句をあげて批評します

問5　傍線部⑤「白きかしら」を五字以内で訳しなさい。

問6　傍線部⑥「先師」とは筆者の俳諧の師のことである。『野ざらし紀行』や『おくのほそ道』などの著者であるこの師の名前を次の中から選び、記号で答えなさい。

ア　正岡子規　　イ　与謝蕪村　　ウ　小林一茶

エ　松尾芭蕉　　オ　松永貞徳

て感じている。
オ　自分の作った料理のことを思い返し、嘘をついていないと二人に訴えている。

問3　傍線部②「それは、璃久が母親の料理を食べなくなった時期に符合する」とはどういう意味か。説明しなさい。

問4　傍線部③「ティーカップを支える両手が、小さく揺れた」とあるが、ここでの璃久の心情として最も適切なものを次の中から選び、記号で答えなさい。
ア　御厨が重い病気であることを知り、彼の死を意識してしまい不安になっている。
イ　御厨の病気が治らないことに衝撃を受け、自分にできることは何かと考えている。
ウ　御厨のつらい状況を知ったことで、そのあまりの理不尽さに憤っている。
エ　御厨が倒れている姿を見て驚いたものの、無事に介抱できて安心している。
オ　御厨の境遇に思いをはせて、戸惑いから抜け出せなくなっている。

問5　傍線部④「ホームルームで見たビデオで、一気に記憶が引き戻された」とあるが、ここでの璃久の記憶として適切でないものを次の中から一つ選び、記号で答えなさい。
ア　震災の激しい被害　　　イ　炊き出しに頼る生活
ウ　大人たちの言い争いの声　　　エ　祐太との思い出
オ　仮設住宅での生活

問6　傍線部⑤「今となっては異空間としか思えないあの場所に、未だに括りつけられている人たちがいる」とは、どういうことか。説明しなさい。

問7　傍線部⑥「シャールが胸元のショールを投げつけてきた」とあるが、御厨はなぜこのような行動をとったのか。その理由として最も適切なものを次の中から選び、記号で答えなさい。
ア　大人の理論で璃久を説教しようとする柳田を止めるため。
イ　柳田の説教には間違いがあると気づき、訂正するため。
ウ　これ以上説教が続けば、璃久が泣き出すと思ったため。
エ　柳田の説教が長引くと感じて、切り上げさせようとしたため。
オ　先に自分が説教するのが筋であり、順番を守らせようとしたため。

問8　傍線部⑦「『バカ！』」とあるが、このときの璃久の心情を説明しなさい。

三

次の文章は、筆者である向井去来とその知り合いが俳諧について語っている場面である。読んで、後の問いに答えなさい。

注1野明《やめい》言はく（が言うことには、）、「句の注2さびはいかなるもの①にや。（どのようなものなのでしょうか。）」注3去来言はく、「さびは句の色なり。（句の色合いである。）閑寂なる句を②いふにあらず。③たとへば、老人の甲冑《かっちう》を帯し（を身に着けて、）、戦場に働き、錦繡《きんしう》を飾り御宴にはべりても（美しい衣装を着飾って高貴な宴席に列しても、）、老いの姿あるがごとし。賑《にぎ》やかなる句にも、静かなる句にもあるものなり。④今一句をあぐ。

注4花守《はなもり》や⑤白きかしらをつき合わせ　去来

⑥先師言はく（亡くなった師が言うことには、）、『さび色よくあらはれ、喜び候ふ。（喜ばしいことです。）』となり。（とのことであった。）」

（向井去来『去来抄』）

注1　「野明」…京都嵯峨の人で、筆者の去来と親しい人だった。
注2　「さび」…俳諧理念の一つ。
注3　「去来」…この文章の筆者。野明と同じ師についていた。
注4　「花守」…春の季語で、桜の花の番人の意味。桜の管理や鳥が花をつついて散ることがないように監視する役目を担った。

問1　傍線部①「にや」の後には言葉が省略されている。省略され

たのだ。
　香水の匂いが鼻を衝《つ》き、おかまの残り香に、柳田は「おえぇぇえ」とえずいた。
「でも、先生の言うことにも一理あるわ」
　シャールの凜《りん》とした声が明るい部屋に響く。
　ハナミズキの丸い葉っぱが鮮やかに茂る中庭からの日差しが部屋を満たし、頭にターバンを巻いた化粧気のないシャールは、スフィンクスのように堂々として見えた。
「ねえ、璃久君」
　シャールが厳《おごそ》かに璃久に向き直る。
「あなたがこんなことをしていることを、祐太君は知ってるの？」
　璃久は黙って首を横に振った。
「やっぱりね……」
　小さく微笑み、シャールは続ける。
「じゃあ、あなたが祐太君の立場で、東京にいる大事なお友達がこんなことをしていることを知ったら、あなたは一体、なんて言うかしら」
　じっと俯《うつむ》いている璃久の肩に、シャールはそっと手をかけた。
「あたしは確かにおかまで苦労も多いけど、だからって、柳田先生にまでおかまになってもらいたいとは思わないわ」
　途端にそれまで黙っていたジャダが、「きゃーはっはっは」とひきつけを起こしたように笑い出す。
「こんなオッサンが女装したら、気持ち悪いだけじゃん。どこにも需要なんてないわよ」
「お前の女装にこそ、需要があるとでも思ってるのか！」
「なんだと、オッサン、やんのか、こらぁ！」
　ジャダが制帽をかなぐり捨て、角刈り頭をむき出しにした瞬間、璃久が突如、
⑦「バカ！」
と甲高い声を放った。
　柳田もジャダも、驚いて璃久を見る。
「きっと……、そう言う」
　床に敷かれたペルシャ絨毯《じゅうたん》の上に、涙の雫《しずく》がぱたぱたと散った。
「バカ、ふざけるな……つまんない同情なんてするなって、言う……」
　いつしか璃久は天井を仰ぎ、声をあげて盛大に泣き始めた。

（古内一絵『金のお米パン』）

注1　「智子」…璃久のクラス担任。
注2　「震災」…２０１１年に起きた東日本大震災のこと。
注3　「計画停電」…電力需要が供給を上回ると予測されるときに、突然の大規模な停電を避けるために意図的に一定期間実施する停電のこと。
注4　「シャール」…御厨の別名。御厨は同性愛者であり、女装をしている。「シャール」という名前で呼ばれているが、同級生の柳田は以前と同様に「御厨」と本名で呼んでいる。璃久と会った際に自身のことを「おかま」ではなく、「ドラァグクイーン」だ、と伝えた。ジャダは配送業のアルバイトをしながら、御厨のお店で売る衣装の刺繍などを担当している男である。御厨と同じく同性愛者で、ジャダも本名ではない。

問1　二重傍線部Ａ～Ｃの言葉の意味を端的に説明しなさい。

問2　傍線部①「璃久の母親は細い指を頬に当て、不安げに柳田と智子を見返した」とあるが、ここでの璃久の母親について最も適切なものを次の中から選び、記号で答えなさい。

ア　自分には非はなく、学校に責任があるはずだと二人を責め立てている。
イ　家庭での息子の様子を思い返して、原因を探し出そうと努めている。
ウ　過去のことを思い返してはみたものの、原因が分からず戸惑っている。
エ　震災当時のことを思い出して、当時の不安ととまどいを改め

丸太の上に腰掛けて弁当の蓋をあけた途端、勢い余って中身を地面にぶちまけてしまったのだ。その途端、それまで仲良く話していたクラスメイトたちまでが、いっせいに眼をそらした。

周囲にはお店などどこにもない。皆、璃久のドジのために、自分のお弁当を取られるのが嫌だったのだろう。

恥ずかしくて、悲しくて、悔しくて、璃久は泣きそうになった。けれどそのとき、たったひとり、自分の弁当を真っ直ぐに差し出してくれた少年がいた。

一緒に食べるっちゃ――！

あのときの祐太の笑顔と、分けてもらった弁当の美味さを、璃久は今でも昨日のことのように思い出すことができる。

祐太の母は料理がとても上手だった。自分の母が作るスクランブルエッグ状の卵焼きしか知らなかった璃久は、このとき初めて、綺麗な渦を巻く出汁巻き卵の味を知った。鰤《ぶり》の照り焼きも、ふっくらと炊かれた花豆も、本当に美味しかった。

また会おう――。固く約束して祐太と別れた。

けれど結局、それ以降、祐太と会うことはなかった。

次の年の春に震災が起こり、璃久の家族は再び東京に戻ることになったからだ。

「本当のことを言うと、東京にきてからずっと、祐太君のことは忘れていました……」

だが、④ホームルームで見たビデオで、一気に記憶が引き戻された。

震災直後のあの心細さ。公民館の冷たい床。立ち込めるカレーの匂い。

水のこと、食べ物のこと、ガソリンのことで、大人たちは度々《たびたび》言い争いをしていた。璃久たちには帰る家があったけれど、宮城野区の海岸沿いには津波で家が半壊してしまった人たちもたくさんいた。大人たちの切羽詰まった表情や声は、小学生だった璃久を慄《おのの》かせた。

⑤今となっては異空間としか思えないあの場所に、未だに括《くく》りつけられている人たちがいる。

気仙沼市の映像が映ったとき、真っ先に祐太の笑顔が脳裏に浮かんだ。

いてもたってもいられず、璃久はすぐに仙台時代のクラスメイトに連絡を取った。中学生になった璃久には、彼らと簡単に連絡を取り合える手段があった。携帯の無料アプリ、ＬＩＮＥだ。

その連絡網を辿《たど》りに辿り、ついに璃久は、祐太の近況を突きとめた。

津波被害の大きかった気仙沼市は仮設住宅の建設と用地が追いつかず、最後まで順番待ちをしていた祐太の家族は、結局、岩手県一関市に建てられた仮設住宅に移住することになっていた。

住み慣れた町から遠く離れた慣れない土地での暮らしに、祐太の母は〝心の病気〟にかかってしまい、家事も仕事もこなすことができずにいるという。

それでもＬＩＮＥ上での祐太は明るかった。久しぶりの璃久からの連絡を喜び、「集会所の炊き出しもあるから大丈夫」と、C気丈なメッセージを送ってきた。

「でも、大丈夫なはずなんてない」

璃久が拳《こぶし》を固く握りしめる。

あんなに美味しかったお母さんの料理を祐太は食べられなくなったのだ。

「大丈夫なわけない」

「おい、ちょっと待てよ」

悔しげに繰り返す璃久を、思わず柳田は遮《さえぎ》った。

「だからって、お前までが母ちゃんの料理を食べずにいる理由にはならんだろう。そんなこととして、一体なんになるっていうんだよ。第一、復興の遅れなんてものは、大人の責任だ。お前ら子供がとやかく騒いだところで……おわっ！」

身を乗り出して説教していると、いきなり、顔にベールのようなものをかぶせられる。⑥シャールが胸元のショールを投げつけてき

時期に符合する。
柳田は、智子と璃久の母親と、それぞれ顔を見合わせた。
どうやら璃久は、そのときのビデオを見て、心になにか思うことがあったらしい。
「でも、私たちが住んでたのは仙台市で、当時のお友達にも仮設住宅で暮らしている地域の子はいなかったはずです」
母親が混乱した様子で、日誌に眼を落とす。
「このビデオに出てきた仮設住宅は、宮城県だと、気仙沼市、石巻市、南三陸町、女川町です」
「その辺に住んでいる知り合いは、主人の知人含めて、誰もいなかったはずですが……」
智子と璃久の母親がテーブルの上で額《ひたい》を突き合わせているとき、柳田の胸ポケットの携帯が震えた。
眼を走らせると、当の璃久からの着信だ。
「失礼」
ふと胸に嫌な予感を覚え、柳田は智子たちに目配せしてから応接室を出た。
廊下に出て通話ボタンを押した途端、璃久の切羽詰まった声が柳田の耳朶《じだ》を打つ。
「先生、注4シャールさんが倒れてる――!」
（中略　柳田が御厨の店にかけつけたところ、璃久とジャダが御厨を介抱していた。璃久が御厨のお店を訪れたとき、御厨は重い持病の影響で体調を崩し、倒れてしまっていた。）
「こんなの不公平だ……」
璃久は唇を噛みしめて下を向く。
「シャールさんはおかま……じゃなくて、なんとかクイーンなだけでも大変なのに、そのうえ病気だなんて、こんなの酷すぎる」
③ティーカップを支える両手が、小さく揺れた。
「優しいのね……」
震える璃久の肩を、シャールがそっと抱き寄せる。
「でもね、この世の中に、なにもかもから自由な人なんてどこにもいないわ。誰だって、自分の荷物は自分で背負わなきゃいけないのよ」
穏やかに諭《さと》すシャールの声を聞くうちに、柳田はBはたと、先の応接室での璃久の母親の話を思い出した。
「おい、三ツ橋」
柳田は璃久に向き直る。
「お前、一体誰に気兼《きが》ねして、ちゃんとした料理を食べようとしないんだ。もしかして、仮設にお前の友達がいるのか？」
まさか東北から引っ越してきたこと自体を気兼ねしているわけではないだろう。もし璃久がそれを気にしているなら、そこに自身の友人が残されていると考えるほうが妥当だ。
璃久はしばらく黙り込んでいたが、やがて小さく頷いた。
「祐太君が、まだ仮設にいます」
「祐太君？　仙台の小学校で一緒だった友達か？」
璃久は首を横に振る。
「祐太君は、気仙沼の小学校です」
「気仙沼？　どこでその祐太君と知り合ったんだ」
柳田の問いかけに、璃久はぽつりぽつりと話し始めた。
小学二年の夏、璃久は数人のクラスメイトとくりこま高原で行なわれた昆虫採集に参加した。それは璃久にとって、学校や親元を離れて自主的に参加した初めてのイベントだった。人見知りをしない璃久は、そこで他校からやってきたたくさんの虫好きの小学生たちと知り合った。祐太はそのうちのひとりだった。
東北の広葉樹林には東京では見たことのない昆虫がたくさんいて、璃久はとびきり楽しい時間を過ごした。やがて山の中腹の白樺林の中で、お昼の時間を迎えることになった。散々はしゃいで興奮した後で、誰もが空腹の絶頂だった。
「でも、僕……。そのとき、お弁当をひっくり返しちゃって……」

イ　「下駄を預ける」や「草鞋を脱ぐ」という表現には、自分がどこにも移動できないと見せかけて相手を油断させ、そのすきに乗じて何かをするという意味がある。

ウ　現代の日本では、室内で履き物を脱がなくてもよくなった反面、屋外で履き物を脱がなければならない行事があり、そのため欧米人には理解が難しくなっている。

エ　日本人が外と内のしきりを強く意識するようになったのは近代になってからのことで、履き物は古くからあった下駄からスリッパやサンダルに変わってきている。

オ　履き物を履くという行為は、日本人の生活の中でとくに必要に迫られるものではなかったが、帰宅したときに感じられる安心感を得るためには必要不可欠である。

二

次の文章は古内一絵の小説『金のお米パン』の一節である。中学一年生の学年主任をしている柳田は、突然ちゃんとした料理を食べなくなり、コンビニやファストフードで食事を済ますようになった生徒、三ツ橋璃久《りく》への対応に追われている。御厨《みくりや》は柳田の同級生で、昼は洋服店、夜はカフェとなるお店を営んでいる。柳田が御厨のお店に璃久を連れて行ったところ、璃久は御厨の作ったお米のパンとカレーを食べた。文章を読んで、後の問いに答えなさい。

翌日、璃久が夏期講習にいっている間に、柳田は注1智子と璃久の母親を応接室に呼び出した。昨夜一緒に食事にいった際、璃久が「カレーならいい」というようなことを呟いたと話すと、途端に璃久の母親が顔色を変えた。

「カレー……ですか……」

「なにか心当たりがありますか」

身を乗り出した柳田と智子に、母親は微《かす》かに頷《うなず》いた。

実は璃久たち一家は父の転勤に伴い、仙台の宮城野区で一年ほど生活していたことがあるという。

「丁度、そのときに注2震災に遭ったんです」

震災直後、宮城野区でも停電と断水があり、その間、璃久たちは公民館の炊《た》き出しに通っていた。

「ライフラインが復旧しても、しばらくは注3計画停電がありましたし、ガソリンもないし、近所のスーパーは品不足で、結局、公民館の炊き出しに頼る日が続いたんです」

だが、そこで出る料理がくる日もくる日もカレーや豚汁ばかりで、しまいには見るのも嫌になってしまった。

「だから、うちではここ数年、あまりカレーを作らなくなったんです。璃久はともかく、主人が嫌がりますので……」

①璃久の母親は細い指を頬《ほお》に当て、不安げに柳田と智子を見返した。

「そういえば」

智子が日誌を手に取りめくり出す。

「ホームルームの時間に、〝進まぬ復興〟というビデオを生徒たちと一緒に見たことがあるんです」

パラパラとページをめくりながら、智子は日誌の内容に眼を走らせた。

「ほら、今、東京オリンピックの準備に人手が取られて、被災地復興のための建築資材や請負業者が大幅に不足しているという事態が発生していますでしょう？」

そのビデオの内容なら、柳田も覚えている。

オリンピックという国をあげての一大事業の陰で、地方都市の知事たちが、必死になって業者や資材を探す交渉をしていた。しかし、手間がかかり、おまけに賃金の低い建築現場では、なかなか請負業者が決まらない。そこには、未だ隣人の声がA筒抜けの狭い仮設住宅に暮らしている高齢者の姿などが、たくさん映し出されていた。

「あった！　六月の最終週のホームルームです」

六月下旬――。②それは、璃久が母親の料理を食べなくなった

陀如来もその周辺にいる菩薩《ぼさつ》も履き物を履いてはいない。浄土では、再び履き物を脱ぐのだろう。浄土ということでは、履き物は、やはりどこかで浄不浄や汚れの感覚とかかわっており、それが、今日的には清潔感とかかわっているのだろう。

（柏木　博『「しきり」の文化論』）

注1　「高足駄」…歯の高い下駄。
注2　「柳田国男」…近代日本を代表する民俗学者。
注3　「褻にも晴にも」…「褻」は日常の状況のこと。「晴」は儀礼・祭・年中行事など特別な状況のこと。
注4　「博徒」…賭博《とばく》で生計を立てる者。ばくち打ち。
注5　「黒田日出男」…歴史学者。
注6　「道祖神」…村境や峠などの路傍に祀《まつ》られた守り神。

問1　波線部a～eのカタカナをそれぞれ漢字に直しなさい。なお、文字は楷書で一画ずつ丁寧に書くこと。

問2　空欄Aに当てはまる五字以内の語句を、すべてひらがなで答えなさい。

問3　空欄Bに当てはまる表現として最も適切なものを次の中から選び、記号で答えなさい。
ア　悪質で危険極まりないもの
イ　異質で受け入れがたいもの
ウ　均質でのっぺらぼうなもの
エ　等質で興味のわかないもの
オ　無機質で面白みのないもの

問4　傍線部①「靴はまるで、パブリックな空間を渡っていく船である」とあるが、それはどのようなことか。最も適切なものを次の中から選び、記号で答えなさい。
ア　日本人は外部と内部を無意識に感じとり、屋外にいるときは必ず履き物を利用しているということ。
イ　日本人は靴を船などの乗り物と同じだと考えているため、外部を移動するときだけ使うということ。
ウ　日本人は公共的な空間とそうでない空間とをはっきり区別するために履き物を利用するということ。
エ　日本人は公共的な場以外は靴を脱いで生活し、公共的な場のみ靴を履いて移動しているということ。
オ　日本人は室内では必ず靴を脱ぐので、靴が屋外と室内という空間の区別に関係しているということ。

問5　傍線部②「こうした感覚」とあるが、これはどのような感覚か。五十字以上六十字以内で説明しなさい。

問6　傍線部③「『下駄を預ける』という表現には、『相手を油断させる』という意味が隠されている」とあるが、なぜ「相手を油断させる」ことになるのか。その説明として最も適切なものを次の中から選び、記号で答えなさい。
ア　自分が、相手に対して境界を越えて自在に行き来することを保証することの表明になるから。
イ　自分が、定められた領域から自由に出入りできる能力を放棄していることの表明になるから。
ウ　自分が、生活上のあらゆることについて相手の決めた条件にしたがうことの表明になるから。
エ　自分が、何があっても絶対に領域の外部へ出て行くことはないということの表明になるから。
オ　自分が、古い表現などは使わずに、相手と良好な関係を築こうとすることの表明になるから。

問7　傍線部④「興味深い指摘」とあるが、筆者が「興味深い」といっているのはなぜか。その理由を、「日本人」「象徴」の二語を必ず用いて、六十字以上七十字以内で説明しなさい。

問8　本文の内容に合致するものを次の中から一つ選び、記号で答えなさい。
ア　黒田日出男は、日本人が履き物を履いたり脱いだりする行為は、内と外や浄と不浄など、境界を越えて別の領域に入るときの象徴的な行為であると説明している。

ているように思える。履き物を預けるというのは、室内領域を出て勝手にどこかに行くことはできないという状態だ。だから、③「下駄を預ける」という表現には、「相手を油断させる」という意味が隠されている。つまり履き物は、囲い込まれた室内という領域から、自らの主体性によって出ていくことのできる状態を保証するものといった意味がある。さらにいうなら、履き物は、自らの主体性で、ある境界(しきり)を自在に行き来することのできることを可能にするものだといえるだろう。

下駄よりも一般的な履き物である「草鞋」にかかわる表現としては、「草鞋を脱ぐ」というのがある。注4博徒《ばくと》などが、地域の親分などの家に一時、身をあずける(落ち着ける)といった意味だ。つまり、履き物が身を預けることとかかわっており、ある領域(縄張り)内からことわりなしには出ていかない状態であることを意味する。ある領域(縄張り)とは、やはり「しきり」のある領域であるから、履き物は「しきり」とかかわっていることになる。

また、「草鞋金剛」というのがある。これは、かかとの部分を意図的に未完成のままにした巨大な草鞋を、村境(これもしきられた場である)などに片方だけ吊《つる》しておくもので、悪病除《よ》けのまじないである。一説には、巨大な草鞋をはく大きな人がいるというｃイカクであるともいう。それにしても、村境に片方だけの草鞋をまじないとして置くということも、履き物がしきり空間とかかわっているということなのだろう。

注5黒田日出男は履き物を脱ぐということについて、④興味深い指摘をしている。

「道を行く旅人がはきものを脱ぐのは、宿に着いたときだけではなかった。

すなわち、ある場合には象徴的に沓《くつ》を脱ぐ行為がなされた。それが『沓掛《くつかけ》』である。地名として有名なのは長野県の沓掛であるが、もとよりそこだけではない。地名事典を引けば、全国各地に『沓掛』が分布していることを確認できる。『沓掛』とは、『元来、峠の入り口に祭る山の神や注6道祖神《どうそじん》などに、馬の沓や草鞋を掛けてｄホウノウし、祈願するｅシュウゾク』に由来している地名なのである。つまり、『沓掛』は峠や山道を無事に通れるように神に祈願する行為として考えられる。

道というのは、決して［ B ］ではない。道にはさまざまな境・仕切りがある。国・郡の境、荘園や村の境、平地と山間部の境……といったように、さまざまな境界があった。そうした境を越えるとき、人々ははきものを脱ぎ、それを木に掛けるなどして無事な通過を祈願したのである。

草鞋を脱ぐことは、そうした道の境を越えるための象徴的行為なのであり、旅人は、それを行うことによって道を旅することができたのであった」(黒田日出男「道で沓を脱いだ人々」『日本人とすまい1・靴脱ぎ』所収、リビング・デザインセンター、一九九六年)

履き物を脱ぐことが、わたしたちの生活の中では象徴的な行為であるというのである。さらに、「日々、われわれはなにげなしにはきものを履いたり脱いだりしている。しかしそれは、本来的に越境のための象徴的作法なのである」と黒田は結論している。履き物は、やはり「しきり」を越えることと深くかかわっているらしいのである。ということは、家の中に入る時に、履き物を脱ぐのは、やはり決定的な「しきり」を越えていく行為としてあるのではないか。

わたしたちにとって、もっとも大きな境界とは、この世とあの世との境界である。この大きな境界を越える時も、わたしたちはやはり履き物を脱ぐことになっている。「畳の上で死にたい」という言葉があるが、それは履き物を脱いだ状態である。履き物を脱ぐことで浄土に行くことができるのだろう。死ぬ時には、履き物を履いていないことが望ましい。しかし、棺桶《かんおけ》の中には、履き物を入れる。この習慣がいつ頃からはじまったのかはわからないが、これは「三《さん》途《ず》の川」(賽《さい》の河原)などの浄土にいたる冥途《めいど》の旅が待ちかまえているからだ。旅をするには履き物が必要という配慮から、棺桶の中にそれを入れる。しかしながら、「阿弥陀来迎図《あみだらいごうず》」を見ると、阿弥

二〇二四年度
開智高等学校（第二回）

【国語】（五〇分）〈満点：一〇〇点〉

一　次の文章を読んで、後の問いに答えなさい。

わたしたちは、靴（履き物）を脱ぐことで、外部から内部に入ったと無意識に感じている。もちろん、現在では公共的な建物や商業的な建物では、室内でもほとんどが靴を脱がないようになっている。靴を脱がない室内空間は、いわばパブリックな場であるとわたしたちは認識している。住まいから一歩外に出ると、パブリックな空間である。それは道路からオフィスや商業施設などへとつながっている。そうしたパブリックな空間から帰ってくると、再び、靴を脱ぐ。住まいでは、ほとんどが靴を脱ぐ。したがって、ある住まいから他の住まいへ行くときも、途中のパブリックな空間は靴を履いて歩いていく。①靴はまるで、パブリックな空間を渡っていく船である。

わたしたちは、屋外にいても履き物を脱ぐことがある。たとえば、花見のゴザやそのほかの敷物の上では履き物を脱ぐ。現在では、花見は、段ボールの敷物というのが少なくない。それでも段ボールの上では履き物を脱いでいる。屋外に敷物を敷くことは、日本ばかりではなく、欧米でも行われる。敷物の上で食事をするピクニックのシーンを映画などで目にする。しかし、欧米では敷物の上で靴を脱ぐということはなさそうだ。わたしたち日本人にとっては、段ボールも畳に代わるものとして意識されているのである。敷物一枚であっても、それによってしきられた場所は、ただの屋外ではなく、座敷のようになる。

履き物を脱ぐことには、外の汚れを部屋（内）に持ち込まないという気持ちがａビミョウに働いている。外よりは、土間の方が上位であり、清潔であり、土間よりも板の間の方が上位であり清潔である。そして板の間よりも畳の間の方が上位であり清潔だ。こうした感覚は、たとえば、近代になってからのことだが、板の間ではスリッパのような上履きを使うが畳の間ではそれを脱ぐといった習慣にもそうしたしきり意識を見ることができる。また、部屋にも座敷、廊下、台所、風呂、トイレなどに上下のしきり意識がある。現在でも、トイレではスリッパやサンダルを履き替える習慣を残している公共施設がある。トイレのスリッパやサンダルは、おそらく、古くからある下駄のような注1高足駄《たかあしだ》の習慣からきているのだろう。平安時代の絵巻物『餓鬼草紙《がきぞうし》』には、高足駄をはいて排泄《はいせつ》する場面が描かれている。この履き物は、歩くための履き物ではない。不浄な場所では特別な履き物を履くという感覚がそこには見られる。

ともあれ、外から内に入った時に、履き物を脱ぐことは、清潔感や汚れ、あるいは浄不浄感とかかわっている。靴を脱ぎ部屋に入り、スリッパを履き、そして畳の部屋ではスリッパも脱ぐ。さらに時としてはトイレで専用の履き物を履く。②こうした感覚は、欧米人にはなかなか理解できないかもしれない。

日本人にとっての履き物に対する意識は、いったいどのようなものなのだろう。履き物に関連するいくつかの言葉を見ておこう。

下駄は、明治以前ではさほど一般的な履き物ではなかったのかもしれない。たとえば、注2柳田国男は『明治大正史』でかつて下駄は「注3褻《け》にも晴にも一度でも公認せられたことの無い履物であつたが、其《その》普及は此《かく》の如く顕著であつたのは、やはり亦《また》足を汚すまいとする心理の表はれであつた」（『定本柳田国男集』第二四巻、筑摩《ちくま》書房、一九六三年）と述べている。草履《ぞうり》や草鞋《わらじ》が一般的な履き物だったのである。たしかに、下駄は、石ころだらけの道は歩けない。してみれば、下駄は、ｈホソウ道路に合った履き物のようにも思える。

「下駄を預ける」とか「下駄を［A］」といった表現は、さほど古いものではないのかもしれない。とはいいつつも、「下駄を預ける」という表現は、「相手に一任する」といった意味をふくんでおり、わたしたちの履き物に対する古くからの感覚をどこかに残し

2024年度／開智高等学校(第２回)

英語解答

Ⅰ　1　(1)　Tazawa　(2)　Biwa

2　中和　　3　姫路　　4　空海

Ⅱ　(1)　エ　　(2)　ウ　　(3)　ウ　　(4)　イ

(5)　エ　　(6)　イ　　(7)　イ　　(8)　イ

(9)　エ　　(10)　ア　　(11)　ウ　　(12)　ウ

(13)　エ　　(14)　ア　　(15)　エ

Ⅲ　問１　ア　　問２　エ　　問３　エ

問４　ウ　　問５　ア

Ⅳ　問１　a…ウ　b…キ　c…イ　d…カ

問２　②　to give our brain a little break

③　should get ready to rest

問３　①…エ　④…イ　⑤…ア

問４　brain

Ⅴ　問１　①…ア　②…ウ

問２　１…カ　２…キ　３…セ　４…イ

５…ケ　６…ソ　７…エ　８…コ

Ⅵ　1　Is there anything I can do

2　Could you lend me some money

Ⅰ〔読解総合―説明文〕

1＜要旨把握―計算＞「以下の表は４つの湖の最深部を示している」　(1)「最深部と平均の深さの間の差が最も大きいのはどの湖か」　423－280＝143(m)のTazawa「田沢湖」。　(2)「最深部と平均の深さの間の差が最も小さいのはどの湖か」　103－41＝62(m)のBiwa「琵琶湖」。

2＜適語補充―化学＞「説明：中和は，酸と塩基の間の化学反応で，塩と水の生成を引き起こす。この反応は，関与する物質の酸性と塩基性の性質を相殺《そうさい》するのを助け，結果としてより中性の状態となる」　acid「酸」　base「塩基」　neutral「中性の」

3＜適語補充―日本史＞「姫路城は，兵庫県姫路市にあり，白い外観で知られる壮大な城である。これは17世紀に建築され，見事に保存されてきた。狭い通路や防壁などの独特な設計を持つことから，姫路城は日本の過去の封建時代を象徴するものであり，この国の豊かな歴史を垣間《かいま》見せてくれる」　magnificent「壮大な」　feudal「封建制の」　glimpse「ちらっと見ること」

4＜要旨把握―日本史＞「彼は９世紀の有名な日本の仏僧であり，学者であり，芸術家である。彼は日本における仏教の真言宗を開いたことで最もよく知られている。彼は仏教を学ぶために中国に渡り，密教について深い理解を得て日本に戻り，それを日本で伝授し広めた」　prominent「有名な」　monk「僧侶」　school「宗派，学派」　esoteric「秘密の」

Ⅱ〔対話文総合〕

A＜英問英答＞

(1)Ａ：テントの張り方は知ってる？／Ｂ：うん，僕は何度かキャンプに行ったことがあるからね。／Ａ：天候が変わるかもしれないから，これを持っていくといいよ。／Ｂ：そうだね。

Ｑ：「天候状況の変化に備えて，Ｂは何を持っていくべきか」―エ．「レインジャケット」　sled「そり」

(2)Ａ：ペパロニピザのＬをお願いできますか？／Ｂ：当店のＬサイズのピザは１枚12ドルで，トッピングは１種類につき１ドルです。／Ａ：エクストラチーズとオリーブをトッピングしてください。

Ｑ：「このピザの値段はいくらか」―ウ．「14.00ドル」

(3)Ａ：今，何時かな？／Ｂ：３時半だよ。／Ａ：ミーティングは午後４時だね。まだ時間があるよ。

／Ｂ：よかった。

Ｑ：「この会話が行われている時刻は何時か」―ウ．「３時30分」　half past ～は「～時30分過ぎ」，つまり「～時半」という意味。

(4)Ａ：新しい趣味を始めようと思うんだ。／Ｂ：それはいい考えだね。何に興味があるの？／Ａ：ずっと楽器を習いたいと思ってたの。／Ｂ：いいじゃない。

Ｑ：「Ａは何の趣味を始めることに関心があるか」―イ．「ピアノを弾くこと」　musical instrumentは「楽器」。　take up ～「(趣味など)を始める」

(5)Ａ：いろんな場所に旅したことはある？／Ｂ：うん，旅行が大好きなんだ。アジアの国にはいくつか行ったことがあるよ。／Ａ：へえ，それはすごいね。私は南米なら何か所か行ったことがあるよ。／Ｂ：旅行は自分の視野を広げてくれるよね。

Ｑ：「Ｂが旅したことがあるのはどの国か」―エ．「インドネシア」　Ｂが行ったことのあるのはアジアの国。　have/has been to ～「～に行ったことがある」

(6)Ａ：最近，新しい言語を習い始めたんだ。／Ｂ：すごいね！　何語を習ってるの？／Ａ：スペイン語を習ってるよ。次の休暇のためにうまく話せるようになりたいんだ。／Ｂ：新しい言葉を話すのってとても楽しいよね。

Ｑ：「なぜＡはスペイン語を習っているのか」―イ．「現地の人と会話をするため」　次の休暇のためにその言語を習っているということは，旅行先でその土地の人と話すためだと考えられる。

(7)Ａ：この新しい町で，ちょっと戸惑っているの。／Ｂ：僕はここに住んでしばらくになるんだ。この町を案内してあげられるよ。／Ａ：それはうれしいな！　どうもありがとう。／Ｂ：どういたしまして。

Ｑ：「ＢはＡのために何をするつもりか」―イ．「町を案内する」

(8)Ａ：小さな庭をつくろうと思ってるんだ。／Ｂ：ガーデニングってとてもやりがいがあるよ。どんな植物を育てたいの？／Ａ：食費を節約するために，野菜とハーブを育てたいな。／Ｂ：それはいい考えだね。新鮮なハーブがあれば料理がもっとおいしくなるもんね。

Ｑ：「なぜＡはガーデニングを始めるのか」―イ．「自分の育てたものを食べるため」　food expense「食費」

Ｂ＜適文・適語句選択＞

(9)Ａ：すみません。この帽子はおいくらですか？　値札がついてなくて。／Ｂ：拝見してもよろしいでしょうか？　こちらは当店の商品ではありませんね。たぶん他のお客様の落とし物でしょう。／Ａ：えっ。それは残念だな。それがとても気に入ったのに。／Ｂ：お気の毒でしたね。／／直後で店員が誰かの落とし物だろうと言っているので，この店の商品ではないとわかる。

(10)Ａ：ここ屋久島ではどうしてそんなに雨が多いんですか？／Ｂ：それはこの島の位置のせいです。この島では，海から吹いてくる暖かい風が，山からくる冷たい空気とぶつかるんです。／Ａ：それがどうやって雨を発生させるんですか？／Ｂ：それはですね，暖かい風が冷たい空気とぶつかると，雲ができます。その雲から雨が降ってくるのです。／／この後，Ｂは雨が降る仕組みを説明している。

(11)Ａ：あなたは有名ブランドのバッグや財布を買ったことある？／Ｂ：いや，一度もないよ。／Ａ：私もない。ブランド品って高すぎると思うな。／Ｂ：私もそう思う。安いバッグでも十分

いいよね。／／空所直後の発言から，Ａもブランド品を買ったことはないとわかる。否定文で「〜も(…ない)」というときは，too ではなく either を用いる。

⑿Ａ：どうしてそんなににこにこしてるの？　今日はずいぶんうれしそうだね。／Ｂ：だって自分の気持ちを隠しきれないんだもん。テニスの大会で１位になったんだ。／Ａ：おめでとう！／Ｂ：どうもありがとう。／／Congratulations「おめでとう」は，お祝いの言葉。

⒀Ａ：パーティーに呼んでくれてありがとう。もう帰らなくちゃ。／Ｂ：こんなに早く？　もう少しいたら？／Ａ：そうしたいのはやまやまだけど，明日早く起きないといけないからね。／／直後の I'd love to「そうしたい」の後に省略されている語句を考える。これは，エを受けて I'd love to stay a little longer ということ。Why don't you 〜？は「〜してはどうですか」と'勧誘'を表す表現。

⒁Ａ：ハロウィンパーティーのことで話す時間ある？／Ｂ：もちろん。私はカボチャの形のクッキーをつくるつもりだよ。／Ａ：すごいね！　私はみんなで仮装大会をするのがいいと思うんだ。／Ｂ：それはいい考えだね！　今夜みんなに電話して，一番おもしろい衣装を着てくるように言っておくね。／／直後のＢの発言から，Ａは a costume contest「仮装大会」を提案したとわかる。　outfit(s)「衣装一式」

⒂Ａ：夫が私の誕生日にくれた物を聞いたら，きっと信じられないと思うよ。／Ｂ：何だったの？／Ａ：去年くれたのと同じ物を買ってきたのよ。／Ｂ：少なくとも彼はあなたの誕生日を覚えていてくれたのね。／／夫からの誕生日プレゼントが昨年と同じだったというＡにかける言葉として適切なものを選ぶ。

Ⅲ〔長文読解総合〕

＜英問英答―チャット＞≪全訳≫❶昨日ヤマウチ先生が出したレポート課題を覚えてる？　テーマは「この数年に私たちに起こった最大の出来事は何か」。そうだよね？　だけど手帳を学校に忘れてきちゃったみたいで，提出期限がよくわからないんだ。それがいつなのか教えてくれないかな？　あっ，あとこのレポートで何語書かないといけないかも知りたいんだ。なるべく早く返信ください。❷やあ，ダニエル。あのね，来週の月曜日までに，完成させたレポートをＥメールに添付して，ヤマウチ先生に送ることになってるよ。語数に関しては，先生が500〜600語って言ってたよ。❸情報，本当にありがとう。今すぐレポートを書き始めないといけないみたいだね。ところで，僕はレポートの中でグラフや図を使おうと思ってるんだ。本文に加えて，図表の中で使われる単語数も数のうちに入れるべきなのかな。

＜解説＞問１.「ダニエルの要望は何だったか」―ア.「宿題に関する情報を自分に与えること」第１段落参照。　assignment「課題，宿題」　　問２.「ダニエルの２番目のメッセージに対して，あなたはどのように返信するか」―エ.「ヤマウチ先生にＥメールできいてみたらどうかな」　最終文に書かれた疑問に対する返答として適切なのは，直接担当の先生にきいてみるように勧めるエ。

＜内容一致―広告＞≪全訳≫英語を話せる人を募集中！　国際難民フォーラム2021のための学生ガイドを探しています❶私たちの市では，次の10月に国際難民フォーラム2021を主催します。このフォーラムは10月15日土曜日から10月18日火曜日まで予定されています。30か国以上からさまざまな参加者をお迎えする予定で，そのほとんどが日本を初めて訪れる方々です。❷外国からの参加者に対して，この市を案内することに関心のある大学生を現在募集中です。ゲストの案内を希望する学生が少なくとも20名必要です。ご協力への感謝のしるしとして，ボランティアの方をこのフォーラムで行われる

講演の１つにご招待します。／国際難民フォーラム2021：スケジュール／第１日(10月15日)　13時登録／14時　外国人参加者の到着／19時　歓迎会／第２日(10月16日)　10時～12時30分　市街観光(大学生ボランティアによるガイドつき)／12時45分～13時45分　地元の日本料理店にて昼食(学生とともに)／16時30分～18時30分　基調演説／第３日(10月17日)　９時30分～12時30分　講演と討論１／14時～17時　講演と討論２／19時30分～21時30分　文化交流の夕べ(日本の伝統舞踊，美術，工芸)／第４日(10月18日)　９時30分～11時30分　閉会式／●パーティー，講演，討論は市民センターにて行われます。／●このフォーラムでの活動は英語で行われます。ゲストは英語の堪能な非ネイティブスピーカーの方々です。／お申し込みは，８月25日午後10時までにこちらをクリックしてください。
⇒市役所外交課

＜解説＞問３.「2021年のフォーラムのゲストは(　　)」―エ.「さまざまな外国から来る」　第１段落第３文参照。　問４.「このフォーラム中に協力を申し出る学生は(　　)」―ウ.「英語でゲストを迎え，一緒に観光を楽しむことになっている」　スケジュール表の第２日および注意書きの２つ目参照。　問５.「参加する学生は(　　)」―ア.「このフォーラムで行われる講演に招待される」第２段落最終文参照。

Ⅳ〔長文読解総合―説明文〕

≪全訳≫❶あくびは大変興味深いもので，科学者らは，私たちがあくびをする理由の背後にある秘密を解き明かそうとしている。人があくびをする理由の１つは，体がより多くの酸素を必要とするためである。あくびをすると，大きく息を吸い込むことになり，その余分な酸素が脳や体を目覚めさせてくれるのだ。あくびは体の中をストレッチするための方法だと考えるといい。❷だが，あくびは酸素にだけ関係するものではない。人は疲れたときにあくびをすることがある。それはまるで，体が私たちに向かって休憩を取ってひと休みする時間になったという信号を送っているかのようである。コンピューターは，しばらく作動していると，ときどき再起動しなければならなくなるのをご存じだろうか。あくびは人体に対するそうしたもののようなのかもしれない――つまり，②脳に少しの休息を与えるための方法なのだ。❸さて，ここで非常におもしろいことをご紹介しよう。もらいあくびだ。誰かがあくびをするのを見て，自分もあくびが出そうになるのに気づいたことがあるだろうか。それはまるであくびの連鎖反応のようなものだ。科学者らはなぜこういうことが起きるのか解明しようとしている。そうなるのは，人の脳はある程度他者の脳とつながっているからなのかもしれないからだと彼らは考えている。それはまるで脳がこう言っているかのようである。「友達があくびをしているなら，私も③休憩の準備をしないといけないかもしれないな」❹だが，ご存じだろうか。あくびは人間だけのものではない。動物の中にもあくびをするものがいるのだ。イヌ，ネコ，そして鳥さえも，あくびという行為をせざるをえない。そして人間の場合と全く同様に，科学者らはなぜ動物があくびをするのかはっきりとわかっていない。それは，動物の体がより多くの酸素を必要としていることと関係があるのかもしれないし，あるいは動物は寝る準備をするときにあくびをしているのかもしれない。❺こういうわけで，あくびについて多くのことがわかっている一方で，それについては謎の部分がまだいくらかあるのだ。それは科学者らがまだ組み立て中のパズルのようなものだと考えてみるといい。この次，あくびが出そうになったら，あなたの体がもう少し酸素を求めているのかもしれない，あるいは休憩の時間がきたという信号を出しているのかもしれない――それとももしかすると友達や，ひょっとするとペットからのあくびの波動をキャッチしているだけなのかもしれない，ということを思い出してほしい。

問１＜適語選択＞ａ．２つの‘主語＋動詞’を結ぶので前置詞は入らない。文の意味から「～すると

き」という意味の when を選ぶ。　b．need to ～ で「～する必要がある」。　c．科学者が解明しようとしているのはあくびの連鎖反応が起こる「理由」である。‘疑問詞＋主語＋動詞...’の間接疑問の形。第4段落第5文に ... aren’t sure why animals yawn という同様の形がある。

d．第3段落では，あくびは伝染することが述べられている。それは友人やペットからあくびの波動を受け取るということ。

問2＜整序結合＞②この段落の内容から「休憩を取るための方法」といった意味になると推測できるので break は名詞として使うと判断できる。まず a way to ～「～するための方法」とし，to 以下を ‘give＋*A*＋*B*’「*A* に *B* を与える」の形で give our brain a little break「脳に少しの休息を与える」とまとめる。不要語は make。　③ I の後に助動詞 should を置き，get ready to ～「～の準備をする」を続ける。to の後には動詞の原形として rest「休憩する」を置く。不要語は already。

問3＜適語選択＞① behind は「～の背後にある，～の裏の」という意味の前置詞。the secret behind ～ で「～の背後にある秘密」という意味になる。　④ Guess what？は「いいかい，あのね」といった意味で，話を切り出すときに用いられる定型表現。　⑤文前半の while は「～する一方で」と ‘対照’ を表す。「あくびについてわかっていることも多いが，いまだに謎の部分も残されている」という文意を読み取る。

問4＜単語の定義＞「頭の中にある，非常に賢く強力なコンピューター」―brain「脳」　第1段落最後から2文目参照。実際は頭の中にコンピューターはないので，比喩的な表現である。

V〔長文読解総合―説明文〕

≪全訳≫❶世界中の多くの人々が，毎日自分が歩く歩数をチェックしている。これは，いくつかの研究で，1日1万歩歩くことが健康であり続け長生きするのに十分役立つということが示されているためである。新たな研究によると，1日たった4000歩が，私たちが高齢になっても元気に生きるためのマジックナンバーとなりうるとのことだ。ジョンズ・ホプキンズ大学医学部の研究者らは，人々がその週に歩いた①距離を調べた17の研究を分析した。その科学者らは，1日4000歩で糖尿病や循環器系の疾患，その他の生命をおびやかす症状による死亡リスクを減らせると結論づけた。研究著者のセス・シェイ・マーティン博士は，4000歩とはおよそ30～45分，あるいは約3～4キロメートルの歩行に当たると述べた。❷この研究はヨーロッパ予防心臓病学ジャーナルで発表された。この研究では，7年間にわたって世界中の22万5000人以上の成人から集めた健康と運動に関するデータを調べた。対象者の平均年齢は64歳だった。健康状態が良好な人もいたが，心臓疾患のある人もいた。マーティン博士は，4000歩で効果があるという自分の結論は最低限のものだと述べた。彼はこう語った。「私は皆さんにこの推奨される歩数を厳守しなければならないマジックナンバーだと考えてほしくはありません。この正確な数字に固執する必要はありません。多ければ多いほどいいということです」　彼は加えて，1日1000歩余分に歩くことは早死にのリスクの約15パーセント減につながると述べた。②毎日のスケジュールに最低でも1回のウォーキングを加えるとよい，と彼は述べている。

問1＜適語句・適文選択＞①1日4000歩という歩数を導き出すために，人々の歩いた‘距離’を調べたと考えられる。　②この前で，数字に固執する必要はないが，歩数が多くなるほど健康によいことが示されていることから判断する。

問2＜要約文完成＞≪全訳≫私たちの多くは毎日歩く歩数を$_{1}$チェックしている。研究によれば，1万歩は私たちが長生きするのに役立つ。新たな研究によると，4000歩で$_{2}$十分だそうだ。研究者らは，

4000歩は心臓病3になるリスクを下げるといっている。4000歩歩くことは30分の歩行，または約４キロメートル歩くことと4同じである。／研究者らは７年かけて22万5000人の成人から得たデータ5を調べた。その成人たちの平均年齢は64歳だった。研究リーダーは，4000歩は「マジックナンバー」ではないと述べた。彼は，より多くの歩数を6歩けば歩くほど，よりよいのだと述べた。１日に余分に1000歩歩くことは8早死にのリスクを15パーセント7削減する可能性がある。

＜解説＞１．第１段落第１文参照。monitor は動詞で「～をチェックする」という意味。これと同様の意味を表すのは check。　２．第１段落第２，３文参照。１日１万歩が sufficient「十分な」と考えられていたが，新たな研究では4000歩で enough「十分」ということ。　３．第１段落第５文参照。心臓病(など生命をおびやかす症状)による死亡リスクが減るということは，心臓病にかかるリスクが低くなるということ。「(病気など)にかかる」の意味を表すのは get。　the risk of ～ing「～するリスク」　４．第１段落最終文参照。4000歩を時間や距離に換算している。the same as ～「～と同じ」の形で「4000歩歩くことは～と同じだ」と言い換える。　５．第２段落第２文参照。ここでの look at ～は「～を調べる，考察する」という意味。これと同様の意味を表すのは examine(d)「～を調査する」。　６．第２段落最後から３文目参照。More is better「多ければ多いほどよい」とは「多くの歩数を歩くほどよい」ということ。take more steps で「より多くの歩数を歩く」という意味を表せる。　'the＋比較級～, the＋比較級…'「～すればするほど，ますます…」　７・８．第２段落最後から２文目参照。「早死にのリスクの約15パーセント減につながる」は「早死にのリスクを15パーセント下げる」と言い換えられる。「～を減らす」という意味の動詞として cut を補う。また，premature は「普通より早い，時期尚早の」という意味の形容詞。これを early「早期の」で言い換える。

Ⅵ〔作文総合〕

１＜和文英訳＞≪全訳≫Ａ：こんにちは。何かお手伝いしましょうか，お客様？／Ｂ：両膝がすごく痛むんです。膝を曲げたときが特にひどいんです。／Ａ：そうですか。ここ数日寒い日が続いていて，寒さは痛みにとって本当によくないですからね。／Ｂ：そうですね。この痛みを止めるために，何か私にできることはありますか？／Ａ：そうですね，私はいつもその部分にはこういった温湿布をお勧めしていますよ。／Ｂ：わかりました。それで，これは本当によく効くんですか？／Ａ：ええ，でもかかりつけ医に見てもらうこともお勧めします。

＜解説＞「何か～はありますか」は，There is/are ～「～がある〔いる〕」を疑問文にして Is there anything ～？と表せる。「私にできる」は I can do と表して，anything の後に続ければよい。

２＜条件作文＞≪全訳≫Ａ：僕の分のお茶とチーズケーキはいくらになるかな？／Ｂ：1200円よ。／Ａ：了解…あっ，困ったぞ！／Ｂ：どうしたの？　お金が足りないなんて言わないでよ，カズオ？／Ａ：ほんとにごめん，でもまた財布を忘れちゃったんだ。お金を貸してくれない？／Ｂ：ちょっといいかげんにしてよ！　前回も私があなたの分を払ったじゃない。／Ａ：明日返すって約束するからさ。

＜解説＞財布を忘れたと言っているので，お金を借りようとしているのだとわかる。文末に「?」があるので，「～してもらえませんか」という'依頼'を表す疑問文の形 Could〔Would, Can, Will〕you ～？にし，動詞以降を'lend＋人＋物'「〈人〉に〈物〉を貸す」の形にする。指定語に some があるので，'物'の部分を some money とする。

2024年度／開智高等学校（第２回）

数学解答

1 ⑴　$b(b+1)(b-2)$
⑵　$x=-1\pm\sqrt{10}$
⑶　$\dfrac{2-\sqrt{2}+\sqrt{6}}{4}$　⑷　$\dfrac{7}{10}$
⑸　$x=-1,\ y=2$　⑹　$2\pi-2$

2 ア…$a+b$　イ…$-ab$　ウ…１　エ…２
オ…-1　カ…-3　キ…６　ク…４
ケ…12　コ…-11　サ…110

3 ⑴　２通り　⑵　１通り
⑶　３通り　⑷　４通り
⑸　12通り　⑹　56通り

4 ⑴　$\dfrac{1}{2}$　⑵　$\dfrac{15}{2}$　⑶　$\dfrac{65}{2}\pi$

5 ⑴　（例）△BEFと△DCFにおいて，△ABCが正三角形より，∠DCF＝∠BAD……①　点Eは直線BDについて点Aと対称な点より，△ABD≡△EBDなので，∠BEF＝∠BAD……②　①，②より，∠BEF＝∠DCF……③　対頂角は等しいので，∠BFE＝∠DFC……④　③，④より，２組の角がそれぞれ等しいので，△BEF∽△DCF
⑵　$\dfrac{2\sqrt{21}}{7}$　⑶　$\dfrac{\sqrt{7}}{84}$

1〔独立小問集合題〕

⑴＜式の計算―因数分解＞与式＝$b(b^2-b-2)=b(b+1)(b-2)$

⑵＜二次方程式＞解の公式より，$x=\dfrac{-2\pm\sqrt{2^2-4\times1\times(-9)}}{2\times1}=\dfrac{-2\pm\sqrt{40}}{2}=\dfrac{-2\pm2\sqrt{10}}{2}=-1\pm\sqrt{10}$ となる。

⑶＜数の計算＞与式＝$\dfrac{1\times\{(1-\sqrt{2})-\sqrt{3}\}}{\{(1-\sqrt{2})+\sqrt{3}\}\{(1-\sqrt{2})-\sqrt{3}\}}=\dfrac{1-\sqrt{2}-\sqrt{3}}{(1-\sqrt{2})^2-(\sqrt{3})^2}=\dfrac{1-\sqrt{2}-\sqrt{3}}{1^2-2\times1\times\sqrt{2}+(\sqrt{2})^2-3}=\dfrac{1-\sqrt{2}-\sqrt{3}}{1-2\sqrt{2}+2-3}=\dfrac{1-\sqrt{2}-\sqrt{3}}{-2\sqrt{2}}=\dfrac{-1+\sqrt{2}+\sqrt{3}}{2\sqrt{2}}=\dfrac{(-1+\sqrt{2}+\sqrt{3})\times\sqrt{2}}{2\sqrt{2}\times\sqrt{2}}=\dfrac{-\sqrt{2}+2+\sqrt{6}}{4}=\dfrac{2-\sqrt{2}+\sqrt{6}}{4}$

⑷＜データの活用―確率＞５枚のカードから同時に２枚を選ぶとき，書かれた数字の組合せは，(1, 2)，(1, 3)，(1, 4)，(1, 5)，(2, 3)，(2, 4)，(2, 5)，(3, 4)，(3, 5)，(4, 5)の10通りある。このうち，２枚の数の積が奇数になるのは，奇数どうしの組合せになるときで，(1, 3)，(1, 5)，(3, 5)の３通りある。よって，積が偶数になる組合せは10－3＝7（通り）なので，求める確率は$\dfrac{7}{10}$である。

⑸＜連立方程式＞$2x+3y=4$……①，$3x-5y=-13$……②とする。①×3より，$6x+9y=12$……①′　②×2より，$6x-10y=-26$……②′　①′－②′より，$9y-(-10y)=12-(-26)$　$19y=38$　$\therefore y=2$　これを①に代入して，$2x+3\times2=4$，$2x+6=4$，$2x=-2$　$\therefore x=-1$

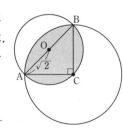

⑹＜平面図形―面積＞右図で，２つの円の共通部分は，円Cの$\overset{\frown}{\mathrm{AB}}$と弦ABに囲まれた部分と，半径$\sqrt{2}$の半円を合わせたものである。まず，△ABCは，AC＝BC，∠ACB＝90°より，直角二等辺三角形であり，AB＝2OA＝$2\sqrt{2}$なので，AC＝BC＝$\dfrac{1}{\sqrt{2}}$AB＝$\dfrac{1}{\sqrt{2}}\times2\sqrt{2}=2$となる。これより，円Cの$\overset{\frown}{\mathrm{AB}}$と弦ABに囲まれた部分の面積は，〔おうぎ形CAB〕－△ABC＝$\pi\times\mathrm{AC}^2\times\dfrac{90^\circ}{360^\circ}-\dfrac{1}{2}\times\mathrm{AC}\times\mathrm{BC}=\pi\times2^2\times\dfrac{1}{4}-\dfrac{1}{2}\times2\times2=\pi-2$となる。また，半径$\sqrt{2}$の半円の面積は，$\dfrac{1}{2}\times\pi\times(\sqrt{2})^2=\pi$である。よって，求める面積は，$\pi-2+\pi=2\pi-2$となる。

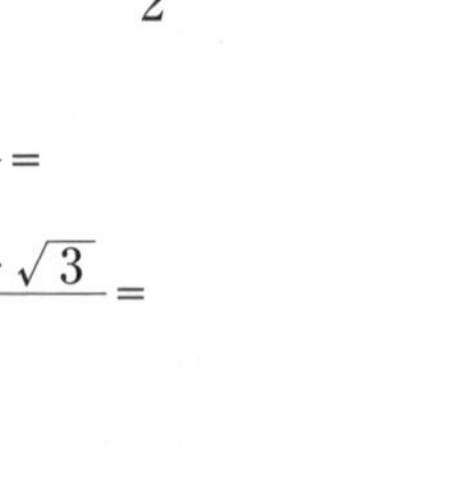

2〔関数―関数 $y=ax^2$ と一次関数のグラフ〕

放物線 $y=x^2$ 上の2点A，Bを通る直線の傾きは，A$(a,\ a^2)$，B$(b,\ b^2)$より，$\frac{a^2-b^2}{a-b}=\frac{(a+b)(a-b)}{a-b}=\underline{a+b}$ア……①となる。直線ABの切片を m とすると，その式は $y=(a+b)x+m$ となり，点Aの座標から，$x=a$，$y=a^2$ を代入して，$a^2=(a+b)\times a+m$，$a^2=a^2+ab+m$ より，$m=\underline{-ab}$イ……②である。右図のように，$C_0(-1,\ 1)$，$C_1(2,\ 4)$ のとき，①より，直線 C_0C_1 の傾きは，$-1+2=\underline{1}$ウであり，②より，切片は，$-(-1)\times 2=\underline{2}$エとなる。ここで，図のように，斜辺がそれぞれ C_0C_1，C_1C_2 で，他の2辺が x 軸，y 軸に平行な直角三角形 C_0C_1P と C_1C_2Q をつくると，直線 C_0C_1 の傾きが1のとき，$\frac{C_1P}{C_0P}=1$ より，$C_0P=C_1P$ となるから，$\triangle C_0C_1P$ は直角二等辺三角形である。これより，$\angle C_0C_1P=45°$なので，$C_0C_1\perp C_1C_2$ のとき，$\angle C_2C_1Q=180°-45°-90°=45°$ になり，$\triangle C_1C_2Q$ も $C_1Q=C_2Q$ の直角二等辺三角形である。よって，直線 C_1C_2 の傾きは $-\frac{C_1Q}{C_2Q}=\underline{-1}$オとなるから，①より，$2+c=-1$，$c=\underline{-3}$カとなり，②より，直線 C_1C_2 の切片は $-2\times(-3)=\underline{6}$キとなる。さらに，直線 C_2C_3 が直線 C_1C_2 に垂直のとき，直線 C_2C_3 の傾きは1となるので，①より，$-3+d=1$，$d=\underline{4}$クとなり，②より，直線 C_2C_3 の切片は $-(-3)\times 4=\underline{12}$ケとなる。以上のことから，点 C_n の x 座標は，n の値が偶数のときは $-(n+1)$，奇数のときは $n+1$ である。したがって，C_9 の x 座標は $9+1=10$ となり，C_{10} の x 座標は $-(10+1)=\underline{-11}$コとなるので，直線 C_9C_{10} の切片は，$-10\times(-11)=\underline{110}$サである。

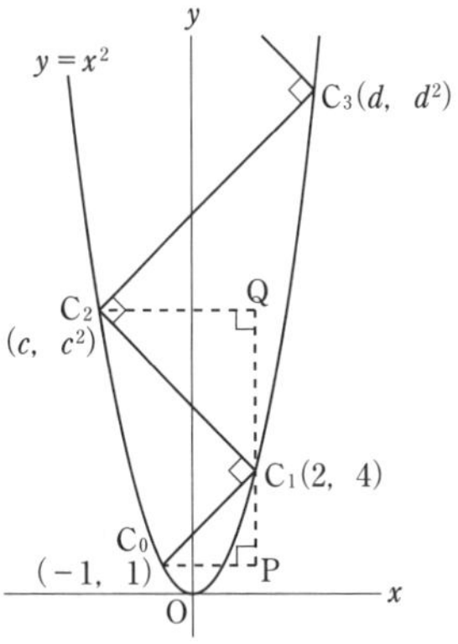

3〔データの活用―場合の数〕

(1)＜場合の数―座り方＞全ての席が空席のときは，両端が両方とも空いているので，ルール⓪より，1人目に来た人が座る位置はAかGの2通りある。

(2)＜場合の数―座り方＞1人がすでに座っているときは，その人はAかGに座っているので，ルール①より，2人目に来た人はもう片方の端の席に座ることになるので，1通りある。

(3)＜場合の数―座り方＞2人がすでに座っているときは，両端が両方とも埋まっているから，ルール②より，3人目に来た人は両隣が空席となるC，D，Eのどれかに座ることになる。よって，3通りある。

(4)＜場合の数―座り方＞右図1のように，3人がすでにA，D，Gに座っているとき，ルール⓪～②を満たす席はない。よって，ルール③より，4人目に来た人は片方の隣が空席となるB，C，E，Fのどれかに座ることになるから，4通りある。

図1

A	B	C	D	E	F	G

(5)＜場合の数―座り方＞全て空席の状態から，1人ずつ順番に4人が座るときの座り方を，(i)右上図1のように，3人がA，D，Gに座っている場合と，(ii)右図2のように，3人がA，C，Gに座っている場合，(iii)右図3のように，3人がA，E，Gに座っている場合に分けて考える。(i)の場合，ルール⓪より，1人目に来た人はAかGの2通りの座り方があり，ルール①より，2人目に来た人は，AかGのうち空いている一方に座るから，1通りの座り方があり，3人目に来た人はDに座るから，1通りの座り方がある。これより，3人目に来た人までの座り方は2×1×1＝2(通り)ある。さらに，(4)より，4人目に来た人の座り方は4通りあるから，この場合の座り方は，2×4＝8(通り)ある。(ii)，(iii)の場合，(i)の場合と同様に，3人目に来た人までの座り方は2通りある。さらに，ルール②より，4人目に来た人は，(ii)の場合はEに，(iii)の場合はCに座るから，4人目に来た人の座り方はそれぞれ1通りある。よって，

図2

A	B	C	D	E	F	G

図3

A	B	C	D	E	F	G

(ii)，(iii)の場合の座り方は，それぞれ $2\times1=2$(通り)ある。以上より，求める座り方は，$8+2+2=12$(通り)ある。

(6)<場合の数—座り方>(5)を利用して，5人目以降に来た人が座る座り方について考える。(5)の(i)の場合，右図4のように，空席が2つ並んだ席と，両隣が両方とも埋まっている席が1つある。よって，ルール③より，5人目に来た人は，空席が2つ並んだ席の一方に座るから，座り方は2通りあり，ルール④より，6人目に来た人は，両隣が両方とも埋まっている2つの席のうちの一方に座るから，座り方は2通り，7人目に来た人は残りの空いた席に座るから，座り方は1通りある。したがって，座り方は，$8\times2\times2\times1=32$(通り)ある。(5)の(ii)，(iii)の場合，右図5のように，両隣が両方とも埋まっている席が3つある。よって，ルール④より，5人目に来た人の座り方は3通り，6人目に来た人の座り方は2通り，7人目に来た人の座り方は1通りなので，座り方は，$(2+2)\times3\times2\times1=24$(通り)ある。以上より，求める座り方は，$32+24=56$(通り)ある。

図4

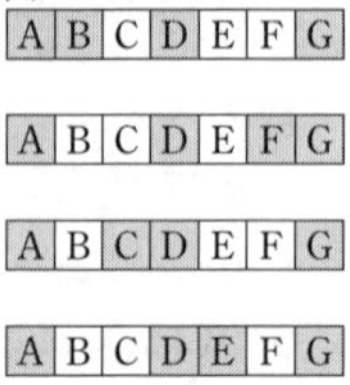

図5

4 〔関数—関数 $y=ax^2$ と一次関数のグラフ〕

≪基本方針の決定≫(3)　立体をいくつかの円錐に分けて求める。

(1)<比例定数>右図のように，放物線 $y=ax^2$ が A$(-2,\ 2)$ を通ることから，$x=-2$，$y=2$ を代入して，$2=a\times(-2)^2$，$4a=2$ より，$a=\frac{1}{2}$ となる。

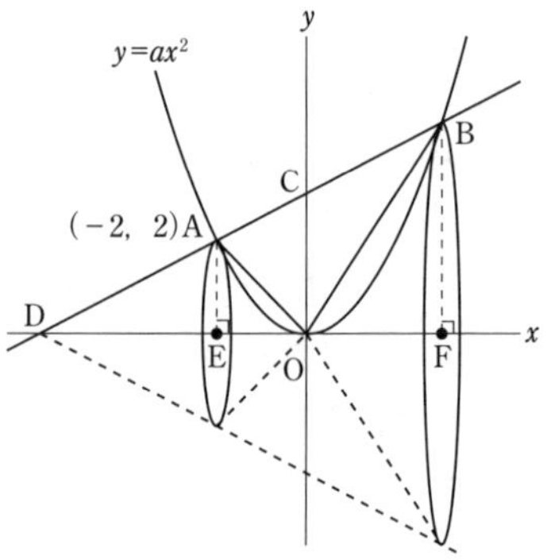

(2)<面積>右図で，点Aを通る傾き $\frac{1}{2}$ の直線の切片を b とすると，その式は $y=\frac{1}{2}x+b$ となり，点Aを通るから，$x=-2$，$y=2$ を代入して，$2=\frac{1}{2}\times(-2)+b$，$-1+b=2$ より，$b=3$ となる。よって，この直線の式は，$y=\frac{1}{2}x+3$ となる。点Bは，(1)より放物線 $y=\frac{1}{2}x^2$ と直線 $y=\frac{1}{2}x+3$ の交点だから，2式から y を消去して，$\frac{1}{2}x^2=\frac{1}{2}x+3$，$x^2=x+6$，$x^2-x-6=0$，$(x+2)(x-3)=0$ より，$x=-2,\ 3$ となる。よって，点Bの x 座標は3となり，y 座標は $y=\frac{1}{2}\times3^2=\frac{9}{2}$ となるので，$\mathrm{B}\left(3,\ \frac{9}{2}\right)$ である。ここで，直線ABと y 軸の交点をCとすると，切片が3であることから，C$(0,\ 3)$ であり，OC$=3$ となる。△OABを y 軸によって，△OACと△OBCに分け，それらの底辺をOCと見ると，2点A，Bの x 座標から高さはそれぞれ2，3となる。よって，△OAB$=$△OAC$+$△OBC$=\frac{1}{2}\times3\times2+\frac{1}{2}\times3\times3=\frac{15}{2}$ である。

(3)<体積>右上図で，直線ABと x 軸の交点をDとし，2点A，Bから x 軸にそれぞれ垂線AE，BFを引く。△OABを x 軸の周りに回転させてできる立体は，△DBFを x 軸の周りに回転させてできる円錐から，△OBF，△DAE，△OAEをそれぞれ x 軸の周りに回転させてできる円錐を除いた立体である。まず，点Dの座標を求める。(2)より，直線ABの式は $y=\frac{1}{2}x+3$ で，y 座標は0だから，$y=0$ を代入して，$0=\frac{1}{2}x+3$，$x=-6$ より，D$(-6,\ 0)$ である。次に，点E，Fの座標は，A$(-2,\ 2)$，$\mathrm{B}\left(3,\ \frac{9}{2}\right)$ より，E$(-2,\ 0)$，F$(3,\ 0)$ となる。よって，BF$=\frac{9}{2}$，DF$=3-(-6)=9$，OF$=3$，AE$=2$，DE$=-2-(-6)=4$，OE$=0-(-2)=2$ となる。したがって，求める立体の体積は，$\frac{1}{3}\times\pi\times$

$BF^2\times DF-\frac{1}{3}\times\pi\times BF^2\times OF-\frac{1}{3}\times\pi\times AE^2\times DE-\frac{1}{3}\times\pi\times AE^2\times OE=\frac{1}{3}\times\pi\times\left(\frac{9}{2}\right)^2\times 9-\frac{1}{3}\times\pi\times\left(\frac{9}{2}\right)^2\times 3-\frac{1}{3}\times\pi\times 2^2\times 4-\frac{1}{3}\times\pi\times 2^2\times 2=\frac{1}{3}\times\pi\times\left(\frac{9}{2}\right)^2\times(9-3)-\frac{1}{3}\times\pi\times 2^2\times(4+2)=\frac{81}{2}\pi-8\pi=\frac{65}{2}\pi$となる。

5〔平面図形―三角形〕

≪基本方針の決定≫(2)　線分AEと線分BDは垂直に交わり，その交点は線分AEの中点になることに気づきたい。

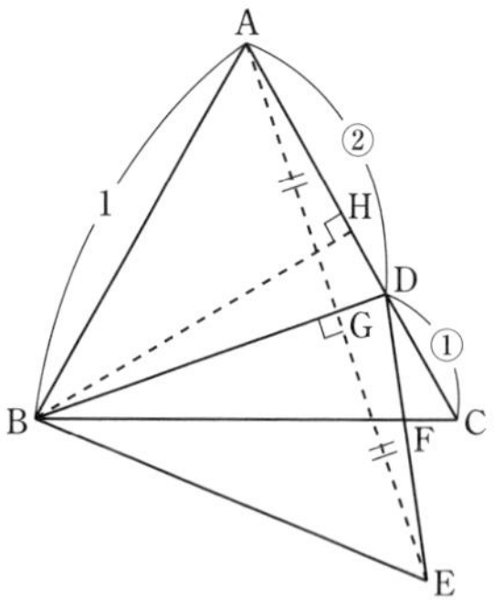

(1)＜論証＞右図で，△ABCは正三角形なので，∠DCF＝∠BAD＝60°である。また，点Aと点Eは直線BDについて対称なので，BD＝BD，AB＝EB，AD＝EDより，3組の辺がそれぞれ等しく，△ABD≡△EBDとなり，∠BEF＝∠BAD＝60°となる。よって，∠BEF＝∠DCF＝60°となる。解答参照。

(2)＜長さ＞右図のように，線分AEと線分BDの交点をGとすると，点Aと点Eは直線BDについて対称なので，AG⊥BD，AG＝EGである。これより，AGは△ABDの底辺をBDと見たときの高さに当たる。頂点Bから辺ACに垂線BHを引くと，点Hは辺ACの中点となるので，$AH=\frac{1}{2}\times AC=\frac{1}{2}\times 1=\frac{1}{2}$となる。△ABHは3辺の比が$1:2:\sqrt{3}$の直角三角形なので，$BH=\sqrt{3}AH=\sqrt{3}\times\frac{1}{2}=\frac{\sqrt{3}}{2}$となる。また，AD：DC＝2：1より，$AD=\frac{2}{2+1}\times AC=\frac{2}{3}\times 1=\frac{2}{3}$なので，$HD=AD-AH=\frac{2}{3}-\frac{1}{2}=\frac{1}{6}$となる。よって，△BDHで三平方の定理より，$BD=\sqrt{BH^2+HD^2}=\sqrt{\left(\frac{\sqrt{3}}{2}\right)^2+\left(\frac{1}{6}\right)^2}=\sqrt{\frac{28}{36}}=\frac{2\sqrt{7}}{6}=\frac{\sqrt{7}}{3}$である。ここで，$AG=x$とすると，△ABDの面積について，$\frac{1}{2}\times AD\times BH=\frac{1}{2}\times BD\times AG$より，$\frac{1}{2}\times\frac{2}{3}\times\frac{\sqrt{3}}{2}=\frac{1}{2}\times\frac{\sqrt{7}}{3}\times x$が成り立つ。これを解くと，$x=\frac{\sqrt{21}}{7}$となるから，$AG=\frac{\sqrt{21}}{7}$である。以上より，$AE=2AG=2\times\frac{\sqrt{21}}{7}=\frac{2\sqrt{21}}{7}$となる。

(3)＜体積＞右上図で，AD：DC＝2：1より，△ABD：△CBD＝2：1となる。よって，(2)より，$\triangle ABD=\frac{\sqrt{3}}{6}$なので，$\triangle CBD=\frac{1}{2}\triangle ABD=\frac{1}{2}\times\frac{\sqrt{3}}{6}=\frac{\sqrt{3}}{12}$となる。また，BD⊥AGより，△ABD⊥△CBDのとき，AGが，三角錐A-BCDの底面を△CBDと見たときの高さとなる。したがって，(2)で$AG=\frac{\sqrt{21}}{7}$より，〔三角錐A-BCD〕$=\frac{1}{3}\times\triangle CBD\times AG=\frac{1}{3}\times\frac{\sqrt{3}}{12}\times\frac{\sqrt{21}}{7}=\frac{\sqrt{7}}{84}$である。

国語解答

一 問１ a 微妙 b 舗装 c 威嚇 d 奉納 e 習俗

問２ はかせる　問３ ウ

問４ ウ

問５ 日本人が持っている，清潔感や浄不浄感によって空間をしきり，履き物を履いたり脱いだり専用の履き物を履いたりしている感覚。（59字）

問６ イ

問７ 履き物を脱ぐことが本来的に越境のための象徴的行為だということは，日本人が家の中と外との間に決定的な「しきり」を感じていることになるから。（68字）

問８ ア

二 問１ A そのまま聞こえてくる B 急に C 気の持ちがしっかりとした

問２ ウ

問３ 学校で“進まぬ復興”というビデオを見た時期が，璃久がちゃんとした料理を食べなくなった時期と一致しているということ。

問４ ウ　問５ オ

問６ 仙台を離れた今となっては現実感を持てない被災地の生活を，今もまだ続けなくてはならない人たちがいるということ。

問７ ア

問８ 御厨に諭され祐太の立場で考えたことで，自分がちゃんとした食事をとらないことがつまらない同情でしかないことに気づき，そのような行動をとっていた自分自身を情けなく思いしかりたい気持ち。

三 問１ ウ　問２ エ　問３ ア

問４ ウ　問５ 白髪の頭

問６ エ

一〔論説文の読解―文化人類学的分野―日本文化〕出典：柏木博『「しきり」の文化論』。

≪本文の概要≫私たち日本人は，履き物を脱ぐことで，公共的な空間である外部から私的な空間である内部に入ったと感じる。屋外でも敷物でしきられた場所の上では，私たちは，履き物を脱ぎ，トイレなどの不浄な場所では特別な履き物を履く。私たちが外から内に入ったときに履き物を脱ぐことは，清潔感や汚れ，浄不浄感やしきり意識と関わっている。日本語の中の履き物に関連する表現や慣習からは，履き物とはある境界を自在に行き来することを可能にするものであること，履き物がしきり空間と関わっていることがわかる。また，「沓掛」という地名が全国に見られることからは，履き物を脱ぐことが私たちの生活の中では，越境のための象徴的な行為であることがわかる。「畳の上で死にたい」という言葉があるが，それは履き物を脱いだ状態であり，私たちにとって最大の境界であるこの世とあの世の境を越えるときも，履き物を脱ぐことで浄土へ行けると考えられている。棺桶に履き物を入れるのは，浄土に至るまでの冥途の旅で必要だからで，清潔な浄土では再び履き物を脱ぐのである。

問１＜漢字＞a．「微妙」は，一言では言い表せないほど細かく複雑な様子。　b．「舗装」は，道路などの表面をアスファルトやセメントで敷き固めること。　c．「威嚇」は，威力をもって脅すこと。　d．「奉納」は，神に物品を供えたり，神前で芸能や競技を行ったりすること。　e．「習俗」は，ある地域や社会に昔から伝わる風俗，習慣，習わしのこと。

問２＜慣用句＞「下駄を履かせる」は，価値を高く偽るなど，物事を実際よりもよく見せる，という

意味。

問3＜文章内容＞「道にはさまざまな境・仕切りがある」のであり，道は，決して，どこも同じく平《へい》坦《たん》で区切りのないものではない。

問4＜文章内容＞私たち日本人は，「住まい」のような私的な空間にいるときは靴を脱ぎ，そこから出て「公共的な建物」や道路などの「パブリックな空間」にいるときは靴を履いて歩く。靴は「パブリックな空間」を歩くための装置であり，私たちは「パブリックな空間」と私的な空間とを区別して靴を着脱しているのである。

問5＜文章内容＞日本人は，履き物を脱いで外から内に入り，家の中の板の間ではスリッパを履き，畳の間ではスリッパを脱ぎ，トイレでは専用の履き物を履く。この「清潔感や汚れ，あるいは浄不浄感」による「しきり意識」に基づいて，日本人が履き物を着脱する感覚は，欧米人には理解できないかもしれない。

問6＜文章内容＞履き物には，「囲い込まれた室内という領域から，自らの主体性によって出ていくことのできる状態を保証するもの」という意味がある。したがって，「下駄を預ける」は，「自らの主体性」を放棄し，相手に自分の身柄を委ねる，という意味を持ち，同時に，相手に「油断」を与える，という意味を持つ。

問7＜文章内容＞黒田日出男は，履き物を履き，脱ぐことは「本来的に越境のための象徴的作法なのである」と結論している。この指摘は，「履き物は，やはり『しきり』を越えることと深くかかわっている」ことを意味している。つまり，日本人が「家の中に入る時に，履き物を脱ぐ」のは，日本人が家の中と外との間に「決定的な『しきり』」の存在を感じ，そのしきりを「越えていく行為」として履き物を脱ぐ行為をとらえているということを示唆している。

問8＜要旨＞黒田日出男は，「われわれはなにげなしにはきものを履いたり脱いだりしている」が，その行為は「本来的に越境のための象徴的作法なのである」と結論した(ア…○)。「下駄を預ける」という表現には，「『相手を油断させる』という意味が隠されている」が，「草鞋を脱ぐ」という表現は，「地域の親分などの家に一時，身をあずける(落ち着ける)といった意味」である(イ…×)。「清潔感や汚れ，あるいは浄不浄感」と関わる，日本人の履き物を履いたり脱いだりする感覚は，「欧米人にはなかなか理解できないかもしれない」のである(ウ…×)。下駄は，「明治以前ではさほど一般的な履き物ではなかった」ようである(エ…×)。日本人が履き物を履くのは外の「パブリックな空間」を渡り歩くときであり，履き物の着脱は「清潔感や汚れ，あるいは浄不浄感」と関係している(オ…×)。

二〔小説の読解〕出典：古内一絵『金のお米パン』。

問1＜語句＞A.「筒抜け」は，物音や話し声がそのまま他の人に聞こえること。　B.「はたと」は，急に状況などが変わる様子。　C.「気丈」は，気の持ち方がしっかりしている様子。

問2＜心情＞あるときを境にちゃんとした料理を食べなくなった息子の璃久が，カレーだけは食べたという話を聞いて，母親は，震災直後に公民館の炊き出しで毎日のようにカレーを食べていたことに思い当たった。しかし，そのことと璃久がちゃんとした料理を食べなくなったことが，どう関係があるのかわからず，母親は困惑して，「不安げに柳田と智子」を見た。

問3＜文章内容＞「符合」は，二つ以上の事柄がぴったりと合うこと。「ホームルームの時間に，“進まぬ復興”というビデオ」を見た「六月下旬」の時期と，璃久が母親のつくる料理を食べなくなった時期が，ぴったりと一致していたのである。

問4＜心情＞璃久は，御厨が性的マイノリティという立場で苦しんでいるうえに，重い持病があるこ

とを知り，この世が「不公平」で「酷すぎる」と怒りを覚えて，手が震えたのである。

問５＜文章内容＞ビデオを見て，璃久は，炊き出しに通った「公民館」でのこと(イ…○)，大人たちが「言い争い」していたこと(ウ…○)，自分たちには「帰る家があった」けれど(オ…×)，「津波で家が半壊してしまった人たちもたくさんいた」ことなどを思い出した(ア…○)。そして，気仙沼市の映像が映ったとき，「祐太の笑顔」が思い浮かんだ(エ…○)。

問６＜表現＞「一年ほど」仙台市に住んで，震災後，仙台を離れた璃久にとって，震災直後の被災地での暮らしは，今思えば，「異空間」のような，現実感のないものである。だが，復興の遅れから，震災当時のような不自由でつらい生活をいまだに強いられ，続けなければならない人々もいることを，ビデオを見た璃久は思い知ったのである。

問７＜心情＞璃久は，祐太の境遇を思い，自分がちゃんとした料理を食べないことで，祐太の苦しみを共有しようとしていた。そんな璃久に対し，だからといって璃久までが「母ちゃんの料理を食べずにいる理由には」ならないし，復興の遅れは「大人の責任」で子どもの力ではどうにもならないと，柳田が正論を言って「説教」をしたので，御厨は「ショールを投げつけ」て，柳田を黙らせた。

問８＜心情＞御厨に，「あなたが祐太君の立場」で，東京にいる大事な友達がちゃんとした料理を食べないというやり方で自分に共感しようとしていると知ったら，「あなたは一体，なんて言うかしら」と問われて，璃久は，祐太の立場で自分のしていることを考えた。そして，自分が祐太の立場だったら，「バカ，ふざけるな……つまんない同情なんてするな」と言うだろうと気づき，璃久は，自分のしていることが独りよがりの「つまんない同情」にすぎなかったことに思い至った。

三〔古文の読解―評論〕出典：向井去来『去来抄』。

≪現代語訳≫野明が言うことには，「句のさびというものはどのようなものなのでしょうか」。私去来が言うことには，「さびは句の色合いである。閑寂な句をいうのではない。／例えば，老人が甲冑を身につけて，戦場で働き，美しい衣装を着飾って高貴な宴席に列しても，(どことなく)老いの姿があるようなものである。にぎやかな(内容の)句にも，静かな(内容の)句にも(さびは)あるものである。今一句を例として示そう。／花守がいるなあ。(華やかな桜に)白髪の頭をつき合わせて　去来／(この句について)亡《な》くなった師が言うことには，『さび色がよく表れていて，喜ばしいことです』とのことであった」。

問１＜古典文法＞「にや」の「に」は，断定の助動詞「なり」の連用形で，「や」は，疑問の係助詞。係り結びの法則によって連体形になる結びが，省略されている。「あら」は，動詞「あり」の未然形。「む」は，推量の助動詞「む」の連体形。

問２＜現代語訳＞「いふに」の「に」は，断定の助動詞「なり」の連用形で，～で，と訳す。「あらず」の「ず」は，打ち消しの助動詞で，～ない，と訳す。

問３＜古文の内容理解＞去来は，野明に「句のさび」とはどういうものかと問われて，「句のさび」の例を挙げようとした。

問４＜現代語訳＞「あぐ」は，ここでは，例に挙げる，という意味。去来は，さびのある句の例を，野明に示そうとした。

問５＜俳句の内容理解＞「かしら」は，頭のこと。白い頭とは，老人の白髪頭のことである。

問６＜文学史＞松尾芭蕉は，向井去来の師で，江戸時代前期に成立した『野ざらし紀行』『おくのほそ道』の作者。正岡子規は，明治時代の俳人，歌人で，『墨汁一滴』などの作品がある。与謝蕪村は，江戸時代中期の俳人で，『新花摘』などの作品がある。小林一茶は，江戸時代後期の俳人で，『おらが春』などの作品がある。松永貞徳は，江戸時代前期の俳人で，貞門俳諧の祖。

Memo

Memo

2023年度 開智高等学校（第１回）

【英　語】（50分）〈満点：100点〉

I　以下の各設問に答えなさい。

1．The figure below shows two circles. One circle has its center at point B. The other circle has its center at point C and a radius of 7 cm. Four points A, B, C and D lie on the same line. Use π for the ratio of the circumstances of a circle to its diameter.

(1) Find the area, in cm^2, of the circle with its center at C.

(2) If the length of the line AD is 19 cm, find the diameter, in cm, of the circle with its center at B.

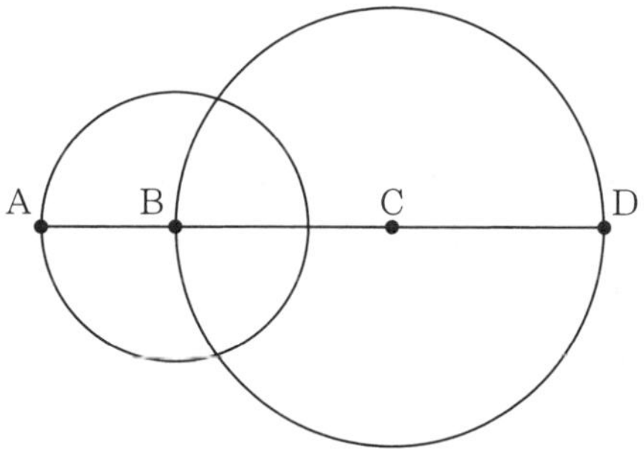

2．空所に入るべき英単語の意味を日本語で答えなさい。

(　　　) is a piece of tissue inside your body which connects two bones and which you use when you make a movement. All movement in the body is controlled by (　　　). Some (　　　) work without us thinking, like our heart beating, while other (　　　) are controlled by our thoughts and allow us to do stuff and move around.

3．空所に入れるべき歴史的出来事を日本語で答えなさい。

(　　　) was an event that changed the course of history in France and continued 10 years from 1789 to 1799. It began on July 1789, when revolutionaries stormed a prison called Bastille. The revolution came to an end in 1799, when a general named Napoleon overthrew the revolutionary government and established the French Consulate.

4．以下の英文は誰のことを言っているか。日本語で答えなさい。

He was a civil rights activist in the 1950s and 1960s. He led non-violent protests to fight for the rights of all people including African Americans. He hoped that America and the world could form a society where people will not be judged by the color of their skin but by the content of their character. He is considered one of the great public speakers of modern times, and his speeches still inspire many to this day.

Ⅱ 以下の各設問に答えなさい。

A それぞれの対話を読み、Questionに対する答えとして最も適切なものを、ア～エのうちから１つずつ選びなさい。

(1) A：What time is it?
B：It's eleven thirty.
A：Oh, we missed the first showing by ten minutes.
B：Yeah. We'll have two hours before the next one starts.

Question：What time is the second showing?
ア 11:20. イ 11:40. ウ 12:30. エ 13:30.

(2) A：Wow, this is easy to grip. It's cool.
B：You can keep it. I have lots of them.
A：Why is that?
B：My father works for a stationery company.

Question：What is Mr. A holding?
ア A bat. イ A racket. ウ A pen. エ A notebook.

(3) A：If you want to go to Yokohama, the last train leaves in 30 minutes.
B：Really? That early?
A：Yeah. Or you could take the night bus.
B：I hate buses. I guess I have to drive.

Question：How will Mr. B go to Yokohama?
ア By bus. イ By car. ウ By train. エ By plane.

(4) A：The pamphlet says the entrance fee is $10 per person.
B：Since we're a family of four, is the total $40?
A：It says children under twelve are charged half rates.
B：Tom is fifteen and Bill is eleven. So,...

Question：How much does the family have to pay?
ア $20. イ $30. ウ $35. エ $40.

(5) A：Do you know your way around the area?

B：Yes, I have driven there before.

A：There may have been some changes since you last went. We should take this.

B：All right.

Question：What are they going to take with them?

ア A dictionary. イ A newspaper.

ウ A camera. エ A road map book.

(6) A：I'll take this teddy bear.

B：Is it a present?

A：Yes. Could you gift-wrap it?

B：You should go to the service counter on the fifth floor.

Question：What will Ms. A do?

ア Buy some wrapping paper. イ Go to another floor.

ウ Look for the toy. エ Pay for the service.

(7) A：Hi, I'd like some stamps to send these post cards to Canada.

B：Fifty cents each, but they're sold in sheets of ten.

A：OK, I'll take two sheets then.

B：Here you go.

Question：How much is Ms. A going to pay?

ア $1.00. イ $5.00. ウ $10.00. エ $50.00.

(8) A：Good morning. May I help you?

B：I'm looking for a birthday present for my mother.

A：How about a scarf or a handkerchief?

B：This flower patterned one would go well with her coat.

Question：What is Mr. B going to buy?

ア A coat. イ A flower.

ウ A scarf. エ A handkerchief.

B　それぞれの対話を読み、最後の発言に対する応答として最も適切なものを、ア～エのうちから１つずつ選びなさい。

(9)　A：Mr. Tanaka's office.
B：May I speak to Mr. Smith?
A：Yes. May I ask who's calling?
B：It's Jane Brown from XYZ Company.
A：(　　　　　)

ア He has his mobile phone.
イ I'm sorry, but he's out now.
ウ Just a moment. Let me go get him.
エ That's fine. I'll call back later.

(10)　A：Ken, would you check my report before handing it in to the manager?
B：Sure. Can you give it to me today?
A：(　　　　　)

ア No problem. I'll give it to you tomorrow.
イ Sure. You can see him today.
ウ Thanks. I'll finish it by noon.
エ Yeah, he can check it for you.

(11)　A：I turned off the lights, gas, TV.
B：You left a window unlocked the other day.
A：I double-checked everything. Let's get in the car.
B：(　　　　　)

ア But I don't think you've locked the front door.
イ But I'm not sure where we are now.
ウ No. The traffic light is still red.
エ Yes, let's watch TV.

(12) A：Excuse me. Are those French fries you're eating?
B：What? Ah, yes. Would you like some? They're good.
A：Uh-mm. Those are mine. Yours are there.
B：(　　　　　)

ア Oh, I'm glad you liked it.
イ Oh, I'm so sorry.
ウ Oh, are you OK?
エ That's all right. I don't care.

(13) A：You look very tired.
B：I worked all night at the office.
A：Why didn't you take a taxi home?
B：(　　　　　)

ア I was too tired to drive.
イ I was too busy to take a taxi.
ウ I didn't have enough money.
エ I had to get home early.

(14) A：Oh, I'm sick of eating out every day.
B：Why don't you cook your own meals?
A：Me? I never learned how to cook.
B：(　　　　　)

ア Did you see a doctor?
イ Shall we go somewhere else?
ウ That restaurant serves good dishes.
エ Just give it a try.

(15) A：Here's your cafélatte, Madam.
B：Oh, that's not what I ordered.
A：I'm awfully sorry. May I ask what you ordered?
B：(　　　　　)

ア An iced tea, and a sandwich.
イ I'd like my coffee with milk.
ウ Yes. I asked you to do that.
エ I ordered cafélatte.

Ⅲ 以下の英文や資料を読み、設問の答えとして最も適切なものを、それぞれア～エの中から選びなさい。

You are a college student. You live alone in a studio apartment. You have two sisters who have already graduated from university and have jobs. You have just received an email from your father.

> Hi Kids!
>
> I am sending this email to all three of you to tell you some important news. As you may know, I am going to retire next March, and since none of you live at home anymore, your mom and I have decided to sell the house. I think it would be more convenient to move into a condominium in the city. Of course, this means that we will have to throw away most of our old belongings. I know you have things in your rooms that are important to you from your childhood. So I want you to come home when you have time and clean out your old rooms. We will do away with anything you don't take with you.
>
> Love,
>
> Dad

(1) The person who wrote the email plans to (　　　).

ア move to the country alone
イ quit his job in a few years
ウ find a more convenient place to live in
エ throw away all of his children's belongings

(2) The children should (　　　).

ア live alone in the city
イ help their father move into a new apartment
ウ come home as soon as they can
エ live with their parents

You are going to see a movie on Tuesday, July 3. You are looking at the theater website.

The 66th Street Theater Contact: 123-4567

MOVIE SCHEDULE & TICKETS

This page is for finding the best dates and times for you to see the movie.

The Latest News

A new movie titled "The Godfather Part Ⅳ" will start on July 26.

Ticket Finder

On the following calendar, you can check the schedules of the movies. The number in each box indicates how many seats are available. If the face icon is shown, it means all tickets have been sold. By clicking each showtime, you can proceed to the purchase page. Then, decide the number of tickets you want and choose your seats. If you visit our theater without a ticket, you may have to wait in line to buy your tickets.

Select Date

Today	Sun.	Mon.	Tues.	Wed.	Thu.
JUN 30	JUL 01	JUL 02	JUL 03	JUL 04	JUL 05

Click a movie time

Die Hard 1 hour 30 mins

10:00 a.m.	1:30 p.m.	4:00 p.m.	6:30 p.m.	8:30 p.m.
	84		58	42

Chinatown 2 hours 5 mins

9:45 a.m.	1:00 p.m.	4:30 p.m.	7:30 p.m.
94		54	36

The Dark Knight 3 hours 10 mins

9:30 a.m.	2:00 p.m.	6:00 p.m.	10:30 p.m.
40		20	18

The movies which end after 9:30 p.m. are only for adults.

(3) If the face icon is shown, (　　　).

ア you get information about the movie

イ it means that you need to show your student ID card

ウ the movie will not be played at that showtime

エ you cannot buy your ticket for that showtime

(4) If you go to the theater at 4:00 p.m. on July 3 without a ticket, you (　　　).

ア can enjoy "Chinatown" 30 minutes later

イ have to pay an additional fee to see any movies

ウ have to wait until 6:00 p.m. to see "Die Hard"

エ can enjoy "The Dark Knight" free of charge

(5) If you are 15 years old, you can purchase an advance ticket for (　　　).

ア the 6:30 p.m. showtime of "Die Hard"

イ the 7:30 p.m. showtime of "Chinatown"

ウ the 10:30 p.m. showtime of "The Dark Knight"

エ the 8:30 p.m. showtime of "Die Hard"

IV 次の英文を読んで、後の各設問に答えなさい。

In many parts of Europe, the temperature reached 40℃ in July, 2022. The brutal heat is a threat to not just the health of people. Art museums (a) *the Louvre in Paris, France, have ①[that / be / paintings / by / to / hurt / could] the heat. The famous "Mona Lisa," by Leonardo da Vinci, is (b) them.

The "Mona Lisa" may keep her mysterious smile because she is protected by one of Paris' best-kept secrets: an underground cooling system.

The little-known "urban cold" network is about 100 feet (②). It pumps out icy water through 55 miles of winding pipes, which cools the air in over 700 sites. The system, which uses electricity generated by renewable sources, is the largest in Europe.

Three of the 10 high-tech cooling sites lie on the *Seine river. When the Seine's water is cold enough, a machine catches it and uses it to cool the system's water. The ③[is / a / heat / creates / created / byproduct / as] sent back into the Seine. The cooled water is then pumped through the system's pipes to its 730 clients in Paris. The cooling sites all use renewable energy sources such (c) wind turbines and solar panels. Four new solar energy sites, which will feed into this network, are planning to be built.

Paris City Hall has now signed an ambitious *contract to increase the size of the network to 157 miles (d) 2042. The new contract will make the system (④) as large as now, and make it the largest urban cooling system in the world. This will help the city to fight against the threat of global warming.

The city is extending the cooling network to hospitals, schools, and metro transit stations over the next twenty years. It is possible the systems will be used in several Olympic sites in 2024.

When it gets hot, people often use air conditioning units. However, if all buildings in Paris use air conditioning, it will gradually create a very significant urban 'heat island' effect, which means the increased heat in cities. There is more urban infrastructure such (c) roads, which take in the sun's rays, making things hotter. (⑤) the pipe network may make the whole of Paris 1.0℃ cooler.

(注) *the Louvre ルーブル美術館　　*Seine river セーヌ川
*contract 契約

問１　空所（　a　）～（　d　）に入る最も適切な語を、次のア～キから１つずつ選び、記号で答えなさい。

ア until　　イ among　　ウ by　　エ as　　オ of　　カ like　　キ at

問２　下線部①、③の［　　］内の語句を正しく並べかえなさい。ただし、それぞれ余分な語が１つずつある。なお③にあるbyproductは「副産物」という意味である。

問３　空所（　②　）、（　④　）、（　⑤　）に入る最も適切な語句を、次のア～エからそれぞれ１つ選び、記号で答えなさい。

（　②　）　ア high　　イ wide　　ウ long　　エ deep

（　④　）　ア half　　イ twice　　ウ three times　　エ four times

（　⑤　）　ア So　　イ Because　　ウ Though　　エ But

問４　以下の説明に当てはまる語を本文中から１語で抜き出しなさい。

"the power that is carried by cables and is used to make machines work"

V 次の英文を読んで、後の設問に答えなさい。

Cars are becoming more and more technologically advanced. In the past decade, we have seen improvements in electric car technology and driverless cars. The latest advance comes from Mercedes-Benz. The luxury carmaker has unveiled a car (①) allows you to use your mind to make certain things work. The car giant unveiled its futuristic car at the IAA Mobility show in Munich earlier this week. The car is called Vision AVTR. The four capitalized letters at the end of its name are to make people think of the movie Avatar. This movie was about using the brain to connect with nature. A Mercedes spokesperson said the car would not be available for purchase any time soon. It is currently in the concept stage of production.

Mercedes is adopting a technology called brain-computer interface (BCI) in the Vision AVTR. The car's computers "read" brain signals and translate them into actions. Mercedes says the system needs about a minute to get to understand a new driver's thought processes. The driver will then be able to perform certain functions in the car using just their thoughts. Mercedes spokeswoman Britta Seeger spoke about (②) the futuristic car was. She said: "Mercedes-Benz is setting another milestone in the merging of man and machine." The Mercedes website says: "As soon as you get in, the car becomes an extension of your own body and a tool to discover the environment."

問1 空所 (①)、(②) に入る最も適切な語句を、それぞれ次のア～エから選び、記号で答えなさい。

(①) ア who　イ which　ウ when　エ where

(②) ア how she thought excited　イ how she thought exciting
ウ how excited she thought　エ how exciting she thought

問２　以下は本文をまとめたものです。（ 1 ）～（ 8 ）に適する語を、ア～チの中から選び、記号で答えなさい。同じ記号は２回以上使用してはいけません。また、大文字で始めるべき語も全て小文字から書かれています。

Cars are now advanced. （ 1 ） are electric cars and driverless cars. The latest advance is a car that （ 2 ） you use your mind to （ 3 ） things. It is from Mercedes. It is called the Vision AVTR. The letters "AVTR" make people think of the movie Avatar. We cannot （ 4 ） the car yet because it is just a concept car.

The Vision AVTR （ 5 ） brain-computer interface. Computers "read" the driver's brain. The driver can do things （ 6 ） use of only their thoughts. Mercedes said it is a （ 7 ） step in the （ 8 ） of man and machine. It said: "The car becomes an extension of your own body and a tool to discover the environment."

ア making	イ uses	ウ buy	エ joining	オ here
カ control	キ choice	ク lets	ケ jumping	コ big
サ drive	シ allows	ス sell	セ setting	ソ there
タ small	チ limit			

VI 以下の設問に答えなさい。

1．（　　　）内の日本語を［　　　］の語を用いて英語に直しなさい。その際、［　　　］内の語も含み英語6語になるようにしなさい。（don'tなどの短縮形は1語と数える）

A：Hello. Kaichi Bank. How may I help you?

B：Hello. I would like to send money to my son in the U.S. Can I do it through your bank?

A：Yes. The Omiya branch deals with that.

B：Fine. Is there anything I need to bring to the bank?

A：Yes, you need to bring your ID and if you have an account at the bank, bring your bankbook, please.

B：What are your office hours?

A：The bank is open from 8:30 a.m. to 4:00 p.m. but（お客様のいかれる窓口［section］）is open until 3:00 p.m.

B：I see. Thank you very much.

2．［　　　］内の単語を用いて自然な会話文になるように6語の英文を作りなさい。（［　　　］内の単語は1語と数え、またdon'tなどの短縮形も1語と数える）

A：I have a short business trip next week. Could you do some housework while I'm away?

B：Sure. What do you want me to do?

A：First, water the flowers in the garden early in the morning.

B：OK, no problem.

A：Next, make breakfast for everyone because your mother is very busy in the morning.

B：All right. I can make scrambled eggs, toast, and coffee.

A：The plates are on the top shelf. The shelf just under that, in the middle, is for glasses and cups.

B：Dad, I know. I know.

A：And in the evening,［　read　］Ayumi?

B：Sure, that'll be fun.

【数　学】 (50分) 〈満点：100点〉

(注) 1．分数は既約分数に直し，無理数は分母を有理化し，根号内はできるだけ簡単に，比はもっとも簡単な整数値にして答えること。

2．【考え方】に記述がなく，答えのみの場合は得点にはなりません。

1　次の各問いに答えなさい。

(1)　$(4x^2y)^2 \times (3xy^3)^4 \div (6x^3y^4)^3$ を計算しなさい。

(2)　$\dfrac{x+3y}{4} - \dfrac{2x+5y}{6}$ を計算しなさい。

(3)　2次方程式 $(x+2)^2 + 2(x+2) - 2 = 0$ を解きなさい。

(4)　$2\sqrt{7}$ の小数部分を a とするとき，$a^2 + 10a$ の値を求めなさい。

(5)　$a > 0$ とする。関数 $y = ax + b$ と，関数 $y = \dfrac{4}{x}$ について，x の変域が $1 \leqq x \leqq 3$ のとき，y の変域も一致した。a，b の値を求めなさい。

(6)　1，1，2，2，3の5つの数から3つの数を選び3桁の自然数をつくる。215より大きい数の個数を求めなさい。

(7)　AB＝AC＝$2\sqrt{2}$，BC＝4の三角形ABCと正三角形BCDがある。
点Aを中心とし，2点B，Cを通る円と，
点Dを中心とし，2点B，Cを通る円が，
図のように重なっている。
図の斜線部分の面積を求めなさい。

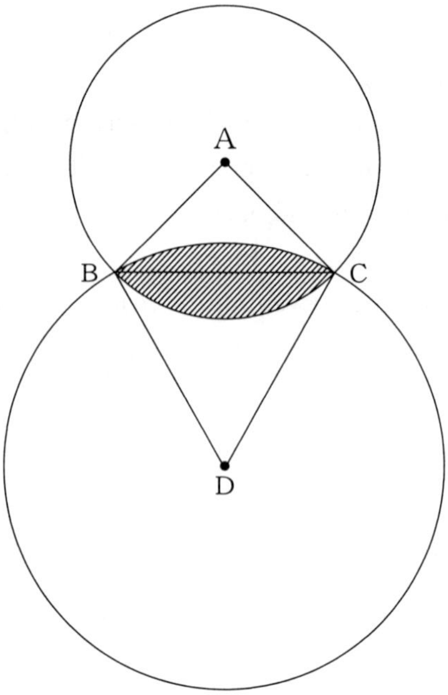

2　次の各問いに答えなさい。

(1)　図のような正四面体ABCDの頂点を点Pが1秒につき1回となりの点にそれぞれ $\frac{1}{3}$ の確率で移動をする。
はじめに点Pが点Aの位置にあったとき

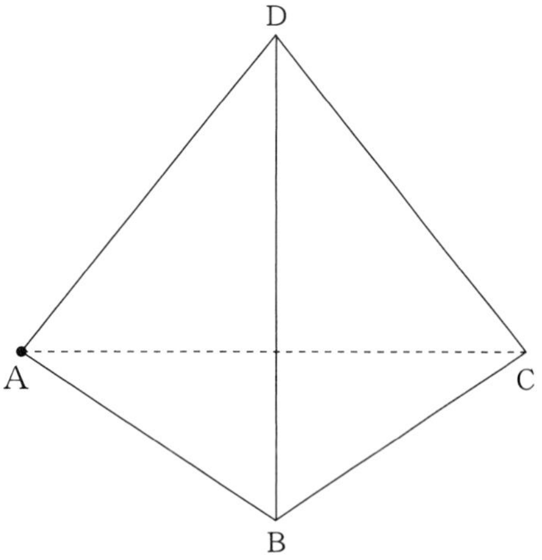

(i)　2秒後に点Aにいる確率を求めなさい。

(ii)　3秒後に点Aにいる確率を求めなさい。

(iii)　4秒後に点Aにいる確率を求めなさい。

(2)　2次関数 $y=\frac{1}{2}x^2$ 上に
3点A $(-2,\ 2)$，B，Cがあり，
Bの x 座標は1，Cの x 座標は4である。

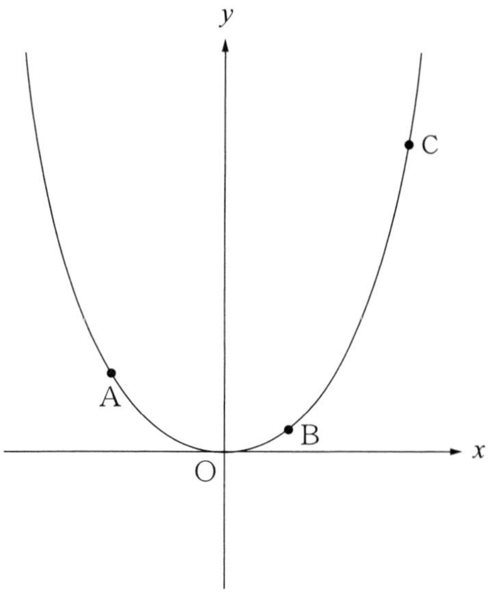

(i)　直線BCの方程式を求めなさい。

(ii)　点Dを $y=\frac{1}{2}x^2$ 上にAD // BCとなるようにとる。
点Dの座標を求めなさい。

(iii)　△ADCの面積を求めなさい。

3　3つの自然数 a，b，c を順に並べて3桁の自然数をつくる。
ただし関係式 $a+b+c=8$ が成り立っている。
たとえば $a=1$，$b=1$，$c=6$ のときは116ができる。
このとき次の各問いに答えなさい。

(1)　できる数は全部で何個あるか答えなさい。

(2)　できる数のうち，4の倍数は何個あるか答えなさい。

(3)　(1)でできる数をすべて加えるといくつになるか答えなさい。

4　正の数 x の整数部分を $[x]$ で表す。
例えば $[0.7]=0$，$[2]=2$，$[\sqrt{2}]=1$ である。
次の各問いに答えなさい。

(1)　$y=[x]$ のグラフを，$0<x\leqq 5$ の範囲でかきなさい。

(2)　(1)の結果を利用して，$[x]=\frac{3}{4}x$ を満たす x の値を，
$0<x\leqq 5$ の範囲ですべて求めなさい。

(3)　$y=[x^2]$ のグラフを，$0<x\leqq 2$ の範囲でかきなさい。

(4)　(3)の結果を利用して，$[x^2]=3x-3$ を満たす x の値を，
$0<x\leqq 2$ の範囲ですべて求めなさい。

5　AB＝8，AC＝6，∠BAC＝60°の△ABC がある。

点 B から辺 AC 上に下ろした垂線の足を D，点 C から辺 AB 上に下ろした垂線の足を E とする。また，BD と CE の交点を F とする。

次の各問いに答えなさい。

(1)　AE：EB を求めなさい。

(2)　BC の長さを求めなさい。

(3)　EF：FC を求めなさい。

(4)　4点 A，E，F，D を通る円の半径を求めなさい。

問7　この文章に関する説明として適切でないものを次の中から選び、記号で答えなさい。

ア　俊寛が高慢な態度をとる人物だったことが表現されている。
イ　仏道に関わる身とは思えない俊寛の醜態が表現されている。
ウ　一人だけ赦免されなかった俊寛が同情的に表現されている。
エ　俊寛の必死さと周囲の冷徹さとが対照的に表現されている。
オ　一人取り残される虚しさが「白波」の語に表現されている。

問8　『平家物語』と同じ時代に書かれた作品として最も適切なものを次の中から選び、記号で答えなさい。

ア　『源氏物語』　イ　『枕草子』　ウ　『古今和歌集』
エ　『太平記』　オ　『方丈記』

三　平安時代末期の僧俊寛《しゅんかん》は、平氏打倒の謀議を開いた罪により、藤原成経《ふじわらのなりつね》・平康頼《たいらのやすより》とともに薩摩（現在の鹿児島県）の鬼界《きかい》が島に流された。その翌年、平清盛の娘が懐妊したため、成経と康頼は赦免《しゃめん》されて都へ戻ることになったが、俊寛だけは許されなかった。以下は、成経と康頼を乗せた船が鬼界が島から出航する場面である。これを読んで、後の問いに答えなさい。

すでに注1纜《ともづな》解いて船押し出だせば、注2僧都《そうづ》綱に取り付き、①腰になり、脇になり、長《たけ》の立つまでは引かれて出づ。長も及ばずなりければ、僧都、船に取り付き、「さていかに、（それで、ねえ諸君）おのおの。②俊寛をばつひに捨てはて給ふか。a日ごろの情けも今は何ならず。許されなければ、都までこそかなはずとも、せめては、この船に乗せて③九国の地まで。」と、くどかれけれども（くり返し言ったけれど）、都の御使《おんつかひ》、「いかにも（どうにもなりませんね）④かなひ候《さふら》ふまじ。」とて、⑤取り付き給ひつる手を⑥引き除《の》けて、船をばつひに漕《こ》ぎ出だす。僧都bせん方なしに、渚《なぎさ》に上がり倒れ伏し、幼き者の乳母《めのと》や母などを慕ふやうに、c足摺《ず》りをして、「これ、乗せて行け。具して行け（連れて行け）。」とのたまひて、喚《をめ》き叫び給へども、漕ぎゆく船の習ひにて、跡は白波ばかりなり。

（『平家物語』）

注1　「纜」…船をつなぎとめておく綱。
注2　「僧都」…僧正《そうじょう》に次ぐ高位の僧。ここでは俊寛のことを指す。

問1　波線部a～cの意味として最も適切なものをそれぞれ後の中から選び、記号で答えなさい。

a　「日ごろの情け」
ア　いつもの風流心　　イ　この数日の愛情
ウ　何気ない思いやり　　エ　ふだんの友情
オ　昔からの恩義

b　「せん方なしに」
ア　泳ぐことができずに　　イ　悲しみにとらわれて
ウ　責める相手もなくて　　エ　どうしようもなくて
オ　何も言い返せなくて

c　「足摺りをして」
ア　痛めた足をさすって　　イ　じだんだを踏んで
ウ　砂に足をつっこんで　　エ　土下座のようにして
オ　両足をひきずって

問2　傍線部①「腰になり、脇になり」とはどのようなことか。その説明として最も適切なものを次の中から選び、記号で答えなさい。

ア　着物を腰や脇まで脱いで泳いでいるということ。
イ　腰や脇腹に必死でしがみついているということ。
ウ　腰や脇に綱を巻きつけて抵抗しているということ。
エ　腰や脇にすがるようにして頼んでいるということ。
オ　水深がだんだん深くなってきているということ。

問3　傍線部②「俊寛をばつひに捨てはて給ふか」の解釈として最も適切なものを次の中から選び、記号で答えなさい。

ア　この俊寛を結局お見捨てになるのですか。
イ　この俊寛を最後に見捨てていいのですか。
ウ　二人が俊寛を見捨ててしまうのかどうか。
エ　俊寛殿をとうとう見捨て申し上げるのか。
オ　俊寛殿も結局見捨てられなさるのですか。

問4　傍線部③「九国の地まで」とあるが、この後に省略されていると考えられる五字の表現を文中から抜き出して答えなさい。

問5　傍線部④「かなひ候ふ」をすべて現代仮名遣いのひらがなで書きなさい。

問6　傍線部⑤「取り付き」、⑥「引き除け」の主語をそれぞれ文中の語で答えなさい。

だと言いました。おやつといえば炭水化物であり、脂であり糖であった自分には不思議な体験でした。

娘は切ったキュウリを好まず、かわいい歯音を立てて丸齧《まるかじ》りをしては、嬉しそうに笑います。不思議な気持ちで私も齧ると、青い香りと穫《と》りたての瑞々《みずみず》しさが口の中一杯に広がるのです。畑を見ながら家族でキュウリを齧りつつ、私は一人奇妙な感傷の中にいました。こういうおやつも、幼い私はきっと食べたかったんだな、と。

（『キュウリ』仁木英之）

注1　「だんじり」…お祭りの際に引いたり担いだりする出し物。山車。
注2　「磯辺焼き」…お餅を焼いて、醤油をつけて海苔で巻いたもの。
注3　「ダブルソーダやチューペット」…どちらも冷菓の商品名。
注4　「きしめん」…平打ちにされた幅が広く薄い日本の麺。またそれを使った料理。

問1　波線部a～cの語句の本文中での意味として最も適切なものを後の中からそれぞれ選び、記号で答えなさい。

a　「与しない」
ア　同意しない　　イ　関与しない
ウ　理解しない　　エ　意味しない
オ　躊躇《ちゅうちょ》しない

b　「かもしだして」
ア　邪魔しだして　　イ　偽りだして
ウ　作りだして　　エ　良くしだして
オ　運びだして

c　「安普請」
ア　安心できる作り　　イ　必要最低限の作り
ウ　安全な建物　　エ　粗雑な建物
オ　一般的な建物

問2　二重傍線部A～Cの漢字の読みをひらがなで答えなさい。

問3　傍線部①「最強の団子、吉備団子」とあるが、なぜ「吉備団子」を「最強」と言うのか。本文の語句を用いて説明しなさい。

問4　傍線部②「吉備団子のおいしさを知っていた」とは、ここではどういう意味か。最も適切なものを次の中から選び、記号で答えなさい。

ア　吉備団子を実際に作ることで、どんな味かを理解していたということ。
イ　吉備団子を実際に食べてみたことで、味が分かっていたということ。
ウ　吉備団子の味を家族から教わったことで、味が想像できていたということ。
エ　祖父の思い出の味である吉備団子を、素晴らしい味だと思っていたということ。
オ　桃太郎の物語を読むことで、吉備団子の味が想像できていたということ。

問5　傍線部③「吉備団子」とあるが、ここで言う「吉備団子」として、最も適切なものを次の中から選び、記号で答えなさい。

ア　スゴイ団子　　イ　最強の団子
ウ　ホンモノの吉備団子　　エ　「青春の味」
オ　天下無敵の吉備団子

問6　傍線部④「餅は磯辺焼きで、ピザはトースターで温めて食べること自体は、嫌いではありませんでした」とあるが、この表現に込められている当時の筆者の心情を、三十字以上四十字以内で説明しなさい。

問7　傍線部⑤「それは親の合理的な判断であった」とあるが、どういうことか。分かりやすく説明しなさい。

問8　傍線部⑥「脂と糖は舌の恋人です」とあるが、ここに含まれる表現技法として、最も適切なものを次の中から選び、記号で答えなさい。

ア　直喩　　イ　擬人法　　ウ　対句法
エ　倒置法　　オ　体言止め

(文章2)

大阪市の平野区というところは、住宅地や工場が入り混じって建ち並ぶ下町です。その中でも私が幼い頃住んでいた喜連《きれ》という地は古く小さな家々が密集し、未舗装の道や田畑も残された場所でした。隣町の神社の祭りに出る注1だんじりを見るのが何よりの楽しみだったことを思い出します。

住んでいたのは棟続きの長屋で、借家でした。隣はごく普通の勤め人のご夫婦で、ポメラニアンなど飼われていました。こう書くと随分上品な感じもしますが、くしゃみや夫婦喧嘩《げんか》まで丸聞こえのc安普請だったのです。家の前にはごくわずかながら庭がありました。ヒラドツツジとヒイラギが植えられており、ツツジなどは春になると可憐《かれん》な薄紅色の花を咲かせたものです。庭はそれこそ一坪程度のものでしたが、共働きで忙しかった両親に庭の手入れをする余裕はありませんでした。年に数度、母方の祖父が庭の手入れに来ていたことを思い出します。

母はおやつを作る時間などないものですから、棚や冷凍庫の中に用意してくれているのが常でした。おやつというとお菓子が出て欲しいというのが子供の願いなのでありますが、真空パックされた餅か冷凍庫に詰められた小さなピザであることが多かったのです。

④餅は注2磯辺焼きで、ピザはトースターで温めて食べること自体は、嫌いではありませんでした。一人のおやつを食べている間、本やテレビを堪能することができましたし、妄想にふけることも限りなくできたからです。

夕食が遅めの我が家では、おやつは腹もちが良くなければならず、一人で温めたりできるものでなければならない。⑤それは親の合理的な判断であったと思います。夏場になれば、棚に入っているのが五十円玉に変わることがあって、注3ダブルソーダやチューペット二本など好きな冷菓を手に入れることができ、それはそれで満足度の高いものでした。一人でツツジの青い葉を見ながら食べるつまらなさを除いては。

家族が家にいて、おやつを食べるという経験もきっとあったはずです。週末にまで両親がいないというわけではありませんでしたから。それでも、平日の昼下がりに食べた餅とピザの味が、記憶にずっと残っているわけです。

おやつの時間には学校にいる、塾にいる、本屋さんにいる、ゲームセンターにいる、という生活が中学、高校と続きました。大学生になったらなったでおやつを食べるようなお金はないものですから、生活の中からそもそもおやつを食べるというリズムは消えていきました。腹を満たす間食はありましたが、それはおやつではなくやはり食事だったのです。唐揚げ入りの注4きしめんをおやつとは言いません。

おやつはしばしばA不摂生の代名詞として使われ、ダイエットの目の敵にされることがあります。ですが、不摂生がしたくて仕方のない時期も確かにあるのです。それは仕事や私生活のストレスがたまっていたり、どうしようもなく口寂しい時でした。空腹でもないのに菓子の類を頰張ってしまう。⑥脂と糖は舌の恋人です。うまく付き合えばこれ以上ない喜びを与えてくれるはずなのに、こうなると自分がB貪っているのか菓子に搾られているのか、わからなくなってきます。

おやつはもはやC甘美なものでも喜びでもなくなり、暮らしの中から消え失せて長い時間が経ちました。でも、娘が生まれ、育ってくるとそうもいかなくなります。子供の旺盛《おうせい》な食欲を見ていると、おやつをあげないのもかわいそうなのです。

自宅にはかつて住んだ長屋よりは少し広い程度の庭があります。私は家にいる仕事で、妻も今は主婦をやってくれているので野菜を育てています。ナスやトマト、オクラなどを植えていますが、その中にキュウリの苗を二本植えました。支柱を立て、ネットをかけてつるを這《は》わせるとどんどん伸びる。そして毎日のように実をつけてくれるのです。妻はそのキュウリを洗って棘《とげ》を取ったものをおやつ

ロジェクトだ、腰につけた吉備団子だけでは食糧として不十分である。それに犬と猿と雉も、団子ひとつで鬼退治に付き合うなんて阿《あ》呆《ほう》じゃなかろうか」

もちろん、この意見に私はa与《くみ》しない。

子どもの頃、私は「この吉備団子というものは、さぞかしスゴイ団子に違いない」と考えた。そう考えると、桃太郎の物語には、ちっともおかしいところはないのである。桃太郎世界を支配し、動かしているものは、あきらかに吉備団子だ。悪い鬼をやっつけたのは、桃太郎の力というよりも、吉備団子の力である。桃太郎という物語全体が、吉備団子を讃《たた》えるためにこそある。

①最強の団子、吉備団子。

ところで、私はホンモノの吉備団子を知らなかった。これは現代において桃太郎の物語を初めて読む子どもたちの多くがそうだろう。ひょっとすると岡山では吉備団子はそこらへんにたくさん転がっているものかもしれないが、少なくとも私が幼少期を過ごした頃の奈良では身近なものではなかった。

ところが、ひとたび吉備団子という言葉を知ってしまうと、桃太郎という物語の力ゆえに、その言葉が一種の「おいしさ」をbかもしだしてくるのだった。人間の想像力の不思議さである。現実の「吉備団子」を知ってしまった今となっては、あのときに感じていた幻のおいしさを再現する方法を知らないけれど、とにかく、私は吉備団子を食べるよりも前に、②吉備団子のおいしさを知っていたのである。

ところで私の母方の祖父は、岡山の第六高等学校（現在の岡山大学）の出身である。その関係もあるのか、今は亡き彼の好物は吉備団子であった。祖父から直接に聞いたことはないが、ひょっとすると「青春の味」であった、ということもあり得る。そういうわけで、吉備団子という言葉を憶《おぼ》えた何年後かに、私は祖父母の家でホンモノの吉備団子を食べた。そのとき、ガッカリしなかったといえば嘘になる。鬼も倒せるぐらいの力を与えてくれる天下無敵の団子として理想化されていたのだから、それはしょうがない。

さらに十五年ほど時が流れ、私が大学を出て働き始めてからのことである。

当時、恋人が注1福山で暮らしていて、私はときどき会いに出かけた。

福山駅で彼女と別れて京都へ帰るとき、私は土産物売り場で、廣《こう》榮《えい》堂の吉備団子を見つけた。福山は広島県になるが、文化圏的には岡山に近いから、吉備団子がお土産であってもおかしくない。そういうわけで私は吉備団子を買った。一応は広島県民としての自覚がある彼女は、「どうしてモミマン（注2もみじ饅頭）ではないのか？」と少し淋《さび》しげであったものの、それ以来、私が福山に訪ねていったときには、必ず改札前で別れるときに、吉備団子を持たせてくれたものである。

子どもの頃の失望の記憶はすでに遠く、吉備団子のぷにぷにとした食感と、淡い甘さがステキに感じられた。どことなく、彼女のほっぺたを思わせた。この吉備団子は、桃太郎の物語を読んだときに抱いた幻のおいしさからはずいぶん遠く隔たっている。しかし悪くはない。

その彼女が現在の妻である。妻はなんとなく③吉備団子に似ている。

妻がたまに実家に遊びに行ったときなどは、やっぱり吉備団子を買って帰ってくる。おやつの時間に封を開けるとき、

「おや、小さな妻がたくさん入っているぞ」

と思ったりする。

と、なんだかへんな話になりましたが、吉備団子はおいしいです。とくに私は、廣榮堂の「むかし吉備団子」の優しい味が好きであります。

（『吉備団子』森見登美彦）

注1　「福山」…広島県東部の市の名前。岡山県との県境にある。

注2　「もみじ饅頭」…もみじの葉をかたどった焼き饅頭。広島の銘菓。

問6　傍線部④「このような元素の考えは、人間の常識に受け入れやすい面があり」とあるが、なぜ「受け入れやす」かったと考えられるか、理由として最も適切なものを次の中から選び、記号で答えなさい。

ア　水・空気・火・土の4つの元素の混合によってすべてのものがつくられるという発想は、タレス以来の古代ギリシア人の常識だったから。

イ　「熱」「冷」「乾き」「湿り」など、人間が日常の生活の中で誰でも感じる感覚を用いて整理して説明しているため、理解しやすかったから。

ウ　人間は自分の目に見えるものしか信じないので、デモクリトスの唱えた原子論よりもアリストテレスの説明の方が納得しやすかったから。

エ　姿も形もない〝もとのもと〟という不思議なものが万物を形づくっているという考え方は、人々にとって魅力的な理論に感じられたから。

オ　デモクリトスの原子論は科学が発展した現代だからこそ理解できる考え方であり、古代ギリシア人には難しすぎて理解できなかったから。

問7　傍線部⑤「原子論は無神論者をつくり出す」とあるが、その説明として最も適切なものを次の中から選び、記号で答えなさい。

ア　原子論では霊魂まで含むすべてのものが原子によってつくられることになるが、その考え方は神がすべてをつくり上げたという信仰を否定し、ひいては神の存在を否定することにつながるということ。

イ　デモクリトスが「神様などいるはずがない」という観点から原子論を研究していたことが他の哲学者たちの記述によって明らかになったので、原子論はきわめて危険な思想だとみなされたということ。

ウ　原子論のもとになる考え方は、ひとまずすべてのものを破壊してひとつひとつの粒に戻してしまおうとする考え方なので、価値観を破壊し調和を乱すような行動につながる可能性があるということ。

エ　当時は「自然は真空を嫌う」という考え方が広く信じられていたにもかかわらず、真空という概念を持ち出して原子論を唱えたデモクリトスは、人々の信じる神のことも否定するはずだということ。

オ　キリスト教会ではアリストテレスを神格化して崇拝していたので、彼と対立していたデモクリトスの学説は神をもおそれぬありえない理屈であり、そのような理屈を信じることは無礼だということ。

問8　この文章では、主にタレス、エンペドクレス、デモクリトス、アリストテレスという、四人の哲学者の考え方が紹介されていますが、この四人の考え方に共通している点を七十字以上八十字以内で説明しなさい。

二　次の二つの文章は「3時のおやつ」をテーマに書かれたエッセイである。文章を読んで、後の問いに答えなさい。

（文章1）

桃太郎の鬼退治の話を知ったのはいつのことであろうか。そんな遠い昔のことは忘れてしまったけれども、当時の私のやわらかな脳に刷りこまれた桃太郎の物語において、何が一番重要なことであったかというと、それは「吉備団子」であった。それだけはハッキリ言える。

桃太郎が鬼退治に出かけるとき、おばあさんが持たせた吉備団子。犬と猿と雉《きじ》という心強い仲間たちが手助けしてくれるのも、吉備団子のためだ。

ここに、物語を楽しむ力を失って、ぺらっぺらに干からびたオトナがいるとしよう。彼の意見はこうである。「鬼退治という一大プ

「熱」は、水の性質のひとつである「湿り」と一緒になり、〝もとのもと〟は「熱」と「湿り」を受けとって「空気」（本当は空気ではなく湯気）になって立ち上る。水が蒸発してしまうと、火の性質の「乾き」と水の性質の「冷」と一緒になって、土（本当は水に溶けていたカルシウムなどのミネラル分）になる、というわけです。

アリストテレスの、④このような元素の考えは、人間の常識に受け入れやすい面があり、とくにヨーロッパでは19世紀まで影響を与え続けました。また、彼の論理と自然についての考えは、多くの点で注4キリスト教会に利用されました。その結果、彼は神格化され、eケンイとして祭り上げられました。⑤原子論は無神論者をつくり出すということで、キリスト教会やときの支配層によって追放されました。

（『中学生にもわかる化学史』左巻健男《さまきたけお》）

注1 「ミレトス」…アナトリア半島（現在はトルコ共和国の領土）にあった古代ギリシア人の植民市。

注2 「シチリア島」…イタリア半島の南西にある島で、古代ギリシア人の植民地だった。

注3 「放射性の原子」…カリウムやラジウムなど、自発的に放射線を放出して崩壊する元素がある。

注4 「キリスト教会」…キリスト教では基本的に、人間を含むこの世界を創造したのは神だとされている。

問1 波線部a～eのカタカナをそれぞれ漢字に直しなさい。なお、文字は楷書で一画ずつ丁寧に書くこと。

問2 傍線部①「彼が目をつけたのは水です」とあるが、その理由として最も適切なものを次の中から選び、記号で答えなさい。

ア 船で海を旅していたタレスにとって水は最も身近なもので、万物が水からできていると考えると都合がよかったから。

イ 水は温度によって姿を変えたり、消えてなくなったり、再び出現したりする、不思議な力を持っていると感じたから。

ウ 水が目まぐるしく形を変えたり、また元の形に戻ったりする点が、世の中のすべてのものに共通すると考えたから。

エ 水は人間の生活に最も必要とされるものであり、世の中のすべてのものにとっても同じように必要だと考えたから。

オ タレスは、世界中を旅するなかで、私たちが生活の中で使っている水とは違う種類の水があることを発見したから。

問3 傍線部②「皮肉」とあるが、なぜ「皮肉」であるのか、理由を七十字以上八十字以内で説明しなさい。

問4 空欄Aに当てはまる最も適切な表現を次の中から選び、記号で答えなさい。

ア 前後不覚でした　イ 本末転倒でした

ウ 虚構にすぎません　エ 偶然の産物でした

オ 賞賛に値します

問5 傍線部③「デモクリトスの原子論は、アリストテレスによって批判されます」とあるが、その理由として最も適切なものを次の中から選び、記号で答えなさい。

ア アリストテレスは、どんな物質でも打ち砕いてただの粒に戻そうとするデモクリトスの考え方を乱暴だと感じ、認められなかったから。

イ アリストテレスは、放射性の原子の存在によって、デモクリトスの「原子」は壊れることがないという理論を否定できると考えたから。

ウ アリストテレスは、プラトンの弟子でアレクサンドロス大王の家庭教師であるという立場上、過去の哲学者を否定する必要があったから。

エ アリストテレスは、デモクリトスの考えた「原子」もさらに細分可能と考える一方、原子のあいだにすきまがあるとは考えなかったから。

オ アリストテレスは、デモクリトスの「原子」に関する理論よりも、周囲の人々の「自然は真空を嫌う」という感覚を重視したから。

が、位置を占めたり、動きまわるためには、そのための「空っぽの空間」がなくてはならないと考えたのです。

　彼が頭に思い浮かべたのは「無数の原子が、原子以外はない空っぽの空間の中で絶え間なく動きまわり、ぶつかり合ってはｄウズをつくり、ある原子は、別のいくつかの原子とくっつき合って、ひとつのかたまりになり、そのかたまりが、いつしか壊れて、もとのばらばらの原子に戻る」という世界です。「原子の並び方や組み合わせを変えれば、違う種類の物質をつくることもできる、万物は原子が組み合わされることでつくられている、〝火、空気、水、土〟も例外ではない」と考えたのです。

　このような万物が原子からできているという理論を、原子論といいます。

　デモクリトスは、原子論を霊魂までおしひろげ、霊魂も原子からできていて、その原子は丸くてすべすべして活発に運動し、生命のはたらきを起こさせるとしました。

　デモクリトスの原子論からすると、鉄と鉛では同体積で鉛のほうがずっしり重く、やわらかいことはこう説明されます。

「鉛のほうが、原子が鉄よりもたくさん詰まっている。鉄は、原子の間にすきまがあるところとぎっしり詰まっているところがある。だから、鉛よりもすきまがあるのに硬いのだ。鉛は原子が平均的に詰まっているので、全体的にすきまが少ないのに鉄のようにぎっしり原子が詰まっているところもないからやわらかい」

　現代の化学の根本原理は原子論です。注3放射性の原子の存在のために、「壊れることはない原子」の考えは誤りになっていますが、古代ギリシアの時代に、原子論を想像できた自然科学者がいたことは［　A　］。

（中略）

③デモクリトスの原子論は、アリストテレスによって批判されます。アリストテレスは、デモクリトスがなくなった年に、まだ少年でした。

アリストテレスは、プラトンの弟子であり、大帝国をつくったアレクサンドロス大王が皇太子時代の家庭教師でもありました。アレクサンドロス大王は彼を大切にして、学問を研究するための費用を惜しみなく与えました。あらゆる分野について本を書き、弟子もたくさんいました。「アリストテレスのいうことなら間違いはない」というのが、学問をする人たちの気分でした。

　アリストテレスは、原子論を「どんな物だって打ち砕けば小さな粒になるではないか、壊れることのない粒なんてありえない、また真空なんて存在するはずがない、見たところ空っぽの空間にも何かが詰まっているのだ」と批判しました。

　彼の考えを人々は「自然は真空を嫌う」という言葉で言い表しました。

　では、アリストテレスは万物をつくる〝もと（元素）〟をどう考えていたのでしょうか。彼は、万物はたった一つの原料、『いろいろな〝もと〟の、そのまた〝もと〟』から形づくられたと考えました。これは、万物は「火、空気、水、土」という〝もと〟が混じり合い、結びつき合ってできているが、「火、空気、水、土」という〝もと〟のそのまた〝もと〟というひとつからできている、ということです。つまり、一つの〝もとのもと〟を考えたのです。

　彼のいう〝もとのもと〟とは何でしょうか。

彼の考えの〝もとのもと〟には、姿も形もありません。

●〝もとのもと〟に「熱」と「乾き」という性質が加わると、「火」が現れる

●〝もとのもと〟に「熱」と「湿り」という性質が加わると、「空気」が現れる

●〝もとのもと〟に「冷」と「湿り」という性質が加わると、「水」が現れる

●〝もとのもと〟に「冷」と「乾き」という性質が加わると、「土」が現れる

たとえば、なべに水を入れて火にかけると、火の性質のひとつの

二〇二三年度　開智高等学校（第一回）

【国　語】（五〇分）〈満点：一〇〇点〉

一　次の文章を読んで、後の問いに答えなさい。

「すべてのものは何からできているか」という a コンゲン的な問いに、最初に答えたのはタレスです。タレスは、注1ミレトスの大貿易商人でした。地中海を船で旅したり、交易をしたり、オリーブ油をエジプトに売りに出かけたりしました。広い世界を歩いて、彼は「すべてのものは何からできているか？」という大問題と取り組んだのでした。

（中略）

タレスは「すべての物質がただひとつの〝もと〟からできているからに違いない」と考えました。①彼が目をつけたのは水です。

「水は冷えると氷になり、温めると元に戻る。温められた水は、目に見えない水蒸気に変わり、冷えると目に見える湯気になり、水滴をつくる。川や海や地面の水は、水蒸気になって空にのぼり、雲になる。雲からは雨や雪が降る。水の変わり方はさまざまで、どんなに変化しても消えてなくならない。金属の変わり方も、生物の体の変わり方も、水の変わり方と同じところがある。

姿や形は変化しても、それらのものが、消えてなくならないのは、すべてのものが何か〝もと〟のようなものからできているからだろうか。金属や生物の体を形づくる〝もと〟も、みな同じではないだろうか。そこで、すべてのものを形づくる〝もと〟に〝水〟と名づけよう」

その〝水〟は、私たちが飲んだり、体を洗ったりする、そこらへんにある水ではありません。休むことなく変化し、姿を変えて他の物質を生み出し、やがて再び初めの姿に戻っていくような、万物の〝もと〟になるようなものは、〝水〟と名づけるのが一番ふさわしいと考えたのです。

タレスの〝水〟がきっかけになって、たくさんの学者が、何が万物の〝もと（元素）〟だろうかと議論を重ねました。ある人は〝もと（元素）〟を「空気」として、その圧縮と b キハクによって、それぞれ水と土、火ができ、それで自然界をつくりあげると考えました。またある人は〝もと（元素）〟を〝火〟として、「燃え上がり、消え、いつでも活動する火」を自然界になぞらえました。

（中略）

タレスのように、万物の〝もと（元素）〟をたったひとつと限定するのは無理があると考える者も現れました。注2シチリア島のエンペドクレスです。

彼は、万物の〝もと（元素）〟を、とりあえず水、空気、火、土の4つに設定し、「画家が絵具を混ぜるように、四元素の混合によって自然のすべてのものがつくられる」と述べました。水、空気、火、土のひとつひとつが、タレスが考えたように「不生・不滅」で、休むことなく姿を変え、いつかはもとに戻る元素なのです。

そんな時代に一人の知の巨人があらわれました。デモクリトスです。彼は73冊の本を書いたといわれていますが、今は一冊も残っていません。原子論は「神様などいるはずがない」という無神論を主張するもとになるので、宗教を大事にする支配者や民衆から c ウトまれて、燃やされたり捨てられたりしてしまったのでしょう。今、私たちがデモクリトスのことを知ることができるのは②皮肉にも、主に原子論に反対した哲学者たちが、彼の考えを自分の本に書き残していたからです。

彼は万物をつくる〝もと〟は、無数の粒になっていて、一粒一粒は壊れることがないと考えました。それを壊してもっと小さな粒にはすることができない一粒一粒を、ギリシア語の「壊れない物」から「アトム」（原子）とよぶことにしました。

彼は、もう一つ、大切なことに気づいています。それは「空っぽの空間」（空虚）、現代の科学のことばでいえば「真空」です。原子

英語解答

I 1 (1) 49π (2) 10　2 筋肉
3 フランス革命　4 キング牧師

II (1) エ (2) ウ (3) イ (4) ウ
(5) エ (6) イ (7) ウ (8) ウ
(9) ウ (10) ウ (11) ア (12) イ
(13) ウ (14) エ (15) ア

III (1) ウ (2) ウ (3) エ (4) ア
(5) ア

IV 問１ a…カ b…イ c…エ d…ウ
問２ ① paintings that could be hurt by
③ heat created as a byproduct is
問３ ②…エ ④…ウ ⑤…エ
問４ electricity

V 問１ ①…イ ②…エ
問２ １…ソ ２…ク ３…カ ４…ウ
５…イ ６…ア ７…コ ８…エ

VI １ （例）the section you will go to
２ （例）can you read a book for

I〔読解総合―説明文〕

１＜要旨把握―図形＞≪全訳≫「下の図は２つの円を示している。１つの円は点Ｂを中心とする。もう１つの円は点Ｃを中心とし，半径は７cm である。４つの点，Ａ，Ｂ，Ｃ，Ｄは同一直線上にある。円周率はπを用いること」　(1)「点Ｃを中心とする円の面積は何 cm^{2}か」　この円の半径は７cm なので，面積は$\pi \times 7^2 = 49\pi$ (cm^2)となる。　(2)「直線ＡＤの長さを19cm とした場合，点Ｂを中心とする円の直径は何 cm か」　ＡＤ＝19cm，ＣＤ＝７cm なので，ＡＢの長さは$19 - 7 \times 2 = 5$ (cm)。円Ｂの直径は$5 \times 2 = 10$(cm)となる。

２＜適語補充―生物＞≪全訳≫「筋肉は２つの骨をつなぎ，動作をするときに使う，体内の組織の一部である。身体の全ての動きは筋肉によって制御されている。筋肉の中には，心臓の鼓動のように無意識に作用するものがあり，一方，意思によって制御され，私たちが物事を行ったり動き回ったりすることを可能にする筋肉もある」　tissue「(生物の細胞の)組織」

３＜適語補充―世界史＞≪全訳≫「フランス革命はフランスの歴史の流れを変えた出来事で，1789年から1799年の10年間続いた。これは1789年７月に始まり，そのとき，革命勢力がバスティーユ牢獄を襲った。この革命は1799年に終結し，その時点でナポレオン将軍が革命政府を転覆させ，フランス執政政府を樹立した」　revolution「革命」

４＜要旨把握―世界史＞≪全訳≫「彼は1950年代と1960年代の公民権運動の活動家である。彼はアフリカ系アメリカ人を含めた全ての人民の権利のために戦おうと，非暴力の抵抗運動を指導した。彼はアメリカと世界が，人々が肌の色ではなく人格によって判断されるような社会を形成することを望んでいた。彼は近代の最も偉大な演説者の１人だと考えられており，彼の演説は今日に至るまで多くの人々に感銘を与え続けている」　civil rights「公民権，人権」

II〔対話文総合〕

Ａ＜英問英答＞

(1)Ａ：今何時？／Ｂ：11時30分だよ。／Ａ：えっ，第１回の上映を10分差で逃しちゃったな。／Ｂ：そうだね。次の上映が始まるまで２時間あるよ。
Ｑ：「第２回の上映は何時か」―エ．「13時30分」

(2)Ａ：わあ，これは握りやすいな。かっこいいし。／Ｂ：君にあげるよ。僕はたくさん持ってるから。／Ａ：それはどうして？／Ｂ：僕の父が文房具の会社に勤めてるんだ。

Q：「Aさんは何を手に持っているか」―ウ.「ペン」 grip「～を握る」 stationery「文房具」

(3)A：横浜に行きたいなら，最終列車が30分後に出るよ。／B：ほんと？ そんなに早いの？／A：そうだよ。それか，夜行バスもあるよ。／B：バスは嫌いなんだ。自分で運転していくしかないかな。

Q：「Bさんはどうやって横浜に行くつもりか」―イ.「車で」 drive「車を運転する」

(4)A：このパンフレットには，入場料は1人10ドルって書いてある。／B：私たちは4人家族だから，合計40ドルってこと？／A：12歳未満の子どもは半額って書いてあるよ。／B：トムは15歳でビルは11歳だね。ということは…

Q：「この家族はいくら払わなければならないか」―ウ.「35ドル」 11歳のビルだけ半額になる。

(5)A：その地域周辺の道は知ってるの？／B：うん，以前その辺りを運転したことがあるんだ。／A：君が最後に行ってから，いくらか変わったかもしれないよ。これを持っていった方がいいね。／B：わかったよ。

Q：「彼らは何を持っていくつもりか」―エ.「道路地図の本」

(6)A：このクマのぬいぐるみをください。／B：贈り物ですか？／A：そうです。プレゼント用に包装していただけますか？／B：5階にあるサービスカウンターに行ってください。

Q：「Aさんは何をするか」―イ.「別の階へ行く」 商品を包装してもらうため5階へ行く。

(7)A：こんにちは，これらの郵便はがきをカナダに郵送するのに切手を何枚か欲しいのですが。／B：1枚50セントですが，10枚つづりのシートでの販売となります。／A：わかりました，じゃあ2シートください。／B：はい，どうぞ。

Q：「Aさんはいくら支払うか」―ウ.「10ドル」 50セントは0.5ドル。$0.5 \times 10 \times 2 = 10$

(8)A：おはようございます。何かお探しですか？／B：母への誕生日プレゼントを探しているんです。／A：スカーフかハンカチはいかがですか？／B：この花柄のは母のコートに似合いそうです。

Q：「Bさんは何を買うか」―ウ.「スカーフ」 店員はスカーフかハンカチを勧めており，Bさんはコートに合う品物を選んでいる。

B＜適文選択＞

(9)A：タナカ氏のオフィスです。／B：スミスさんとお話しできますか？／A：はい。どちらさまでしょうか？／B：XYZカンパニーのジェーン・ブラウンと申します。／A：少々お待ちください。ただ今お呼びいたします。 ∥‘let＋人＋動詞の原形’で「〈人〉に～させる」。go get him は go and get him の and が省略された形。

(10)A：ケン，部長に提出する前に，私の報告書をチェックしてもらえる？／B：いいよ。今日渡してもらえる？／A：ありがとう。正午までには仕上げるわ。 ∥報告書のチェックを引き受けてくれたBに，報告書をその日にもらえるかときかれたAの返答。会話が成立するのはお礼を言ってその日の昼までに仕上げると伝えるウだけ。

(11)A：電気とガスとテレビは消したよ。／B：あなたはこの前，窓の鍵をかけてなかったわよ。／A：全部2回確認したよ。車に乗ろう。／B：でも玄関の鍵をかけてないと思うわ。 ∥車で出かける前に戸締まりを確認している場面。会話が成立するのは，まだ閉め忘れているものがあると指摘するアだけ。

(12)A：ちょっといい？ それはあなたが食べてるフライドポテト？／B：何？ ああ，そうだよ。少し食べてみる？ おいしいよ。／A：あのね。それは私のポテトよ。あなたのはあっち。／B：えっ，ほんとにごめん。 ∥BはAのポテトを自分のものだと勘違いして食べていたので，謝

ったのである。

(13)Ａ：すごく疲れてるみたいだね。／Ｂ：一晩中オフィスで働いてたんだ。／Ａ：どうしてタクシーで帰らなかったの？／Ｂ：お金が足りなかったんだよ。／／タクシーで帰らなかった理由として最も適切なのは，お金が十分になかったというウ。

(14)Ａ：あーあ，毎日外食するのに飽きちゃったな。／Ｂ：自分でごはんをつくったら？／Ａ：僕が？　料理の仕方を習ったことがないんだ。／Ｂ：とにかくやってみなよ。／／give it a try「やってみる」

(15)Ａ：こちら，ご注文のカフェラテでございます，お客様。／Ｂ：あら，私が頼んだものと違うわ。／Ａ：大変申し訳ございません。ご注文の品をおうかがいしてもよろしいですか？／Ｂ：アイスティーとサンドウィッチよ。／／最初に注文したものをきき直してきた店員に対する返答である。

Ⅲ〔長文読解―内容一致〕

＜Ｅメール＞≪全訳≫❶あなたは大学生だ。あなたはワンルームアパートで一人暮らしをしている。あなたには，すでに大学を卒業して働いている姉が２人いる。あなたはちょうど父からのＥメールを受け取ったところである。❷やあ，子どもたち！／大事なニュースを伝えたくて，君たち３人全員にこのメールを送っています。みんな知ってのとおり，私は今度の３月で退職することになりますが，君たちはもう誰もこの家には住んでいないので，お母さんと私はこの家を売ることに決めました。都市部にある分譲マンションに引っ越した方がもっと便利になると思います。もちろん，このことはうちにある古い持ち物の大半を処分しなければならなくなるということです。君たちの部屋には大切な子どもの頃の物が置いてあることを知っています。だから，時間のあるときに帰省して，自分の昔の部屋を片付けてほしいのです。君たちが持っていかない物はこちらで全て処分します。／愛を込めて／父より

＜解説＞(1)「このＥメールを書いた人物は(　　)予定である」―ウ．「生活するのにより便利な場所を見つける」　メール本文第３文参照。　(2)「子どもたちは(　　)べきである」―ウ．「できるだけ早く帰省する」　メール本文最後の２文参照。大切なものが処分されてしまう前に，部屋の整理をしに帰った方がいい。

＜広告＞≪全訳≫❶あなたは７月３日火曜日に映画を見る予定だ。あなたはその映画館のウェブサイトを見ている。❷第66回ストリートシアター　連絡先：123－4567／映画のスケジュールとチケット／このページはお客様が映画を鑑賞するのに最適な日時を見つけるためのものです。❸最新ニュース／新着映画『ゴッドファーザー パートⅣ』は７月26日に上映開始予定です。❹チケット検索／下のカレンダーで，映画のスケジュールをご確認いただけます。それぞれのマス目の中の数字は，空いている座席数を示しています。顔のアイコンが表示されている場合は，チケットは完売ということです。それぞれの上映時刻をクリックすると，購入ページにお進みいただけます。その後，ご希望のチケットの枚数を選択し，座席をお選びください。チケットなしで当映画館にご来場の際は，チケット購入の列に並んでいただく場合がございます。／日付選択／本日：６月30日／日曜日：７月１日／月曜日：７月２日／火曜日：７月３日／水曜日：７月４日／木曜日：７月５日／上映時間をクリックしてください／ダイ・ハード　１時間30分／午前10時：×／午後１時30分：84席／午後４時：×／午後６時30分：58席／午後８時30分：42席／チャイナタウン　２時間５分／午前９時45分：94席／午後１時：×／午後４時30分：54席／午後７時30分：36席／ザ・ダークナイト　３時間10分／午前９時30分：40席／午後２時：×／午後６時：20席／午後10時30分：18席／午後９時30分以降に終了する映画は，大人に限らせていただきます。

＜解説＞(3)「顔のアイコンが表示されている場合は，(　　)」―エ．「その上映時間のチケットは購入できない」　第４段落第３文参照。　(4)「７月３日午後４時にチケットを持たずにこの映画館に行った場合，あなたは(　　)」―ア．「30分後に『チャイナタウン』を鑑賞できる」　各映画の時間表参照。　(5)「あなたが15歳の場合，(　　)の前売りチケットを購入できる」―ア．「午後６時30分上演開始の『ダイ・ハード』」　各映画の時間表と表の下の最後の文参照。イ～エは全て終了時間が午後９時30分より遅くなる。

Ⅳ〔長文読解総合―説明文〕

≪全訳≫❶ヨーロッパの多くの地域では，2022年７月に気温が40℃に達した。猛暑が脅威となるのは人々の健康にとってだけではない。フランスのパリにあるルーブル美術館などの美術館には，熱①によって損傷を受ける可能性のある絵画が収蔵されている。レオナルド・ダ・ヴィンチの有名な『モナリザ』はそのうちの１つである。❷『モナリザ』が謎のほほ笑みを保っていられるのは，彼女がパリで最もよく守られてきた秘密の１つである，地下の冷却システムによって保護されているからかもしれない。❸このほぼ知られていない「都市冷却」ネットワークは約100フィートの深さがある。これが55マイルの曲がりくねったパイプを通して氷のような冷水を送り出し，700以上の場所で空気を冷却するのだ。このシステムは，再生可能なエネルギー源により発電された電気を利用しており，ヨーロッパ最大のシステムだ。❹10か所のハイテク冷却用地のうち３か所がセーヌ川の河岸にある。セーヌ川の水が十分に冷たいときは，装置がそれを取水し，それを使ってシステムの水を冷やす。③副産物として生み出された熱はセーヌ川に戻される。冷えた水はその後システムのパイプを通り，パリにある730の顧客のもとへと送り出される。この冷却用地では全て，風力タービンや太陽光パネルなどの再生可能エネルギー源が使われている。４つの新たな太陽光エネルギー用地が，このネットワークにエネルギーを供給することになっており，それらの建設が現在計画中である。❺パリ市役所は，2042年までにこのネットワークの規模を157マイルまで拡張するという壮大な契約に署名した。この新たな契約によって，このシステムは３倍の大きさになり，世界最大の都市冷却システムとなる。これはこの都市が地球温暖化の脅威と闘うのに役立つことだろう。❻この都市は今後20年でこの冷却ネットワークを病院や学校，地下鉄の乗り換え駅にまで広げていく。2024年にはこのシステムがいくつかのオリンピック会場で利用できるだろう。❼暑くなると，エアコン装置が頻繁に使われる。しかし，パリにある全ての建物でエアコンが使われたら，しだいに非常に深刻な都市の「ヒートアイランド」効果を生み出し，都市内部の熱が増加することになる。さらに多くの道路などのインフラがあり，それが太陽光を吸収するので，周囲をいっそう熱くする。しかし，このパイプネットワークはパリ全体を１℃涼しくしてくれるかもしれないのだ。

問１＜適語選択＞a．直後のthe LouvreがArt museumsの一例になっている。このlikeは「～のような」と具体例を示す前置詞。　b．『モナリザ』が直後のthem(＝paintings that could be hurt by the heat)のうちの１つとして挙げられていることを読み取る。このamongは「～に含まれて」という意味。　c．such as ～で「～のような，～などの」。　d．2042年「までに」ネットワークを拡大する，という意味になればよい。「～までには」と‘期限’を表す前置詞はby。なお，untilは「～まで(ずっと)」と‘継続’を表す。

問２＜整序結合＞① haveの目的語としてまずpaintings「絵画」を置く。残っている語でcould be hurt byという受け身の形ができ，これが後ろのthe heatにつながる。熱で傷つけられるのはpaintingsと考えられるので，paintingsを先行詞とする主格の関係代名詞としてthatを用いる。不要語はto。　③文頭のTheに続くのは名詞のheatかbyproduct。前文の内容から，システムの水を冷却することで熱が生まれると考えられるので，主語をThe heat created as byproduct「副

産物として生まれる熱」とまとめる(created は形容詞的用法の過去分詞)。最後に is を置けば直後の sent とつながる。不要語は creates。

問3＜適語(句)選択＞②これは underground「地下の」冷却システムについて述べた文なので，100フィートは地中の深さのことだと考えられる。　④55マイル(第3段落)を157マイルに延長する。⑤周囲の気温を上げる都会のインフラを説明した前文に対し，後半は冷却システムが気温を下げるという‘逆接’の文脈になっている。

問4＜単語の定義＞「ケーブルによって運ばれ，機械を作動させるのに使われる力」―electricity「電気」　第3段落最終文にある。

V〔長文読解総合―説明文〕

≪全訳≫❶自動車は技術的にどんどん進化している。過去10年で，我々は電気自動車の技術と自動運転車における改良を目にしてきた。最新の進化はメルセデス・ベンツによるものだ。この高級車メーカーは，自分の頭脳を使って特定のものを操作することのできる車を発表した。この大手自動車企業は，今週初めにミュンヘンで行われたIAAモーターショーで，その未来的な自動車を披露した。この車はビジョン AVTR と呼ばれている。この名前の最後にある4つの大文字は，アバターという映画を思い起こさせる。この映画は脳を使って自然とつながるという話だった。メルセデス社の広報担当者は，この車はすぐに購入可能にはならないだろうと語った。現在は生産の構想段階にあるという。❷メルセデス社はビジョン AVTR にブレインコンピューター・インターフェース(BCI)と呼ばれるテクノロジーを採用している。この車のコンピューターが脳の信号を「読み取り」，それを動作に変換するのだ。メルセデス社によると，このシステムが新しいドライバーの思考プロセスを理解できるようになるのに約1分かかるという。その後，ドライバーは考えるだけでこの車の中で特定の操作を実行できるようになる。メルセデス社の広報担当者，ブリタ・シーガーは，この未来的な車がいかにわくわくさせるものであると彼女が考えているかについて語った。彼女はこう述べた。「メルセデス・ベンツは人と機械の融合においてまた1つ画期的な局面を迎えようとしています」　メルセデス社のウェブサイトにはこうある。「乗り込んだとたん，この車はあなたの体を拡張した一部，そして自然環境を発見するための道具となるのです」

問1＜適語(句)選択＞①空所以下は car に係る主格の関係代名詞節。‘物’を先行詞とする主格の関係代名詞を選ぶ。　②空所以下は about の目的語となる名詞節。空所の後では the futuristic car was と‘物’である the futuristic car が主語になっているので，これに対応する形容詞は exciting「(物事が)わくわくさせる」に決まる。また，how は直後に形容詞〔副詞〕をとり「どれほど，いかに」という‘程度’の意味を表すので how exciting というまとまりになる。how exciting the futuristic car was に she thought が挿入された形である。

問2＜要約文完成＞≪全訳≫自動車は今や進化している。電気自動車や自動運転車が1ある。最新の進化は，人が頭脳を使ってものを3操作できるように2してくれる自動車である。それはメルセデス社によるものだ。それはビジョン AVTR と呼ばれている。「AVTR」という文字は人々にアバターという映画のことを思い起こさせる。これはコンセプトカーにすぎないので，我々がその車を4買うことはまだできない。／ビジョン AVTR はブレインコンピューター・インターフェースを5使用している。コンピューターがドライバーの脳を「読み取る」のだ。ドライバーは自分の思考だけを6使って物事を行える。メルセデス社は，これは人間と機械を8結びつけるうえで7大きな一歩だと述べた。その会社はこう述べている。「この車はあなたの体を拡張した一部，そして自然環境を発見するための道具となるのです」

＜解説＞1．第1段落第2文参照。現段階ですでに電気自動車と自動運転車は存在している。There is/are ～「～がある〔いる〕」の形。　2．第1段落第4文参照。‘allow＋人＋to ～’「〈人〉に～させてやる」は，‘let＋人＋動詞の原形’の形で言い換えられる。　3．第1段落第4文参照。本文のmake certain things work「特定のものを動かす」（‘make＋目的語＋動詞の原形’「～に…させる」の形）を，control things「ものを操作する」と言い換える。　4．第1段落最後の2文参照。be available for ～で「～用として利用できる」，purchaseは「購入」。つまり，まだ「買えない」ということ。　5．第2段落第1文参照。adoptは「～を採用する，導入する」。　6．第2段落第4文参照。make use of ～で「～を使う，利用する」の意味を表せる。　7．第2段落最後から2文目参照。milestoneは「一里塚，画期的な出来事」のこと。これをa big step「大きな一歩」と言い換える。　8．第2段落最後から2文目参照。mergeは「～を融合させる，統合する」の意味。同様の意味を持つjoin(ing)「～を結びつける」で書き換える。

Ⅵ〔作文総合〕

1＜和文英訳＞≪全訳≫Ａ：もしもし。カイチ銀行です。ご用件をどうぞ。／Ｂ：もしもし。アメリカにいる息子に送金したいんですが。そちらの銀行からできますか？／Ａ：はい。大宮支店でお取り扱いしております。／Ｂ：わかりました。そちらの銀行に持っていくべきものはありますか？／Ａ：はい，身分証明書と，もし当行に口座をお持ちの場合は，通帳もご持参ください。／Ｂ：営業時間はどうなっていますか？／Ａ：当行は午前8時30分から午後4時まで営業しておりますが，お客様のいかれる窓口は午後3時までの営業となっております。／Ｂ：わかりました。どうもありがとうございました。

＜解説＞section「(団体などの)部，課」が与えられているので，これを「窓口」と考える。the section「窓口」を最初に置き，これを関係代名詞節で修飾する形にすればよい。「いかれる」とは，これから行くということなので，未来を表す表現にする。6語という指定があるので，目的格の関係代名詞は省略する。　(別解例) the section you are going to

2＜条件作文＞≪全訳≫Ａ：来週，短期の出張があるんだ。僕がいない間，家事をお願いできるかい？／Ｂ：もちろん。何をしておけばいいの？／Ａ：まず，早朝に庭の花に水をあげてほしい。／Ｂ：わかった，問題ないよ。／Ａ：次に，みんなのために朝ごはんをつくってくれるかな，お母さんは朝とても忙しいからね。／Ｂ：わかった。スクランブルエッグとトーストとコーヒーならつくれるよ。／Ａ：皿は一番上の棚にある。その真下の棚の真ん中には，グラスとカップがあるよ。／Ｂ：お父さん，知ってる。知ってるよ。／Ａ：そして夕方には，アユミ(例)に本を読んであげてくれるかな？／Ｂ：いいよ，楽しそう。

＜解説＞父親であるＡが，子どものＢに，自分の不在中の家事を頼んでいる場面。空所はＢの妹〔弟〕であろうアユミに本を読み聞かせてほしいと頼む内容にすればよい。文末が？なので，can〔will〕you ～？「～してもらえますか」などの疑問文の形にすること。文末に人名のAyumiがあるので，‘read＋物＋for＋人’「〈人〉に〈物〉を読んでやる」の形でread a book for (Ayumi)とすると，空所全体が6語でまとまる。

2023年度／開智高等学校（第１回）

数学解答

1 (1) $\dfrac{6y^2}{x}$　(2) $\dfrac{-x-y}{12}$
(3) $x=-3\pm\sqrt{3}$　(4) 3
(5) $a=\dfrac{4}{3}$，$b=0$　(6) 8個
(7) $\dfrac{14}{3}\pi-4-4\sqrt{3}$

2 (1) (i) $\dfrac{1}{3}$　(ii) $\dfrac{2}{9}$　(iii) $\dfrac{7}{27}$
(2) (i) $y=\dfrac{5}{2}x-2$　(ii) $\left(7,\ \dfrac{49}{2}\right)$
(iii) $\dfrac{81}{2}$

3 (1) 21個　(2) 5個　(3) 6216

4 (1) 右図1　(2) $\dfrac{4}{3}$，$\dfrac{8}{3}$
(3) 右下図2　(4) $\dfrac{4}{3}$，$\dfrac{5}{3}$

5 (1) 3：5　(2) $2\sqrt{13}$　(3) 5：4
(4) $\dfrac{\sqrt{39}}{3}$

図1

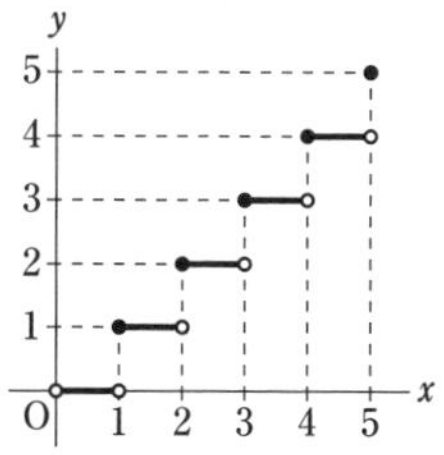

図2

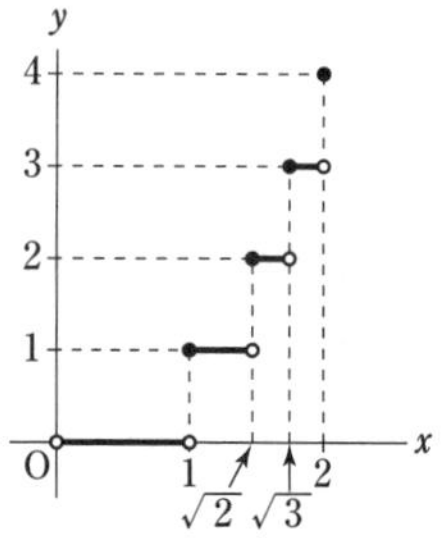

1〔独立小問集合題〕

(1)＜式の計算＞与式$=16x^4y^2\times81x^4y^{12}\div216x^9y^{12}=\dfrac{16x^4y^2\times81x^4y^{12}}{216x^9y^{12}}=\dfrac{6y^2}{x}$

(2)＜式の計算＞与式$=\dfrac{3(x+3y)-2(2x+5y)}{12}=\dfrac{3x+9y-4x-10y}{12}=\dfrac{-x-y}{12}$

(3)＜二次方程式＞$x^2+4x+4+2x+4-2=0$，$x^2+6x+6=0$となるので，二次方程式の解の公式を用いると，$x=\dfrac{-6\pm\sqrt{6^2-4\times1\times6}}{2\times1}=\dfrac{-6\pm\sqrt{12}}{2}=\dfrac{-6\pm2\sqrt{3}}{2}=-3\pm\sqrt{3}$である。

(4)＜数の計算＞$2\sqrt{7}=\sqrt{2^2\times7}=\sqrt{28}$だから，$\sqrt{25}<\sqrt{28}<\sqrt{36}$より，$5<2\sqrt{7}<6$である。よって，$2\sqrt{7}$の整数部分は5だから，小数部分$a$は$a=2\sqrt{7}-5$となり，与式$=a(a+10)=(2\sqrt{7}-5)\times(2\sqrt{7}-5+10)=(2\sqrt{7}-5)(2\sqrt{7}+5)=(2\sqrt{7})^2-5^2=4\times7-25=28-25=3$である。

(5)＜関数─傾き，切片＞関数$y=\dfrac{4}{x}$は，$x>0$のとき，xの値が増加するとyの値が減少する関数だから，xの変域が$1\leqq x\leqq3$においては，$x=1$のときyの値は最大，$x=3$のときyの値は最小となる。$x=1$のとき$y=\dfrac{4}{1}=4$，$x=3$のとき$y=\dfrac{4}{3}$だから，yの変域は$\dfrac{4}{3}\leqq y\leqq4$である。また，関数$y=ax+b$は，$a>0$より，$x$の値が増加すると$y$の値も増加する関数である。$x$の変域が$1\leqq x\leqq3$のとき，$y$の変域が一致するので，$y$の変域は$\dfrac{4}{3}\leqq y\leqq4$となる。よって，$x=1$のとき，$y$は最小の$y=\dfrac{4}{3}$となり，$x=3$のとき，$y$は最大の$y=4$となる。$x=1$，$y=\dfrac{4}{3}$を代入すると，$\dfrac{4}{3}=a\times1+b$より，$a+b=\dfrac{4}{3}$……①となる。$x=3$，$y=4$を代入すると，$4=a\times3+b$より，$3a+b=4$……②となる。②－①より，$3a-a=4-\dfrac{4}{3}$，$2a=\dfrac{8}{3}$，$a=\dfrac{4}{3}$となり，これを②に代入して，$4+b=4$，$b=0$となる。

(6)＜場合の数＞使う数字は1，1，2，2，3の5つの数字の中から3つなので，215より大きい3けたの自然数は，百の位の数字が2のとき，221，223，231，232の4個であり，百の位の数字が3のとき，311，312，321，322の4個である。よって，215より大きい3けたの自然数は，4＋4＝8(個)できる。

(7)＜平面図形─面積＞次ページの図で，AB：AC：BC$=2\sqrt{2}:2\sqrt{2}:4=1:1:\sqrt{2}$だから，△ABCは直角二等辺三角形であり，$\angle BAC=90^\circ$となる。これより，円Aの$\overset{\frown}{BC}$と線分BCで囲まれた部分

の面積は，〔おうぎ形ABC〕$-\triangle$ABC$=\pi\times(2\sqrt{2})^2\times\dfrac{90^\circ}{360^\circ}-\dfrac{1}{2}\times2\sqrt{2}\times2\sqrt{2}=2\pi-4$となる。また，△BCD が正三角形より，$\angle$BDC$=60^\circ$である。点 D から辺 BC に垂線 DH を引くと，△DBH は 3 辺の比が $1:2:\sqrt{3}$ の直角三角形となるから，DB＝BC＝4 より，DH$=\dfrac{\sqrt{3}}{2}$DB$=\dfrac{\sqrt{3}}{2}\times4=2\sqrt{3}$である。よって，円 D の $\overset{\frown}{\mathrm{BC}}$ と線分 BC で囲まれた部分の面積は，〔おうぎ形 DBC〕$-\triangle$BCD$=\pi\times4^2\times\dfrac{60^\circ}{360^\circ}-\dfrac{1}{2}\times4\times2\sqrt{3}=\dfrac{8}{3}\pi-4\sqrt{3}$ となる。したがって，斜線部分の面積は，$(2\pi-4)+\left(\dfrac{8}{3}\pi-4\sqrt{3}\right)=\dfrac{14}{3}\pi-4-4\sqrt{3}$ である。

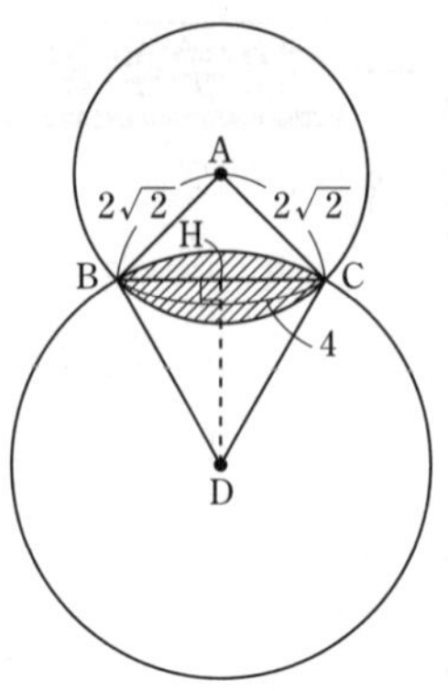

2 〔独立小問集合題〕

(1)＜確率＞(i)正四面体 ABCD のどの頂点からも，隣の点への移動の仕方は 3 通りだから，2 秒後までの点 P の移動の仕方は，全部で $3\times3=9$(通り)ある。1 秒につき 1 回隣の点にそれぞれ$\dfrac{1}{3}$の確率で移動するので，この 9 通りの場合は同様に確からしい。このうち，2 秒後に点 A にいる場合は，A→B→A，A→C→A，A→D→A と移動する 3 通りだから，求める確率は$\dfrac{3}{9}=\dfrac{1}{3}$である。　(ii)3 秒後までの点 P の移動の仕方は，全部で $3\times3\times3=27$(通り)あり，(i)と同様にして，これらは同様に確からしい。このうち，3 秒後に点 A にいる場合は，A→B→C→A，A→B→D→A，A→C→B→A，A→C→D→A，A→D→B→A，A→D→C→A と移動する 6 通りだから，求める確率は$\dfrac{6}{27}=\dfrac{2}{9}$である。(iii) 4 秒後までの点 P の移動の仕方は，全部で $3\times3\times3\times3=81$(通り)あり，これらは同様に確からしい。このうち，4 秒後に点 A にいる場合は，1 秒後に点 B に移動するとき，A→B→A→B→A，A→B→A→C→A，A→B→A→D→A，A→B→C→B→A，A→B→C→D→A，A→B→D→B→A，A→B→D→C→A の 7 通りある。1 秒後に点 C，点 D に移動するときも同様にそれぞれ 7 通りとなるから，4 秒後に点 A にいる移動の仕方は $7\times3=21$(通り)となり，求める確率は$\dfrac{21}{81}=\dfrac{7}{27}$である。

(2)＜関数―直線の式，座標，面積＞(i)右図で，2 点 B，C は放物線 $y=\dfrac{1}{2}x^2$ 上にあり，x 座標がそれぞれ 1，4 だから，y 座標は $y=\dfrac{1}{2}\times1^2=\dfrac{1}{2}$，$y=\dfrac{1}{2}\times4^2=8$ となり，$\mathrm{B}\left(1,\ \dfrac{1}{2}\right)$，C(4，8)である。これより，直線 BC の傾きは$\left(8-\dfrac{1}{2}\right)\div(4-1)=\dfrac{15}{2}\div3=\dfrac{5}{2}$だから，その式は $y=\dfrac{5}{2}x+b$ とおける。点 C を通るので，$8=\dfrac{5}{2}\times4+b$，$b=-2$ となり，直線 BC の式は $y=\dfrac{5}{2}x-2$ である。　(ii)右図で，AD∥BC であり，(i)より，直線 BC の傾きは$\dfrac{5}{2}$だから，直線 AD の傾きも$\dfrac{5}{2}$である。直線 AD の式を $y=\dfrac{5}{2}x+c$ とおくと，A$(-2,\ 2)$を通るので，$2=\dfrac{5}{2}\times(-2)+c$，$c=7$ となり，直線 AD の式は $y=\dfrac{5}{2}x+7$ である。よって，点 D は放物線 $y=\dfrac{1}{2}x^2$ と直線 $y=\dfrac{5}{2}x+7$ の交点だから，$\dfrac{1}{2}x^2=\dfrac{5}{2}x+7$，$x^2-5x-14=0$，$(x+2)(x-7)=0$ より，$x=-2,\ 7$ となり，点 D の x 座標は 7 である。y 座標は $y=\dfrac{1}{2}\times7^2=\dfrac{49}{2}$ より，$\mathrm{D}\left(7,\ \dfrac{49}{2}\right)$である。　(iii)上図で，直線 BC と y 軸の交点を E とし，点 E と 2 点 A，D を結ぶ。AD∥EC だから，△ADC，△ADE の底辺を AD

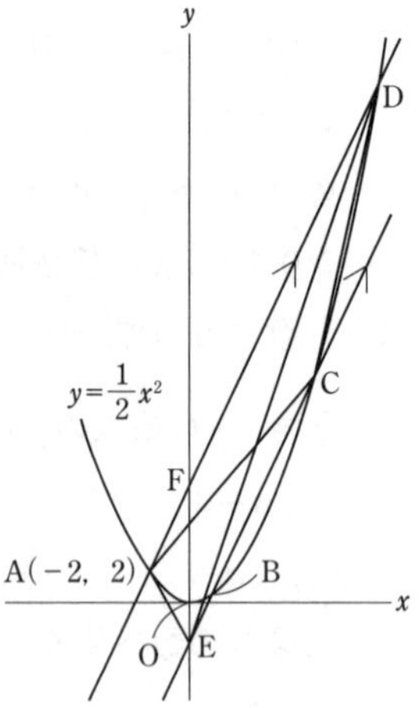

と見ると，高さは等しく，△ADC＝△ADE である。直線 AD と y 軸の交点を F とする。直線 BC の式が $y=\frac{5}{2}x-2$ より，E(0, −2) であり，直線 AD の式が $y=\frac{5}{2}x+7$ より，F(0, 7) だから，EF＝7−(−2)＝9 となる。△AEF，△DEF の底辺を EF と見ると，2 点 A，D の x 座標がそれぞれ −2，7 より，△AEF の高さは 2，△DEF の高さは 7 となるから，△ADE＝△AEF＋△DEF＝$\frac{1}{2}\times9\times2+\frac{1}{2}\times9\times7=\frac{81}{2}$である。よって，△ADC＝△ADE＝$\frac{81}{2}$である。

3 〔データの活用―場合の数〕

(1)＜場合の数＞$a+b+c=8$ だから，3つの自然数 a，b，c は，1 と 1 と 6，1 と 2 と 5，1 と 3 と 4，2 と 2 と 4，2 と 3 と 3 である。1 と 1 と 6 のとき，3けたの自然数は 116，161，611 の 3 個でき，2 と 2 と 4，2 と 3 と 3 のときも同様にそれぞれ 3 個できる。また，1 と 2 と 5 のとき，3けたの自然数は 125，152，215，251，512，521 の 6 個でき，1 と 3 と 4 のときも同様に 6 個できる。よって，できる自然数は $3\times3+6\times2=21$(個) ある。

(2)＜場合の数＞3けたの自然数が 4 の倍数になるとき，下 2 けたが 4 の倍数である。また，$a+b+c=8$ より，$b+c<8$ だから，3けたの自然数の十の位の数と一の位の数の和は 8 より小さい。よって，考えられる下 2 けたは 12，16，24，32，52 だから，4 の倍数である 3けたの自然数は 512，116，224，332，152 の 5 個ある。

(3)＜数の和＞(1)より，1 と 1 と 6 のとき，3けたの自然数は 116，161，611 の 3 個でき，その和は $116+161+611=888$ となる。2 と 2 と 4，2 と 3 と 3 のときも同様に，できる 3 個の 3けたの自然数の和は，それぞれ 888 となる。また，1 と 2 と 5 のとき，3けたの自然数は 125，152，215，251，512，521 の 6 個でき，その和は $125+152+215+251+512+521=1776$ となり，1 と 3 と 4 のときも同様に 1776 となる。よって，求める自然数の和は，$888\times3+1776\times2=6216$ となる。

4 〔関数―関数の利用〕

(1)＜グラフ＞$[x]$は，x の整数部分を表すから，$0<x<1$ のとき，$[x]=0$ となり，$1\leqq x<2$ のとき，$[x]=1$ となり，$2\leqq x<3$ のとき，$[x]=2$ となり，$3\leqq x<4$ のとき，$[x]=3$ となり，$4\leqq x<5$ のとき，$[x]=4$ となる。$x=5$ のときは，$[x]=[5]=5$ である。よって，$0<x\leqq5$ における $y=[x]$ のグラフは，$0<x<1$ のとき $y=0$，$1\leqq x<2$ のとき $y=1$，$2\leqq x<3$ のとき $y=2$，$3\leqq x<4$ のとき $y=3$，$4\leqq x<5$ のとき $y=4$ のグラフとなり，$x=5$ のときは点(5, 5)である。解答参照。

(2)＜x の値＞$[x]=\frac{3}{4}x$ を満たす x は，$y=[x]$ のグラフと $y=\frac{3}{4}x$ のグラフの交点の x 座標である。右図 1 で，$y=\frac{3}{4}x$ のグラフは，$x=4$ のとき $y=\frac{3}{4}\times4=3$ だから，原点 O と点(4, 3)を通る直線である。よって，$y=[x]$ のグラフと $y=\frac{3}{4}x$ のグラフは，$1\leqq x<2$ の範囲と $2\leqq x<3$ の範囲で交わることがわかる。$1\leqq x<2$ のとき，$[x]=1$ だから，$1=\frac{3}{4}x$ が成り立ち，$x=\frac{4}{3}$である。$2\leqq x<3$ のとき，$[x]=2$ だから，$2=\frac{3}{4}x$ が成り立ち，$x=\frac{8}{3}$である。以上より，$x=\frac{4}{3}$，$\frac{8}{3}$である。

図1

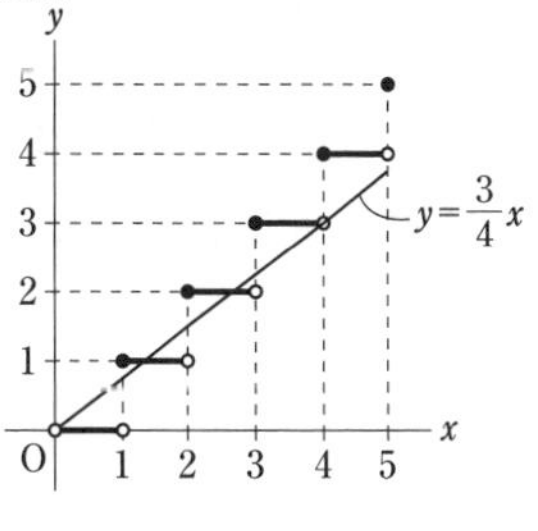

(3)＜グラフ＞$[x^2]$は，x^2 の整数部分を表す。$x=2$ のとき，$[x^2]=[2^2]=[4]=4$ だから，$0<x\leqq2$ の範囲における $[x^2]$ の値は，0，1，2，3，4 である。$[x^2]=0$ となるのは，$0<x^2<1$ より，$0<x<1$ のときである。$[x^2]=1$ となるのは，$1\leqq x^2<2$ より，$1\leqq x<\sqrt{2}$ のときである。$[x^2]=2$ となるのは，$2\leqq x^2<3$ より，$\sqrt{2}\leqq x<\sqrt{3}$ のときである。$[x^2]=3$ となるのは，$3\leqq x^2<4$ より，$\sqrt{3}\leqq x<2$ のときであ

る。$[x^2]=4$ となるのは，$4\leqq x^2<5$ より，$2\leqq x<\sqrt{5}$ であるが，x の範囲が $0<x\leqq 2$ であるから，$x=2$ のときである。以上より，$0<x\leqq 2$ における $y=[x^2]$ のグラフは，$0<x<1$ のとき $y=0$，$1\leqq x<\sqrt{2}$ のとき $y=1$，$\sqrt{2}\leqq x<\sqrt{3}$ のとき $y=2$，$\sqrt{3}\leqq x<2$ のとき $y=3$ のグラフとなり，$x=2$ のときは点 $(2,\ 4)$ となる。解答参照。

(4)＜x の値＞$[x^2]=3x-3$ を満たす x は，$y=[x^2]$ のグラフと $y=3x-3$ のグラフの交点の x 座標である。右図2で，$y=3x-3$ のグラフは，$x=1$ のとき $y=3\times1-3=0$，$x=2$ のとき $y=3\times2-3=3$ だから，点 $(1,\ 0)$ と点 $(2,\ 3)$ を通る直線である。よって，$y=[x^2]$ のグラフと $y=3x-3$ のグラフが交わると考えられるのは，$1\leqq x<\sqrt{2}$ の範囲と $\sqrt{2}\leqq x<\sqrt{3}$ の範囲である。$1\leqq x<\sqrt{2}$ のとき，$[x^2]=1$ だから，$1=3x-3$ とすると，$x=\frac{4}{3}$ である。$\frac{4}{3}=\sqrt{\frac{16}{9}}$ より，$\sqrt{1}<\sqrt{\frac{16}{9}}<\sqrt{2}$，$1<\frac{4}{3}<\sqrt{2}$ だから，$1\leqq x<\sqrt{2}$ を満たす。$\sqrt{2}\leqq x<\sqrt{3}$ のとき，$[x^2]=2$ だから，$2=3x-3$ とすると，$x=\frac{5}{3}$ である。$\frac{5}{3}=\sqrt{\frac{25}{9}}$ より，$\sqrt{2}<\sqrt{\frac{25}{9}}<\sqrt{3}$，$\sqrt{2}<\frac{5}{3}<\sqrt{3}$ だから，$\sqrt{2}\leqq x<\sqrt{3}$ を満たす。以上より，$x=\frac{4}{3}$，$\frac{5}{3}$ である。

図2

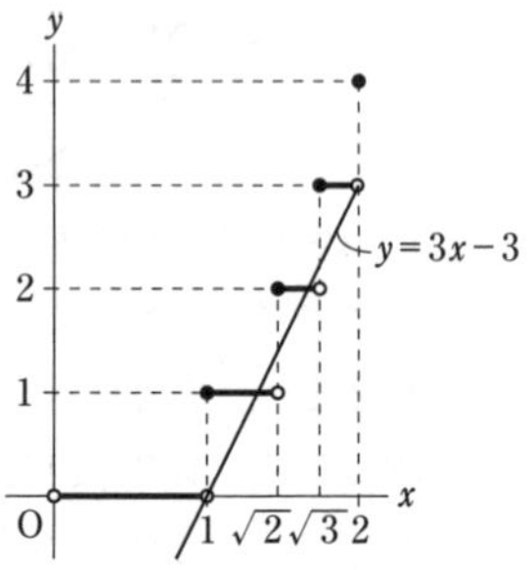

5 〔平面図形―三角形〕

≪基本方針の決定≫(4)　線分AFが円の直径であることに気づきたい。

(1)＜長さの比―特別な直角三角形＞右図1で，$\angle\mathrm{CAE}=60^\circ$，$\angle\mathrm{AEC}=90^\circ$ より，$\triangle\mathrm{ACE}$ は3辺の比が $1:2:\sqrt{3}$ の直角三角形だから，$\mathrm{AE}=\frac{1}{2}\mathrm{AC}=\frac{1}{2}\times6=3$ である。これより，$\mathrm{EB}=\mathrm{AB}-\mathrm{AE}=8-3=5$ となるので，$\mathrm{AE}:\mathrm{EB}=3:5$ である。

図1

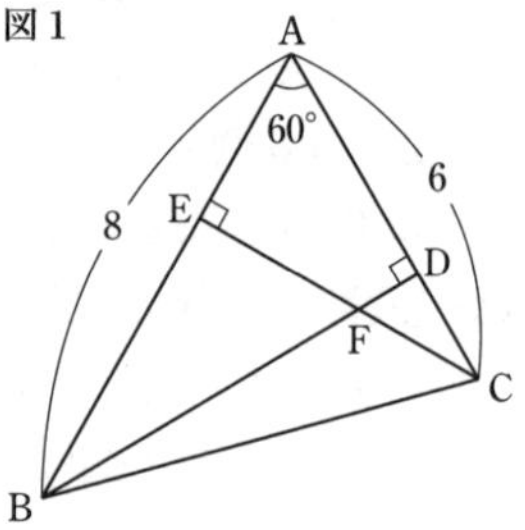

(2)＜長さ―三平方の定理＞右図1で，(1)より，$\triangle\mathrm{ACE}$ の3辺の比は $1:2:\sqrt{3}$ だから，$\mathrm{EC}=\sqrt{3}\mathrm{AE}=\sqrt{3}\times3=3\sqrt{3}$ である。よって，$\triangle\mathrm{BCE}$ で三平方の定理より，$\mathrm{BC}=\sqrt{\mathrm{EB}^2+\mathrm{EC}^2}=\sqrt{5^2+(3\sqrt{3})^2}=\sqrt{52}=2\sqrt{13}$ である。

(3)＜長さの比―特別な直角三角形＞右上図1で，$\angle\mathrm{BAD}=60^\circ$，$\angle\mathrm{ADB}=90^\circ$ より，$\triangle\mathrm{ABD}$ は3辺の比が $1:2:\sqrt{3}$ の直角三角形だから，$\angle\mathrm{EBF}=30^\circ$ である。よって，$\triangle\mathrm{EBF}$ も3辺の比が $1:2:\sqrt{3}$ の直角三角形となるから，$\mathrm{EF}=\frac{1}{\sqrt{3}}\mathrm{EB}=\frac{1}{\sqrt{3}}\times5=\frac{5\sqrt{3}}{3}$ となる。これより，$\mathrm{FC}=\mathrm{EC}-\mathrm{EF}=3\sqrt{3}-\frac{5\sqrt{3}}{3}=\frac{4\sqrt{3}}{3}$ となるので，$\mathrm{EF}:\mathrm{FC}=\frac{5\sqrt{3}}{3}:\frac{4\sqrt{3}}{3}=5:4$ である。

図2

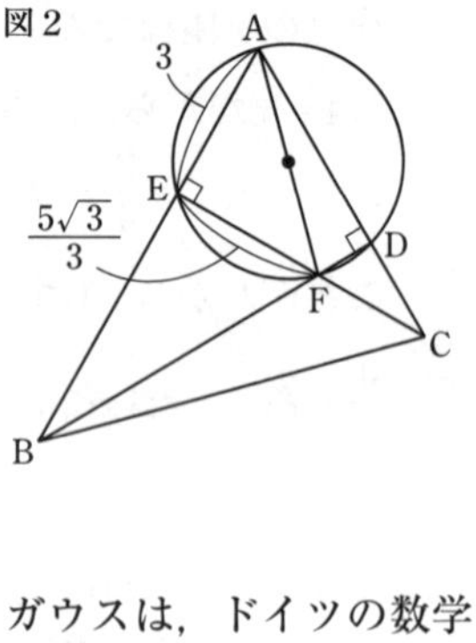

(4)＜長さ＞右図2で，$\angle\mathrm{AEF}=\angle\mathrm{ADF}=90^\circ$ より，4点A，E，F，Dを通る円は，線分AFを直径とする円である。$\triangle\mathrm{AEF}$ で三平方の定理より，円の直径は $\mathrm{AF}=\sqrt{\mathrm{AE}^2+\mathrm{EF}^2}=\sqrt{3^2+\left(\frac{5\sqrt{3}}{3}\right)^2}=\sqrt{\frac{156}{9}}=\frac{2\sqrt{39}}{3}$ となるので，円の半径は $\frac{1}{2}\mathrm{AF}=\frac{1}{2}\times\frac{2\sqrt{39}}{3}=\frac{\sqrt{39}}{3}$ である。

═読者へのメッセージ═

4では，x の整数部分を $[x]$ と表しました。これはガウス記号といわれます。ガウスは，ドイツの数学者，物理学者，天文学者で，近代以降の数学でほぼ全ての分野に影響を与えているといわれています。

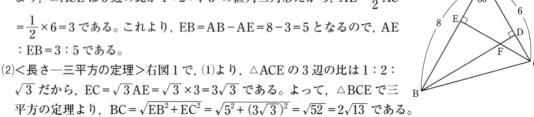

2023年度／開智高等学校（第１回）

国語解答

一 問１　a　根源　b　希薄　c　疎
　d　渦　e　権威

問２　ウ

問３　デモクリトスの原子論に反対する者は，彼の著作を全て消去したものの，彼の理論を自分の著作に書き残したため，後世に彼の理論を伝える手助けをしたことになるから。（77字）

問４　オ　　問５　エ　　問６　イ

問７　ア

問８　世の中の全てのものが一つまたは複数の「もと」からできていて，それらが姿や形を変えたり，互いに混合したり活発に運動したりして常に変化し続けていると考えた点。（77字）

二 問１　a…ア　b…ウ　c…エ

問２　A　ふせっせい　B　むさぼ
　C　かんび

問３　桃太郎の物語の吉備団子は，たった一つで鬼退治の仲間をつくり，鬼退治という一大プロジェクトを成功させるものだから。

問４　オ　　問５　ウ

問６　おやつの中身には文句はなかったが，おやつを一人きりで食べる寂しさはあった。（37字）

問７　両親は共働きで忙しく遅い夕食まで子どもを待たせなくてはならなかったので，子どものおやつに一人で食べることができて腹もちのよい餅やピザを選ぶことは適当な判断だったということ。

問８　イ

三 問１　a…エ　b…エ　c…イ

問２　オ　　問３　ア

問４　具して行け

問５　かないそうろう

問６　⑤　僧都〔俊寛〕　⑥　（都の）御使

問７　ウ　　問８　オ

一〔説明文の読解―自然科学的分野―科学〕出典；左巻健男『中学生にもわかる化学史』。

≪本文の概要≫「すべてのものは何からできているか」という根源的な問いに，最初に答えたのはタレスで，彼は，全てのものを形づくる“もと”を“水”と名づけた。タレスの考えがきっかけとなって，たくさんの学者が，万物の“もと”は何かという議論を重ねた。エンペドクレスは，万物のもとを水，空気，火，土の四元素と考えた。デモクリトスは，万物をつくる“もと”は無数の壊れない粒であると考え，これをアトム（原子）と呼んだ。また，デモクリトスは，現代の科学用語の真空にあたる「空っぽの空間」にも気づいた。しかし，デモクリトスの原子論は，無神論を主張するもとになるので，宗教を大事にする支配者や民衆から疎まれた。また，アリストテレスもデモクリトスの原子論を批判した。アリストテレスは，万物はたった一つの原料から形づくられており，火，空気，水，土という“もと”も一つの“もとのもと”からできていると考えた。アリストテレスの元素の考えは，人間の常識に受け入れられやすく，ヨーロッパでは19世紀まで影響を与え続けた。

問１＜漢字＞a．「根源」は，物事の一番もとになっているもののこと。「根元」「根原」とも書く。
b．「希薄」は，液体や気体などの濃度・密度がうすいこと。　c．「疎む」は，嫌だと思う，という意味。　d．「渦」は，液体・気体がらせん状に回る状態のこと。　e．「権威」は，ある

分野で優れたものとして信頼性があること。

問２＜文章内容＞タレスは，水は氷や水蒸気などさまざまに変化するが，「どんなに変化しても消えてなくならない」という性質があり，「金属の変わり方も，生物の体の変わり方も，水の変わり方と同じところがある」と考えた。そこでタレスは，「すべてのものを形づくる“もと”」として，水を想定した。

問３＜文章内容＞デモクリトスの原子論は，無神論を主張するもとになるため，彼の著書は，燃やされたり捨てられたりしたと推測され，一冊も残っていない。ところが，デモクリトスの原子論に反対した哲学者たちが，デモクリトスの考えを「自分の本に書き残していた」ため，彼の考えは現在まで伝えられたのである。

問４＜文章内容＞現代化学の知識からいえば，厳密にはデモクリトスの原子論は誤りではあるが，「古代ギリシアの時代に，原子論を想像できた自然科学者がいたこと」は，すばらしいことである。

問５＜文章内容＞アリストテレスは，「壊れることのない粒なんてありえない。また真空なんて存在するはずがない」と考え，原子論を批判した。

問６＜文章内容＞「もとのもと」が熱く乾くと「火」になり，冷たく湿ると「水」となるといったアリストテレスの考え方は，人々の日常的な感覚と一致するものだったのである。

問７＜文章内容＞「万物が原子からできている」とする原子論では，「霊魂も原子からできて」いると考えるため，神が人をつくったとするキリスト教の宗教観とは相反するのである。

問８＜要旨＞四人の哲学者は，それぞれ全てのものを成り立たせている「万物の“もと(元素)”」は何かを考えた。そして，「万物の“もと”」は，形を変えたり，混合したり，運動したりして変化することで，万物を生み出しているのだと考えた。

二〔随筆の読解―自伝的分野―回想〕出典；森見登美彦「吉備団子」／仁木英之「キュウリ」(ともに『３時のおやつ』所収)。

問１＜語句＞ａ．「与する」は，味方する，同意する，という意味。　ｂ．「かもしだす」は，ある気分や感じをつくりだす，という意味。　ｃ．「安普請」は，粗末な材料を使って安い費用で家を建てること。また，そのような家のこと。

問２＜漢字＞Ａ．「不摂生」は，健康に気をつけないこと。　Ｂ．「貪る」は，飽きることなく欲しがる，という意味。　Ｃ．「甘美」は，甘みが程よくて，非常においしいこと。

問３＜文章内容＞犬と猿と雉が仲間になって手助けしてくれたのは，吉備団子《きびだんご》のためであり，鬼をやっつけたのも，「吉備団子の力」であるといえる。つまり，吉備団子が，「桃太郎世界を支配し，動かし」て「鬼退治という一大プロジェクト」を成功させているのである。

問４＜文章内容＞幼少期の「私」は，現実の吉備団子の味は知らなかったが，桃太郎の物語を知った「私」にとって，吉備団子という言葉は「一種の『おいしさ』をかもしだしてくる」ものだったのである。

問５＜表現＞現実の「吉備団子のぷにぷにとした食感と，淡い甘さ」は，現在の妻である「彼女のほっぺた」を連想させるのである。

問６＜心情＞餅やピザなどを「食べること自体」は，嫌いではないので問題はなかったが，一人で食べることに，「私」は「つまらなさ」を感じていたのである。

問７＜文章内容＞「合理的」は，道理や論理にかなっているさま。餅やピザをおやつにすることは，

両親が「共働き」で「夕食が遅め」の時間であるため，おやつは「腹もちが良くなければならず」，子どもが「一人で温めたりできるものでなければならない」という条件を満たす適切なものであった。

問８＜表現技法＞「脂と糖」が，「恋人」という人間の状態を表す言葉で表現されている。人間でないものを人間にたとえる技法を「擬人法」という。

三〔古文の読解―物語〕出典；『平家物語』巻第三。

≪現代語訳≫もう船をつなぎとめておく綱をほどいて船を押し出したので，僧都は綱にすがりついて，(海の深さが)腰の高さになり，脇の高さになり，身長の高さまで引かれて(海に)出る。身長が届かなくなったので，僧都は，船にすがりついて，「それで，ねえ諸君。この俊寛を結局お見捨てになるのですか。ふだんの友情も今となっては何にもならない。許されないので，都までは無理でも，せめて，この船に乗せて九州の地まで」と，繰り返し言ったけれど，都のお使いは，「どうにもなりませんね」と言って，すがりつきなさっていた手を引き離して，船をとうとう漕ぎ出す。僧都はどうしようもなくて，波打ちぎわに上がって倒れ伏し，幼い子が乳母や母などを慕うように，地団駄を踏んで，「おい，乗せていけ。連れていけ」とおっしゃって，大声で叫びなさったけれども，漕いでいく船の常で，あと(に残るの)は白波ばかりである。

問１＜古語＞ａ．「日ごろ」は，ふだんのこと。「情け」は，ここでは人情，という意味で，友としての情愛のこと。　ｂ．「せん方なし」は，なすべき方法がない，という意味。　ｃ．「足摺り」は，嘆いたり怒ったりして地団駄を踏むこと。

問２＜古文の内容理解＞僧都は，船をつなぎとめておく綱にすがりつき，出港していく船についていこうとした。海は腰の高さくらいから脇の高さぐらいまでと深くなっていったが，背が届く高さまでは，僧都は綱をつかんで引かれていった。

問３＜現代語訳＞「つひに」は，最後に，とうとう，結局，という意味。「はて」は，補助動詞「はつ」の連用形で，すっかり～する，という意味。「給ふ」は，補助動詞「給ふ」の終止形で，ここでは，僧都による船の上の人々への敬意を表す。直訳すると，俊寛を結局すっかり捨てなさるのか，となる。

問４＜古文の内容理解＞僧都は，自分だけ都へ戻ることが許されなかったとしても，「せめては，この船に乗せて九国の地まで」は連れていってほしいと願った。

問５＜歴史的仮名遣い＞歴史的仮名遣いの語頭以外のハ行は，原則として現代仮名遣いでは「わいうえお」になるため，「かなひさふらふ」は「かないさうらう」となる。さらに，歴史的仮名遣いの「au」は，現代仮名遣いでは「ou」になるため，「さうらう」は「そうろう」となる。

問６＜古文の内容理解＞船にすがりついているのは，僧都であり(…⑤)，どうにもなりませんねと言って，すがりついている僧都の手を引き離したのは，都のお使いである(…⑥)。

問７＜古文の内容理解＞都に戻りたくて船にすがりつき，置いていかれた後は地団駄を踏み，大声で叫ぶ僧都の姿と，僧都に冷ややかに対応する都のお使いの姿が，淡々と描かれている(ウ…×)。

問８＜文学史＞『平家物語』は，鎌倉時代に成立した軍記物語。『方丈記』は，鎌倉時代に成立した鴨長明による随筆。『源氏物語』は，平安時代に成立した紫式部による物語。『枕草子』は，平安時代に成立した清少納言による随筆。『古今和歌集』は，平安時代に成立した勅撰和歌集。『太平記』は，室町時代に成立した軍記物語。

Memo

2023年度 開智高等学校（第２回）

【英　語】（50分）〈満点：100点〉

Ｉ　以下の各設問に答えなさい。

1．The figure below shows a right-angled triangle. A cone is formed by revolving the right-angled triangle about line ℓ. Use π for the ratio of the circumstances of a circle to its diameter.

(1)　Find the slant height x, in cm, of the cone.

(2)　Find the base area, in cm^2 of the cone.

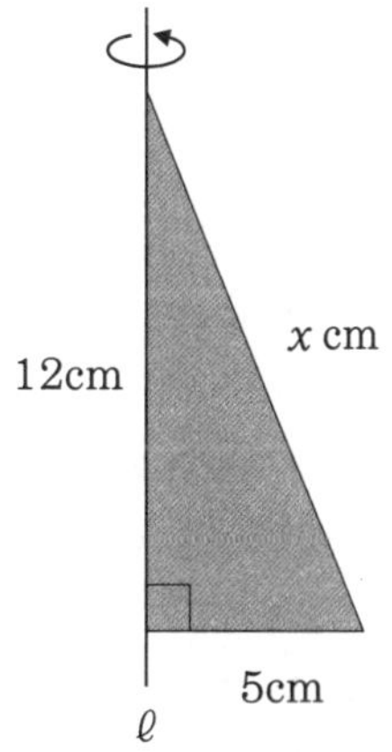

2．空所に入るべき英単語の意味を日本語で答えなさい。

(　　　) is the basic unit of life. Some organisms are made up of a single (　　　), like bacteria, while others are made up of trillions of (　　　). Human beings are made up of (　　　), too. There are lots of different types. Each type performs a different function. The study of them is a branch of biology.

3．空所に入れるべき歴史的出来事を日本語で答えなさい。

(　　　) took place in 1917 when the peasants and working-class people of Russia took violent action against the government of Tsar Nicholas II. They were led by Vladimir Lenin and a group of revolutionaries called the Bolsheviks. The new communist government created the country of the Soviet Union.

4．以下の英文は誰のことを言っているか。日本語で答えなさい。

He was a civil rights leader in South Africa. He fought against apartheid, a system where non-white citizens were separated from whites and did not have equal rights. He spent more than twenty years in prison for his protests but became a symbol for non-white people in South Africa. Finally, he was released from prison through international pressure in 1990. One year later he became president of South Africa.

Ⅱ　以下の各設問に答えなさい。

A　それぞれの対話を読み、Questionに対する答えとして最も適切なものを、ア～エのうちから１つずつ選びなさい。

(1)　A：You're back from the trip!　What countries did you visit this time?
B：Before visiting Argentina, I went to Chile and Paraguay.
A：I thought you went to Brazil.
B：I went there last year.

Question：What country did the woman visit last?
ア Argentina.　　イ Brazil.　　ウ Chile.　　エ Paraguay.

(2)　A：Do you have change for a ten thousand yen bill?
B：I'm sorry I don't.
A：Is there a convenience store near here?
B：Yes, you can find one at that corner.

Question：What does the man want to do?
ア Change money.　　イ Borrow money.
ウ Pay by credit card.　　エ Change a store.

(3)　A：I'd like a dozen pink tulips and three yellow ones.
B：Sorry, sir, but we have only ten pink ones left.
A：I'll have two more in yellow then.
B：Certainly.

Question：How many yellow tulips is the man buying?
ア 2.　　イ 5.　　ウ 10.　　エ 12.

(4)　A：What time is our flight?
B：The departure time is 10:50, on schedule.
A：Boarding usually starts 30 minutes before, right?
B：Really? It's already past that time.

Question：When is this conversation probably taking place?
ア 10:05.　　イ 10:15.　　ウ 10:25.　　エ 10:55.

(5) A：Why don't we have Mac's pizza for dinner tonight?
B：But eight dollars a pizza is too expensive.
A：Yeah, but they are on sale for three for the price of two.
B：Really? Let's get three then.

Question：How much will they pay for the pizzas?
ア $6.　　イ $8.　　ウ $16.　　エ $24.

(6) A：Let's stop here. I have to fill up the tank before the long drive.
B：Let's get the car washed, too.
A：OK... Well, where did I put the prepaid card?
B：It's in the door pocket here.

Question：Where are they going to stop?
ア A bank.　　イ A fast-food restaurant.
ウ A car shop.　　エ A gas station.

(7) A：What time shall we meet?
B：Well, the movie times are 10:30, 12:40, 2:50 and 5:00, but I can't leave before noon.
A：OK. Let's meet outside the theater ten minutes before the third showing.
B：Sure.

Question：What time will they meet?
ア 12:30.　　イ 2:40.　　ウ 2:50.　　エ 4:50.

(8) A：I'd like to book this tour for two adults and two children.
B：The rate is $20 for each person. How old are your children?
A：They're nine and six.
B：We offer half rates for children under eight.

Question：How much will the family have to pay?
ア ＄50.　　イ ＄60.　　ウ ＄70.　　エ ＄80.

B　それぞれの対話を読み、最後の発言に対する応答として最も適切なものを、ア～エのうちから１つずつ選びなさい。

(9)　A：It's warm today.　Let's go out somewhere.
B：No, I can't.　I have to do my homework.
A：Oh, you can do it tonight or tomorrow.
B：(　　　　　)

ア But it will be colder tonight.
イ Right.　I should not put it off till tomorrow.
ウ Well, OK.　Where shall we go?
エ Yeah.　I already finished it.

(10)　A：I called you last night, but I couldn't reach you.
B：What time did you call?
A：Around nine.
B：(　　　　　)

ア OK.　I'll be waiting for your call.
イ OK.　I'll give you a call around nine.
ウ Sorry.　I was not listening to you then.
エ Sorry.　I was taking a bath at the time.

(11)　A：We've run out of toothpaste.
B：Look in the closet.　There is some in there.
A：I already did.　There isn't any.
B：(　　　　　)

ア Oh, I did it, too.
イ Really?　Where is the closet?
ウ There isn't?　Well, I'll go buy some.
エ What?　I didn't know there was some in there.

(12) A：That's a nice coat you're wearing.
B：Thanks. It fits me perfectly, but I paid too much for it.
A：But you can wear it for a long time.
B：(　　　　　)

ア It's been a long time since I wore it last.
イ No. I didn't know how much it was then.
ウ Right. I'll take good care of it.
エ Yes, I'll buy a cheaper one.

(13) A：People are always telling me I speak English very well.
B：You must have studied and practiced it hard.
A：No, no. It's my mother tongue. That's why.
B：(　　　　　)

ア I didn't know you were talking about your mother.
イ I see. That's a good way of practicing English.
ウ I didn't know your mother is an English teacher.
エ Wow. I thought Japanese was your first language.

(14) A：What's that delicious smell?
B：It's the onion soup I made.
A：Wow. That makes me so hungry.
B：(　　　　　)

ア Then, let's make onion soup.
イ I hope you'll like it.
ウ You are a great chef.
エ Then, let's try some other restaurant.

(15) A：That camera is really cool! Is it new?
B：No. I've been using it for some time.
A：Ah, is it the one you said your brother gave to you?
B：(　　　　　)

ア No, I bought it myself last year.
イ No, I think he bought it for someone else.
ウ Yes, this was a birthday present from my sister.
エ Yes, I gave it to my brother.

Ⅲ 以下の英文や資料を読み、設問の答えとして最も適切なものを、それぞれア～エの中から選びなさい。

You are a member of a neighborhood group. You have received a newsletter about the group's activities.

> Hello everyone!
>
> The weather has been extremely hot, hasn't it? I hope everyone enjoyed the summer (Obon) holidays. I know that everyone is very busy, but I have some important news items for our neighborhood. First of all, the baseball tournament is scheduled for the 9th of next month. If you are interested in playing, please let me know. Secondly, make sure to throw away your garbage in the proper garbage bags. And most importantly, the city will be having an earthquake drill next Saturday at 9 a.m. This drill is very important, so everyone is expected to take part in the drill. If you have questions or cannot participate, call the city office at 555-2344.
>
> Thank you for your attention,
>
> Taro Kaichi

(1) The main purpose of this letter is to (　　　).

ア make plans for the summer (Obon) holidays
イ explain how people should discard the garbage
ウ decide when to hold the baseball tournament
エ tell his neighbors about an important safety drill

(2) You should contact Mr. Kaichi if (　　　).

ア you want to attend the tournament
イ you cannot take part in the drill
ウ you have any questions about the earthquake drill
エ you don't know how to separate the garbage

You are in Iwatsuki Ward, Saitama City in your car. You are checking the city's website on your tablet to look for a place to park your car.

Saitama City — Parking Lot Finder

The following map shows your location and parking lots around Higashi Iwatsuki Station. The parking lot numbers are circled. The percentage shown under each circle indicates how crowded the parking lot is. When a parking lot is full of cars, you will see an "F" under the circle. If there is a cross in the circle, the parking lot is closed for the day.

If you tap the circle, you will find the opening and closing hours. The percentage is updated every fifteen minutes.

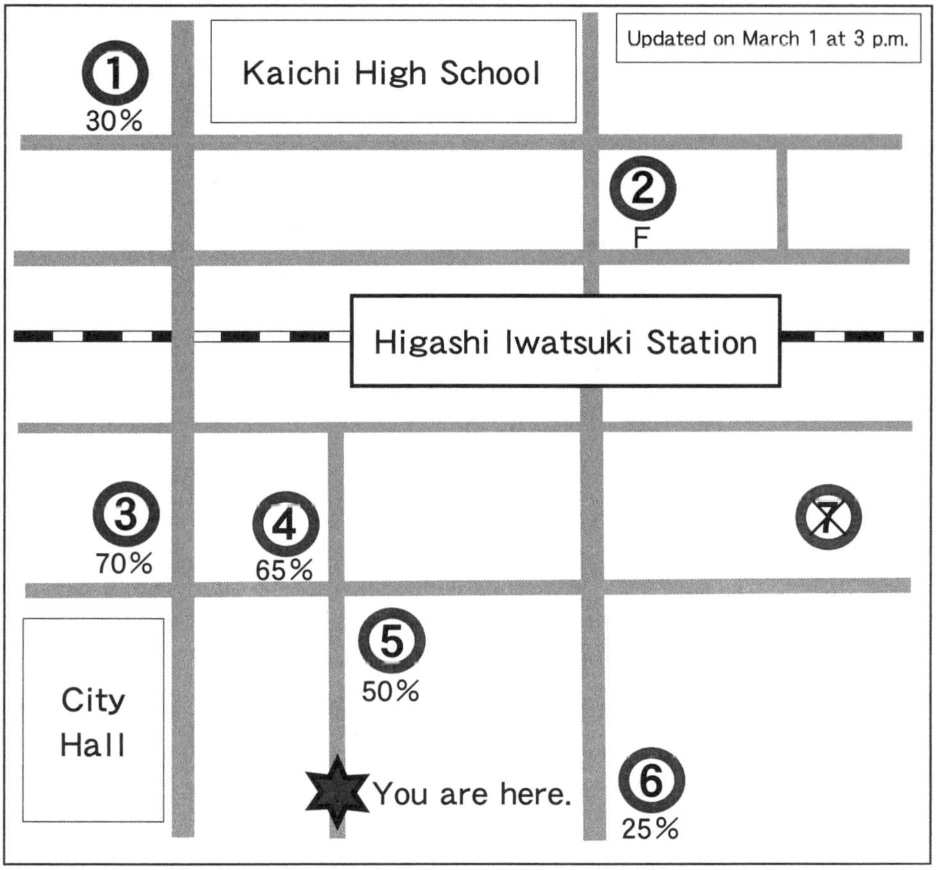

Note: Parking lot 3 will be closed for two weeks, beginning March 7.

(3) The parking lot nearest to you is (　　　).

ア closed　　イ full

ウ completely empty　　エ half-empty

(4) The nearest parking lot available to the people who will visit City Hall on March 11 will be (　　　).

ア Parking Lot 1　　イ Parking Lot 2

ウ Parking Lot 3　　エ Parking Lot 4

(5) By tapping the circle, you can get information about (　　　).

ア when the parking lot was built

イ when the parking lot is available

ウ how to get to the station

エ how many cars can be parked

Ⅳ 次の英文を読んで、後の各設問に答えなさい。

Some people have *wisdom teeth removed in their late teens and early twenties. Wisdom teeth are the last adult teeth to come into the mouth. But why don't they come in during childhood with the rest of our permanent teeth?

The answer comes down to how we develop when we are children. There is not enough room in a child's *jaw for wisdom teeth to come in. But as a child grows, his or her jaw grows, too. So there is (①) room for wisdom teeth to come out, according (a) research published in a scientific journal in 2021. (②), many modern human jaws don't grow long enough for wisdom teeth to come in without problems. This is why wisdom teeth removal today is so common. Ancient humans ate tough foods. Their diets were full of hard nuts, uncooked vegetables, and chewy meat. People ③[what / could / ate / to / hunt / they] or gather. Eating and chewing these types of tough foods when they are young actually ④[grow / makes / becomes / the / longer / jaw]. These days, for many people, diet is much different than it was even 150 years ago. We have shifted to eating food that is softer and much easier to chew. This means that humans have (⑤) jaws than ancient humans did.

Another reason wisdom teeth come in during young adulthood instead (b) childhood is that they're not needed until then. Wisdom teeth are our third set of *molars. These are the flat teeth at the rear of the mouth. Molars are (c) crushing and grinding food. Ancient people would lose their molars because of tough food. Wisdom teeth would take the place of these lost teeth. They may be a backup for someone who have lost another molar tooth. But because most children don't lose their molars, wisdom teeth wait until adulthood to arrive. (d) other words, if you lose your molars when you are young, your wisdom teeth will be there to fill the gap.

(注) *wisdom teeth 親知らず（遅れて生えてくる奥歯、第三大臼歯） *jaw あご
*molars 臼歯（きゅうし）、奥歯

問1　空所（　a　）～（　d　）に入る最も適切な語を、次のア～キから1つずつ選び、記号で答えなさい。なお、文頭に来る語も小文字で示してある。

ア with　　イ on　　ウ by　　エ for　　オ of　　カ in　　キ to

問2　空所（　①　）、（　②　）、（　⑤　）に入る最も適切な語句を、次のア～エからそれぞれ1つ選び、記号で答えなさい。

（　①　）　ア more　　イ less　　ウ many　　エ other

（　②　）　ア So　　イ In addition　　ウ For example　　エ However

（　⑤　）　ア softer　　イ more　　ウ longer　　エ shorter

問3　下線部③、④の［　　］内の語句を正しく並べかえなさい。ただし、それぞれ余分な語が1つずつある。

問4　以下の説明に当てはまる語を本文中から1語で抜き出しなさい。

"the kind of food people eat every day"

V 次の英文を読んで、後の設問に答えなさい。

Everyone knows that good sleep is essential for our health, (①) not everyone knows how essential it is to sleep in the dark. A new report says sleeping with the light on could be bad for our health. Researchers say turning off the light when we sleep helps to keep away diabetes and heart disease. Sleeping with the light on could increase the risk of getting these diseases. The researchers said around 40 per cent of people sleep with some sort of artificial light. They said even light from a television or alarm clock could affect our health. They added that the worst thing to sleep with is a main light. Sleeping in the dark is more difficult for people who live in large towns, where there is a lot of outdoor light at night.

The researchers are from the Northwestern University Feinberg School of Medicine in Chicago, USA. The lead researcher, Dr Phyllis Zee, is an expert in sleep medicine. She said it is healthier for us to turn off all lights when we sleep. Her team conducted a study of the blood sugar levels of 20 people after nights of sleep. The people who slept with a light on had higher blood sugar levels the next morning compared to (②). Dr Zee said this is because light stimulates brain activity, which raises blood sugar levels. She said there are three things we can do to reduce the risk of illness: turn off the lights, never sleep with white or blue light; and use a blackout curtain or wear an eye mask.

問1 空所 (①)、(②) に入る最も適切な語句を、それぞれ次のア～エから選び、記号で答えなさい。

(①) ア therefore イ so ウ but エ for

(②) ア those who were awake all day
イ those who slept only a few hours
ウ those who were awake at night
エ those who slept in total darkness

問２　以下は本文をまとめたものです。（　1　）～（　8　）に適する語を、ア～チの中から選び、記号で答えなさい。同じ記号は２回以上使用してはいけません。

Sleeping in the dark is (　1　) for our health. Sleeping with the light on could be bad for us. We could get diabetes or heart disease. About 40 per cent of people sleep with a (　2　) light, like a television. The worst thing is sleeping with a main light. Sleeping in the dark is getting (　3　) for people in (　4　).

A (　5　) in sleep medicine said it is healthier to turn off lights when we sleep. She studied the blood sugar levels of 20 people. Those who slept with a light on had higher sugar levels than those who slept (　6　) lights. Light (　7　) the brain active. This (　8　) blood sugar. We should turn off the lights or wear an eye mask.

ア dark	イ matter	ウ important	エ happiness	オ without
カ increases	キ fails	ク day	ケ different	コ easy
サ professor	シ cities	ス deepens	セ non-natural	ソ impossible
タ makes	チ unclear			

Ⅵ 以下の設問に答えなさい。

1．(　　　) 内の日本語を [　　　] の語を用いて英語に直しなさい。その際、[　　　] 内の語も含み英語6語になるようにしなさい。(don'tなどの短縮形は1語と数える)

A：I'd like to book a flight next Tuesday morning to Seattle.

B：Sure. There is one departing Portland at 8:30. It arrives at 11:30 a.m.

A：That's too late. I have an appointment thirty minutes earlier.

B：There is another one leaving at 7:00.

A：Good! But I'm afraid of a traffic jam (空港へ向かう途中で[way])

B：You shouldn't be worried. The rush hour won't have started yet.

A：Then, I'll take the earlier flight.

2．[　　　] 内の単語を用いて自然な会話文になるように6語の英文を作りなさい。([　　　] 内の単語は1語と数え、またdon'tなどの短縮形も1語と数える)

A：I'm going to live alone from September. Do you have some advice for me since you've been living by yourself for five years?

B：Well, if you are going to buy some new furniture, be careful with the size.

A：OK. [thinking].

B：Don't you have one now at home?

A：My sister is going to use it after I leave home. So, I need a new one for my studio apartment.

B：I use a table for both eating and studying, and I don't have a desk just for studying. If you have both of them, there will be no space left. It's too much.

A：Yes, that's true. Thanks for the good advice.

【数　学】（50分）〈満点：100点〉

（注）1．分数は既約分数に直し，無理数は分母を有理化し，根号内はできるだけ簡単に，比はもっとも簡単な整数値にして答えること。

2．【考え方】に記述がなく，答えのみの場合は得点にはなりません。

1　次の各問いに答えなさい。

(1) $(x+1)(x-2)(x+3)(x-4)$ を展開しなさい。

(2) 方程式 $5x-\sqrt{6}=2\sqrt{6}\,x-2$ を解きなさい。

(3) $3ab^2x-6abx-9ax$ を因数分解しなさい。

(4) n は自然数とする。$\sqrt{96+n^2}$ が自然数となる n の値をすべて求めなさい。

(5) $a>0$ とする。1次関数 $y=ax+1$ と，2次関数 $y=x^2$ の x の変域が $b \leqq x \leqq 2$ のとき，y の変域が一致した。a, b の値を求めなさい。

(6) $\boxed{3}$, $\boxed{4}$, $\boxed{5}$, $\boxed{6}$, $\boxed{7}$ の5枚のカードから3枚を選び，順に並べて3桁の自然数を作る。小さい方から数えて40番目になる自然数は何か答えなさい。

(7) 体積が $\dfrac{2\sqrt{2}}{3}$ である正四面体の内部に球が内接している。球の半径を求めなさい。

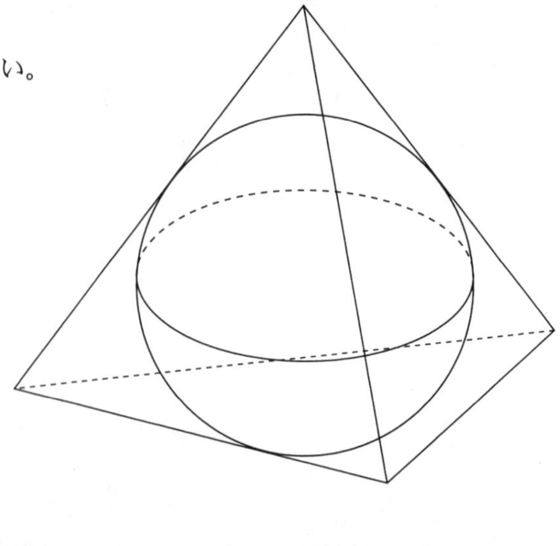

2　次の各問いに答えなさい。

(1)　10 段の階段がある。A 君はこれを 1 歩で 1 段または 2 段のぼる。

このとき

(i)　A 君が 6 段目をふんでこの階段をのぼりきる場合の数は全部で何通りあるか答えなさい。

(ii)　A 君が 6 歩ちょうどで階段をのぼりきる場合の数は全部で何通りあるか答えなさい。

(2)　座標平面上に 3 つの 2 次関数

$y=ax^2$,　$y=bx^2$,　$y=cx^2$

$(a>0,\ b>0,\ c>0,$

$a>b>c)$ がある。

次の各問いに答えなさい。

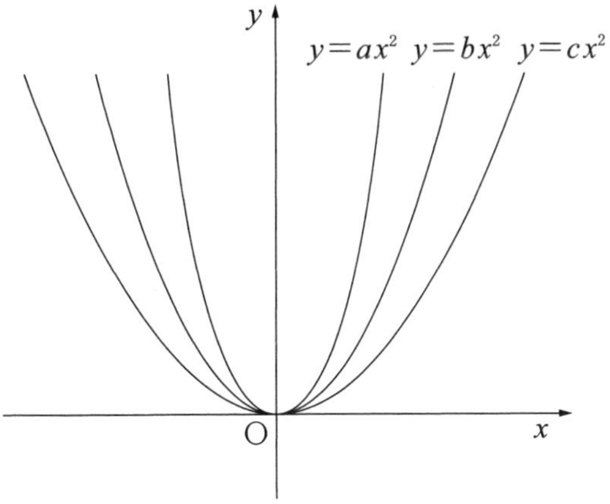

(i)　3 つの 2 次関数と直線 $y=1$ との交点のうち $x>0$ を満たす点を，x 座標が小さい方から順に B，C，D とする。

A (0, 1) として，AB＝BC＝CD が成り立つときの $a:b:c$ を最も簡単な整数比で求めなさい。

(ii)　3 つの 2 次関数と直線 $y=x$ との交点のうち $x>0$ を満たす点を，x 座標が小さい方から順に E，F，G とする。

OE＝EF＝FG が成り立つときの $a:b:c$ を最も簡単な整数比で求めなさい。

3　値段が隠されている5つの商品A，B，C，D，Eがあり，回答者が値段の高い順を予想して並びかえるゲームを行う。5つのうち正しい順位の位置に並んだ商品の個数を得点とする。

(1)　並べる方法は全部で何通りあるか答えなさい。

(2)　正解を知っている司会者から「商品を2つ選んで位置を交換するとすべて正しい順位の位置になることがある。」と言われた。
そのときはじめに回答者が並べていた並べ方は何通りか答えなさい。

(3)　(2)において商品を無作為に2つ選んで入れかえた場合，何点になる可能性が最も高いか。その得点を答えなさい。

4　座標平面上に

反比例のグラフ　$y=\dfrac{6}{x}$

直線　$y=x+2$

がある。2つの交点のうち，x 座標が小さい点を順にA，Bとする。
以下の各問いに答えなさい。

(1)　点Aの座標を答えなさい。

(2)　△OABの面積を求めなさい。

(3)　$y=\dfrac{6}{x}$ $(x>0)$ 上に点Pをとるとき，△OABと△PABの面積が等しくなった。点Pの座標をすべて求めなさい。

5　AB＝7，BC＝9，CA＝4である△ABCがあり，

Aから直線BCに垂線AHを下ろす。

以下の各問いに答えなさい。

(1)　AHの長さを求めなさい。

(2)　△ABCに内接する円の半径を求めなさい。

(3)　△ABCをAHを折り目にして折り，∠BHC＝60°となったところで止める。

できた三角すいABCHの体積を求めなさい。

イ　この上なくひどい受け答え。
ウ　この上なくひどい顔だち。
エ　この上なくすばらしい態度。
オ　この上なくすばらしい受け答え。
カ　この上なくすばらしい顔だち。

問2　傍線部②「大臣」、④「春宮」の読みをひらがなで書きなさい。②は三字、④は四字で答えること。

問3　傍線部③「ことわりなり」の訳として最も適切なものを次の中から選び、記号で答えなさい。

ア　断りたいことだ。　　イ　難しいことだ。
ウ　煩わしいことだ。　　エ　すばらしいことだ。
オ　もっともなことだ。

問4　傍線部⑤「並べて見まほしく思さるべし」の意味を次のようにまとめた。空欄部をそれぞれ埋めなさい。

右大臣は、娘の[A]と若君とを[B]と考えた。

問5　傍線部⑥「大夫の君と聞こゆ」とあるが、誰が「大夫の君」と呼ばれたのか。文中の語で答えなさい。

問6　傍線部⑦「この君」とは誰のことか。文中の語で答えなさい。

問7　傍線部⑥「ありがとう、とひと言だけ告げて、あとは言葉にならなかった」とあるが、このときのフレッドの心情の説明として適切でないものを次の中から選び、記号で答えなさい。

ア　フレッドは、ジェシカとの最後の思い出になるであろうデトロイト美術館訪問に際して二人で過ごした長い年月を思い出し、何とも言いようのない悲しい気分につつまれている。

イ　フレッドは、ジェシカにとっての最後の美術館訪問が正面玄関から職員たちに出迎えられる形式になったことにたいへん驚き、良い思い出ができて非常に良かったと思っている。

ウ　フレッドは、自分が原因でジェシカを不幸にしてしまったのではないかと考えたりもしたが、デトロイト美術館の協力により彼女の希望をかなえることができてほっとしている。

エ　フレッドは、ジェシカの最後の願いをきわめて華やかな形式で実現できることをとても誇らしく感じるとともに、永遠の命を手に入れることができたような感激を味わっている。

オ　フレッドは、妻の命を救ってやることのできない自分の無力感に打ちのめされている一方、至れり尽くせりの待遇をしてくれたデトロイト美術館に対してひたすら感謝している。

問8　この文章の冒頭の部分でフレッドがＤＩＡを訪れている理由を、九十字以上百字以内で説明しなさい。

三　次の文章は若君が成人を迎える場面である。読んで、後の問いに答えなさい。

若君の御注1引き入れは、注2殿の御兄の右大臣殿ぞし給ふ。御上げまさりの美しさ(髪を結いあげた若君の一段とまさった)、かねて見聞こえしことなれど、いともて離れ、①世になき容貌《かたち》のし給へるを、引き入れの②大臣の愛《め》で奉り給ふさま、③ことわりなり。この大臣は、姫君のかぎり(姫君ばかり)ぞ四人持ち給へる。注3大君は内裏の女御、中の君は④春宮の女御、三、四の君はただにておはするを(まだ未婚でいらっしゃるので)、⑤並べて見まほしく思さるべし。注4禄《ろく》ども贈り物など、さらに世になき清らを尽くし給へり(世にないほどのぜいたくをお尽くしになった)。注5冠は童より得給へりしかば(成人前から叙されていたので)、⑥大夫の君と聞こゆ(と呼ばれた)。やがて(まもなく)その秋の注6司召《つかさめ》しに侍従になり給ひぬ。帝・春宮をはじめ(はじめとして)奉りて、天の下の(世の中の)男女、⑦この君を一目も見聞こえては(一目でもお見かけ申し上げては)、飽く世なくいみじき物に思ふべかめり(見飽きることのないすばらしい人だと思うに違いないようだ)。

（『とりかへばや物語』）

注1　「引き入れ」…成人の儀式で成人する男子に冠を着ける役目のこと。
注2　「殿」…若君の父親である権大納言のこと。
注3　「大君」…第一の姫君、長女のこと。次女を「中の君」という。
　　「女御」は后の位の一つ。「内裏」は天皇、「春宮」は皇太子のこと。
注4　「禄」…褒美、祝儀。ここでは成人の儀式に対する祝儀のこと。
注5　「冠」…ここでは五位の位階のこと。「大夫」は五位以上の役人の総称。
注6　「司召し」…官職の任命式のこと。「侍従」は天皇に近侍した役人。

問1　傍線部①「世になき容貌」の訳として最も適切なものを次の中から選び、記号で答えなさい。

ア　この上なくひどい態度。

ウ　自分の希望する仕事を何よりも大切だと考え、困難に直面してもやりとげようとする強い意志を持ち続けている点。

エ　自分の希望をかなえるためであれば家族や世間をあざむくこともいとわないし、どんな困難も受け入れるという点。

オ　困難に直面しても自分の希望することをやりとげようという強い意志と、相手に対する強い愛情を持っている点。

問4　傍線部③「彼女、お前に似ているね」とあるが、フレッドはどのような点が似ていると思っているのか。その説明として最も適切なものを次の中から選び、記号で答えなさい。

ア　夫のせいで苦労ばかり背負わされてしまったために、どことなく不機嫌でつまらなそうな表情をしてしまう、率直な女性に見えるという点。

イ　華やかではなく、特別に美しいというわけでもないが、自分の信じる道を突き進もうとしている夫をやさしく支える女性に見えるという点。

ウ　美人ではないがやさしくやわらかで、何度会話をしても飽きることのない、自分にはもったいないほど知的で快活な女性に見えるという点。

エ　特別に美しいというわけではないが、夫に経済的な力があまりないという状況下でもやわらかくやさしげで魅力的な女性に見えるという点。

オ　容姿も服装も性格も決して目立つ方ではなく、どちらかというと地味な印象であるが、愛する男性に尽くす、古風な女性に見えるという点。

問5　傍線部④「妻はちっとも怒らず、悲しまず、ましてフレッドを責めもしなかった」とあるが、その理由として最も適切なものを次の中から選び、記号で答えなさい。

ア　経済的に豊かではなかったものの、ジェシカはフレッドを愛していて、これまでの人生に満足しており、自分の死が近いことも受け入れる強さを持った女性だったから。

イ　死を目前に控えている身としては、今さら何を思ってもまったく意味がないし、ましてや夫のフレッドを恨んだところで何にもならないということを実感していたから。

ウ　ジェシカはフレッドと長く暮らしていて、いつかはこのような状況が訪れることを予感しており、特に驚くこともなく、それよりも美術館の絵の方が気にかかったから。

エ　フレッドが絵にばかり興味を持ってあまり働かなかったため、経済的に豊かな生活はできておらず、重病であっても入院や手術をする費用はないことを知っていたから。

オ　フレッドは自分に経済力がなく、医療保険などの準備も怠っていたことで自責の念に駆られているので、ジェシカはこれ以上責任を追及することは危険だと思ったから。

問6　傍線部⑤「きっとあなたのだんなも惚れ直しちゃうわよ。ねえフレッド?」とあるが、エミリーのこの発言についての説明として最も適切なものを次の中から選び、記号で答えなさい。

ア　エミリーはジェシカの病気のことをまだ知らされていないので、夫婦で美術館を訪問するジェシカたちをうらやましく思っている。

イ　エミリーは同じ職場で働いていたジェシカの異変に気づかなかったことを後悔し、せめてきれいに化粧してあげようと思っている。

ウ　死期が近いことをジェシカに悟られないように、エミリーはできる限り明るい態度で話をして、場を盛り上げようと努力している。

エ　自分を含めたみんなの気分が沈んでしまうのを避けるため、エミリーは軽い冗談のような発言で少しでも明るくしようとしている。

オ　病気でやせ衰えた親友のジェシカと対面してショックを受け、エミリーはフレッドがジェシカの夫であることを忘れてしまっている。

の同僚、エミリーが整えてくれた。とってもきれいよ！　とエミリーは、ジェシカとともに鏡を覗《のぞ》き込んでそう言った。⑤きっとあなたのだんなも惚《ほ》れ直しちゃうわよ。ねえフレッド？

車椅子を押して正面のエントランスへ行くと、階段の下で美術館の男性職員が四人、待機していた。ようこそＤＩＡへ、と彼らは、笑顔でふたりを迎えてくれた。そして車椅子を持ち上げて、入り口まで運んでくれたのだ。フレッドは胸がいっぱいになった。⑥ありがとう、とひと言だけ告げて、あとは言葉にならなかった。

《マダム・セザンヌ》の前に、車椅子のジェシカとともに佇んで、フレッドは、ほんとうに思わず、彼女、お前に似ているね、とつぶやいた。ジェシカは、《マダム・セザンヌ》をじっと見つめたまま、なんとも応えなかった。黙ったままで、いつまでも、いつまでも、絵を見つめていた。

——ねえ、フレッド、あたしの最後のお願い、聞いてくれる？

どのくらい経っただろうか、ジェシカがふいにかすれた声でつぶやいた。はっとして、フレッドは、なんだい？　と前かがみになって妻の口もとに耳を寄せた。すると、ジェシカはこう言った。

——あたしがいなくなっても……彼女に会いに来てくれる？

彼女、あなたがまた来てくれるのを、きっと待っていてくれるはずだから。

あたしも、待ってるわ。あなたのこと、見守っているわ。

（『デトロイト美術館の奇跡』原田マハ）

注1　「ＤＩＡ」…アメリカ合衆国のデトロイト美術館（Detroit Institute of Arts）の通称。

注2　「印象派・後期印象派」…一九世紀後半から二〇世紀初頭にフランスで始まった、自然や事物から受ける感動を忠実に表現しようとする流れ、およびその画家たちのこと。また、セザンヌやゴッホなどの画家たちは、後期印象派と呼ばれる。

注3　「ポール・セザンヌ」…（一八三九〜一九〇六）フランスの後期印象派の画家。

注4　「お針子」…呉服店・洋服店などで裁縫の仕事をする女性。

注5　「キュレーター」…博物館・美術館で展覧会の企画・構成・運営をつかさどる専門職。

注6　「鳶色」…こげ茶色。

注7　「リベラ・コート」…ディエゴ・リベラという芸術家の壁画が展示されている部屋。

問1　波線部ａ〜ｃの意味として最も適切なものをそれぞれ後の中から選び、記号で答えなさい。

ａ　「勘当されては」

ア　明らかにされては　　イ　縁を切られては

ウ　探り出されては　　エ　ばかにされては

オ　別居させられては

ｂ　「まとったような」

ア　集めているような　　イ　思っているような

ウ　着ているような　　エ　再現したような

オ　複写したような

ｃ　「呼応して」

ア　互いに作用しあって　　イ　互いに対抗しあって

ウ　互いに反発しあって　　エ　互いに変化しあって

オ　互いに融合しあって

問2　傍線部①「ずいぶん身勝手なことをするやつだ、と憤りを感じた」とあるが、フレッドの感じた「身勝手なこと」とはどのようなことか。五十字以上六十字以内で説明しなさい。

問3　傍線部②「オルタンスも、きっとセザンヌと同じだったのよ」とあるが、どのような点が「同じだった」のか。その説明として最も適切なものを次の中から選び、記号で答えなさい。

ア　相手に対する愛情を他の何よりも大切だと考え、どこまでも二人の愛を貫こうという強い意志を持ち続けている点。

イ　お互いに相手に対する愛情が強すぎるので、希望を通すためには手段を選ばず、感情をあらわにして戦うという点。

注6鳶《とび》色の眼は、じっとこちらをみつめて動かない。小さな、ごく小さな光の粒が瞳の奥に宿ってふるえている。

ＤＩＡが所蔵するコレクションの中で、フレッドはこの作品がいっとう好きだった。――べっぴんさんか？　いや、どっちかっていうと美人じゃない。だけど、どうだい。彼女の、なんとまあ、魅力的なこと！

もう何度、この絵の前に佇んだことだろう。けれど、何度向き合っても飽きることがなかった。みつめるほどに、彼女の魅力はフレッドの胸に迫った。

なんだろう、この感じ……と不思議に思っていたが、あるとき、ふと、この絵の中のマダム・セザンヌは、なんとなくジェシカに似ているんだと気がついた。

彼女はフランス人で、白人で、ジェシカと比べればすらりとしていて、不機嫌で、何もかも違う。それなのに、すべてが似ている、とフレッドは感心した。けれど、そう思っていることは、ジェシカには言わないつもりだった。おかしなこと言うわね、と笑われてしまうだろうから。そして、どうにもてれくさいから。

――③彼女、お前に似ているね。

半年まえのあるとき、ひさしぶりにジェシカとともにＤＩＡを訪問したフレッドは、《マダム・セザンヌ》の前でジェシカにそう告げた。

ぜひともそう言おうと思い切ったわけじゃない。ごく自然に、飾らない言葉が口からこぼれ出たのだった。

ジェシカとともにＤＩＡに足しげく通うようになって、十年以上が経っていた。けれど、去年の秋口にジェシカが体調を崩し、末期がんであると宣告されてからは、すっかり足が遠のいてしまっていた。

フレッドの両親同様、ジェシカも医療保険に加入していなかった。手術には多額の費用がかかる。フレッドは、父が病に倒れたときにそうしようとしたように、ジェシカには黙って自宅を担保に借金をしようとした。ところが銀行は首を縦に振らなかった。父が遺してくれた唯一の財産である自宅には、もはやなんの価値もないと判断されてしまったのだ。

手術もできなければ、入院すらもできない。いったい自分は何をしてきたのだと、フレッドは自分を責め苛《さいな》んだ。妻の命を救ってやれないなんて。日に日に衰弱していくのを眺めることしかできないなんて。

ジェシカ。……ああ、ジェシカ、許してくれ。役立たずのおれを。ジェシカが死んだら……いっそ……、おれも死んでしまえばいい。ひとり残されたって、何の役にも立ちはしないんだから。

ところが、④妻はちっとも怒らず、悲しまず、ましてフレッドを責めもしなかった。いつかのように、明るい声でジェシカは言った。

――あたしのお願い、ひとつだけ聞いてくれる？

最後にもう一度だけ、一緒に行きたいの。――デトロイト美術館へ。

そうして、フレッドは、やせ衰えたジェシカを乗せた車椅子を押して、ＤＩＡへ出かけていった。

これが最後の訪問になると、フレッドはわかっていた。だから、正面の堂々とした入り口から入って、ホールを通り、注7リベラ・コートを抜けて、ジェシカが大好きな印象派・後期印象派の部屋へと入っていくことにした。

事前にＤＩＡの事務局に電話をし、頼んでみた。――車椅子の妻を連れていきます。わけあって、どうしても正面から入れてやりたいのです。車椅子でアクセスできますか？　事務局の担当者が、電話の向こうで応えた。――ええ大丈夫です。ご心配なくいらしてください。

その日、ジェシカは、初めてＤＩＡを訪問したときに着ていたダンガリーシャツとスラックスを着込んで、口紅をつけ、ほお紅をさして、目一杯おしゃれをした。ジェシカの身支度は、かつての職場

記号で答えなさい。

ア　月面からはいつも見えてしまいます
イ　月では常に同じ時間となります
ウ　日ごとに不規則な時間になります
エ　地球とは真逆になります
オ　月面からは見られません

二　次の文章を読んで、後の問いに答えなさい。

注1ＤＩＡの展示室、注2印象派・後期印象派の部屋の一角で、今日もまた、「彼女」がフレッドの到来を待っていた。

「彼女」の前に、ひとり、佇《たたず》むと、フレッドはごく小さくため息をついた。そして口の中でつぶやいた。

――やあ、元気そうだね。また会いに来たよ。……おれのほうは、あいかわらず。見ての通りさ。

フレッドが向き合っている「彼女」。――注3ポール・セザンヌ作《マダム・セザンヌ（画家の婦人）》。

一八八六年頃、セザンヌが四十七歳くらいのときに完成した、セザンヌの妻、オルタンスの肖像画である。

南仏のエクス＝アン＝プロヴァンスの家庭に生まれたセザンヌは、画家を志してパリへ出た。その後、ルリユーズ（本の背表紙を綴《と》じる注4お針子《はりこ》）だった十八歳のオルタンスと出会う。ふたりは一緒に暮らし始め、やがてひとり息子のポールを授かるが、セザンヌはオルタンスと息子の存在を郷里の父に隠し続けた。売れない絵を描いていたセザンヌの生活費は、その頃銀行家として成功していた父からの仕送りのみ。貧しい女性と付き合っていることを知られてa勘当されては生きていけない、だから、オルタンスは長いあいだセザンヌの正式な妻にはなれなかった。父の晩年になって、セザンヌは、オルタンスと息子のことを打ち明け、ようやくふたりは結婚した。

このエピソードを、フレッドは、注5キュレーターが作品の前で解説をしてくれるプログラム「キュレーターズ・ガイド」に、ジェシカとともに参加したときに知ったのだが、そのときには、①ずいぶん身勝手なことをするやつだ、と憤りを感じた。

――ちょっとひどいんじゃないか、セザンヌは。カミさんをそんなふうに扱うなんて、おれにはとうていできないな。ところがジェシカは寛大だった。――あたしは、むしろセザンヌは正しいチョイスをしたと思うわ、と。

――だって、売れる絵を描いてなかったんだもの、仕送りを止められたら暮らしていけなかったんでしょう？　我慢して、持ちこたえて、彼は両方を維持したし、結果的に守り抜いたのよ。妥協しないで自分の絵を描くことと、愛する人との暮らし、その両方を。

オルタンスのこと、父親に打ち明けるタイミングを辛抱強く待って、とうとう結婚したんだから、すごいじゃない？

セザンヌって、我慢強くて、信念があって、愛情深い人だったと、あたしは思う。……もちろん、②オルタンスも、きっとセザンヌと同じだったのよ。

マダム・セザンヌ、オルタンス。すみれ色の模様があるベージュのカーテンを背景にして座る彼女。どっしりとした構図なのに、どこかしら軽やかさを感じるのは、かすかに体を傾けて、いましも立ち上がりそうに見えるから。そして塗り残しのように場面の上下の色がかすんでいることによって、彼女の体が浮かび上がって見えるから。彼女が身につけている青いワンピース、決して華美ではなく地味な服装は、絹のドレスと宝石で飾った貴婦人の肖像画よりも、はるかに親しみを覚える。それに、服の青は単純な青ではない。ほんのりとバラ色が混じって、まるで朝焼けの空をbまとったようなやわらかさとすがすがしさがある。

彼女の顔。いったいどうしてそんなに不機嫌なんだい？　と思わず問いただしてみたくなるほど、むすっとして、つまらなそうな表情。けれど頬《ほお》とくちびるに点ったバラ色は、青い服に溶け込んだバラ色とc呼応して、やわらかでやさしげな雰囲気をもたらしている。

歴史の中では大切な真実です。
アポロ計画終了から四十年以上、人類は月に行っておりません。しかし今、月開発の気運が急速に高まっています。十年以内に有人月探査が再開され、日本人宇宙飛行士も月に降り立つことでしょう。月の氷資源を採掘して、その氷から液体水素と液体酸素をつくって、火星に移住するロケットの燃料にしようという計画が、まもなく始まります。そのうち月から地球を見て俳句を詠む人も出てくることでしょう。

月が地球に同じ面を向けているのと同じ理由で、月から見た地球は空のある一定の位置からほとんど動かず、空の同じ場所で満ちかけを繰り返します。地球の出や地球の入りは［　Y　］。そういう意味ではちょっと風流ではないかも知れませんね。しかし、月から見る地球の夜に人が灯《とも》す無数のあかりは、いろいろな感情をかき立ててくれることでしょう。

地球から見上げる月も、月に人がいるのといないのとでは、心情の上で違った見え方をするのではないでしょうか。私は物心ついたころにはアポロ計画は終わっていたので、残念ながら「今、あの月に人が立っている」という e カンガイを持ちながら月を見上げた経験がありません。しかし、あと数年でそのような機会が訪れるのだと思うと、わくわくします。

そして、そう遠くない将来、人類は火星の地上から、火星の月、フォボスやダイモスを見上げるでしょう。地球の月のように美しい球体ではなく、ジャガイモのような形の火星の月を、火星に立つ人はどんな心情で見上げるのでしょうか。

（『月を穿って見る』佐伯和人）

問1　波線部a～eのカタカナをそれぞれ漢字に直しなさい。なお、文字は楷書で一画ずつ丁寧に書くこと。

問2　空欄Xに入る数字として、最も適切なものを次の中から選び、記号で答えなさい。

ア　三十　　イ　四十　　ウ　五十　　エ　六十　　オ　七十

問3　傍線部①「臥待月」とあるが、この名前からどのような月だと分かるか。分かりやすく説明しなさい。

問4　傍線部②「月は東に日は西に」とはどのような光景か。言葉を補って説明しなさい。

問5　傍線部③「月の模様を見て、日本人はウサギが餅をついていると見ます」とあるが、「月の模様」は国によって異なる見方をする。その理由を筆者はどう説明しているか。分かりやすく答えなさい。

問6　傍線部④「赤い月が不吉な気持ちをかき立てる」とあるが、筆者はその理由をどのように考えているか。理由として最も適切なものを次の中から選び、記号で答えなさい。

ア　月が赤くなると、自然災害が起きやすくなるから。
イ　月が赤くなっている間、人間の精神に悪影響があるから。
ウ　月が赤くなると、身の周りに不幸が起きやすくなるから。
エ　不吉を恐れる心から、人間は月を赤く見てしまうから。
オ　月が赤くなるのは、自然災害の影響が考えられるから。

問7　傍線部⑤「月はきっと盆のようではなく球のように見えていた」とあるが、なぜ筆者にはそのように「見えていた」のか。理由として最も適切なものを次の中から選び、記号で答えなさい。

ア　筆者が幼いころの月の形は、現在よりも球に近いものであったから。
イ　筆者は幼いころ読んだ本の知識から、月は球であるとして見ていたから。
ウ　幼い筆者の視力では、月を盆のように見ることは出来なかったから。
エ　月を盆のように見るためには、科学的知識を積む必要があったから。
オ　精神年齢によって、月の見え方というのは変わっていくものだから。

問8　空欄Yに入る言葉として、最も適切なものを次の中から選び、

の月だけでなく、火星の衛星フォボスやダイモスなど、多くの惑星の衛星で観られる現象です。

　ところで月の模様ですが、北半球と南半球では模様の見える向きが逆さまになります。地球儀の北半球と南半球に小さな人形を立てて、赤道上空にある月を見ている様子を想像すればわかるかと思います。国によって月の模様を何に見立てるかは異なっており、これは文化の違いもありますが、南半球の国では見ている模様が逆さまであることも影響しているはずです。

　なお、南半球は季節が北半球と逆になりますが、冬に満月の高度が高くなるのは同じです。月の高度に感じる季節感は世界共通ということになります。

　月は気象も現わします。月がやたらと赤く見えることはないでしょうか。これは高層の大気に何かしら細かなチリが舞っていることを示します。大気中の細かなチリは光の青い成分を散乱させます。昼の空が青く見えるのは、太陽の光の青い成分が空いっぱいに散乱した結果ですし、夕日が赤いのは、太陽の光が大気をcナナめに通過することで青い光をたくさん散乱させた結果、赤い光の成分が残るためです。

　月も高度が低い時には赤くなりますが、高くなっても赤い場合は、何かが空に舞っているのです。それは黄砂かも知れませんし、他の国の火山噴火で火山灰が地球規模に拡がったものかも知れません。ムンクの「叫び」という絵の背景のおどろおどろしい赤い空は、一八八三年にインドネシアで起きたクラカタウ山の巨大噴火による赤い夕日の印象だという説もあります。

　何か月、時には何年にも亘《わた》って月が赤く見えるようになるのは、たいてい巨大火山噴火の影響です。そうなると、高層大気に何年もとどまる火山灰のために地上に届く太陽の光が減って、地球規模で冷害による飢饉《ききん》が起こりやすくなります。④赤い月が不吉な気持ちをかき立てるのは、そのような過去の記憶が時代を超えて現代にも伝わっているせいかも知れませんね。

　さて、こんな知ったかぶった話を書いている私ですが、かつて自分の不明を恥じ入ったことがあります。私は一九六七年生まれなので、幼稚園に通園しているころには、アポロ計画ですでに十二人もの宇宙飛行士が月面を歩いた後でした。当時は幼児向けの絵本にまでアポロ計画の解説があふれていたので、私は幼稚園児ながら月がボールのような形であることを知っていました。そのせいか、そのころ習った文部省唱歌の「月」の歌詞が私は嫌いだったのです。「でたでた月が、まあるい、まあるい、まんまるい、盆のような月が」という歌詞です。作者はdフショウということです。当時の私は「月は球なのに、盆のようなとは、なんて幼稚な見方だろうか」と思ったわけです。

　ところが、大学の教員になり、月探査計画「かぐや」の科学観測カメラの開発メンバーになって月観測の勉強をしているとき、とある英語の文献にこう書いてあるのを見つけたのです。「月はボールではなく平板に見える」と。月はレゴリスと呼ばれる直径一ミリ以下の細かな砂に覆われているので、当たった光が四方八方に散乱されます。その結果、満月の端までくっきりと見え、球のような輪郭が暗くなるような見え方ではなく、平板を見ているように見えるというのです。あらためて月を観察してみると、確かに端までくっきりと明るく、まるでお盆のように見えるではありませんか。

　生半可な知識による先入観で濁った眼よりも、詩人の純粋な眼の方が月の見え方の本質を見抜いていたわけです。いろいろ蘊蓄《うんちく》を述べた後ではありますが、私は思います。科学的知識を使って芸術作品に登場する月にいろいろな意味を仕込んだり読み解いたりするのも面白いけれど、本物の月を見てそれを真っ直ぐに描写した作品の力は、やはりすごいものだと。

　一方、もし、観察し描写した月が科学的な月の真実と違っていても、その差にはきっと観察する者自身の内面の何かが強く投影された結果なのでしょう。幼稚園児の私にとって、⑤月はきっと盆のようではなく球のように見えていたと思うのですが、それも私個人の

二〇二三年度 開智高等学校（第二回）

【国　語】（五〇分）〈満点：一〇〇点〉

一　次の文章は雑誌「俳句」に掲載されたものである。文章を読んで、後の問いに答えなさい。

　私の専門は惑星地質学といって、月や惑星の岩石や地形からその天体の成り立ちを研究する学問です。その関係で仕事でも普段の生活でも月を見上げて眺めることが多いです。テレビドラマを見ているときも月が映るとじっくり見てしまいます。

　ドラマでは時の経過や登場人物の心情を描写するために月の映像が使われることがありますが、この月、その場所や時刻に見られるはずのない月であることがあります。そうなると、ドラマの世界がaキョコウであることを一瞬思い出してしまって興ざめしてしまいます。

　逆に言うと、月一つの描写で驚くほどたくさんの状況を説明できる可能性があります。月は時刻を表現します。月は場所を表現します。そして、月は気象を表現します。月の描写から何を読み取ることができるか、科学的な視点から解説してみましょう。

　まず、時刻を表現するという話から始めましょう。俳句をされている方は、月の形に応じて地平線から月が昇る時刻を現わす名前がついていることをご存じかと思います。満月から二日ほどたった月齢十七日の月を「立待月《たてまちづき》」、十八日の月を「居待月《いまちづき》」（「居」は「座る」の意）、十九日の月は「①臥待月《ふしまちづき》」と月の形によって日が暮れてから昇るまでの時間が異なることが名前に現れています。

　月は地球の周りを約一か月で回っています。そのために、月が昇ってくる時間は毎日約［X］分ずつ遅れていきます。電灯のない時代には、暗闇を照らす月が昇ってくるのが待ち遠しかったことでしょう。

　地球から見て太陽の方向に月がある時は、地球から見えない反対側が太陽に照らされているので、明るいところが見えない新月となります。太陽の方向にあるので、太陽とともに昇り沈みます。その逆に満月は太陽と反対方向に月がある状況です。地球から見ている月面が全て太陽に照らされているからこその満月です。太陽が沈むころに昇って来て、太陽が昇るころに沈んで行きます。

　〈菜の花や②月は東に日は西に〉という与謝蕪村の有名な俳句がありますが、これはまさに、月、地球、太陽が一直線に並んだbソウダイな宇宙スケールの景色を想像させる句ですね。

　月は新月から一日ごとに約［X］分昇るのが遅れるということと、太陽がある側が光っているということを意識しつつ、月を空に見つける練習をすれば、どんな形の月がいつ見えるか、だんだん予想がつくようになるでしょう。

　月の高度も季節で変ります。満月付近の夜に見られる月の高度は太陽と反対で、夏は低く冬は高くなります。冬の月がことさら鮮やかに見えるのは、乾燥した気候の影響もありますが、高度が高く月光が大気を通過する距離が短くなることも大きく影響しています。

　次に、場所すなわち観測者がいる所がわかるという話をしましょう。③月の模様を見て、日本人はウサギが餅をついていると見ます。このように見えるのは、満月が東の空から昇ってくる時で、真夜中に月が南中するころには、ウサギは前回りをしてちょうど頭と足が水平になったような状態になり、朝方月が沈むころには、逆さまになって頭から沈んで行きます。

　この模様、なぜ毎回同じに見えるかというと、月はいつも地球に同じ面を向けているからです。地球の引力は地球に近いほど強く働くので、月が完全な球体ではなく少しでも重さの偏りがあると、重い方が地球を向いたままになります。月の表側には黒く見える海と呼ばれる部分がありますが、これは溶岩が固まったもので白い部分よりも重い岩石なのです。月が惑星に同じ面を向ける現象は、地球

英語解答

Ⅰ　1　⑴　13　⑵　25π　　2　細胞
3　ロシア革命
4　ネルソン・マンデラ

Ⅱ　⑴　ア　⑵　ア　⑶　イ　⑷　ウ
⑸　ウ　⑹　エ　⑺　イ　⑻　ウ
⑼　ウ　⑽　エ　⑾　ウ　⑿　ウ
⒀　エ　⒁　イ　⒂　ア

Ⅲ　⑴　エ　⑵　ア　⑶　エ　⑷　エ
⑸　イ

Ⅳ　問１　a…キ　b…オ　c…エ　d…カ
問２　①…ア　②…エ　⑤…エ
問３　③　ate what they could hunt
④　makes the jaw grow longer
問４　diet(s)

Ⅴ　問１　①…ウ　②…エ
問２　1…ウ　2…セ　3…ソ　4…シ
5…サ　6…オ　7…タ　8…カ

Ⅵ　1　（例）on my way to the airport
2　（例）I'm thinking of buying a desk

Ⅰ〔読解総合―説明文〕

1＜要旨把握―図形＞≪全訳≫「下の図は直角三角形である。この直角三角形を，直線 l を軸として回転させると円錐ができる。円周率には π を用いること」　⑴「この円錐の斜辺 x は何 cm か」　三平方の定理より，斜辺 x は $\sqrt{5^2}+\sqrt{12^2}=\sqrt{169}=\sqrt{13^2}=13$(cm)となる。　⑵「この円錐の底面積は何 cm^{2}か」　この円錐の底面は半径 5 cm の円となるので，底面積は $\pi\times5^2=25\pi$ (cm^2)となる。

2＜適語補充―生物＞≪全訳≫「細胞は生物の基本的な単位である。生物の中にはバクテリアのように１つの細胞で成り立っているものもあり，一方，数兆もの細胞からなるものもある。ヒトもまた細胞で構成されている。多くのさまざまな種類がある。種類によってそれぞれ異なるはたらきをしている。これらに関する研究は，生物学の一部門である」　organism「生物」　trillions of ～「数兆もの～」　biology「生物学」

3＜適語補充―世界史＞≪全訳≫「ロシア革命は，ロシアの小作農と労働者階級の人々が皇帝ニコライ２世の政府に抗議して暴動を起こした1917年に始まった。彼らはウラジーミル・レーニンと，ボリシェビキと呼ばれる革命派に指揮された。新たな共産主義政府がソビエト連邦という国家をつくった」　peasant「小作農」　communist「共産主義者」

4＜要旨把握―現代社会＞≪全訳≫「彼は南アフリカ共和国における公民権運動の指導者である。彼はアパルトヘイト，つまり非白人の市民が白人から分離され，同等の権利を持たないシステムに反対して闘った。彼は抗議運動を起こした罪で20年以上を刑務所で過ごしたが，南アフリカ共和国における非白人の象徴となった。最終的に，国際的な圧力によって，1990年に彼は刑務所から解放された。その１年後，彼は南アフリカ共和国の大統領になった」　apartheid「アパルトヘイト」　separate「～を分離する」

Ⅱ〔対話文総合〕

A＜英問英答＞

⑴A：旅行から帰ってきたんだね！　今回はどこの国へ行ったの？／B：アルゼンチンへ行く前に，チリとパラグアイへ行ったの。／A：ブラジルへ行ったかと思ったよ。／B：そこは去年行った

んだ。

Q：「この女性が最後に行ったのはどこの国か」―ア．「アルゼンチン」

(2)A：1万円札を両替してもらえますか？／B：申し訳ありませんが，できません。／A：この近くにコンビニエンスストアはありますか？／B：はい，あそこの角に1軒あります。

Q：「この男性は何をしたがっているか」―ア．「お金を両替する」　最初のAの発言にあるchangeは「両替，くずした金」という意味。

(3)A：ピンクのチューリップを1ダースと，黄色いチューリップを3本ください。／B：申し訳ございませんが，ピンクのチューリップは10本しか残っておりません。／A：じゃあ，黄色いのをあと2本ください。／B：かしこまりました。

Q：「この男性は黄色いチューリップを何本買っているか」―イ．「5本」

(4)A：私たちが乗るのは何時の便なの？／B：予定どおり，出発時刻は10時50分だよ。／A：搭乗は普通30分前に始まるよね？／B：本当？　もうその時刻を過ぎてるよ。

Q：「この会話が行われているのはおそらくいつのことか」―ウ．「10時25分」

(5)A：今夜は夕食にマックのピザを食べない？／B：でもピザ1枚に8ドルは高すぎるよ。／A：そうだけど，今はセール中で，2枚分の値段で3枚もらえるの。／B：本当？　だったら3枚もらおう。

Q：「彼らはピザにいくら払うことになるか」―ウ．「16ドル」

(6)A：ここで止めよう。長距離ドライブの前に，ガソリンを満タンにしないと。／B：洗車もしようよ。／A：いいよ…。あれっ，プリペイドカードをどこに置いたっけ？／B：ここのドアのポケットの中にあるよ。

Q：「彼らはどこに停車するつもりか」―エ．「ガソリンスタンド」

(7)A：何時に待ち合わせようか？／B：そうだな，映画の開始時刻は10時30分，12時40分，2時50分，5時だけど，僕は正午より前には家を出られないんだ。／A：わかった。3回目の上映の10分前に映画館の外で待ち合わせよう。／B：そうしよう。

Q：「彼らは何時に待ち合わせるつもりか」―イ．「2時40分」

(8)A：このツアーを大人2人，子ども2人で予約したいのですが。／B：料金は1人20ドルです。お子さまは何歳ですか？／A：9歳と6歳です。／B：8歳未満のお子さまは半額になります。

Q：「この家族はいくら支払うことになるか」―ウ．「70ドル」　6歳の子の分だけ半額になる。

B＜適文選択＞

(9)A：今日は暖かいね。どこかへ出かけようよ。／B：いや，行けないよ。宿題をやらないと。／A：えっ，そんなの今夜か明日できるじゃない。／B：そうだね，わかった。どこへ行こうか？

⁄⁄会話が成立するのは，相手の提案を受け入れるウ。イは，前後の内容が矛盾するので不適。put ～ off〔put off ～〕「～を延期する」

(10)A：昨夜君に電話したけど，出なかったね。／B：何時に電話したの？／A：9時頃だよ。／B：ごめん。その時間はお風呂に入ってたんだ。⁄⁄電話に出られなかった理由となるものを選ぶ。ウは，「君の言うことを聞いていなかった」という意味なので不適。

(11)A：歯磨き粉がなくなっちゃった。／B：クローゼットの中を見てみて。そこにあるでしょ。／

Ａ：そこはもう見たんだ。なかったよ。／Ｂ：ない？　じゃあ，買いにいってくるね。∥There isn't？は，There isn't any toothpaste？の意味で，直前のThere isn't any.を受けての返答(ここでも最後にtoothpasteが省略されている)。英語では前に出た語(句)が繰り返しになる場合，繰り返しとなる語(句)は通例省略されるので，一目で意味がわからない場合は，何が省略されているかを考えること。

⑿Ａ：すてきなコートを着ているね。／Ｂ：ありがとう。私にぴったりなんだけど，それにお金を使いすぎたんだ。／Ａ：でも長い間着られるじゃない。／Ｂ：そうだね。大切にするつもりだよ。∥take good care of ～「～を大切にする，しっかり面倒をみる」

⒀Ａ：みんなから，英語を話すのがとてもうまいって言われるんだ。／Ｂ：一生懸命勉強したり練習したりしたんだろうね。／Ａ：違うの。英語は私の母国語なんだ。それが理由なの。／Ｂ：えっ。日本語が君の第一言語だと思ってたよ。∥mother tongueは「母国語」。'must have＋過去分詞'は「～したに違いない」という意味。

⒁Ａ：あのおいしそうな香りは何かな？／Ｂ：私がつくったオニオンスープよ。／Ａ：わあ。この香りのおかげでとてもおなかがすいちゃうな。／Ｂ：気に入ってくれるといいんだけど。∥会話が成立するのは，スープを気に入ってもらえるといいなと期待するイだけ。

⒂Ａ：そのカメラ，すごくかっこいいね！　新しいの？／Ｂ：いや。しばらく使ってるよ。／Ａ：あっ，それがお兄さんがくれたって言ってたカメラなの？／Ｂ：いや，去年自分で買ったんだよ。∥カメラを手に入れた方法について，兄からもらったのかという質問に対応する答えとして矛盾しないものを選ぶ。

Ⅲ〔長文読解─内容一致〕

＜Ｅメール＞≪全訳≫❶あなたはとある地域団体のメンバーである。あなたはその団体の活動に関するニュースレターを受け取ったところだ。❷皆様，こんにちは！／猛暑が続いていますね。皆様お盆休みをお楽しみになったことと思います。皆様ご多忙とは存じますが，当地域に関する重要なお知らせがございます。第一に，来月の9日に野球大会が予定されております。興味がおありでしたら，どうぞお知らせください。第二に，ゴミは必ず所定のゴミ袋に入れてお出しください。そして最も重要なこととして，次の土曜日午前9時に，市が地震の避難訓練を行います。この訓練は非常に重要ですので，皆様ご参加ください。ご質問がある場合，または参加できない場合には，市役所555－2344までお電話ください。／お読みいただきありがとうございました。／カイチ・タロウ

＜解説＞⑴「この手紙の主な目的は，(　　)ことである」─エ．「彼の近隣住民に重要な安全訓練について知らせる」　メール本文の後半参照。　most importantly「最も重要なことに」　⑵「(　　)場合には，カイチ氏に連絡をするべきである」─ア．「大会に参加したい」　メール本文第4，5文参照。let me knowは'let＋人＋動詞の原形'「〈人〉に～させる」の形。

＜広告＞≪全訳≫❶あなたは今，自分の車でさいたま市の岩槻区に来ている。車を止める場所を探すために自分のタブレットでこの市のウェブサイトをチェックしている。❷さいたま市──駐車場ファインダー／以下の地図はあなたの現在地と東岩槻駅周辺の駐車場を示しています。○で囲まれているのが駐車場の番号です。それぞれの○の下に表示されたパーセンテージは，その駐車場の混み具合を示しています。駐車場が満車の場合は，○の下に「F」が表示されています。○の中に×がある場合

は，その駐車場はその日は休業ということです。❸○をタップすると，営業時間が表示されます。パーセンテージは15分ごとに更新されます。／注意：第３駐車場は３月７日より２週間，休業いたします。

＜解説＞(3)「あなたに一番近い駐車場は(　　)」―エ．「空きが半分ある」　地図参照。　(4)「３月11日に市役所を訪れる人たちが利用できる最寄りの駐車場は(　　)である」―エ．「第４駐車場」　地図と最後のNote参照。３月11日に第３駐車場は利用できない。　(5)「○をタップすると，(　　)に関する情報を得られる」―イ．「その駐車場がいつ利用可能か」　第３段落第１文参照。

Ⅳ〔長文読解総合―説明文〕

≪全訳≫❶10代の終わりから20代の初めに，親知らずを抜く人がいる。親知らずは口の中に最後に生えてくる永久歯である。だが，なぜこの歯は，残りの永久歯と一緒に子どものうちに生えてこないのだろうか。❷その答えは，結局のところ，私たちが子どもの頃の発達の仕方に関係がある。子どものあごには親知らずが生えるのに十分な隙間がない。しかし，子どもが成長するにつれて，その子のあごも成長する。そこで親知らずが生えてくるための隙間が増えるのだというのが，2021年にある科学雑誌に発表された研究の内容である。ところが，多くの現代人のあごは，問題なく親知らずが生えてくるのに十分な長さには成長しない。だから，今日では親知らずを抜くのが非常に一般的なのだ。古代人は固い食べ物を食べていた。彼らの食事には，固い木の実や火を通していない野菜，かみごたえのある肉がたくさんあった。人々は，③狩ったり集めたりできる物を食べていた。幼いときにこういった種類の固い食べ物を食べたりかんだりすることは，実際に④あごをより長く成長させるのだ。現在，多くの人にとって，150年前と比べてでさえ食事の内容はかなり違ったものとなっている。私たちはより柔らかくてずっとかみやすい食べ物を食べるようになっている。これはつまり，現代人は古代人よりも短いあごをしているということである。❸親知らずが幼少期ではなく青年期に生えてくるもう１つの理由は，青年期になるまで親知らずは必要ないからだ。親知らずは３組目の臼歯である。臼歯とは，口の奥にある平らな歯のことだ。臼歯は食べ物をかみ砕いたりすりつぶしたりするためのものである。古代人は固い食べ物のせいで臼歯をよく失っていた。親知らずはそのような失われた歯の代わりとなっていた。親知らずは別の臼歯を失った人のための予備の歯なのかもしれない。だが，ほとんどの子どもは臼歯を失うことはないので，親知らずは成人期が到来するまで待っている。言い換えれば，若いときに臼歯を失った場合，その隙間を埋めるために親知らずがあるのだ。

問１＜適語選択＞ａ．according to ～「～によると，～によれば」　ｂ．instead of ～「～の代わりに，～ではなく」　ｃ．Molars「臼歯」＝for crushing and grinding food「食べ物をかみ砕いたりすりつぶしたりするため(のもの)」という関係。　ｄ．in other words「言い換えれば，つまり」

問２＜適語(句)選択＞①文頭のSo「だから」に着目。このSoの前後は‘原因’→‘結果’の関係になる。成長するにつれてあごも大きくなるから，「より多くの」空間ができるのである。なお，このroomは「部屋」ではなく「場所，空間」の意味の‘数えられない名詞’なのでmanyは不適。
②空所の前後が‘逆接’の関係になっている。　⑤現代人は，古代人のように固い物を食べないので，あごが古代人のように発達せず「短い」あごになるのである。

問３＜整序結合＞③文末のor gatherを手がかりに，gatherと同じ原形の動詞であるhuntをorで

結ぶ。古代人について述べた文であることから，動詞は過去形になると考え，huntの前に助動詞couldを置き，その主語にtheyを置く。残りは文の主語のPeopleに対する動詞にateを置き，最後にwhatを先行詞を含む関係代名詞として使う。不要語はto。　④文全体の主語はEating ～ youngまでの動名詞句であることを読み取り，‘make＋目的語＋動詞の原形’「～に…させる」の形をつくる。grow longer「より長く成長する」は‘grow＋形容詞’「～(の状態)になる」の形。

問４＜単語の定義＞「人々が毎日食べる食べ物の種類」―diet(s)「食事，飲食物」　第２段落中盤および終わりから３文目にある。やせるための「ダイエット食」という意味もあるが，日常的に摂取する飲食物のことを指す単語でもある点に注意。

V〔長文読解総合―説明文〕

≪全訳≫❶良質な睡眠は健康にとって不可欠だということは皆知っているが，暗いところで眠ることがどれだけ重要かということは誰もが知っているわけではない。新たな報告によると，明かりをつけたまま眠ることは，健康に悪い可能性があるそうだ。研究者たちは，寝るときに明かりを消すことは，糖尿病や心臓病を遠ざけるのに役立つと言っている。明かりをつけたまま眠ると，これらの病気にかかるリスクが増す可能性がある。研究者たちによれば，約40パーセントの人が何らかの人工的な明かりをつけて寝ているという。テレビや目覚まし時計が発する光でさえ健康に影響を及ぼすそうだ。彼らは，部屋全体の明かりをつけたまま眠るのは最悪だとも言っている。暗いところで眠ることは，夜，屋外に大量の明かりのある大都市で暮らす人々にとってはさらに困難である。❷この研究者たちはアメリカのシカゴにあるノースウェスタン大学フェインバーグ医学院に所属している。主任研究員のフィリス・ジー博士は，睡眠医学の専門家である。彼女によれば，寝るときは全ての照明を消すのが私たちにとってより健康的であるということだ。彼女のチームは，20名の人が夜の睡眠をとった後の血糖値について研究を行った。明かりをつけて寝た人たちは，真っ暗な中で寝た人たちと比べて，翌朝の血糖値が高かった。ジー博士によれば，これは光が脳の活動を刺激し，それが血糖値を上昇させるからだということだ。彼女は，病気のリスクを軽減するために私たちにできることは３つあると言う，それは，明かりを消すこと，決して白色灯やブルーライトをつけて寝ないこと，そして遮光カーテンやアイマスクを使うことだ。

問１＜適語(句)選択＞①空所の前後が‘逆接’の関係になっている。not everyone ～は「誰もが～というわけではない」という部分否定の表現。　②compared to ～は「～と比べて」。この研究での研究内容を考える。明かりをつけて寝た人と，真っ暗にして寝た人の血糖値を比べたのである。

問２＜要約文完成＞≪全訳≫暗闇の中で眠ることは私たちの健康にとって$_{1}$重要である。明かりをつけて眠ることは，私たちにとって良くない可能性がある。糖尿病や心臓病にかかる可能性があるのだ。約40パーセントの人が，テレビなどの$_{2}$自然でない光がある状態で眠っている。最悪なのは，部屋全体の明かりをつけたまま眠ることだ。暗闇で眠ることは，$_{4}$都市にいる人々にとっては$_{3}$不可能になりつつある。／睡眠医学のある$_{5}$教授は，眠るときは明かりを消した方が健康に良いと述べた。彼女は20名の人の血糖値を調査した。明かりをつけて寝た人たちは，明かり$_{6}$なしで寝た人たちよりも血糖値が高かった。光が脳を活発に$_{7}$させるのだ。これが血液中の糖を$_{8}$増加させる。明かりを消すか，アイマスクをつけるべきである。

＜解説＞１．第１段落第１文参照。essential「不可欠な，とても重要な」を，important「重要な」

で言い換える。　２．第１段落第５，６文参照。artificial は「人工の」という意味。これは，non-natural「自然でない」と言い換えられる。　３・４．第１段落最終文参照。is more difficult「より難しい」を is getting impossible「不可能になりつつある」に，large towns「大きな町」を cities「都市」に言い換える。　５．第２段落第１，２文参照。大学の Dr「博士」なので，professor「教授」と言い換える。　６．第２段落第５文(空所②の部分)参照。in total darkness を without lights で言い換える。　７・８．第２段落終わりから２文目参照。7は stimulates brain activity「脳の活動を刺激する」に当たる部分。‘make＋目的語＋形容詞’「〜を…(の状態)にする」の形で makes the brain active「脳を活性化した状態にする」とする。8は，raise(s)「〜を上げる」を increase(s)「〜を増やす」で言い換える。

Ⅵ〔作文総合〕

１＜和文英訳＞《全訳》Ａ：来週火曜日の朝のシアトル行きの便を予約したいのですが。／Ｂ：かしこまりました。８時30分にポートランドをたつ便がございます。到着は午前11時30分となります。／Ａ：それだと遅すぎます。その30分前に面会の予定が入っているんです。／Ｂ：７時発の別の便もございますが。／Ａ：いいですね！　でも，空港へ向かう途中で交通渋滞がないといいのですが。／Ｂ：ご心配には及びません。ラッシュアワーはまだ始まってはいないでしょうから。／Ａ：それなら，その早い方の便をお願いします。

＜解説＞「…へ向かう途中で」は，‘on 〜’s way to …’の形で表せる。‘〜’はここでは自分のことなので my とする。‘…’の「空港」は「ポートランドの空港」とわかるので the airport とする。

２＜条件作文＞《全訳》Ａ：９月から一人暮らしをする予定なの。あなたは５年間一人暮らしをしてるから，何か私へのアドバイスはある？／Ｂ：そうねえ，新しい家具を買うのなら，サイズに注意した方がいいよ。／Ａ：わかった。(例)私は机を買おうと考えてるところなの。／Ｂ：今の家に机はないの？／Ａ：私が家を出たら，妹がそれを使うことになってるの。だから自分のワンルームアパート用に新しい机が必要なんだ。／Ｂ：私は食事をするのにも勉強するのにも１つのテーブルを使ってるわ，だから勉強専用の机は持ってないの。両方あると，残りのスペースがなくなっちゃうよ。ワンルームには多すぎよ。／Ａ：うん，そうだね。いいアドバイスをありがとう。

＜解説＞前後の流れと，thinking が与えられていることから，「机を買おうと思っている」という文をつくる。think of 〜ing「〜することを考える」を進行形にして I'm thinking of 〜で始め，‘〜’は buying a desk「机を買うこと」とすればよい。

2023年度／開智高等学校（第２回）

数学解答

1 (1) $x^4-2x^3-13x^2+14x+24$

(2) $x=2+\sqrt{6}$

(3) $3ax(b-3)(b+1)$

(4) 2, 5, 10, 23

(5) $a=\dfrac{3}{2}$, $b=-\dfrac{2}{3}$　(6) 643

(7) $\dfrac{\sqrt{6}}{6}$

2 (1) (i) 65通り　(ii) 15通り

(2) (i) 36：9：4　(ii) 6：3：2

3 (1) 120通り　(2) 10通り

(3) 2点

4 (1) $(-1-\sqrt{7},\ 1-\sqrt{7})$　(2) $2\sqrt{7}$

(3) $(\sqrt{6},\ \sqrt{6})$, $(-2+\sqrt{10},\ 2+\sqrt{10})$

5 (1) $\dfrac{4\sqrt{5}}{3}$　(2) $\dfrac{3\sqrt{5}}{5}$

(3) $\dfrac{152\sqrt{15}}{81}$

1〔独立小問集合題〕

(1)＜式の計算＞与式 $=(x+1)(x-2)\times(x+3)(x-4)=(x^2-x-2)(x^2-x-12)$ として，$x^2-x=M$ とおくと，与式 $=(M-2)(M-12)=M^2-14M+24$ となる。M をもとに戻して，与式 $=(x^2-x)^2-14(x^2-x)+24=x^4-2x^3+x^2-14x^2+14x+24=x^4-2x^3-13x^2+14x+24$ である。

(2)＜一次方程式＞$5x-2\sqrt{6}x=-2+\sqrt{6}$，$(5-2\sqrt{6})x=-2+\sqrt{6}$，$x=\dfrac{-2+\sqrt{6}}{5-2\sqrt{6}}$ となる。$\dfrac{-2+\sqrt{6}}{5-2\sqrt{6}}$ は，分母，分子に $5+2\sqrt{6}$ をかけると，$\dfrac{-2+\sqrt{6}}{5-2\sqrt{6}}=\dfrac{(-2+\sqrt{6})(5+2\sqrt{6})}{(5-2\sqrt{6})(5+2\sqrt{6})}=\dfrac{-10-4\sqrt{6}+5\sqrt{6}+12}{25-24}=2+\sqrt{6}$ となるから，$x=2+\sqrt{6}$ である。

(3)＜式の計算―因数分解＞与式 $=3ax(b^2-2b-3)=3ax(b-3)(b+1)$

(4)＜数の性質＞$\sqrt{96+n^2}$ が自然数になるので，k を自然数として，$\sqrt{96+n^2}=k$ とおくと，$96+n^2=k^2$，$k^2-n^2=96$，$(k+n)(k-n)=96$ となる。n，k はともに自然数だから，$k+n$ は自然数であり，$k-n$ も自然数となる。また，$k+n>k-n>0$ である。よって，$k+n$ と $k-n$ の値の組は，$(k+n,\ k-n)=(96,\ 1)$，$(48,\ 2)$，$(32,\ 3)$，$(24,\ 4)$，$(16,\ 6)$，$(12,\ 8)$ となる。$(k+n,\ k-n)=(96,\ 1)$ のとき，$k+n=96$……①，$k-n=1$……②とすると，①－②より，$n-(-n)=96-1$，$2n=95$，$n=\dfrac{95}{2}$ となり，自然数にならないので適さない。$(k+n,\ k-n)=(48,\ 2)$ のとき，$k+n=48$……③，$k-n=2$……④とすると，③－④より，$n-(-n)=48-2$，$2n=46$，$n=23$ となり，自然数となるから適する。以下同様にして，$(k+n,\ k-n)=(32,\ 3)$ のとき，$n=\dfrac{29}{2}$ となり，適さない。$(k+n,\ k-n)=(24,\ 4)$ のとき，$n=10$ となり，適する。$(k+n,\ k-n)=(16,\ 6)$ のとき，$n=5$ となり，適する。$(k+n,\ k-n)=(12,\ 8)$ のとき，$n=2$ となり，適する。以上より，求める自然数 n は，$n=2$，5，10，23 である。

(5)＜関数―$\boldsymbol{a}$，$\boldsymbol{b}$ の値＞右図１で，$a>0$ より，関数 $y=ax+1$ のグラフは点 $(0,\ 1)$ を通る右上がりの直線となり，関数 $y=x^2$ のグラフは上に開く放物線である。よって，この２つのグラフは２点で交わる。このうち，x 座標が大きい方の点をＡとする。２つの関数は，x の変域が $b\leqq x\leqq 2$ のときの y の変域が一致するから，y の値が最大となる点として考えられるのは，図１の点Ａである。関数 $y=ax+1$ で，y の値が最大になるのは，$x=2$ のときであり，このとき $y=2^2=4$ となるから，A$(2,\ 4)$ である。$x=2$，$y=4$ を $y=ax+1$ に代入して，$4=a\times 2+1$，$-2a=-3$，$a=\dfrac{3}{2}$ となる。次に，$0<b<2$ とすると，関数 $y=\dfrac{3}{2}x+1$，関数 $y=x^2$ はともに $x=b$ のとき y は最小となるが，一致する点はない。これより，b

図１

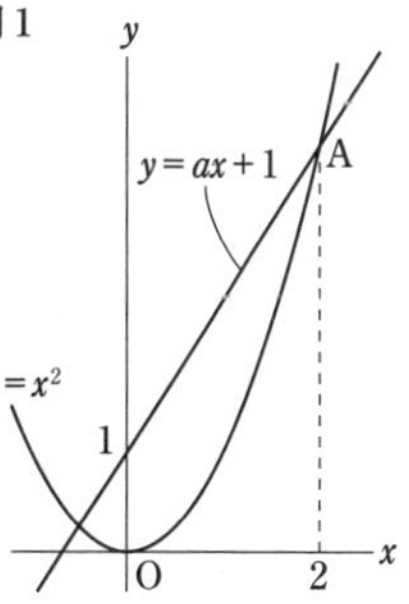

$\leqq 0$であり，このとき，関数$y=x^2$の最小値は$y=0$だから，関数$y=\dfrac{3}{2}x+1$は，$x=b$のとき，$y=0$である。よって，$0=\dfrac{3}{2}b+1$より，$b=-\dfrac{2}{3}$である。

(6)＜数の性質＞百の位の数が3のとき，十の位の数は4，5，6，7の4通りあり，それぞれについて一の位の数は，百の位，十の位の数以外だから，3通りある。よって，百の位の数が3の3けたの自然数は，$4\times3=12$(個)ある。百の位の数が4，5の3けたの自然数も同様に，それぞれ12個ある。したがって，600未満の自然数は$12+12+12=36$(個)だから，37番目以降は，634，635，637，643，……となり，小さい方からかぞえて40番目の自然数は643である。

(7)＜空間図形—長さ＞右図2のように，4点A，B，C，Dを定め，点Aから面BCDに垂線AHを引き，点Hと3点B，C，Dをそれぞれ結ぶ。図形の対称性から，BH＝CH＝DHとなり，BC＝CD＝DBだから，△HBC，△HCD，△HDBは合同な二等辺三角形である。これより，$\angle HBC=\angle HBD=\dfrac{1}{2}\angle CBD=\dfrac{1}{2}\times60^\circ=30^\circ$となるから，点HからBCに垂線HIを引くと，点Iは辺BCの中点となり，△HBIは3辺の比が$1:2:\sqrt{3}$の直角三角形である。$AB=BC=BD=a$とすると，$BI=\dfrac{1}{2}BC=\dfrac{1}{2}a$，$BH=\dfrac{2}{\sqrt{3}}BI=\dfrac{2}{\sqrt{3}}\times\dfrac{1}{2}a=\dfrac{\sqrt{3}}{3}a$となるから，△ABHで三平方の定理より，$AH=\sqrt{AB^2-BH^2}=\sqrt{a^2-\left(\dfrac{\sqrt{3}}{3}a\right)^2}=\sqrt{\dfrac{6}{9}a^2}=\dfrac{\sqrt{6}}{3}a$となる。また，△BDIも3辺の比が$1:2:\sqrt{3}$の直角三角形だから，$DI=\dfrac{\sqrt{3}}{2}BD=\dfrac{\sqrt{3}}{2}a$となり，$\triangle BCD=\dfrac{1}{2}\times BC\times DI=\dfrac{1}{2}\times a\times\dfrac{\sqrt{3}}{2}a=\dfrac{\sqrt{3}}{4}a^2$である。よって，〔正四面体ABCD〕$=\dfrac{1}{3}\times\triangle BCD\times AH=\dfrac{1}{3}\times\dfrac{\sqrt{3}}{4}a^2\times\dfrac{\sqrt{6}}{3}a=\dfrac{\sqrt{2}}{12}a^3$と表せる。正四面体ABCDの体積は$\dfrac{2\sqrt{2}}{3}$なので，$\dfrac{\sqrt{2}}{12}a^3=\dfrac{2\sqrt{2}}{3}$が成り立ち，$a^3=8$，$a^3=2^3$より，$a=2$である。次に，正四面体ABCDに内接する球(全ての面に接する球)の中心をJとする。点Jは線分AH上の点となるので，球Jと面BCDは点Hで接し，線分JHの長さが球の半径である。4つの三角錐JABC，JBCD，JACD，JABDは合同だから，三角錐JBCDと正四面体ABCDの体積の比は1：4である。△BCDを底面と見ると，高さの比も1：4となるから，JH：AH＝1：4である。$AH=\dfrac{\sqrt{6}}{3}a=\dfrac{\sqrt{6}}{3}\times2=\dfrac{2\sqrt{6}}{3}$なので，球Jの半径は$JH=\dfrac{1}{4}AH=\dfrac{1}{4}\times\dfrac{2\sqrt{6}}{3}=\dfrac{\sqrt{6}}{6}$である。

図2

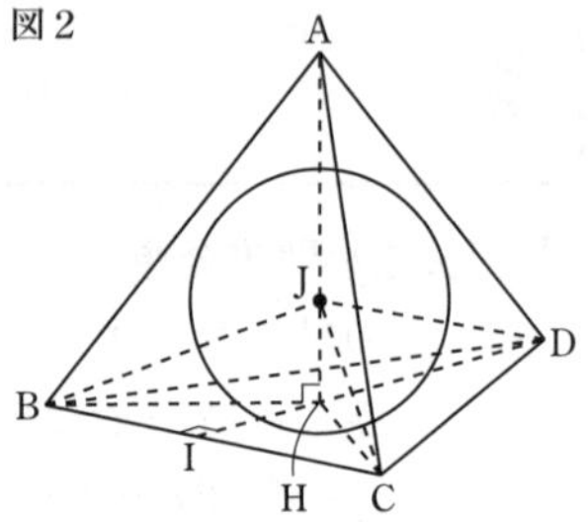

2 〔独立小問集合題〕

(1)＜場合の数＞(i)6段目をふむので，まず，6段目まで上るときの上り方を考える。1歩で1段か2段上るので，6段目まで上るとき，1段上るのを6歩，1段上るのを4歩と2段上るのを1歩，1段上るのを2歩と2段上るのを2歩，2段上るのを3歩のいずれかとなる。1段上るのを6歩のときは1通りある。1段上るのを4歩と2段上るのを1歩のときは，全部で5歩だから，5歩のうち何歩目が2段上るのかを考えて，1歩目，2歩目，3歩目，4歩目，5歩目の5通りある。1段上るのを2歩と2段上るのを2歩のときは，全部で4歩だから，何歩目と何歩目が1段上るかを考えて，1・2歩目，1・3歩目，1・4歩目，2・3歩目，2・4歩目，3・4歩目の6通りある。2段上るのを3歩のときは1通りある。よって，6段目までの上り方は，$1+5+6+1=13$(通り)ある。また，6段目から10段目まで上るとき，4段上るので，1段上るのを4歩，1段上るのを2歩と2段上るのを1歩，2段上るのを2歩のいずれかとなる。1段上るのを4歩のときは1通りある。1段上るのを2歩と2段上るのを1歩のときは，全部で3歩だから，2段上るのが何歩目かを考えて，1歩目，2歩目，3歩目の3通りある。2段上るのを2歩のときは1通りある。よって，6段目から10段目までの上り方は，1

$+3+1=5$(通り)ある。6段目までの上り方の13通りそれぞれについて，6段目から10段目の上り方は5通りあるので，求める場合の数は$13\times5=65$(通り)である。　(ii)6歩ちょうどで上るとき，1段上るのが2歩と2段上るのが4歩である。何歩目と何歩目が1段上るのかを考えて，1・2歩目，1・3歩目，1・4歩目，1・5歩目，1・6歩目，2・3歩目，2・4歩目，2・5歩目，2・6歩目，3・4歩目，3・5歩目，3・6歩目，4・5歩目，4・6歩目，5・6歩目の15通りある。

(2)＜関数―比例定数の比＞(i)右図1で，点Bのx座標をpとする。$AB=p$，$AB=BC=CD$より，$AC=2AB=2p$，$AD=3AB=3p$となり，3点B，C，Dは直線$y=1$上の点だから，B(p，1)，C($2p$，1)，D($3p$，1)と表せる。点Bは放物線$y=ax^2$上にあるから，$1=ap^2$より，$a=\frac{1}{p^2}$となる。点Cは放物線$y=bx^2$上にあるから，$1=b\times(2p)^2$より，$1=4bp^2$，$b=\frac{1}{4p^2}$となる。点Dは放物線$y=cx^2$上にあるから，$1=c\times(3p)^2$より，$1=9cp^2$，$c=\frac{1}{9p^2}$となる。よって，$a:b:c=\frac{1}{p^2}:\frac{1}{4p^2}:\frac{1}{9p^2}=36:9:4$である。

図1

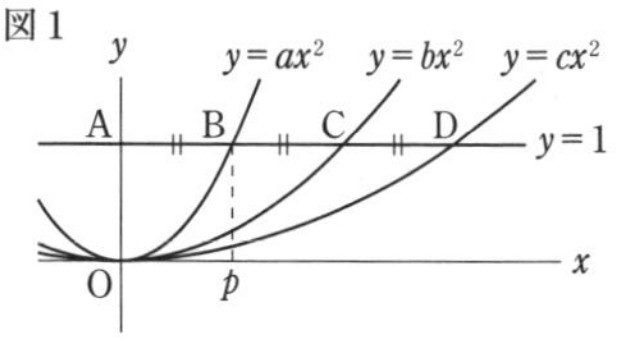

(ii)右図2で，3点E，F，Gからx軸にそれぞれ垂線EH，FI，GJを引く。EH∥FI∥GJ，OE＝EF＝FGより，OH＝HI＝IJとなるから，点Eのx座標をqとすると，$OH=q$より，$OI=2OH=2q$，$OJ=3OH=3q$となる。3点E，F，Gは，x座標がそれぞれq，$2q$，$3q$であり，直線$y=x$上にあるから，E(q，q)，F($2q$，$2q$)，G($3q$，$3q$)と表せる。点Eは放物線$y=ax^2$上にあるから，$q=aq^2$より，$a=\frac{1}{q}$となる。点Fは放物線$y=bx^2$上にあるから，$2q=b\times(2q)^2$より，$2q=4bq^2$，$b=\frac{1}{2q}$となる。点Gは放物線$y=cx^2$上にあるから，$3q=c\times(3q)^2$より，$3q=9cq^2$，$c=\frac{1}{3q}$となる。よって，$a:b:c=\frac{1}{q}:\frac{1}{2q}:\frac{1}{3q}=6:3:2$である。

図2

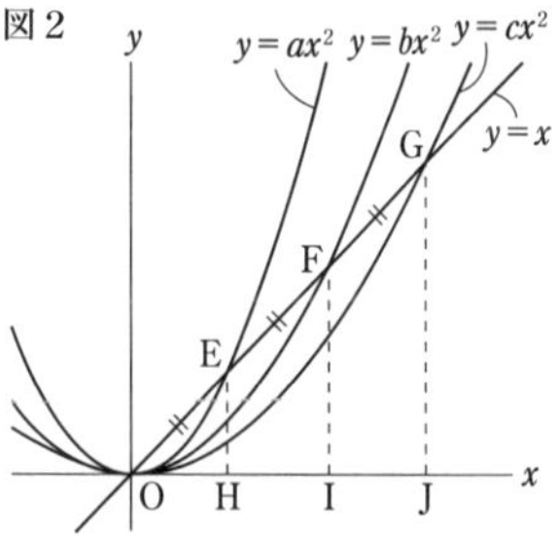

3〔データの活用―場合の数〕

(1)＜場合の数＞商品の並べ方は，1個目は5通りあり，2個目は残りが4個だから4通り，3個目は残りが3個だから3通り，4個目は残りが2個だから2通りあり，5個目は1通りある。よって，並べ方は全部で，$5\times4\times3\times2\times1=120$(通り)である。

(2)＜場合の数＞商品を2個選んで位置を交換すると，全て正しい順位の位置になることがあるので，回答者が並べた並べ方は，正しい順位の位置に並べた商品のうち2個の位置を交換した並べ方である。位置を交換した2個の商品は(A，B)，(A，C)，(A，D)，(A，E)，(B，C)，(B，D)，(B，E)，(C，D)，(C，E)，(D，E)が考えられるので，並べ方は10通りである。

(3)＜得点＞(2)において，AとBの位置を交換すると全て正しい順位の位置になるものとする。AとBの位置を交換すると，得点は5点である。AとC，AとD，AとE，BとC，BとD，BとEの位置を交換すると，C，D，Eのうち交換していない2個が正しい順位の位置にあるので，得点は2点となる。CとD，CとE，DとEを交換すると，C，D，Eのうち交換していない1個が正しい順位の位置にあるので，得点は1点となる。(2)の全ての並べ方について同様のことがいえるから，得点が2点となる可能性が最も高い。

4〔関数――次関数，反比例のグラフ〕

(1)＜交点の座標＞次ページの図で，点Aは反比例$y=\frac{6}{x}$のグラフと直線$y=x+2$の交点だから，$\frac{6}{x}=x$

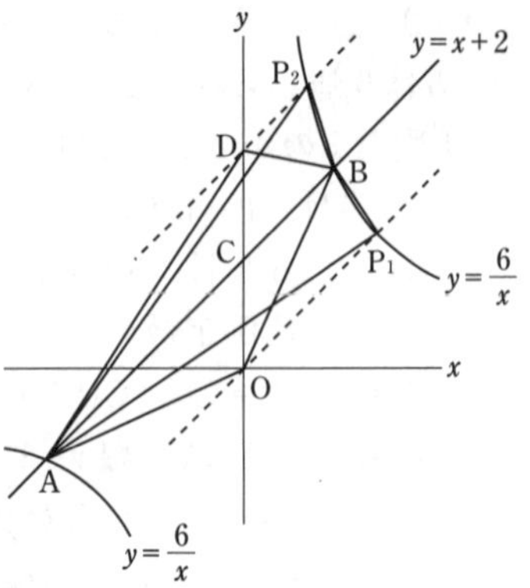

$+2$ より，$6=x^2+2x$，$x^2+2x-6=0$ となり，解の公式を用いて，$x=\frac{-2\pm\sqrt{2^2-4\times1\times(-6)}}{2\times1}=\frac{-2\pm\sqrt{28}}{2}=\frac{-2\pm2\sqrt{7}}{2}=-1\pm\sqrt{7}$ となる。点Aは x 座標が小さい方の点だから，$x=-1-\sqrt{7}$ であり，y 座標は $y=(-1-\sqrt{7})+2=1-\sqrt{7}$ だから，$A(-1-\sqrt{7},\ 1-\sqrt{7})$ である。

(2)＜面積＞右図で，直線 $y=x+2$ と y 軸の交点をCとすると，切片が2より，C(0, 2)だから，OC=2である。また，(1)より，2点A, Bの x 座標は，それぞれ $-1-\sqrt{7}$，$-1+\sqrt{7}$ だから，OCを底辺と見たときの△OAC，△OBCの高さは，それぞれ，$0-(-1-\sqrt{7})=1+\sqrt{7}$，$-1+\sqrt{7}$ となる。よって，$\triangle OAB=\triangle OAC+\triangle OBC=\frac{1}{2}\times2\times(1+\sqrt{7})+\frac{1}{2}\times2\times(-1+\sqrt{7})=1+\sqrt{7}-1+\sqrt{7}=2\sqrt{7}$ である。

(3)＜座標―等積変形＞右上図で，△OAB＝△PABとなる点Pは，直線ABより下側，上側で，2個ある。それぞれの点を P_1，P_2 とする。ABを底辺と見ると，$\triangle OAB=\triangle P_1AB$ より，この2つの三角形の高さは等しいから，AB∥OP_1 である。直線ABの傾きは1なので，直線 OP_1 の傾きも1であり，直線 OP_1 の式は $y=x$ である。よって，点 P_1 は反比例 $y=\frac{6}{x}$ のグラフと直線 $y=x$ の交点だから，$\frac{6}{x}=x$，$x^2=6$，$x=\pm\sqrt{6}$ となり，$x>0$ より，$x=\sqrt{6}$ である。$y=\sqrt{6}$ となるから，$P_1(\sqrt{6},\ \sqrt{6})$ である。次に，y 軸上の点Cより上側に，$\triangle DAB=\triangle OAB=2\sqrt{7}$ となる点Dをとる。$\triangle OAB=\triangle P_2AB$ より，$\triangle DAB=\triangle P_2AB$ だから，同様に考えて，DP_2∥ABとなり，直線 DP_2 の傾きは1となる。また，CD＝m とし，CDを底辺と見ると，△DACの高さは $1+\sqrt{7}$，△DBCの高さは $-1+\sqrt{7}$ より，$\triangle DAB=\triangle DAC+\triangle DBC=\frac{1}{2}\times m\times(1+\sqrt{7})+\frac{1}{2}\times m\times(-1+\sqrt{7})=\sqrt{7}m$ と表せる。よって，$\sqrt{7}m=2\sqrt{7}$ が成り立ち，$m=2$ となる。C(0, 2)より，点Dの y 座標は $2+2=4$ となるから，直線 DP_2 の切片は4であり，直線 DP_2 の式は $y=x+4$ となる。点 P_2 は，反比例 $y=\frac{6}{x}$ のグラフと直線 $y=x+4$ の交点だから，$\frac{6}{x}=x+4$，$6=x^2+4x$，$x^2+4x-6=0$ となり，解の公式を用いて，$x=\frac{-4\pm\sqrt{4^2-4\times1\times(-6)}}{2\times1}=\frac{-4\pm\sqrt{40}}{2}=\frac{-4\pm2\sqrt{10}}{2}=-2\pm\sqrt{10}$ となる。$x>0$ より，$x=-2+\sqrt{10}$ となり，$y=(-2+\sqrt{10})+4=2+\sqrt{10}$ より，$P_2(-2+\sqrt{10},\ 2+\sqrt{10})$ である。以上より，求める点Pの座標は，$(\sqrt{6},\ \sqrt{6})$，$(-2+\sqrt{10},\ 2+\sqrt{10})$ である。

5〔平面図形―三角形〕

図1

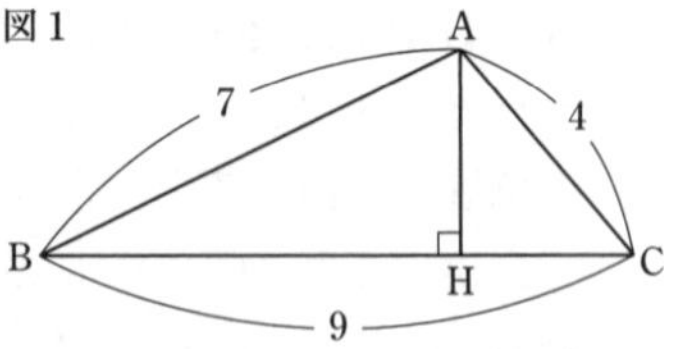

(1)＜長さ―三平方の定理＞右図1で，BH＝x とすると，CH＝BC−BH＝$9-x$ と表せる。△ABHで三平方の定理より，$AH^2=AB^2-BH^2=7^2-x^2=49-x^2$ となり，△ACHで三平方の定理より，$AH^2=CA^2-CH^2=4^2-(9-x)^2=-x^2+18x-65$ となるから，$49-x^2=-x^2+18x-65$ が成り立つ。これを解くと，$-18x=-114$，$x=\frac{19}{3}$ となるから，$AH=\sqrt{49-x^2}=\sqrt{49-\left(\frac{19}{3}\right)^2}=\sqrt{\frac{80}{9}}=\frac{4\sqrt{5}}{3}$ である。

図2

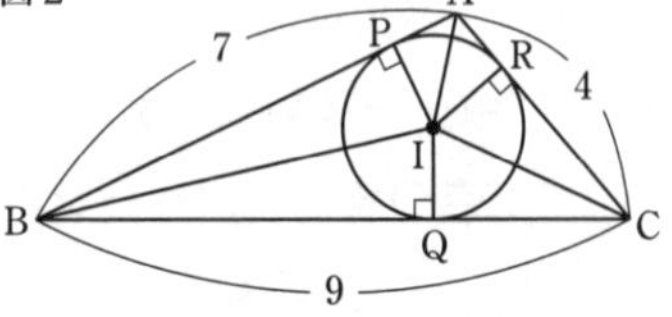

(2)＜長さ＞右上図1で，(1)より，$\triangle ABC=\frac{1}{2}\times BC\times AH=\frac{1}{2}\times9\times\frac{4\sqrt{5}}{3}=6\sqrt{5}$ である。また，右図2で，△ABCに内接する円(全

ての辺に接する円)の中心を点I，半径をrとし，円Iと辺AB，辺BC，辺CAの接点をそれぞれP，Q，Rとする。このとき，IP⊥AB，IQ⊥BC，IR⊥CA，IP＝IQ＝IR＝rとなるから，△IAB＝$\frac{1}{2}\times$AB×IP＝$\frac{1}{2}\times 7\times r=\frac{7}{2}r$，△IBC＝$\frac{1}{2}\times$BC×IQ＝$\frac{1}{2}\times 9\times r=\frac{9}{2}r$，△ICA＝$\frac{1}{2}\times$CA×IR＝$\frac{1}{2}\times 4\times r=$ $2r$となる。よって，△IAB＋△IBC＋△ICA＝△ABCより，$\frac{7}{2}r+\frac{9}{2}r+2r=6\sqrt{5}$が成り立ち，これを解いて，$10r=6\sqrt{5}$，$r=\frac{3\sqrt{5}}{5}$である。

(3)＜体積＞前ページの図1で，(1)より，CH＝$9-x=9-\frac{19}{3}=\frac{8}{3}$である。右図3の，△ABCを∠BHC＝60°となるようにAHを折り目にして折ってできた三角錐ABCHで，∠AHB＝∠AHC＝90°だから，AH⊥〔面BCH〕である。点CからBHに垂線CJを引くと，∠BHC＝60°より，△CHJは3辺の比が$1:2:\sqrt{3}$の直角三角形となり，CJ＝$\frac{\sqrt{3}}{2}$CH＝$\frac{\sqrt{3}}{2}\times\frac{8}{3}=\frac{4\sqrt{3}}{3}$である。よって，〔三角錐ABCH〕＝$\frac{1}{3}\times$△BCH×AH＝$\frac{1}{3}\times\left(\frac{1}{2}\times\frac{19}{3}\times\frac{4\sqrt{3}}{3}\right)\times\frac{4\sqrt{5}}{3}=\frac{152\sqrt{15}}{81}$である。

図3

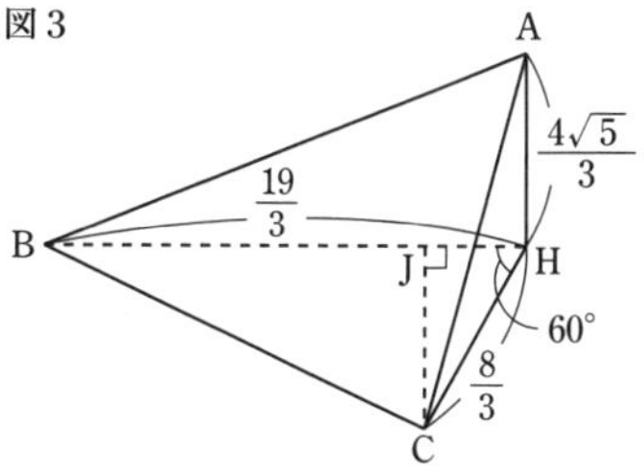

═読者へのメッセージ═

[2](2)，[4]では，関数$y=ax^2$のグラフ，関数$y=\frac{a}{x}$のグラフを扱いました。これらのグラフは，それぞれ，放物線，双曲線で，円錐を平面で切断したときにも現れる曲線です。

2023年度／開智高等学校（第２回）

国語解答

一 問１　a　虚構　b　壮大　c　斜　d　不詳　e　感慨

問２　ウ

問３　横になりながら待つほど昇るのが夜遅い月。

問４　月は東の空から昇り，太陽は西の空へ沈んでいく光景。

問５　北半球と南半球とでは月の模様の見える向きが逆さまであることや，国による文化の違いによって，月の模様を何に見立てるかが異なっているため。

問６　オ　問７　イ　問８　オ

二 問１　a…イ　b…ウ　c…ア

問２　自分が絵を描き続けるために，父には妻と子の存在を隠し続け，妻には結婚して正式な妻とすることを長く待たせたということ。（58字）

問３　オ　問４　エ　問５　ア

問６　エ　問７　エ

問８　自分とよく似た《マダム・セザンヌ》の絵を自分の死後もフレッドに見に来てほしいということがジェシカの最後の願いであり，そうすることによってフレッドはジェシカと対面しているような気持ちになれるから。（97字）

三 問１　カ

問２　②　おとど　④　とうぐう

問３　オ

問４　A　三女か四女　B　結婚させたい

問５　若君　問６　若君

一〔随筆の読解―芸術・文学・言語学的分野―文学〕出典；佐伯和人「月を穿《うが》って見る」（「俳句」2020年９月号掲載）。

≪本文の概要≫月の描写で，時刻，場所，気象などの，多くの状況を説明できる可能性がある。月が昇る時刻が毎日遅れていくことや，太陽がある側が光っていることを意識すれば，どんな形の月がどの時刻に見えるか，予想がつくようになる。また，月は，いつも地球に同じ面を向けており，北半球と南半球では月の模様の見える向きが逆になることから，場所，すなわち観測者がいる所がわかる。さらに，高層の大気に何かしらの細かなちりが舞っていれば，月が赤く見えるため，月は気象も表すといえる。このように科学的知識を使って，芸術作品に登場する月にいろいろな意味を込めたり読み解いたりするのもおもしろいが，本物の月を見てそれを真っ直ぐに描写した作品の力はすばらしい。もし，観察し描写した月が，科学的な月の真実と違っていても，その差は，きっと観察する者自身の内面の何かが強く投影された結果なのだろう。今後，人類が月に降り立ったら，月に対して今までとは心情のうえで違った見方をするだろう。あと数年でそのような機会が訪れると思うと，私はわくわくする。

問１＜漢字＞a．「虚構」は，つくりごと，フィクションのこと。　b．「壮大」は，大きくて立派なこと。　c．音読みは「傾斜」などの「シャ」。　d．「不詳」は，くわしくわからないこと。　e．「感慨」は，身にしみて感じること。

問２＜文章内容＞「月は地球の周りを約一か月で回って」おり，約一か月たつと，月の位置は同じ場所に来る。そのため，「月が昇る時刻」も，約一か月たつと，同じ時間帯になると考えられる。約一か月を30日とすると，一日は24時間なので「月が昇る時刻」は，24×60÷30＝48（分）で，一日当たり約50分ずつ遅れていくことがわかる。

問３＜語句＞「臥」は，体を横にする，床に寝る，という意味。「月が昇る時刻」は毎日遅れていくの

であり，「臥待月」は，「立待月」や「居待月」よりも月が昇る時刻が遅いために，体を横にして待つ月のことである。

問４＜文章内容＞「月は東に日は西に」は，「月，地球，太陽が一直線に並んだ」ときの満月の景色を表現している。「月は東に」は，月が東の空にあって昇ってくることを意味し，「日は西に」は，太陽が西の空にあって沈んでいくことを意味している。

問５＜文章内容＞「月はいつも地球に同じ面を向けている」ため，月の模様は，地球上の同じ場所からは「毎回同じに見える」一方で，「北半球と南半球では模様の見える向きが逆さまに」なる。この向きの違いに加えて，「文化の違い」も，模様の見立て方の違いに影響するのである。

問６＜文章内容＞長期間月が赤く見えるのは，「たいてい巨大火山噴火の影響」である。噴火によって，「高層大気に何年もとどまる火山灰のために地上に届く太陽の光が減って，地球規模で冷害による飢饉が起こりやすく」なる。「私」は，そうした状況に直面した「過去の記憶」が「現代にも伝わっている」せいで，赤い月が人々の「不吉な気持ちをかき立てる」のだろうと考えている。

問７＜文章内容＞「私」は，「幼稚園児ながら月がボールのような形であることを知って」おり，その知識が「私」の内面に影響し，幼稚園児の「私」は月を球のように見ていたのである。

問８＜文章内容＞「月から見た地球は空のある一定の位置からほとんど動かず」にいるため，「地球の出」も，「地球の入り」も，ないのである。

二〔小説の読解〕出典；原田マハ『デトロイト美術館の奇跡』。

問１＜語句＞ａ．「勘当」は，親が子との縁を切ること。　ｂ．「まとう」は，身につける，という意味。　ｃ．「呼応」は，ある行動に応えて，もう一方も行動を起こすようになること。

問２＜文章内容＞画家を志していたセザンヌは，オルタンスと出会って息子のポールを授かった。しかし，生活費は「父からの仕送りのみ」という状態であった。そこでセザンヌは，「貧しい女性と付き合っていることを知られて勘当されては生きていけない」と考え，「オルタンスと息子の存在を郷里の父に隠し続けた」のである。そのため，オルタンスは，長い間「セザンヌの正式な妻」になれなかった。セザンヌのこうした行動が，フレッドには，家族を顧みずに自分の志を優先した行動に思え，フレッドは「ちょっとひどいんじゃないか」と憤りを感じたのである。

問３＜文章内容＞ジェシカは，セザンヌのことを，「自分の絵を描くことと，愛する人との暮らし」の両方を「我慢して，持ちこたえて」維持し，「結果的に守り抜いた」人物であり，「我慢強くて，信念があって，愛情深い人だった」と思った。ジェシカは，オルタンスも，セザンヌと「同じ」ように，夫の仕事や家庭を守るために，信念を持って我慢強く耐える愛情深い人だと思ったのである。

問４＜文章内容＞フレッドは，絵の中のマダム・セザンヌを見て，「どっちかっていうと美人じゃない」が，「なんとまあ，魅力的なこと！」と評したうえで，絵の中のマダム・セザンヌは，フランス人で白人で，不機嫌であるのに，ジェシカと「すべてが似ている」と感心した。また，フレッドは，オルタンスが結婚を先延ばしにされたことと，ジェシカの医療費が工面できなかったことは，どちらも夫の経済力のなさによって起こったと考えた。

問５＜文章内容＞ジェシカは，セザンヌの結婚に関するエピソードを聞いたとき，セザンヌのとった行動に「寛大」で，セザンヌやオルタンスを「我慢強くて，信念があって，愛情深い人だった」と共感していた。また，フレッドが絵の中のマダム・セザンヌとジェシカは「似ている」と感じていることから，ジェシカもまた，フレッドを深く愛し，自分の死を受け入れていたと考えられる。

問６＜心情＞DIA 訪問の日，ジェシカは「やせ衰えた」姿で，移動に車椅子が必要なほど，外見から健康状態の悪化がわかる状態だった。エミリーは，「きっとあなたのだんなも惚れ直しちゃうわよ。ねえフレッド？」と言って，ジェシカを励ますだけでなく，フレッドも巻き込み，何とかその

場を明るくしようとしたのである。

問７＜心情＞フレッドは，経済的問題から，ジェシカに治療を受けさせられず，「ジェシカ，許してくれ。役立たずのおれを」と自責の念にさいなまれたが，「最後にもう一度だけ，一緒に」デトロイト美術館へ行きたいというジェシカの願いはかなえられた(ウ…○)。しかし，ジェシカにとって，「これが最後の訪問になる」とわかっていたため，フレッドは，悲しさを感じていた(ア…○)。また，最後の思い出に，DIA の「正面の堂々とした入り口」から入れるよう，フレッドは，事前に DIA に電話をして了承を得ていたが，実際に DIA を訪れると，職員たちが正面の入り口を通らせてくれただけでなく，「笑顔でふたりを迎えてくれた」うえ，車椅子に乗るジェシカを「持ち上げて，入り口まで運んでくれた」ので，フレッドは感謝の気持ちでいっぱいになった(イ・オ…○，エ…×)。

問８＜文章内容＞ジェシカと最後に DIA に訪れた際，フレッドがジェシカと「絵の中のマダム・セザンヌ」が似ていると言うと，ジェシカは，「あたしがいなくなっても……彼女に会いに来てくれる？」と「最後のお願い」をした。そして，ジェシカは，「絵の中のマダム・セザンヌ」だけでなく，「あたしも，待ってるわ」と言った。フレッドにとって，「絵の中のマダム・セザンヌ」に会いにいくことは，なくなったジェシカに会いにいくことでもあったのである。

三〔古文の読解―物語〕出典；『とりかへばや物語』。

≪現代語訳≫若君の成人の儀式で若君に冠をつけるお役目は，若君の父親のお兄様である右大臣殿がしなさる。髪を結いあげた若君の一段とまさった美しさは，前々から見申し上げたことであるけれど，(前々の姿とは)たいそうかけ離れて，このうえなくすばらしい顔立ちをしなさっているので，冠をつけるお役目の大臣(＝右大臣殿)がめで申し上げなさる様子は，もっともなことだ。この大臣は，姫君ばかり四人を持ちなさっている。長女は天皇の女御，次女は皇太子の女御，三女，四女はまだ未婚でいらっしゃるので，(右大臣は，三女，四女と若君とを夫婦として)並べて見たいと思っていらっしゃるだろう。(若君の成人に対する)祝儀の数々や贈り物など，世にないほどのぜいたくをお尽くしになった。五位の位階は成人前から叙されていたので，(若君は)大夫の君と呼ばれた。

まもなくその秋の官職の任命式で(若君は)侍従になりなさった。天皇・皇太子をはじめとして，世の中の男女は，この君(＝若君)を一目でもお見かけ申し上げては，見飽きることのないすばらしい人だと思うに違いないようだ。

問１＜現代語訳＞「世になき」は，この世に存在しない(ほど，すばらしい)，という意味。「容貌」は，姿，顔立ち，様子のこと。前々から美しかった若君の顔立ちが，成人の儀式ではさらにこのうえなく美しくなっていたので，右大臣殿が若君をめでるのももっともだったのである。

問２＜古語＞②「大臣」は，大臣や公卿の敬称で，「おとど」と読む。　④「春宮」は，皇太子の住居，またはそこから転じて皇太子本人のことを指し，「とうぐう」と読む。

問３＜古語＞「ことわりなり」は，当然である，もっともである，という意味。

問４＜古文の内容理解＞右大臣殿の四人の娘のうち，「三，四の君」は未婚だった。そこで，右大臣殿は，彼女らのどちらかを，成人したばかりの若君と，夫婦として「並べて」見たいと思ったのである。

問５＜古文の内容理解＞若君は，成人前から五位の位階を授かっていたので，「大夫の君」と呼ばれたのである。

問６＜古文の内容理解＞若君は，成人の儀式後，ほどなく天皇の近くに仕える役人に任命された。天皇・皇太子をはじめ，世間の人々は，若君を，一目見ては，見飽きることのないすばらしい人だと思ったのである。

2022年度 開智高等学校（第１回）

【英　語】（50分）〈満点：100点〉

I　以下の各設問に答えなさい。

1．The distance between Toru's home and his office is 1.6km. The distance between his home and a soccer stadium is two and a half times the distance between his home and office.

(1) Find the distance, in km, between his home and the stadium.

(2) The distance between his home and a ballpark is 1.2km. How many times longer is the distance between his home and the ballpark than the distance between his home and office?

2．この現象を日本語で答えなさい。

This astronomical phenomenon happens when the moon passes through the shadow of the Earth that can only occur during a full moon. It can continue for a few hours. It is safe to look at with your eyes.

3．以下の英文は誰のことを言っているか。日本語で答えなさい。

He was a Japanese industrialist widely known today as the "father of Japanese capitalism." He spearheaded the introduction of Western capitalism to Japan after Meiji Restoration. In 2019, it was announced that he would be the historical figure featured on Japanese ¥10,000 banknotes expected to enter circulation around 2024.

4．以下の英文はどのような歴史的出来事の中で行われたことか。日本語で答えなさい。

George Washington was appointed Commanding General of the Continental Army. He invited Phillis Wheatley, who was the first American writer to achieve international fame, to visit him at his camp during the war. Some historians think that because of her visit, he decided to allow black men to serve in his army.

Ⅱ　以下の各設問に答えなさい。

A　それぞれの対話を読み、答えとして最も適切なものを、ア～エのうちから１つずつ選びなさい。

(1)　A：That's a nice bag, Mary. Is it new?
B：No, my father bought it for my 12th birthday.
A：Then you've used it for three years.
B：Right. I like it very much.

Q．How old is Mary now?
ア Nine.　イ Twelve.　ウ Thirteen.　エ Fifteen.

(2)　A：Can I use my credit card?
B：I'm sorry, but we only accept cash.
A：OK, I'll go to an ATM. Is there one nearby?
B：Yes, you can find one next to the bookstore outside.

Q．What will Mr. A do next?
ア Accept cash.　イ Get money.
ウ Pay by credit card.　エ Go to the bookstore.

(3)　A：Excuse me. I just moved into Apartment 205. You're the building's manager, right?
B：That's right. Can I help you with something?
A：Yes. The shower in my apartment doesn't work.
B：OK. I'll be there in a few minutes to take a look at it.

Q．What is Ms. A's problem?
ア The apartment has no shower.
イ Her shower is not working.
ウ She cannot find the building manager.
エ She wants to move out of her apartment.

(4)　A：Let's hurry. We'll be late.
B：But the concert will begin at seven, right?
A：No. At six thirty. We have only thirty minutes.

Q．What time is it now?
ア 5:30.　イ 6:00.　ウ 6:30.　エ 7:00.

(5) A：I took the train instead of the bus today.

B：The train is a lot faster, isn't it?

A：Yes. The bus is cheaper, but I'm taking the train from now on.

B：I'll keep driving my car.

Q．How did Mr. A get to work today?

ア By train.　　イ By bus.　　ウ By car.　　エ On foot.

(6) A：Tom, this cake looks very delicious.

B：Thank you, Lisa. I made it at home. Will you have some?

A：No, thank you. I'm afraid I've eaten too much today.

B：Don't worry. If you eat a lot today, you won't have to eat anything tomorrow.

Q．What does Tom want Lisa to do?

ア To eat his cake now.

イ To eat his cake tomorrow.

ウ Not to eat anything tomorrow.

エ Not to eat too much today.

(7) A：Excuse me, I couldn't hear that announcement.

B：It was about the 8:15 train to London. It will leave 20 minutes late.

A：Thank you.

Q．When will the 8:15 train leave?

ア 7:55.　　イ 8:15.　　ウ 8:20.　　エ 8:35.

(8) A：You are late. We were planning to take the 7:20 train but it left ten minutes ago.

B：I'm very sorry. The next train leaves at 7:50. So shall we drink coffee until then?

A：OK.

Q．How long will they have to wait until the next train leaves?

ア 10 minutes.　　イ 20 minutes.　　ウ 30 minutes.　　エ 40 minutes.

B　それぞれの対話を読み、最後の発言に対する応答として最も適切なものをア～エのうちから１つずつ選びなさい。

(9)　A：Would you like to play tennis with me after school?
B：I can't. I have to go straight home.
A：How about tomorrow, then?
B：(　　　　　)

ア We can go today after school.　　イ I don't have time today.
ウ That will be fine.　　エ But I have to play tennis today.

(10)　A：I haven't prepared for the math test yet. How about you?
B：Me, neither. Why don't we meet after school and study together?
A：(　　　　　)

ア The math test is not difficult.　　イ That's a nice idea.
ウ Because I am busy.　　エ Because I was late for the test.

(11)　A：How may I help you?
B：I'd like a ticket for the seven o'clock show, please.
A：I'm sorry, sir, but that show is already sold out.
B：(　　　　　)

ア OK, I'll buy a ticket for it.　　イ I see. Thanks anyway.
ウ Thanks. I'll show you the ticket.　　エ It's almost seven o'clock.

(12)　A：I think this red one is wonderful.
B：Yes, this model is popular. The price is also reasonable.
A：OK, then I will take this one. When can you deliver?
B：(　　　　)

ア Just yesterday.　　イ I can help you tomorrow.
ウ To your house.　　エ Friday next week is possible.

(13)　A：What seems to be the trouble today?
B：I have a terrible stomachache.
A：How long have you had it?
B：(　　　　　)

ア Since lunchtime today.　　イ Ten years ago.
ウ Three days later.　　エ In a few minutes.

(14) A：Doctor, I've had a sore back since I woke up this morning.

B：OK. Tell me if that hurts.

A：Ouch! That's quite painful.

B：How about here?

A：(　　　　　)

ア That hurts, too.
イ It's been sore for a week.
ウ That was worse yesterday.
エ It hurts more this week.

(15) A：We're here! Let's get something to eat.

B：I've been driving for ten hours. I need to take a nap.

A：But I'm really hungry.

B：(　　　　　)

ア Already? But we've just left home!
イ I'm sorry. There are only restaurants.
ウ So would you like to order more?
エ What? You've been eating the whole time!

Ⅲ 以下の英文や資料を読み、設問の答えとして最も適切なものをそれぞれア～エの中から選びなさい。

How we keep fit

	Work out at Gym	Work out at home	Bicycle	Tai chi
Age 31-40	24%	31%	34%	11%
Age 41-50	24%	36%	19%	21%
Age 51-60	19%	41%	14%	26%
Age 61+	39%	36%	14%	11%

(1) What information does this table tell us?

ア How many time a week people of different ages exercise.
イ When people prefer to exercise.
ウ Which age group prefer to exercise most.
エ Which kinds of exercise people of different ages prefer.

(2) What can we infer from this table?

ア People aged 61+ don't exercise as much as they used to.

イ Many people aged 51-60 enjoy working out at home.

ウ People aged 31-40 exercise more than people in other age groups.

エ Most people aged 41-50 belong to a gym or health club.

The doctors' office is closed for renovation until Thursday, April 1.
If you have a medical emergency, please contact Dr. Yamauch
at the East Side Clinic on Maple Street.

(3) Why is the office closed?

ア The staff is on vacation.

イ The building is being repaired.

ウ Some doctors are sick in bed.

エ One of the doctors had an accident.

(4) When will it be possible to see the doctors in their office?

ア On Sunday. イ Before Thursday.

ウ On April 2. エ On March 31.

Hiro's Bakery & Grocery has introduced a new self-checkout system. Some checkout lanes now have computers instead of human cashiers. In each checkout lane, a computer reads the price on each item bought and adds up the total. The customer then pays with a credit card or a debit card and the computer automatically prints a receipt. "Most customers like the system," explained Grace Reed, the store manager. "It's much faster so people don't need to wait in line so long." Ms. Reed said the storeowners are satisfied with the system, too. Formerly, seven cashiers worked at a time. "That was seven people we had to pay," said Ms. Reed. "Now we pay only one cashier."

(5) Who might not like the new system?

ア The credit card company. イ The cashiers.

ウ The customers. エ The grocery store.

IV 次の英文を読んで、後の各設問に答えなさい。

At the beginning of the 19th century, people's ideas about the natural world were different (a) those that are common today. Most people in Europe did not believe that animal species died out. When the remains of unknown animals were found, it was thought that the animals must be living somewhere in the world. (①), by the end of the century people understood that the Earth had once been full of dinosaurs and other strange animals. An important ②[for / change / changed / was / reason / this] the discovery of many dinosaur fossils. One person ③[a / that / part / took / played / big] in these discoveries was Mary Anning.

Mary was born in 1799 in Lyme Regis, a small port in the south of England. The seashore at Lyme Regis has many fossils in its rocks. Mary's father, Richard Anning, was a carpenter, but he also collected fossils and sold them to visitors. He taught Mary and her brother, Joseph, how to find fossils and sell them.

Richard died in 1810, and Mary's family became very poor. They continued hunting for fossils to make some (④). Then, when Mary was 12 years old, she and her brother made a great discovery. This was the complete fossil of a strange creature (b) teeth like a crocodile's and a body like a dolphin's. Many scientists went to see the fossil. An expert at the British Museum named the animal an "ichthyosaur," which means "fish lizard."

Mary began to buy books ⑤so that she could learn more about dinosaurs. Later, she made many more important discoveries. However, although she knew more about fossils than most professors, she was not famous (c) the end of her life. This was because she was poor and because she was a woman. A few months before she died in 1847, though, she was honored by the government, and since then she has been known (d) one of the first experts in the study of dinosaurs.

問1 空所 (a) ～ (d) に入る最も適切な語を、次のア～キから1つずつ選び、記号で答えなさい。なお、文頭に来る語も小文字で示してある。

ア with　イ in　ウ by　エ from　オ of　カ until　キ as

問2 空所 (①) に入る最も適切な語を、次のア～エから1つ選び、記号で答えなさい。

ア For example　イ However　ウ Moreover　エ At first

問3 下線部②、③の [ ] 内の語を正しく並べかえなさい。ただし、それぞれ余分な語が1つずつある。

問４　空所（　④　）に入る最も適切な語を、英語で答えなさい。

問５　下線部⑤とほぼ同じ内容を表すように、以下の空所に適切な語を答えなさい。

⑤＝ in (　　　) to learn more about dinosaurs

問６　以下の説明に当てはまる語を本文中から１語で抜き出しなさい。

"a person whose job is making and repairing wooden objects"

V　次の英文を読んで、後の設問に答えなさい。

It's hard to keep up with technology these days. The latest example of science fiction becoming science fact is a flying car. For decades, we have watched movies about a future with flying cars. This week, journalists saw a real ①<u>one</u> in flight. A prototype flying AirCar completed a test flight between two cities in Slovakia. The car flew between a regional airport and an airport in the capital city Bratislava. The 90km journey took 35 minutes to complete. AirCar is from a company called Klein Vision. A founder of the company said: "AirCar is no longer just a proof of concept." He added: "Flying at 2,500 meters at a speed of 185kph, it has turned science fiction into a reality."

AirCar is a road-legal car that transforms into an aircraft in less than three minutes. AirCar CEO Professor Stefan Klein flew and landed the vehicle on its recent test flight. After landing at Bratislava Airport, he pushed one button to transform the aircraft into a sports car. He then drove it into downtown Bratislava on the city's streets. He described the flight as "normal" and "very pleasant". His company is working on a new, more powerful model called AirCar Prototype 2. This will have a much more powerful engine that is capable (　②　) a cruising speed of 300kph and a range of 1,000 kilometers. The newer model will also be a four-seater as opposed to the two-seater that was recently tested.

問１　下線部①が表すものとして正しい語を、次のア～エから選び、記号で答えなさい。

ア technology　　イ car　　ウ movie　　エ science

問２　（　②　）に入る最も適切な語を、次のア～エから選び、記号で答えなさい。

ア in　　イ of　　ウ at　　エ for

問3　以下は本文をまとめたものです。（ 1 ）～（ 8 ）に最も適切な語を、ア～チの中から選び、記号で答えなさい。ただし、同じ記号は２回以上使用してはいけません。

Technology (1) science fiction from the movies to become science fact. A company tested a flying car. The "AirCar" flew at a (2) of 2,500 meters and a speed of 185kph. The 90km (3) took 35 minutes. Flying cars are no longer just an (4). The AirCar company said science fiction is now "a reality".

AirCar is (5) to be driven on the road. It (6) into an airplane in less than three minutes. The company's CEO landed it at an airport. He then (7) a button to change it into a sports car and drove it into the city. He said the flight was "normal". A new AirCar will have a cruising speed of 300kph and be able to fly 1,000 kilometers (8).

ア idea	イ ideal	ウ enables	エ ability	オ time
カ height	キ permitted	ク ahead	ケ nonstop	コ realized
サ pressed	シ distant	ス drives	セ fly	ソ turns
タ flight	チ length			

Ⅵ　以下の設問に答えなさい。

1．（　　　）の日本語を［　　　］内の単語を用いて英語に直しなさい。その際、［　　　］内の語も含み英語５語になるようにしなさい。(don'tなどの短縮形は１語と数える。)

A：Where are you from, John?

B：I'm from Boston, but now I live in New York.

A：So, how often do you go home?

B：Well, I try to fly home four times every year. Flying is very expensive, but it's important to me.

A：(どうして車で帰らないの［ don't])? I think it takes only four hours to drive between the two cities.

B：Only four hours! You may not mind driving four hours, but I don't feel like driving so long. It's exhausting.

2．[　　　] 内の単語を用いて自然な会話文になるように６語の英文を作りなさい。
（[　　　] 内の単語は１語と数え、また、don'tなどの短縮形も１語と数える。）

A：Hayato, I hear you are going to England during spring vacation?

B：Yes. I'll stay in a town near London.

A：Sounds nice. [ever]?

B：No, this is my first time.

A：How long will you stay there?

B：For a week. I'm very excited, but I'm worried about my English.

A：Don't worry, Hayato. Your English is very good. You should say "Hi" and smile when you meet people there.

B：OK, I will. Thank you, Ms. Maeda.

【数　学】（50分）〈満点：100点〉

（注）１．分数は既約分数に直し，無理数は分母を有理化し，根号内はできるだけ簡単に，比はもっとも簡単な整数値にして答えること。

２．【考え方】に記述がなく，答えのみの場合は得点にはなりません。

1　次の各問いに答えなさい。

(1)　$(\sqrt{2}+\sqrt{3}+\sqrt{6})(\sqrt{2}-\sqrt{3}-\sqrt{6})$ を計算しなさい。

(2)　$\dfrac{3x+2y}{4}-\dfrac{x-5y}{6}$ を計算しなさい。

(3)　連立方程式 $\begin{cases} 3x+2y=7 \\ 2x-3y=5 \end{cases}$ を解きなさい。

(4)　n^2-5 が220の正の約数となる自然数 n をすべて求めなさい。

(5)　$y=ax^2$ の x の変域が $-1 \leqq x \leqq 2$ のとき，y の変域が $b \leqq y \leqq 8$ であった。

a，b の値を求めなさい。

(6)　１つのさいころを３回投げたとき，目の和が

10である確率を求めなさい。

(7)　右の図の $\angle x$ の大きさを求めなさい。

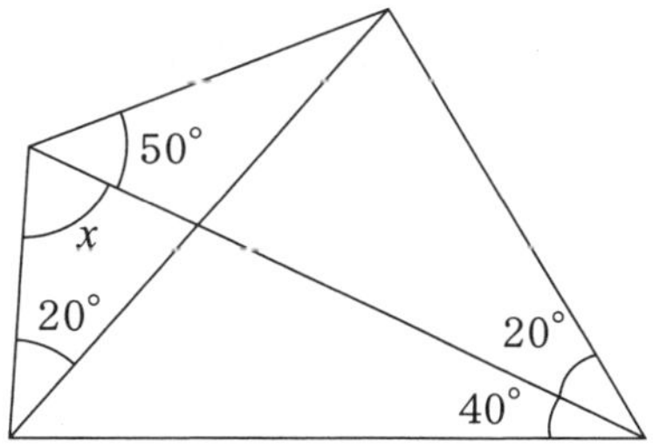

2　次の各問いに答えなさい。

(1) あるパーティーで，プレゼント交換を行った。参加者は，各自１個ずつプレゼントを用意する。いったん，すべてのプレゼントを回収し十分にまぜたあと，ランダムに１人１個ずつ配布される。このとき，参加者全員が，自ら用意したプレゼントとは違うプレゼントをもらう確率を求めたい。

参加者の人数が次の各場合についてその確率を求めなさい。

(i) 参加者が２人の場合。

(ii) 参加者が３人の場合。

(iii) 参加者が４人の場合。

(2) 図のように，２次関数 $y=x^2$ と $y=x+6$ が２点Ａ，Ｂで交わっている。

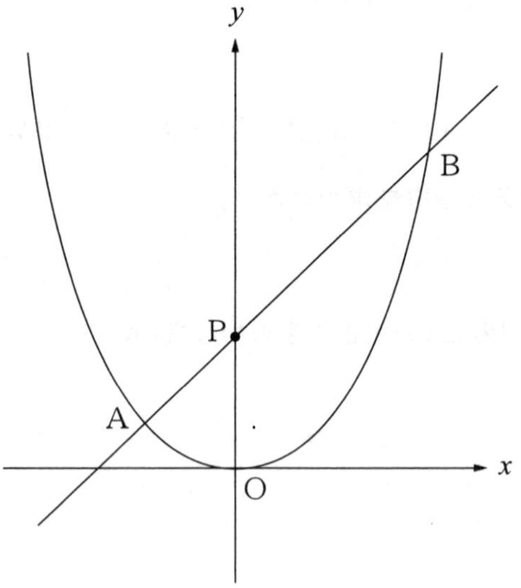

(i) ２点Ａ，Ｂの座標を答えなさい。

(ii) 点Ｐ(0，6)を通り，△OABの面積を２等分する直線の方程式を求めなさい。

3　0，2，3，5，7の5つの数字を重複なく3つ選び，3桁の自然数をつくる。
次の各問いに答えなさい。

(1) 自然数は全部で何個できるか答えなさい。

(2) 5の倍数は全部で何個できるか答えなさい。

(3) 小さい方から30番目の数は何か答えなさい。

4　次の各問いに答えなさい。

(1) 点（6，6）を通る，反比例のグラフをかきなさい。

(2) 2点(6，6)，（−2，−6）を通る直線の式を求めなさい。

(3) x座標，y座標がともに正の整数であり，(1)の反比例のグラフと(2)の直線のグラフの両方より下側にある点の個数を求めなさい。
ただし，グラフ上の点は含めない。

5 AB=AC=13，BC=10の△ABCがある。

BCの中点をMとして，△ABMの外接円をかく。

この円上に，DB//ACとなる点Dをとる。

次の各問いに答えなさい。

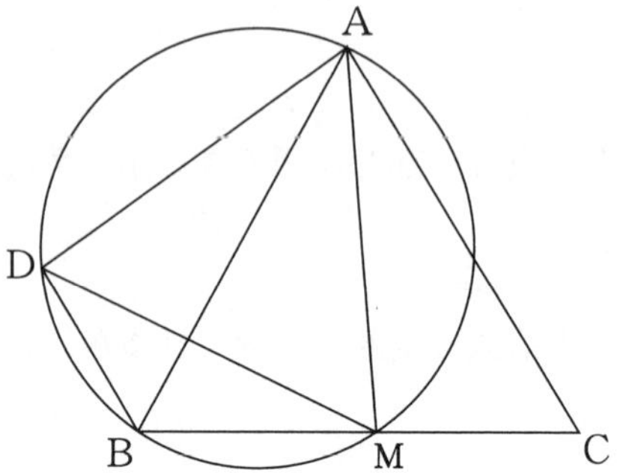

(1) △ABC∽△MDAであることを証明しなさい。

(2) ∠DACの大きさを求めなさい。

(3) BDの長さを求めなさい。

オ　笑うのをやめて

問6　傍線部⑤について、「女房ども」がそうした理由として最も適切なものを次の中から選び、記号で答えなさい。

ア　あこがれていた匡衡には妻がいるということがわかったから。

イ　みんなで盛り上がろうとしたら和歌など詠んでしらけたから。

ウ　誰も琴を弾けないので楽しい時間をすごせないと思ったから。

エ　当意即妙の和歌を詠まれたうえに、返す言葉もなかったから。

オ　匡衡が機嫌をそこねていることに気づいて気まずかったから。

問7　文中の和歌について、以下の問題に答えなさい。

(A)　この和歌の中に用いられている技法として最も適切なものを次の中から選び、記号で答えなさい。

ア　掛詞　イ　擬人法　ウ　体言止め

エ　倒置法　オ　枕詞

(B)　この和歌についての説明として適切なものを次の中から二つ選び、記号で答えなさい。

ア　作者である匡衡は、東国のことなど知らないし、女房たちのことも知らないと言っている。

イ　作者である匡衡は、「あづま」という言葉に「東国」と「東琴」という意味をもたせている。

ウ　周囲にいる女房は、自分たちは都を出て東国へ行ったことが一度もないのだと言っている。

エ　周囲にいる女房は、匡衡は物知りであるが和琴を弾くことはできないことを熟知している。

オ　作者である匡衡は、自分は和琴を弾くことなどできないということを和歌に表現している。

カ　作者である匡衡は、自分に敬意を表わさない女房たちに対して不快な気持ちを抱いている。

三　次の文章を読んで問題に答えなさい。

今は昔、①式部大輔《たいふ》匡衡《まさひら》、注1 a学生にて、b いみじき者なり。注2宇治大納言のもとにありけり。才はきはめてめでたけれど、みめはいとしもなし。丈高く、注3指肩《さしかた》にて見苦しかりければ、注4女房ども、「注5言ひまさぐりて②笑はむ。」とて、注6和琴《わごん》をさし出だして、「③よろづのこと知り給うたなるを、これ弾き給へ。聞かむ。」と言ひければ、詠みて、

　注7逢坂《あふさか》の関の注8あなたもまだ見ねばあづまのことも知られざりけり

と言ひたりければ、女房ども④え笑はで、注9⑤やはらづつひき入りにけり。

（『古本説話集』）

注1「学生」…官吏になるための学問をする人。
注2「宇治大納言」… 源《みなもとの》 隆国《たかくに》（一〇〇四～一〇七七）。
注3「指肩」…いかり肩。
注4「女房ども」…貴人に仕える女性たち。
注5「言ひまさぐりて」…からかって。
注6「和琴」…六弦の琴。別名「東琴《あづまごと》」ともいう。
注7「逢坂の関」…山城（京都）と近江（滋賀）の境の逢坂山に設けられた関所。東国への通路にあたる。
注8「あなた」…あちら。むこう。
注9「やはらづつひき入りにけり」…静かに一人ずつ部屋へひっこんだ。

問1　波線部a「学生」は歴史的仮名遣いで「がくしやう」と表記されますが、これを現代仮名遣いに直しなさい。

問2　波線部b「いみじき」の文中での意味として最も適切なものを次の中から選び、記号で答えなさい。

ア　美しい　イ　変わった　ウ　優れた
エ　ひどい　オ　醜い

問3　傍線部①「式部大輔匡衡」の特徴として適当でないものをすべて選び、記号で答えなさい。

ア　才能に満ちあふれていて、物知りだと評価されていた。
イ　性格がすばらしく、人格者としてとても有名であった。
ウ　背が高くてスタイルがよく、女性たちに人気があった。
エ　その場の状況に応じた和歌を即興で詠むことができた。
オ　東の方に、遠距離のためなかなか会えない恋人がいた。

問4　傍線部②「笑はむ」について、「女房ども」が「笑はむ」と言っているのはどのようなことか、最も適切なものを次の中から選び、記号で答えなさい。

ア　匡衡は成績優秀だが格好よくなかったので、ちょっとからかって困らせてやろうということ。
イ　匡衡は成績優秀なのを鼻にかけていて気に入らないので、少しこらしめてやろうということ。
ウ　背の高い男性が琴を弾く姿はかわいらしいので、目の前で琴を弾かせて楽しもうということ。
エ　学業は優秀な匡衡も琴は弾けないという話なので、みんなの前で恥をかかせようということ。
オ　成績では匡衡に負けてしまうので、自分たちの得意な琴で勝負し、気を晴らそうということ。

問5　傍線部③④の現代語訳として最も適切なものを下の中からそれぞれ選び、記号で答えなさい。

③
ア　何でもできるということが知れわたっている以上
イ　何でもできるということをご存じであるのならば
ウ　世間で評判のもの知りを知っていらっしゃるので
エ　いろいろなことを知っていらっしゃるそうなので
オ　いろいろなことを知っていてできたというのなら

④
ア　笑うのをがまんして
イ　笑うこともできずに
ウ　たくさん笑って
エ　そんなに笑わずに

にいたふたごのこと、ピアノの音色、必要な明るさ。その一番いい状態のために働けるのなら、これからもこつこつこつこつし続けようと思った。

（『羊と鋼の森』宮下奈都）

注1　「柳さん」…会社の先輩で、ピアノの調律師。
注2　「オクターブ」…ある音から八番目の音までのこと（例：ドから次のドまで）。
注3　「音叉」…楽器の調律のための道具。音叉の音を基準として調律する。
注4　「ハンマー」…鍵盤と連動しており、ピアノ内部の弦を叩くことで音が鳴る。

問1　二重傍線部ａｂの語句の本文中での意味として最も適切なものを後の中からそれぞれ選び、記号で答えなさい。

ａ　「名目」
ア　仕事　　イ　約束　　ウ　方法
エ　名称　　オ　口実

ｂ　「殊勝な顔」
ア　神妙な表情　　イ　温和な表情
ウ　緊張した表情　　エ　得意げな表情
オ　勝気な表情

問2　傍線部①「ここは楽しみなんだ」とあるが、柳はなぜこの家の調律を「楽しみ」にしているのか。理由として最も適切なものを次の中から選び、記号で答えなさい。
ア　調律の仕事ぶりを熱心に見てもらえるから。
イ　調律し甲斐のある高級なピアノがあるから。
ウ　かわいい双子の姉妹が出迎えてくれるから。
エ　姉妹が使い込んだピアノを調律できるから。
オ　調律の要望がいつも具体的なものだから。

問3　傍線部②「若い女の子の声」とあるが、これは誰の声か。その人物の名前を答えなさい。

問4　傍線部③「思わず椅子から腰を浮かせた」とあるが、なぜ僕はこのような行動をとったのか。三十字以上四十五字以内で説明しなさい。

問5　傍線部④「けっこうですから」とあるが、このセリフが意味することを次のようにまとめた。空欄を十字以上十五字以内で埋めなさい。

［　　　　］構わない、ということ。

問6　傍線部⑤「私と由仁のピアノは違うんだから」とあるが、姉妹のピアノの音の違いとして最も適切なものを次の中から選び、記号で答えなさい。
ア　姉のピアノは音の迫力に乏しいがリズム感が良く、妹のピアノには躍動感と明るさがある。
イ　姉のピアノは落ち着きの中にも情熱が感じられ、妹のピアノには躍動感と明るさがある。
ウ　姉のピアノにはしっとりとした静けさがあり、妹のピアノには情熱が秘められている。
エ　姉のピアノは音の迫力に乏しいが明るく、妹のピアノには情熱が秘められている。
オ　姉のピアノは端正な音でリズム感が良く、妹のピアノには情熱が秘められている。

問7　傍線部⑥「姉妹っていいですね」とあるが、僕はどうしてこのように思ったのか。理由を分かりやすく答えなさい。ただし、必ず「明るい」という語を用いること。

「すみません、今、手を洗いに行ってます。すぐに戻りますから」と僕たちに向かって頭を下げた。
　程なく戻ってきた女の子は結んでいた髪をほどいていた。こうすると、もうふたりの見分けはつかなかった。
　すぐに、ピアノが始まった。
　顔はそっくりなのに、と僕は思った。おかしな感想だけど、まずそう思ったのだ。顔はそっくりなのに、さっき「姉」が弾いたのとはまったく違うピアノだった。温度が違う。湿度が違う。音が弾む。「妹」のピアノは色彩にあふれていた。これではたしかにそれぞれが弾いてみないと調律の具合を決められないだろう。
　彼女は、ふと弾くのをやめて、こちらをふりかえった。
「もう少しだけ明るい感じの音にしていただきたいんです」
　それから、
「すみません、勝手なこと言って」
と b殊勝な顔になった。ピアノの向こうで「姉」も一緒にまじめな顔をしている。彼女も音を明るくしてほしいと思っているのだろうか。それとも、「妹」の意見を尊重しているのか。
（中略　調律を終えて、僕と柳は車に乗り込む。姉妹のピアノについての話題となった。）
「え、じゃ、なに、姉のほうのピアノが気になってんの？」
　うなずいた。もちろんだ。情熱的で静かな音というものを初めて聴いた。
「なんで？　姉のピアノは普通のピアノだったじゃない。たしかに、きっちり弾けてたよ。でもそれだけだろ。おもしろいのは断然妹のほうだと思うけど」
　普通のピアノだったのか。あれが普通なのか。僕にはピアノの経験がないから、少しうまく弾ける人のことも、とてもうまく見えてしまうのかもしれなかった。雛鳥がぴよぴよ鳴きながら親鳥の後をついて歩く姿が頭に浮かんだ。初めて調律に来て、初めて見た顧客が弾いたピアノ。だから特別に思えたのか。
　――そう思いかけて、違うと思った。普通じゃなかった。明らかに、特別だった。音楽とも呼べないかもしれない音の連なり。それが僕の胸を打った。鼓膜を震わせ、肌を粟立たせた。
「あの子のピアノはいいな」
　柳さんは言って、それから付け足した。
「妹のほうな」
　僕もうなずいた。妹も、よかった。妹のピアノには勢いと彩りがあった。だからこそ、あれ以上明るい音を欲しがる理由がないように思えたのだ。
「あ」
　車のアクセルを踏んでゆっくりと動き出す。
「どうかした？」
　助手席の柳さんが僕を見る。
「明るい音」
　明るい音が必要なのは「妹」ではなかった。きっとあの「妹」は自分の音を知っている。「姉」の音も把握している。自分のための明るさではなかったのだ。静かなピアノを際立たせるのは、暗い音とは限らない。明るい音を選んだのは、「姉」のためだったのではないか。
「なるほど」
　僕がうなずくのを、柳さんが横目で見る。
「なんだ？　気持ち悪いなあ」
「⑥姉妹っていいですね」
　今度は柳さんも、なんだ、とは言わなかった。
「特に、ふたごな」
「ええ」
「ふたりしてピアノがうまくて、ふたりしてかわいいふたごな」
　柳さんは助手席で足を伸ばしながら機嫌よく言った。
　果たして、僕が特別だと感じたピアノがほんとうに特別なのかどうかはよくわからない。ただ、初めて調律に訪れた家のこと、そこ

だいま、と声が聞こえた。②若い女の子の声だった。
調律は時間もかかるし、音も出る。お客さんによっては部屋のドアを閉めて作業を行う場合もある。でも、この日は開けてあった。この声の主が帰ってきたらすぐに調律中のピアノを見られるようにと考えてのことだったのだろう。果たして彼女はまもなくピアノ室へ現れた。高校生だろうか、黒髪を肩まで下ろしたおとなしそうな子だった。
彼女は柳さんと僕それぞれに小さくお辞儀をし、それからそっと壁に背をつけて、黙って柳さんが作業するのを見ていた。
「いかがでしょう」
柳さんが二オクターブほど音階を弾いてみせ、ピアノの前を空けた。
その子はおずおずとそこに歩み寄り、ぽろぽろぽろっと音を出した。いかがでしょうと聞かれたから律儀に応えた、という感じだった。でも、僕は③思わず椅子から腰を浮かせた。耳から首筋にかけて鳥肌が立っていた。
「どうぞ、しっかり弾いて確かめてみてください」
柳さんが笑いかけると、立ったままだった彼女はピアノの前の椅子を引いてすわった。そうしてゆっくりと鍵盤の上に指を滑らせた。右手と左手が同時に動く、短い曲だった。たぶん、指を動かすための練習曲だ。美しかった。粒が揃《そろ》っていて、端正で、つやつやしていた。耳の鳥肌は消えない。あっというまに弾き終えてしまったのが残念だった。
彼女は弾き終えた手をいったん膝の上に揃え、それからうなずいた。
「ありがとうございます、いいと思います」
恥ずかしいのか、うつむいて小さな声だった。
「じゃあ、これで」
柳さんが言いかけたとき、
「あ、待ってください」
彼女は顔を上げた。
「もうすぐ妹が帰ってくるはずなので、少しだけ待ってもらえますか」
この子の妹ということは中学生だろうか。その子に決定権があるのか、それとも自分だけでOKを出してしまう勇気がないのか。僕が考えているうちに、柳さんはにこやかに、いいですよ、と答えた。
彼女がピアノ室から出ていってまもなく、お茶が運ばれてきた。
「どうぞ召し上がってください。その間に娘が帰ってこなかったら、④けっこうですから」
母親がピアノ室の隅《すみ》の小さなテーブルにお茶を並べながら、最後のほうは小声で言って微笑んだ。妹に調律の結果を確認させたい姉娘の気持ちを尊重しつつ、僕たちを気遣ってくれてもいるらしい。
柳さんは道具を鞄に片づける手を止めて、ありがとうございますと頭を下げた。
五分も経たないうちに、勢いよく玄関ドアの開く音がした。
「ただいまぁ」
弾むような声と足音が近づいてくる。
「由仁《ゆに》、今、調律の方が見えてるから」
「よかった、間に合った」
女の子の声がして、次の瞬間、ピアノ室にふたつの顔が現れた。さっきの子と、今帰ってきたらしい子。ふたつの顔はほとんど同じだった。肩まで髪をまっすぐに垂らしているか、耳の下あたりでふたつに結んであるかの違いだけだ。
「和音《かずね》は弾かせてもらったんでしょ。じゃあ、あたしはいいよ」
ドアのところで立ち止まって、「和音」のほうを見ているのが、たぶん「妹」の「由仁」だ。
「ううん、弾いて。弾いて確かめて。⑤私と由仁のピアノは違うんだから」
おさげの子がドアの外へ出ていき、髪を下ろしている「姉」が、

エ　能力には生まれつきの差があるので、重要なのは努力そのものではなく、能力をいつでも発揮できる精神力ということになる。

オ　貧困に陥っている人を政府が助けるべきだと考える人の割合が少ないのは、努力が人生を変えるという発想が強いからである。

カ　努力には良い面も悪い面もあるということを教え込むことによって、バランスのとれた柔軟なものの見方ができるようになる。

二

次の文章は宮下奈都の小説「羊と鋼の森」の一節である。「僕」はピアノの調律師である。調律師になりたての新人で、会社に入ったばかりの頃を回想している。文章を読んで、後の問いに答えなさい。

初めて調律に行った日のことはよく覚えている。

秋の初めの、空の高い日だった。入社して五カ月を過ぎ、注1柳さんが顧客宅へ調律に行くのに同行させてもらえることになった。柳さんが調律する傍《そば》について補助する、というa名目だったが、実際には補助ではなく見学だ。調律の技術だけでなく、顧客宅でのふるまいや、顧客とのやりとりなどを学ぶ機会だった。

緊張していた。白いマンションの入り口でインタフォンを押す柳さんを見て、不意に不安になった。僕にあのボタンが押せるだろうか？　それでも、感じのいい女性の声がして中からドアが開いたとき、調律師は待たれているのだ、と思い直した。インタフォンの女性よりも、たぶん女性の傍にあるだろうピアノに。

エレベーターで四階に上がる。

「①ここは楽しみなんだ」

外廊下を歩きながら柳さんがささやいた。

僕の母と同じ年恰好《かっこう》に見える女性がドアを開けて僕たちを通してくれた。入ってすぐの右側の部屋がピアノ室だった。六畳くらいの部屋の真ん中に、いちばん小さいサイズのグランドピアノが置かれている。床に毛足の長いカーペットが敷かれ、窓には分厚いカーテンがかかっている。防音対策だろう。ピアノの前に椅子が二脚あるのはきっと、ピアノを習っているからだ。先生がここに教えに来てくれているのではないか。

よく磨かれた黒いピアノだった。特別に高級なピアノではないけれども、大事にされているのがわかった。そして、弾き込んであるのもわかった。柳さんが注2オクターブをさっと鳴らしただけで、少し歪《ゆが》みが感じられた。半年前に調律をしているのにこれだけ狂うのは、かなり弾き込んでいるせいだ。

柳さんが楽しみだと言ったのもうなずける。持ち主に愛されてよく弾かれているピアノを調律するのはうれしい。一年経ってもあまり狂いのないピアノは、調律の作業は少なくて済むかもしれないが、やりがいも少ないと思う。

ピアノは弾かれたい。つねに開いている。あるいは、開かれようとしている。人に対して、音楽に対して。そうでなければ、あちこちに溶けている美しさを掬《すく》い上げることもできない。

柳さんが注3音叉を鳴らす。ぴーんと音が鳴って、目の前のピアノのラ音がそれに共鳴する。つながっている、と思う。

ピアノは一台ずつ顔のある個々の独立した楽器だけれど、大本のところでつながっている。たとえばラジオのように。どこかの局が電波に乗せて送った言葉や音楽を、個々のアンテナがつかまえる。同じように、この世界にはありとあらゆるところに音楽が溶けていて、個々のピアノがそれを形にする。ピアノができるだけ美しく音楽を形にできるよう、僕たちはいる。弦の張りを調節し、注4ハンマーを整え、波の形が一定になるよう、ピアノがすべての音楽とつながれるよう、調律する。今、柳さんが黙々と作業をするのは、このピアノがいつでも世界とつながることができるようにするためだ。

二時間ばかりが過ぎて仕事も終わりかけた頃、玄関のほうで、た

からそれぞれ選び、記号で答えなさい（ただし記号は重複しない）。

ア　こうして　イ　さらに　ウ　それでは
エ　ですから　オ　ところが　カ　なぜなら

問3　傍線部①「内発的な動機づけ」とはどのような気持ちのことか、本文の内容をふまえて三十字以上四十字以内で説明しなさい。

問4　傍線部②「ここまでに見てきた価値観が関係する、と解釈できる日本人に特徴的な二つの心性」とあるが、その説明として最も適切なものを次の中から選び記号で答えなさい。

ア　自分で自分を低く評価することで自分が努力家であることを示したいという傾向があり、さらに、苦手なことでも逃げずにしっかり努力しようとする傾向があるということ。

イ　若いころは自己肯定感が低いため、謙虚な態度をとらなければならない傾向があり、さらに、それによって礼儀正しく向上心の強い人間が育ちやすい傾向があるということ。

ウ　自分にできることよりも自分にできないことの方に注意が向きやすいという傾向があり、さらに、できないことを何とかできるようにしようと頑張る傾向があるということ。

エ　人前で自分の成績などを明らかにすることは恥ずかしいので、タテマエでしか回答しない傾向があり、さらに、そうした自分に対して満足感を感じる傾向があるということ。

オ　理科は好きでなくても勉強はきちんとしなければならないと強く思う傾向があり、さらに、自分自身に満足せず、努力を続けなければならないと考える傾向があるということ。

問5　傍線部③「伝統的価値観」とあるが、ここでいう「伝統的価値観」からうまれる考え方の例として適切でないものを選び、記号で答えなさい。

ア　前回の大会では三位に終わったので、今大会は優勝を目標にして練習した。

イ　負けた試合ではパスがつながらなかったので、パスの練習に時間を割いた。

ウ　決勝戦当日はとても緊張したが、私自身は今までで最高のプレーができた。

エ　チームメイトのおかげで優勝することができたので、みんなに感謝したい。

オ　念願の県大会出場を果たしたが、他の出場校に比べるとまだまだ力不足だ。

問6　傍線部④「『論語』にもこんな一節があります」とあるが、そのあとの◆の内容を表す『論語』の一節として最も適切なものを次の中から選び、記号で答えなさい。

ア　人の己を知らざることを患《うれ》えず、己の能なきを患う。

イ　己を知ること莫《な》きを患えず、知らるべきことを為《な》すを求む。

ウ　人の己を知らざるを患えず、人を知らざるを患うるなり。

エ　人知らずして慍《うら》みず、また君子《し》ならずや。

オ　之《これ》を知る者は之を好む者に如かず、之を好む者は、之を楽しむ者に如かず。

問7　傍線部⑤「『因果関係』へとズレていきます」とあるが、一連の考え方のなかで何がどのように変わっていったのか、七十字以上八十字以内で説明しなさい。

問8　本文の内容として適切なものを次の中から二つ選び、記号で答えなさい。

ア　「ゆとり教育」の導入は実際の教育現場では難しいので、やはり「網羅的な知識の習得」や「欠点の克服」を目指す必要がある。

イ　「ゆとり教育」の成果があがらなかったため、日本の若者は自分に自信を失い、自己肯定感が弱くなったという見方ができる。

ウ　日本の学校教育は、履修する科目が生徒本人の好き嫌いや興味・関心に関係なく決められてしまうなど画一的だが、学力は高い。

果として周囲は必ず認めてくれるはずという期待が表明されているわけです。いくら成長しても結果などついてこないし、悲惨な人生しか待っていないとなれば、人は「成長しよう」「努力しよう」などと思わなくなりますから、ある意味で当然の話かもしれません。

　もちろん、こう思って本人が努力するだけなら、おそらく問題はないのですが、実はこうした考え方は、似ているけれども、微妙に違う次のような価値観に移行してしまいがちなのです。

「成功した人間は、それに見合う努力をした人間だ」

孔子の言葉はあくまで「期待の表明」なのですが、こちらは⑤「因果関係」へとズレています。

　私の知人の二十代の女性が、こうした価値観の象徴ともいえるような言葉をSNSで漏らしていました。

「しあわせは、がまんして耐えて頑張ることのcタイカだと思っていた」

　こうしたものの見方を「公正世界仮説」といいます。これ自体は問題なさそうな考え方ですが、実はこの考え方が、さらに次のようにひっくりかえりやすいのです。

「うまくいっていない人間は、それに見合う努力をしてこなかった人間だ」

　おそらくこれが一因になって、日本では次のような調査結果が出てしまった、と筆者は考えます。

　二〇〇七年、アメリカのピュー研究所が、各国の意識調査を行いました。そのなかに、

「政府はひどい貧困に陥っている人を助けるべきか」

という項目があるのですが、日本は「完全に同意する」という答えが一五％で、調査国中ダントツの最下位。「おおむね同意する」を加えても五九％でやはり最低の数字だったのです。苛烈な競争社会だと思われているアメリカでさえ、それぞれ二八％と七〇％。

　なぜこのような結果が出るのか。dタンテキにいえば、生活に困窮している人間を努力不足とみなし、自助努力を万能視しやすいから、と解釈できるのです。何せ、

「もともとの能力にそれほど差はなく、しかも、努力すればそれに見合うだけの成果がかえってくるはず」

という価値観を刷り込まれた人々の多い社会。ゆえに経済的にeフグウなのは、努力していないからに違いない、と考えてしまうわけです。これは現代でも、生活保護受給者へのバッシングの際によく出る批判でもあります。

　人の可能性を信じ、努力を推奨する文化は、もちろん素晴らしい点をたくさん持っています。しかし、反面でそれも人間が作ったものである以上、当然、悪い面も含んでいます。だからこそ、バランスのとれたものの見方ができないと――その刷り込みが強烈であればあるほど――人や社会への見方が柔軟性や多面性を失いかねないのです。

（『「論語」がわかれば日本がわかる』守屋　淳）

注1　「イノベーション」…これまでとは異なった新しい発展。技術革新。

注2　「先述した久保昌央副教頭」…筆者が取材した都内の中高一貫校の教師。「先述」されていた内容は次のとおり。

「日本の学校の授業は画一的で、履修する科目とかが全部お膳立てされています。ところがニュージーランドとかオーストラリアに行くと、高校や中学でも授業が選択できて、自分の得意なところを伸ばせるんです。画一的ではないんです。だから日本の学校で使う『普通科』という言葉、非常に英語に訳しにくいんですよ。

日本の場合、生徒としては選択肢がないなかで同じような教育だけ受けさせられて、ある特定の軸だけで評価されてしまうことになります。他の軸がないのが問題なんですね。特に公教育では、中学一年生で履修する範囲はこれ、二年生はこれ、という縛りが文科省から決められているので、どうしようもないですね。」

問1　波線部a～eのカタカナをそれぞれ漢字に直しなさい。なお、文字は楷書で一画ずつ丁寧に書くこと。

問2　空欄A～Cに当てはまる語として、最も適切なものを次の中

図表１　自分自身に満足している

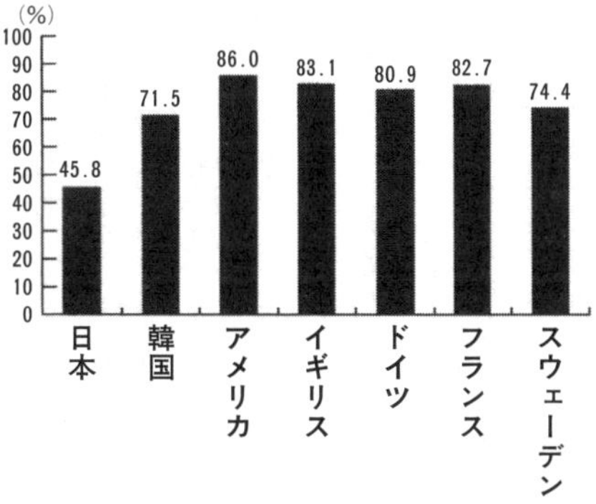

(注)「次のことがらがあなた自身にどのくらいあてはまりますか。」との問いに対し，「私は，自分自身に満足している」に「そう思う」「どちらかといえばそう思う」と回答した者の合計。

図表２　自分には長所がある

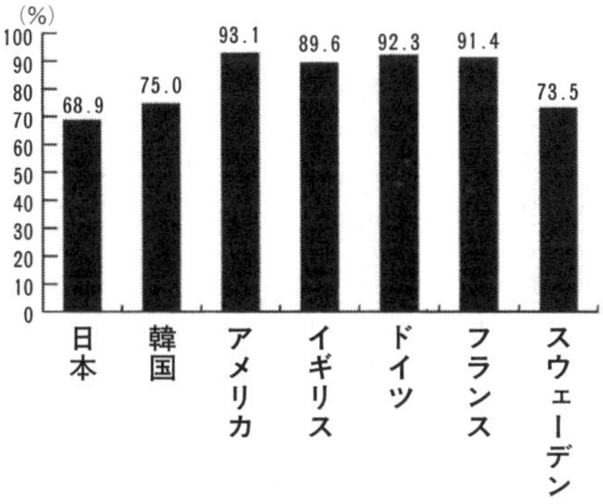

(注)「次のことがらがあなた自身にどのくらいあてはまりますか。」との問いに対し，「自分には長所があると感じている」に「そう思う」「どちらかといえばそう思う」と回答した者の合計。

「自分自身に満足している」「自分には長所がある」という質問、ともに調査国中で日本は最低の数字だったのです。「日本の若者はなぜこんなにも自己肯定感が低いのか」と社会的に大きな議論を呼びました。この点は研究者の間で議論があり、「日本人はタテマエで答えやすい」「自己卑下することで、逆に満足感を得ている」といった指摘もあります。

しかしここまでの内容と紐《ひも》づけていうなら、日本の教育は、「苦手の克服」「弱点の底上げ」という方向に傾きがちなのが大きな理由だと見なせるのです。自分のできないことや苦手なことばかり指摘され、やらされている若者が、自己に肯定感や自信を持てるはずがありません。

　また日本では『論語』や儒教の影響から「謙虚」「謙遜」が貴ばれ、

「自分はまだまだです」
「まだ大したことないです」

と述べるのを美徳とする面があります。そして、自分をまだまだと思っているからこそ、向上し続けられる、というのは中国古典によく出てくるロジックの一つ。

　C「自分自身に満足しているか」と問われて、「今の自分は、とても満足できるレベルではありません」と答える若者が多いのは――もちろん冗談ではありますが――③伝統的価値観からいえば、謙虚で向上心に富む素晴らしい若者を大量生産できている状態にある、といえなくもないのです。

　もう一つ、

「生まれつきの能力に差はない、努力やそれを支える精神力で差はつく」

という価値観の、特に「努力で差がつく」という部分。これは、

「努力をすれば、必ずいい結果がかえってくる」
「うまく成長できれば、それに見合う成果がある」

という考え方を往々にして内包します。④『論語』にもこんな一節があります。

◆人から認められないことを、気に病む必要はない。自分にそれだけの実力が備わっていないことの方が問題だ。

　この言葉、裏を返せば、実力が備わるまで成長したなら、その結

二〇二二年度 開智高等学校（第一回）

【国　語】（五〇分）〈満点：一〇〇点〉

一　次の文章を読んで、後の問いに答えなさい。

二〇〇二年から施行された、いわゆる「ゆとり教育」にかんしては、その賛否やaコウザイについて、さまざまな議論が交わされてきました。筆者が注目したいのは、そもそもなぜ「ゆとり教育」が必要とされたのか、という点。その象徴的な事例が、

「日本人は学力が高いが、その科目を好きでない生徒の割合が非常に高い」

というショッキングな国際比較の調査結果だったのです。

一九九九年のＩＥＡ（国際教育到達度評価学会）における中学二年生を対象とした三八ヵ国に対する調査で、日本は理科の得点は、シンガポール、ハンガリーに続いて三位でした。

いろいろと言われますが、日本人は昔と変わらずお勉強はできたのです。

［　A　］、理科を「大好き」「好き」と答えた生徒の割合は、国際平均が七九％なのに対して五五％。これは最下位の韓国五二％に継ぐ悪い数字。韓国も、儒教的な影響の強い、穴埋め式のつめ込み教育の国であることには留意すべきでしょう。

［　B　］「理科が生活に重要と思っている」「科学的な職業に将来就きたいと思っている」という割合が、それぞれ四八％と二〇％で、いずれも最下位。ちょっと極端にいえば、「理科のお勉強はできるけど、好きでもないし、人生の役に立つとも思っていないし、受験が終わったら忘れたい」

と思っているような生徒が、他国と比較してとても多いのです。

「苦手の克服」「できないところを埋める」「やらされ感が強い」といったなかでは、当然の結果だったのかもしれません。

しかし、このように①内発的な動機づけがきわめて弱い状態で技術立国を担う人材や、注1イノベーションをおこせる人材の輩出など、夢のまた夢。

この問題を受けて、いわゆる「ゆとり教育」は登場したのですが、ご存じの通りうまくはいきませんでした。注2先述した久保昌央副教頭は、

「ゆとり教育の時は、いろいろな授業をやりました。たとえば、教員が自分の趣味を活かして将棋の授業とかやったりしました。そのとき生徒はイキイキしていましたね。そのころの生徒は、問題を自分で解決する力や物事を多面的に見る力、論理的に考える力はあったと思います。しかし受験のシステムが変わらなくて、結局、bツブれていきました」

と述べていました。大本の教育制度、特に試験制度が「網羅的な知識の習得」「欠点の克服」を必須とする仕組みのなかで、それを変えずにいくら「ゆとり」といったところで、長所や一芸を伸ばしたり、生きる力を身につけるという方向には全体として行きにくかったのです。

さらに、②ここまでに見てきた価値観が関係する、と解釈できる日本人に特徴的な二つの心性があるので、ご紹介しましょう。

二〇一四年に実施された、日本を含めた七ヵ国の満一三～二九歳の若者を対象とした意識調査から、次のような結果が出て大きな話題になりました。いずれも内閣府のＨＰからの資料です。

英語解答

Ⅰ １ (1) ４ (2) 0.75　２ 月食

３ 渋沢栄一　４ アメリカ独立戦争

Ⅱ (1) エ　(2) イ　(3) イ　(4) イ

(5) ア　(6) ア　(7) エ　(8) イ

(9) ウ　(10) イ　(11) イ　(12) エ

(13) ア　(14) ア　(15) エ

Ⅲ (1) エ　(2) イ　(3) イ　(4) ウ

(5) イ

Ⅳ 問１ a…エ　b…ア　c…カ　d…キ

問２ イ

問３ ② reason for this change was

③ that played a big part

問４ money　問５ order

問６ carpenter

Ⅴ 問１ イ　問２ イ

問３ １…ウ　２…カ　３…タ　４…ア

５…キ　６…ソ　７…サ　８…ケ

Ⅵ １ (例)Why don't you drive home

２ (例)Have you ever visited the town

Ⅰ〔読解総合―要旨把握―説明文〕

１＜計算＞≪全訳≫「トオルの家と会社の間の距離は1.6キロメートルである。彼の家とサッカースタジアムの間の距離は，家と会社の間の距離の2.5倍である」 (1)「彼の家とスタジアムの間の距離をキロメートルで求めよ」 1.6×2.5＝４(キロメートル) (2)「彼の家と野球場の間の距離は1.2キロメートルである。家と野球場の間の距離は，家と会社との間の距離より何倍長いか」 1.2÷1.6＝0.75(倍)

２＜天体＞≪全訳≫「この天文学的現象は，地球の影を月が通過するときに起こり，満月の間だけ起こりうる。それは数時間続くことがある。それは肉眼で見ても安全である」 astronomical「天文学の」 phenomenon「現象」

３＜日本史＞≪全訳≫「彼は今日『日本資本主義の父』として広く知られる日本の実業家である。彼は明治維新後，西洋資本主義の日本への導入を先導した。2019年に，彼が2024年頃に流通することになる日本の１万円札に描かれる歴史的人物となることが発表された」 industrialist「実業家」 capitalism「資本主義」 spearhead「～の先頭に立つ」 banknote(s)「紙幣」 circulation「流通」

４＜世界史＞≪全訳≫「ジョージ・ワシントンは大陸軍の司令官に任命された。彼はフィリス・ホイートリーという世界的な名声を得た初のアメリカ人作家を，この戦争中に自分の基地を訪れるようにと招待した。歴史家の中には，彼女が訪問したことにより，ジョージ・ワシントンは黒人男性が自分の軍隊に従軍できるように決めたのだと考える人もいる」 ジョージ・ワシントンが大陸軍の総司令官を務めた戦争として知られるのは「アメリカ独立戦争」である。 appoint「任命する」 commanding general「司令官」 continental「大陸の」

Ⅱ〔対話文総合〕

Ａ＜英問英答＞

(1)Ａ：すてきなバッグだね，メアリー。新しいの？／Ｂ：ううん，父が私の12歳の誕生日に買ってくれたのよ。／Ａ：じゃあ，それを３年間使ってるんだ。／Ｂ：そうよ。すごく気に入ってるの。

Q：「メアリーは今何歳か」―エ．「15歳」　12歳のときから3年たっている。

(2)A：クレジットカードは使えますか？／B：申し訳ございませんが，現金のみのお取り扱いとなります。／A：わかりました，ATMに行ってきます。この近くにありますか？／B：はい，外の書店の隣にございます。

Q：「A氏は次に何をするか」―イ．「お金を入手する」　ATMに行くのはお金をおろすため。

(3)A：すみません。205号室に引っ越してきたばかりなんですが。あなたはこの建物の管理人さんですよね？／B：はい，そうです。何かお困りですか？／A：ええ。私の部屋のシャワーが動かないんです。／B：わかりました。数分後にそちらに行ってシャワーの具合を見てみます。

Q：「Aさんの問題は何か」―イ．「彼女のシャワーが動かない」　動詞のworkには，「(機械などが)作動する」という意味がある。

(4)A：急ごう。遅れるよ。／B：でも，コンサートは7時に始まるんでしょ？／A：違うよ，6時30分だよ。あと30分しかないよ。

Q：「今の時刻は何時か」―イ．「6時」　6時30分からのコンサートまであと30分しかない。

(5)A：今日はバスじゃなくて電車に乗ったよ。／B：電車の方がずっと速いでしょ？／A：うん。バスの方が安いけど，これからは電車に乗るよ。／B：僕はずっと車通勤を続けるつもりだよ。

Q：「A氏は今日どうやって職場に来たか」―ア．「電車で」　instead of ～「～の代わりに，～ではなく」

(6)A：トム，このケーキ，すごくおいしそうだね。／B：ありがとう，リサ。僕が家でつくったんだ。少し食べる？／A：ありがたいけど，やめておくね。今日は食べすぎちゃったみたいなの。／B：大丈夫だよ。今日たくさん食べれば，明日は何も食べる必要がなくなるよ。

Q：「トムはリサに何をしてほしいか」―ア．「今，自分のケーキを食べてほしい」　最初に自作のケーキを勧めた後，食べすぎを心配するリサに対して最後で「今日たくさん食べれば，明日は何も食べる必要がなくなる」と言っていることから，今食べさせたいのだと考えられる。

(7)A：すみません，アナウンスが聞こえなかったんですが。／B：ロンドン行き8時15分の電車についてでしたよ。発車が20分遅れになります。／A：ありがとうございます。

Q：「8時15分の電車はいつ発車するか」―エ．「8時35分」　8時15分の20分後になる。

(8)A：遅いよ。7時20分の電車に乗る予定だったのに，10分前に出ちゃったよ。／B：ほんとにごめん。次の電車は7時50分発だね。だからそれまでコーヒーを飲まない？／A：わかった。

Q：「次の電車が出発するまで彼らはどのくらい待たなければならないか」―イ．「20分」　7時50分－7時30分＝20分

B＜適文選択＞

(9)A：放課後，一緒にテニスをしない？／B：できないの。まっすぐ帰らないといけないんだ。／A：じゃあ，明日はどう？／B：それなら大丈夫だよ。／How about ～?「～はどうですか」

(10)A：数学のテストの準備，まだしてないんだ。あなたはどう？／B：僕もだよ。放課後に待ち合わせて一緒に勉強しない？／A：それはいい考えだね。／Why don't we ～?「～しませんか」

(11)A：いらっしゃいませ。／B：7時のショーのチケットを1枚ください。／A：申し訳ございません，お客さま，そのショーはすでに完売となっております。／B：わかりました。いずれにせ

よありがとう。／／be sold out「売り切れである」　anyway「とにかく，いずれにしても」

(12)A：この赤いのはすてきですね。／B：はい，こちらのモデルは人気がございます。お値段もお手頃ですよ。／A：わかりました，じゃあこちらをいただきます。いつ配達してもらえますか？／B：来週の金曜日にお届けできます。／／いつ配送できるかという質問に対する返答である。

(13)A：今日はどうされましたか？／B：すごくおなかが痛いんです。／A：どのくらい続いていますか？／B：今日の昼食のときからです。／／How long「どのくらいの間」を用いた現在完了形(‘継続’用法)の疑問文に対する返答である。since「～以来(ずっと)」で答えるアが適切。

(14)A：先生，今朝起きたときからずっと腰が痛いんです。／B：わかりました。痛かったら言ってくださいね。／A：痛い！　そこはものすごく痛いです。／B：ここはどうですか？／A：そこも痛みます。／／ここでのhurt(s)は「痛みを与える」という意味の自動詞。医者が患者の痛む部分を確認している場面である。

(15)A：着いたよ！　何か食べ物を買ってこよう。／B：僕は10時間ずっと運転してたんだよ。仮眠をとらないと。／A：でも私はすごくおなかがすいてるの。／B：何だって？　君はずっと食べてたじゃないか！／／会話が成り立つのは，Bの運転中Aは何かをずっと食べていたくせにと非難するエだけ。

Ⅲ〔読解総合―英問英答〕

＜表を見て答える問題＞(1)「この表は何の情報を伝えているか」―エ．「異なる年齢の人々がどういう種類の運動を好むか」　年齢層別に行っている運動の割合が示されている。　keep fit「健康を保つ」　work out「トレーニングをする」　tai chi「太極拳」　(2)「この表から何が推測できるか」―イ．「51～60歳の人の多くは家でトレーニングを楽しんでいる」

＜掲示＞≪全訳≫「当診療所は改装のため4月1日木曜日まで閉院となります。医療に関して緊急の場合は，メープル通りのイーストサイドクリニックのヤマウチ医師にご連絡ください」　(3)「なぜこの診療所は閉まっているのか」―イ．「建物が修復中である」　renovation「改装，修理」

(4)「この診療所の医師に診察を受けられるのはいつか」―ウ．「4月2日」　untilは「～まで(ずっと)」という意味。

＜長文読解―説明文＞≪全訳≫「ヒロのベーカリー&グロッサリーでは，新たなセルフ会計システムを導入した。現在いくつかのレジの通路には，人間のいるレジの代わりにコンピュータが設置されている。それぞれのレジ通路で，購入した品物それぞれの金額をコンピュータが読み取り，合計額を計算する。顧客はクレジットカード，またはデビットカードで支払い，コンピュータが自動的にレシートを印刷する。『お客さまの大半はこのシステムを気に入っています』と店長のグレース・リードは説明した。『こちらの方がずっと速いので，そんなに長いこと列に並ぶ必要がないのです』店のオーナーもこのシステムに満足しているとリードさんは語った。以前は同時に7つのレジが稼働していた。『それだと7人にお給料を払う必要がありました』とリードさんは言った。『今では1人のレジ係にお給料を払えば済むのです』　(5)「この新システムを好まない可能性があるのは誰か」―イ．「レジ係」　セルフレジのシステムを導入することにより，レジ係の従業員は職を失う可能性がある。

Ⅳ〔長文読解総合―説明文〕

≪全訳≫❶19世紀の初め，自然界に関する人々の考え方は，今日の一般的な考え方とは異なっていた。ヨーロッパの人々の大半は，動物の種が絶滅するとは考えていなかった。未知の動物の遺骸が発見されると，その動物は世界のどこかの地域で今も生息しているはずだと考えられていた。ところが，19世紀末までには，地球上はかつて恐竜やその他の奇妙な動物たちであふれていたことがわかってきた。②この変化の主な理由は，たくさんの恐竜の化石が発見されたことだった。これらの発見で③重要な役割を果たした人物が，メアリー・アニングである。❷メアリーは1799年にイングランド南部の小さな港町であるライム・レジスで生まれた。ライム・レジスの海岸には岩の中に埋まったたくさんの化石がある。メアリーの父，リチャード・アニングは大工だったが，化石を集めて観光客に売ってもいた。彼はメアリーと彼女の兄のジョセフに化石を見つけてそれを売る方法を教えた。❸リチャードが1810年に亡くなると，メアリーの家族は非常に貧しくなった。彼女たちはお金を稼ぐために化石探しを続けた。そしてメアリーが12歳のとき，彼女と兄は大発見をした。それはワニのような歯とイルカのような体を持つ奇妙な生物の完全な形の化石だった。大勢の科学者たちがその化石を見に行った。大英博物館のある専門家がこの動物を「イクチオサウルス」と名づけたが，これは「魚竜」という意味である。❹メアリーは恐竜のことをもっとよく知るために本を買うようになった。後に，彼女は数多くのより重要な発見をした。しかしながら，彼女は大半の教授よりも化石について詳しかったにもかかわらず，晩年まで有名ではなかった。それはなぜなら彼女が貧しかったからであり，彼女が女性だったからである。だが，1847年に彼女が亡くなる数か月前，彼女は政府から表彰され，それ以来，彼女は恐竜の研究における初期の専門家の１人として知られている。

問１＜適語選択＞a．be different from ～で「～とは異なる」。　b．「ワニのような歯とイルカのような体を持つ生物」という意味だと考えられる。この with は「～を持つ，～がある」という‘所有’の意味を表す。　c．前後の内容から，晩年までずっと無名だったことが読み取れる。　d．be known as ～で「～として知られている」。

問２＜適語(句)選択＞空所の前後が，19世紀初頭は動物が絶滅するという概念がなかったが，19世紀の終わりになると現在はいない動物が以前は存在したことがわかるようになった，という‘逆接’の文脈であることを読み取る。

問３＜整序結合＞②まず reason for ～「～の理由」とまとめ，これを An important の後に置く。空所に続く語句から化石の発見により考え方が変わったと考えられるので，この前で述べられた考え方の変化を this change「この変化」として受ければ，An important reason for this change とまとまり，ここまでが文の主語となる。その後に動詞として was を置く。不要語は changed。③ One person was Mary Anning.「１人の人物はメアリー・アニングだった」が文の骨組みとなるので，that を主格の関係代名詞として用いて person を修飾する関係代名詞節をつくる。that の後は‘play a(n) ～ part in …’で「…において～の役割を果たす」という意味を表せるので played a big part とまとめて「大きな役割を果たした」とする。不要語は took。

問４＜適語補充＞メアリーの一家が化石を採掘して売っていたことや，父の死後に一家が貧しくなったことから，「お金」を稼ぐために化石採掘を続けたと考えられる。　make money「お金を稼ぐ」

問５＜書き換え―適語補充＞下線部の so that は「～するために」と‘目的’を表す表現。これは in order to ～「～するために」という‘目的’を表す to不定詞を含む表現で言い換えられる。

問6＜単語の定義＞「木製の品物をつくったり修理したりする職業の人」―carpenter「大工」　第2段落第3文参照。

V〔長文読解総合―説明文〕

≪全訳≫❶今日では科学技術に遅れずについていくのは大変だ。SF(空想科学小説)が科学的事実となった最新の事例は空飛ぶ車である。数十年の間，空飛ぶ車の存在する未来を描いた映画を我々は見てきた。今週，報道陣は本物が飛んでいるのを目の当たりにした。試作品の空飛ぶエアカー(AirCar)がスロバキアの2つの都市間でのテスト飛行を完了したのだ。この車は地方の空港と首都のブラチスラバとの間を飛行した。この90キロメートルの旅を完遂するのに35分かかった。エアカーはクレイン・ビジョンという会社で開発された。この会社の設立者はこのように語った。「エアカーはもはや単なる概念の証明ではありません」　彼は加えてこう述べた。「高度2500メートルの高さを時速185キロメートルの速度で飛ぶことで，SFを現実のものに変えたのです」❷エアカーは3分足らずで飛行機に変形できる，道路交通法で認可された自動車である。エアカーのCEOであるステファン・クレイン教授は最近のテスト飛行でこの車を飛ばし着陸させた。ブラチスラバ空港に着陸した後，彼は1つのボタンを押して飛行機をスポーツカーに変形させた。それからこの車を運転してブラチスラバの繁華街に入り街路を走行した。彼はこのフライトを「普通」で「非常に楽しい」と表現した。彼の会社は現在，「エアカー・プロトタイプ2」という，新型でより高性能なモデルに取り組んでいる。こちらは時速300キロメートルの航行速度と1000キロメートルの航続距離を可能とするはるかに強力なエンジンを搭載する予定だ。またこのより新しいモデルは，最近テストを行った2人乗りのものとは対照的に，4人乗りになる予定である。

問1＜指示語＞このoneは前に出ている‘数えられる名詞’の代わりとなる代名詞で，不特定の‘人’や‘物’を指す。前に出ている‘数えられる名詞’でここに当てはめて意味が通るのは，(a frying) carである。これまでflying car「空飛ぶ車」は架空のものとして映画には登場してきたが，今週になって現実に車が空を飛ぶ様子が報道陣に公開されたという文脈を読み取る。

問2＜適語選択＞be capable of ～で「～が可能だ」。

問3＜要約文完成＞≪全訳≫科学技術は映画に出てくるSFが科学的事実となるのを1可能にする。ある会社が空飛ぶ車のテストを行った。この「エアカー」は2500メートルの2高さを時速185キロメートルの速さで飛んだ。この90キロメートルの3飛行には35分かかった。空飛ぶ車はもはや単なる4概念ではない。エアカーの会社は，SFは今や「現実のもの」だと語った。／エアカーは公道を運転することが5許可されている。これは3分足らずで飛行機に6変化する。この会社のCEOはある空港にエアカーを着陸させた。それからボタンを7押してこれをスポーツカーに変化させ，運転して街へと入っていった。この飛行は「普通」だったと彼は語った。新しいエアカーは時速300キロメートルの航行速度で，8途中で止まらずに1000キロメートルを飛べるものになる。

＜解説＞1．第1段落第1，2文より，科学技術のおかげでSFが現実になる，という意味になればよい。‘enable＋目的語＋to ～’で「…が～するのを可能にする」という意味を表す。　2．第1段落最終文のFlying at 2500 metersは「高度2500メートルを飛ぶこと」という意味。
3．第1段落第7文参照。The 90km journey「90キロメートルの旅」は，「90キロメートルの飛行」と言い換えられる。　4．第1段落終わりから2文目にno longer just a proof of concept

「もはや単なる概念の証明ではない」とある。concept「概念」はidea「考え」と言い換えられる。 5．第2段落第1文参照。road-legalは「道路交通法で認められた」という意味で，これは道路で運転することを「許可されている」ということ。 be permitted to ～「～することを許可される」 6．第2段落第1文参照。transforms into ～「～に変形する」は，turns into ～「～に変化する」と言い換えられる。 7．第2段落第3文参照。pushed「押した」は，pressed「押した」と言い換えられる。 8．第2段落終わりから2文目のa range of ～は「～の航続距離」という意味。つまり1回の燃料補給により連続して飛べる距離のこと。これは「止まらずに」1000キロメートルを飛べるということ。 nonstop「ノンストップで，止まらずに」

Ⅵ〔作文総合〕

1＜対話文完成─和文英訳＞≪全訳≫A：あなたはどこの出身なの，ジョン？／B：ボストン出身だよ，でも今はニューヨークに住んでるんだ。／A：じゃあ，どのくらい頻繁に帰省してるの？／B：そうだなあ，毎年4回は飛行機で帰省するようにしてるよ。飛行機での移動はすごくお金がかかるけど，僕にとっては大事なことだからね。／A：どうして車で帰らないの？ その2つの都市の間なら車で4時間しかかからないと思うけど。／B：4時間しかだって！ 君は4時間運転しても平気かもしれないけど，僕はそんなに長く運転したくはないな。へとへとになっちゃうよ。

＜解説＞「どうして～しないの」はWhy don't you ～？「～したらどうですか」で表せる。「車で帰る」は，直前のBのfly home「飛行機で帰る」を参考にしてdrive homeと表せばよい。

2＜対話文完成─条件作文＞A：ハヤト，春休み中にイングランドに行く予定なんだってね。／B：はい。ロンドンの近くの町に滞在するつもりです。／A：それはいいわね。(例)これまでにその町へ行ったことはあるの？／B：いえ，今回が初めてです。／A：そこにはどのくらい滞在するつもり？／B：1週間です。すごく楽しみだけど，自分の英語力が心配なんです。／A：心配ないわ，ハヤト。あなたの英語はすごく上手よ。向こうで人に会ったら，「こんにちは」って言って笑顔を見せればいいのよ。／B：わかりました，そうします。ありがとうございます，マエダ先生。

＜解説＞Bは空所の質問に対してNoと答えてこれが初めてだと述べているので，これまでにその町へ行ったことがあるかと尋ねる文をつくればよい。'Have you ever＋過去分詞…？'「あなたは今までに～したことがありますか」の形にする。Have you ever been to the town？やHave you ever been there？だと6語という条件に合わないので，動詞にはvisit「～を訪れる」を用いる。

2022年度／開智高等学校（第１回）

数学解答

1 (1) $-7-6\sqrt{2}$　(2) $\dfrac{7x+16y}{12}$

(3) $x=\dfrac{31}{13}$，$y=-\dfrac{1}{13}$

(4) 3，4，5，7，15

(5) $a=2$，$b=0$　(6) $\dfrac{1}{8}$

(7) 70°

2 (1) (i) $\dfrac{1}{2}$　(ii) $\dfrac{1}{3}$　(iii) $\dfrac{3}{8}$

(2) (i) A$(-2,\ 4)$，B$(3,\ 9)$

(ii) $y=-9x+6$

3 (1) 48個　(2) 21個　(3) 527

4 (1) 右図　(2) $y=\dfrac{3}{2}x-3$

(3) 60個

5 (1) (例)△ABC と △MDA において，円周角の性質より，∠ABC＝∠MDA……①，∠AMD＝∠ABD……②　平行線の錯角は等しいので，∠ABD＝∠CAB……③　②，③より，∠CAB＝∠AMD……④　①，④より，２組の角がそれぞれ等しいので，△ABC∽△MDA

(2) 90°　(3) $\dfrac{119}{13}$

(例)

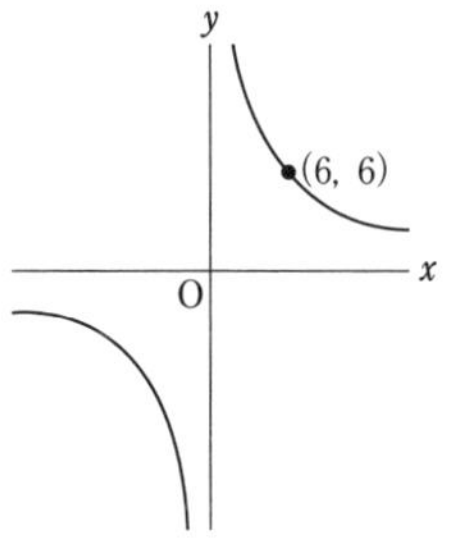

1 〔独立小問集合題〕

(1)＜数の計算＞与式$=\{\sqrt{2}+(\sqrt{3}+\sqrt{6})\}\{\sqrt{2}-(\sqrt{3}+\sqrt{6})\}$　$\sqrt{3}+\sqrt{6}=A$ とすると，与式$=(\sqrt{2}+A)(\sqrt{2}-A)=(\sqrt{2})^2-A^2=2-(\sqrt{3}+\sqrt{6})^2=2-\{(\sqrt{3})^2+2\times\sqrt{3}\times\sqrt{6}+(\sqrt{6})^2\}=2-3-2\times3\sqrt{2}-6=2-3-6\sqrt{2}-6=-7-6\sqrt{2}$ となる。

(2)＜式の計算＞与式$=\dfrac{3(3x+2y)-2(x-5y)}{12}=\dfrac{9x+6y-2x+10y}{12}=\dfrac{7x+16y}{12}$

(3)＜連立方程式＞$3x+2y=7$……①，$2x-3y=5$……②とする。①×3＋②×2 より，$9x+4x=21+10$，$13x=31$　∴$x=\dfrac{31}{13}$　これを①に代入して，$3\times\dfrac{31}{13}+2y=7$，$2y=-\dfrac{2}{13}$　∴$y=-\dfrac{1}{13}$

(4)＜数の性質―約数＞$220=2^2\times5\times11$ より，220 の正の約数は，1，2，4，5，10，11，20，22，44，55，110，220 である。よって，n^2-5 がこれらの数となる自然数 n を求める。$n^2-5=1$ のとき，$n^2=6$ となり，n は自然数にならないので適さない。同様に考えると，$n^2-5=2$，5，10，22，55，110 のとき，n は自然数にならないので適さない。また，$n^2-5=4$ のとき，$n^2=9$，$n=\pm3$ より $n=3$，$n^2-5=11$ のとき，$n^2=16$，$n=\pm4$ より $n=4$，$n^2-5=20$ のとき，$n^2=25$，$n=\pm5$ より $n=5$，$n^2-5=44$ のとき，$n^2=49$，$n=\pm7$ より $n=7$，$n^2-5=220$ のとき，$n^2=225$，$n=\pm15$ より $n=15$ となる。したがって，求める自然数 n は，$n=3$，4，5，7，15 である。

(5)＜関数―関数 $\boldsymbol{y=ax^2}$＞関数 $y=ax^2$ の x の変域が $-1\leqq x\leqq2$ のとき，y の変域が $b\leqq y\leqq8$ より，y の最大値が 8 で正だから，$a>0$ である。このとき，関数 $y=ax^2$ においては，x の絶対値が大きいほど y の値は大きくなる。よって，$x=0$ で y は最小値 0 となり，$x=2$ で y は最大値 8 となるから，$b=0$ であり，$x=2$，$y=8$ を $y=ax^2$ に代入して，$8=a\times2^2$ より，$a=2$ である。

(6)＜確率―さいころ＞さいころの目は 1～6 の 6 通りだから，3 回投げたときの目の出方は全部で $6\times6\times6=216$(通り)ある。このうち，目の和が 10 になる 3 つの目の組は，1 と 3 と 6，1 と 4 と 5，2 と 2 と 6，2 と 3 と 5，2 と 4 と 4，3 と 3 と 4 の 6 組ある。ここで，例えば，1 と 3 と 6 の組は，目

の出方は(1回目，2回目，3回目)＝(1，3，6)，(1，6，3)，(3，1，6)，(3，6，1)，(6，1，3)，(6，3，1)の6通りあり，同様に，目が全て異なる1と4と5，2と3と5の組も，目の出方はそれぞれ6通りある。また，2と2と6の組は，目の出方は(2，2，6)，(2，6，2)，(6，2，2)の3通りあり，同様に，2つの目が同じ2と4と4，3と3と4の組も，目の出方はそれぞれ3通りある。よって，3×6＋3×3＝27(通り)あるから，求める確率は$\frac{27}{216}=\frac{1}{8}$となる。

(7)＜平面図形—角度＞右図のように，四角形の頂点をA～Dとすると，∠ABD＝∠ACD＝20°より，4点A～Dは1つの円の周上にある。これより，$\overset{\frown}{\mathrm{CD}}$に対する円周角は等しいから，∠CBD＝∠CAD＝50°である。よって，△ABCの内角の和は180°だから，∠x＝∠BAC＝180°－∠ABC－∠BCA＝180°－(∠ABD＋∠CBD)－∠BCA＝180°－(20°＋50°)－40°＝70°となる。

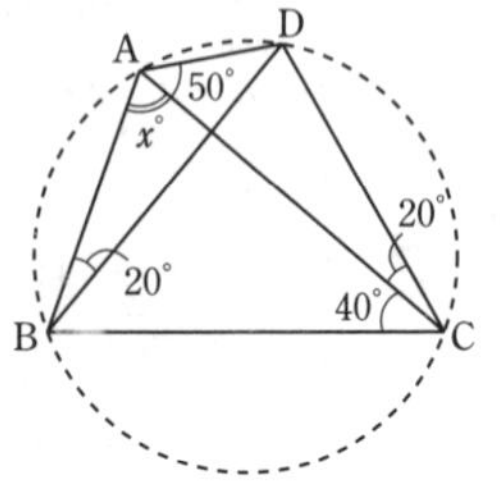

2 〔独立小問集合題〕

(1)＜確率—プレゼント交換＞(i)参加者が2人の場合，参加者をA，B，それぞれの参加者が用意したプレゼントをa，bとすると，A，Bへのプレゼントの配り方は，(A，B)＝(a，b)，(b，a)の2通りある。このうち，参加者が自ら用意したプレゼントとは違うプレゼントをもらうのは，下線を引いた1通りだから，求める確率は$\frac{1}{2}$となる。　(ii)参加者が3人の場合，参加者をA，B，C，それぞれの参加者が用意したプレゼントをa，b，cとすると，Aに配るプレゼントはa，b，cの3通りあり，Bに配るプレゼントはAに配ったプレゼント以外の2通り，Cに配るプレゼントは残りの1通りあるから，プレゼントの配り方は全部で3×2×1＝6(通り)ある。このうち，参加者が自ら用意したプレゼントとは違うプレゼントをもらうのは，(A，B，C)＝(b，c，a)，(c，a，b)の2通りだから，求める確率は$\frac{2}{6}=\frac{1}{3}$となる。　(iii)参加者が4人の場合，参加者をA，B，C，D，それぞれの参加者が用意したプレゼントをa，b，c，dとすると，プレゼントの配り方は全部で4×3×2×1＝24(通り)ある。このうち，参加者が自ら用意したプレゼントとは違うプレゼントをもらうのは，Aがbのプレゼントをもらうとき，(B，C，D)＝(a，d，c)，(c，d，a)，(d，a，c)の3通りあり，Aがc，dのプレゼントをもらうときもそれぞれ3通りあるから，3×3＝9(通り)ある。よって，求める確率は$\frac{9}{24}=\frac{3}{8}$となる。

(2)＜関数—座標，直線の式＞(i)右図の点A，Bの座標は，放物線$y=x^2$と直線$y=x+6$の式を連立方程式として解くことで求められる。2式からyを消去して，$x^2=x+6$，$x^2-x-6=0$，$(x+2)(x-3)=0$より，$x=-2$，3となる。よって，点Aのx座標が－2，点Bのx座標が3だから，$y=-2+6=4$，$y=3+6=9$より，A(－2，4)，B(3，9)である。　(ii)図で，△OABを△OAB＝△OAP＋△OBPとして，△OAPと△OBPの底辺をOPと見ると，P(0，6)より，OP＝6であり，それぞれの三角形の高さは，点A，Bのx座標より，2，3となるから，△OAB＝$\frac{1}{2}$×6×2＋$\frac{1}{2}$×6×3＝6＋9＝15である。よって，△OAP＜△OBPより，点Pを通り，△OABの面積を2等分する直線は辺OBと交わり，その点をQとすると，〔四角形OQPA〕＝△BPQ＝$\frac{1}{2}$△OAB＝$\frac{1}{2}$×15＝$\frac{15}{2}$である。これより，△OQP＝〔四角形OQPA〕－△OAP＝$\frac{15}{2}-6=\frac{3}{2}$である。ここで，点Qの$x$座標を$t$とおくと，△OQPの底

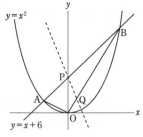

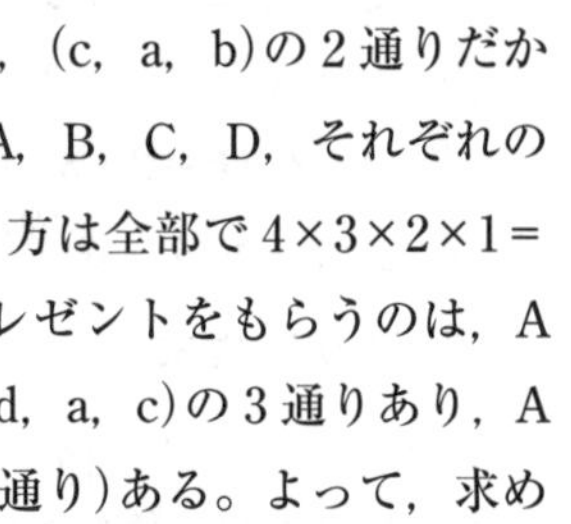

辺をOP=6と見たときの高さはtとなるから，△OQPの面積について，$\frac{1}{2}\times6\times t=\frac{3}{2}$が成り立ち，これを解くと，$t=\frac{1}{2}$である。さらに，B(3，9)より，直線OBの傾きは$\frac{9}{3}=3$なので，その式は$y=3x$となり，$y=3\times\frac{1}{2}=\frac{3}{2}$より，Q$\left(\frac{1}{2},\ \frac{3}{2}\right)$である。以上より，求める直線は2点P，Qを通り，傾きは$\left(\frac{3}{2}-6\right)\div\left(\frac{1}{2}-0\right)=-9$，切片は6だから，その式は$y=-9x+6$となる。

3〔データの活用―場合の数―3けたの自然数〕

≪基本方針の決定≫(1)　百の位の数に0は使うことができないことに注意する。

(1)＜場合の数―3けたの自然数＞0，2，3，5，7の5つの数字を重複なく3つ選び，3けたの自然数をつくるとき，各位の数字の選び方は，百の位には0以外の4通りあり，そのそれぞれについて，十の位には百の位に選んだ数字以外の4通り，一の位には百の位と十の位で選んだ数字以外の3通りある。よって，3けたの自然数は全部で$4\times4\times3=48$(個)できる。

(2)＜場合の数―5の倍数＞3けたの自然数のうち，5の倍数は，一の位の数が0か5になる。一の位が0の場合，百の位と十の位の数字の選び方は，百の位には0以外の4通りあり，そのそれぞれについて，十の位には0と百の位に選んだ数字以外の3通りあるから，5の倍数は$4\times3=12$(個)できる。また，一の位が5の場合，百の位と十の位の数字の選び方は，百の位には0と5以外の3通りあり，そのそれぞれについて，十の位には5と百の位に選んだ数字以外の3通りあるから，5の倍数は$3\times3=9$(個)できる。よって，5の倍数は全部で$12+9=21$(個)できる。

(3)＜場合の数―30番目の自然数＞百の位が2の数は，$4\times3=12$(個)でき，同様に，百の位が3の数も12個できる。さらに，百の位が5，十の位が0の数は3個，百の位が5，十の位が2の数も3個できる。これより，小さい方から，$12+12+3+3=30$(番)目の数は，百の位が5，十の位が2の数で，一の位が最も大きい数字の7である527となる。

4〔関数―反比例と直線のグラフ〕

≪基本方針の決定≫(3)　yの値に対応するxの値の数を考える。

(1)＜反比例のグラフ＞比例定数をaとすると，反比例の式は$y=\frac{a}{x}$とおける。反比例のグラフが点(6，6)を通ることより，この式に$x=6$，$y=6$を代入して，$6=\frac{a}{6}$より，$a=36$となる。よって，反比例$y=\frac{36}{x}$のグラフである双曲線をかけばよい。解答参照。

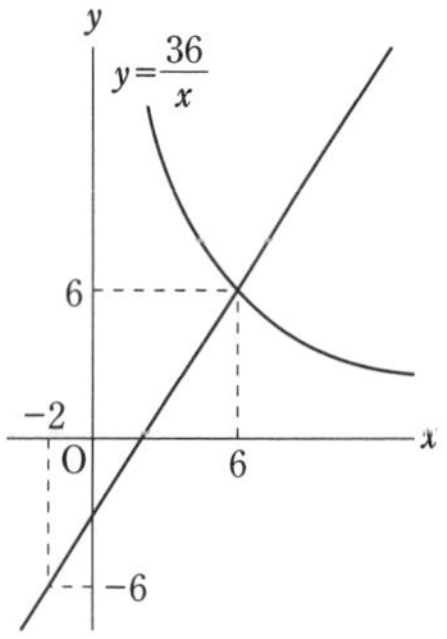

(2)＜直線の式＞右図のように，2点(6，6)，(−2，−6)を通る直線の式は，2点の座標より，傾きが$\frac{6-(-6)}{6-(-2)}=\frac{3}{2}$となる。この直線の式を$y=\frac{3}{2}x+b$とおくと，点(6，6)を通ることから，$x=6$，$y=6$を代入して，$6=\frac{3}{2}\times6+b$より，$b=-3$となる。よって，求める直線の式は$y=\frac{3}{2}x-3$である。

(3)＜格子点の個数＞右図のように，反比例$y=\frac{36}{x}$のグラフと直線$y=\frac{3}{2}x-3$のグラフは点(6，6)で交わるから，両方のグラフより下側にあり，x座標，y座標がともに正の整数である点のy座標は，$y=1$，2，3，4，5である。$y=1$の場合，直線$y=\frac{3}{2}x-3$のグラフ上の点のx座標は，$1=\frac{3}{2}x-3$より，$x=\frac{8}{3}$であり，反比例$y=\frac{36}{x}$の

グラフ上の点のx座標は，$1=\frac{36}{x}$より，$x=36$であるから，y座標が1でx座標が正の整数である点のx座標は3以上35以下となり，その個数は$35-3+1=33$(個)である。同様に考えると，$y=2$の場合，$2=\frac{3}{2}x-3$より$x=\frac{10}{3}$，$2=\frac{36}{x}$より$x=18$であるから，点の個数は$17-4+1=14$(個)となり，$y=3$の場合，$3=\frac{3}{2}x-3$より$x=4$，$3=\frac{36}{x}$より$x=12$であるから，点の個数は$11-5+1=7$(個)，$y=4$の場合，$4=\frac{3}{2}x-3$より$x=\frac{14}{3}$，$4=\frac{36}{x}$より$x=9$であるから，点の個数は$8-5+1=4$(個)，$y=5$の場合，$5=\frac{3}{2}x-3$より$x=\frac{16}{3}$，$5=\frac{36}{x}$より$x=\frac{36}{5}$であるから，点の個数は$7-6+1=2$(個)となる。以上より，求める点の個数は，$33+14+7+4+2=60$(個)である。

5〔平面図形―三角形と円〕

≪基本方針の決定≫(2)　∠DAC＝∠DAB＋∠BACと考え，∠DAB，∠BACと等しい角を見つける。

(3)　辺ACと円の交点を頂点とする長方形を見つける。

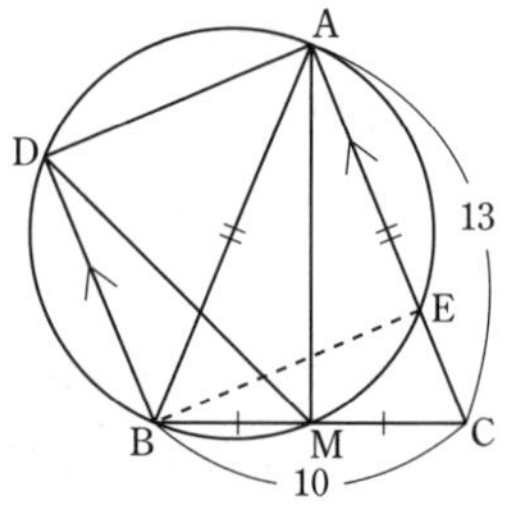

(1)＜証明―相似＞右図の△ABCと△MDAで，1つの弧に対する円周角が等しいことと，平行線の錯角が等しいことから，2組の角がそれぞれ等しいことを導く。解答参照。

(2)＜角度＞右図で，∠DAC＝∠DAB＋∠BACと考えると，$\overset{\frown}{DB}$に対する円周角は等しいから，∠DAB＝∠DMBであり，(1)より△ABC∽△MDAで，対応する角は等しいから，∠BAC＝∠DMAである。よって，∠DAC＝∠DMB＋∠DMA＝∠BMAとなる。ここで，△ABCはAB＝ACの二等辺三角形で，点Mは辺BCの中点だから，AM⊥BCとなる。したがって，∠BMA＝90°だから，∠DAC＝90°である。

≪別解≫図で，△ABCはAB＝ACの二等辺三角形で，点Mは辺BCの中点だから，∠AMB＝90°となる。よって，辺ABは円の直径であり，∠BDA＝90°だから，DB∥ACより，∠DAC＝90°である。

(3)＜長さ＞右上図のように，辺ACと円の交点をEとすると，(2)で∠BMA＝90°より，辺ABは円の直径だから，∠BEA＝∠ADB＝90°となる。これと∠DAC＝90°より，∠EAD＝∠ADB＝∠BEA＝90°となり，四角形ADBEは長方形となるから，BD＝EAである。ここで，△BCEと△ACMにおいて，∠BCE＝∠ACM(共通)であり，∠BEA＝90°より∠BEC＝90°だから，∠BEC＝∠AMC＝90°である。よって，2組の角がそれぞれ等しく，△BCE∽△ACMであるから，CE：CM＝BC：ACとなる。$CM=\frac{1}{2}BC=\frac{1}{2}\times10=5$より，CE：5＝10：13が成り立ち，これを解くと，$CE\times13=5\times10$より，$CE=\frac{50}{13}$となる。したがって，$EA=AC-CE=13-\frac{50}{13}=\frac{119}{13}$より，$BD=\frac{119}{13}$である。

2022年度／開智高等学校（第１回）

国語解答

一 問１ a 功罪 b 潰 c 対価 d 端的 e 不遇

問２ A…オ B…イ C…エ

問３ 自分の好きなことや得意なこと，重要だと思うことを，自発的に学ぼうとする気持ち。（39字）

問４ ウ　問５ ウ　問６ ア

問７ 努力すれば周囲が認めてくれるはずだという期待の表明が，努力をすれば成功するという価値観に移行し，努力が足りないから成功できないという考え方を生むことになった。（79字）

問８ ウ，オ

二 問１ a…オ b…ア　問２ エ

問３ 和音

問４ 和音のピアノは情熱的で静かな音で僕が初めて聞く音であり，強い衝撃と深い感動を覚えたから。（44字）

問５ 由仁の帰りを待たずに帰って

問６ イ

問７ 由仁が明るい音にと調律を求めたのは自分のためではなく，姉の静かなピアノの音をふまえた希望であったという考えに至ったから。

三 問１ がくしょう　問２ ウ

問３ イ，ウ，オ　問４ ア

問５ ③…エ ④…イ　問６ エ

問７ (A)…ア (B)…イ，オ

一〔論説文の読解─文化人類学的分野─日本人〕出典；守屋淳『「論語」がわかれば日本がわかる』。

≪本文の概要≫苦手の克服という「やらされ感が強い」日本の教育を受けた中学生は，学力は高いが勉強を好きでもなく，人生の役に立つとも思っていない生徒の割合が，非常に高い。また，日本人の若者は，自己肯定感の低い者が，世界水準に比べて多い。これも，できないことばかり指摘され，やらされてきたことが，理由である。古来，日本人には，謙虚や謙遜を美徳とし，努力を重んじるという価値観がある。『論語』にも，実力が備わるまで成長すれば，結果として，周囲は必ず認めてくれるはずだという期待を表明した言葉があるが，この考えは，成功した人間は相応の努力をした人間だという因果関係にずれ，さらに，うまくいっていないのは努力をしてこなかったからであって，貧困は努力不足による自己責任であり，政府などの援助に頼らず，自助努力すべきだという考えにひっくり返りやすい。人の可能性を信じ，努力を奨励する文化は，すばらしい点も持っているが，バランスの取れたものの見方ができないと，人や社会への見方において柔軟性や多面性を失うことになる。

問１＜漢字＞a.「功罪」は，よい点と悪い点のこと。　b. 音読みは「潰瘍」などの「カイ」。
c.「対価」は，報酬として受け取る利益のこと。　d.「端的」は，簡単に要点だけを扱う様子。
e.「不遇」は，才能がありながらも巡り合わせが悪くて世間に認められていないこと。

問２. A＜接続語＞日本人は，「お勉強は」できるのに，その教科を「好き」な生徒は少ない。
B＜表現＞日本人には，理科を好きな生徒も少ないし，そのうえ，「人生の役に立つ」と思っている生徒も少ない。　C＜接続語＞日本では，儒教の影響で，「謙虚」が貴ばれ，「自分をまだまだと思っているからこそ，向上し続けられる」という理論もあるので，「自分自身に満足しているか」という問いに，「今の自分は，とても満足できるレベルではありません」と答える者が多いのは，

「謙虚で向上心に富む素晴らしい若者」が多いからだといえなくもない。

問３＜文章内容＞日本の中学生は，その教科が「好き」で，「生活に重要と思っている」といった，自発的に学習する意欲につながる回答の割合が，きわめて低いのである。

問４＜文章内容＞「日本の教育は，『苦手の克服』『弱点の底上げ』という方向に傾きがち」で，「自分のできないことや苦手なことばかり」指摘されるという面があるので，日本の若者には，「自己肯定感が」低く，「自分をまだまだと」思うという特徴的な心性が見られる。

問５＜文章内容＞緊張に打ち勝って「最高のプレーができた」という感想は，自己評価が高いものであり，「謙虚」「謙遜」を貴び，「自分はまだまだです」と述べがちな日本人の伝統的価値観とは異なる。

問６＜現代語訳＞「人の己を知らざることを患えず，己の能なきを患う」は，他人が自分の能力を知ってくれないことを思い悩むのではなく，他人が認めてくれるだけの能力が自分にないことを思い悩む，という意味。

問７＜文章内容＞孔子の言葉はあくまで，成長すれば周囲は必ず認めてくれるはずだ，という「期待の表明」なのだが，これは，「成功した人間は，それに見合う努力をした人間だ」という「因果関係」を読み取る価値観に移行しがちであり，さらには，この価値観は，「うまくいっていない人間は，それに見合う努力をしてこなかった人間だ」という考え方にひっくり返りやすい。

問８＜要旨＞「日本の学校の授業は画一的で，履修する科目とかが全部お膳立てされて」いるため，「自分の得意なところを」伸ばす学び方はできないが，「日本人は昔と変わらずお勉強は」できる（ウ…○）。「政府はひどい貧困に陥っている人を助けるべきか」という意識調査に対して，日本が同意する答えの割合で調査国中最下位だったのは，「生活に困窮している人間を努力不足とみなし，自助努力を万能視しやすいから」である（オ…○）。

二〔小説の読解〕出典；宮下奈都『羊と鋼の森』。

問１＜語句＞ａ．「名目」は，表向きの理由のこと。　ｂ．「殊勝」は，心がけや行動などが感心な様子。

問２＜文章内容＞「持ち主に愛されてよく弾かれているピアノを調律するのはうれしい」ものなので，柳さんは「楽しみだと言った」と考えられる。

問３＜状況＞後から帰ってきたのが妹の由仁であるから，先に帰ってきたのは，姉の和音である。

問４＜文章内容＞「僕」は，和音の弾く練習曲の，「端正で，つやつや」した音に，「情熱的で静かな音というものを初めて聴いた」と思い，「思わず椅子から腰を」浮かせるほど驚くと同時に，深く感動したのである。

問５＜文章内容＞和音は，「もうすぐ妹が帰ってくるはずなので，少しだけ待ってもらえますか」と言って，柳さんと「僕」を引きとめたが，母親は，二人がお茶を飲んでいる間に妹娘の由仁が「帰ってこなかったら」，由仁の帰りを待たずに帰ってもらってかまわないと，気遣いを見せた。

問６＜文章内容＞姉の和音のピアノは「情熱的で静かな音」で，妹の由仁のピアノには「勢いと彩り」があり，「あれ以上明るい音を欲しがる理由がないように」思えるほど明るかった。

問７＜文章内容＞「僕」は，最初，「妹のピアノには勢いと彩りがあった」ので，「あれ以上明るい音を欲しがる理由がないように」思っていた。しかし，妹が「明るい音を選んだのは，『姉』のため

だったのではないか」と気づき，「僕」は，姉妹が思い合っているところに，「姉妹っていい」と感じたのである。

三〔古文の読解―説話〕出典；『古本説話集』第四。

≪現代語訳≫今となっては昔のことだが，式部大輔匡衡は，学生で，優れた者であった。宇治大納言のところに住んでいた。学問はこのうえなくすばらしいけれど，容姿はそれほどでもない。背が高く，いかり肩で見苦しかったので，女房たちが，「(匡衡を)からかって笑おう」と言って，和琴を差し出して，「(あなたは)いろいろなことを知っていらっしゃるそうなので，これを弾いてください。聞きましょう」と言ったところ，(匡衡は和歌を)よんで，

逢坂の関の向こう側もまだ見たことがないので，東国のことは知らないし，東琴の弾き方も知らないのだなあ。

と言ったので，女房たちは笑うこともできずに，静かに一人ずつ(部屋へ)引っ込んだ。

問１＜歴史的仮名遣い＞歴史的仮名遣いの「au」は，現代仮名遣いでは「ou」になる。

問２＜古語＞「いみじ」は，程度の激しい様子を表す。ここでは，学生として，優秀だ，という意味。

問３＜古文の内容理解＞匡衡は，優秀な学生で，女房たちも，匡衡はいろいろなことを知っているそうだと聞いていた(ア…○，イ…×)。だが，「丈高く，指肩にて」見苦しかったので，女房たちにからかわれた(ウ…×)。女房たちに和琴を差し出された匡衡は，とっさに和琴の別名「あづまごと」という言葉を和歌の中によみ込み，その場に応じた和歌をよんで切り抜けた(エ…○，オ…×)。

問４＜古文の内容理解＞女房たちは，匡衡が，「学生にて，いみじき者」ではあったが，「丈高く，指肩にて」見苦しかったので，匡衡をからかって笑おうとした。

問５＜現代語訳＞③「よろづのこと」は，万事，いろいろなこと，という意味。「給う」は，尊敬語の補助動詞「給ふ」の連用形「給ひ」のウ音便。「た」は，存続の助動詞「たり」の連体形「たる」の撥音便の「ん」が省略された形。「なる」は，伝聞の助動詞「なり」の連体形。「を」は，順接の接続助詞。全体で，いろいろなことを知っていらっしゃるそうなので，という意味。　④「え」は，打ち消しの語を伴って，～できない，という意味を表す副詞。「で」は，打ち消し接続の接続助詞。全体で，笑うことができないで，という意味。

問６＜古文の内容理解＞匡衡が，学問は優秀だったが，容姿は見苦しかったので，風流ごとにはうといだろうと思った女房たちは，笑い者にしようとして匡衡に和琴を差し出した。しかし，匡衡が，和琴の別名の「あづまごと」という言葉を和歌の中によみ込んで，その場に応じた和歌をよんでみせたので，女房たちは，笑い者にしようとしていた当てが外れて，言葉をなくして引っ込んだのである。

問７(A)＜和歌の技法＞和琴の別名である「あづまごと」と，東国の事柄という意味の「あづまのこと」とが掛けられている。　(B)＜和歌の内容理解＞匡衡は，和琴の別名である「あづまごと」と，東国の事柄という意味の「あづまのこと」とを掛詞にして，和歌をよんだ(イ…○)。匡衡は，「あづまのことも知られざりけり」という下の句で，私は東国のことを知らない，という意味と，私は東琴の弾き方を知らない，という意味の両方を表現した(オ…○)。

Memo

2022年度 開智高等学校（第２回）

【英　語】（50分）〈満点：100点〉

I 以下の各設問に答えなさい。

1．The table below indicates the amount of time that Kentaro, who is a senior in high school, worked at a nearby Chinese restaurant from Monday to Saturday in a given week.

Day	Mon.	Tue.	Wed.	Thu.	Fri.	Sat.
Work time (hour)	X	4	2	3	2.5	4

(1) Find the average work time, in hours, for the 5 days from Tuesday to Saturday.

(2) If the average work time for the 6 days from Monday to Saturday is 3 hours, find the number for X.

2．この現象を日本語で答えなさい。

This natural phenomenon is characterized by a display of a natural-colored (green, red, yellow or white) light in the sky. It is a light show that happens when electrically charged particles from the sun hit particles from gases such as oxygen and nitrogen in the Earth's atmosphere.

3．以下の英文は誰のことを言っていますか。日本語で答えなさい。

He is an American politician and attorney who served as the 44th president of the United States from 2009 to 2017. A member of the Democratic Party, he was the first African-American president of the United States. He previously served as a U.S. senator from Illinois from 2005 to 2008 and as an Illinois state senator from 1997 to 2004.

4．空所に適当な都市名を入れなさい。

The United Nations is an international organization whose main goal is to keep world peace and to improve living conditions for people all over the world. The headquarters is in (　　　). It was founded by 51 countries in 1945. Now more than 190 countries have become member nations.

Ⅱ 以下の各設問に答えなさい。

A それぞれの対話を読み、答えとして最も適切なものを、ア～エのうちから１つずつ選びなさい。

(1) A：Is there a bank around here?
B：Yes, sir. There's one just around the corner.
A：What are the bank's hours?
B：It's open from nine to three, sir.

Q. How long does the bank stay open?
ア Three hours. イ Six hours. ウ Seven hours. エ Nine hours.

(2) A：We'd like to rent a van next Saturday.
B：Sure, we have some.
A：We have eighteen people. Is one van enough?
B：Well, each van carries up to twelve.

Q. How many vans will the group rent?
ア One. イ Two. ウ Twelve. エ Eighteen.

(3) A：Mom, I'm hungry. When will dinner be ready?
B：In about 30 minutes. Gramma is coming here for dinner tonight. Can you bring another chair into the dining room for her?
A：OK. Which one?
B：Get the brown one from your bedroom.

Q. What does A's mother ask him to do?
ア Help her cook dinner. イ Call his grandmother.
ウ Move a chair to the dining room. エ Bring a chair to his bedroom.

(4) A：Look at the sky. I think it will start raining soon.
B：It may snow. This morning the weather report said it might snow in some areas.
A：Really? We haven't had sunny days for a week.

Q. How is the weather now?
ア It is raining. イ It is snowing.
ウ It is cloudy. エ It is sunny.

(5) A：Excuse me. Will Flight 502 for New York leave on time?

B：We're sorry. Today because of the heavy snow, it'll leave about an hour late — at 4:30 p.m.

Q. What time does Flight 502 usually leave?

ア 3:30.　　イ 4:00.　　ウ 4:30.　　エ 5:30.

(6) A：Are you looking for something?

B：Yes. My glasses. I thought I put them on the table after I read a magazine.

A：Oh, didn't I tell you? I saw them on the sofa, so I put them on the piano.

Q. Where did Mr. A find Ms. B's glasses?

ア On the sofa.　　イ On the table.

ウ On the piano.　　エ On the magazine.

(7) A：Why didn't you come to yesterday's meeting?

B：What? Isn't it August 14?

A：No, no, it was August 12.

B：Oh, no!

Q. What is the date today?

ア August 11.　　イ August 12.　　ウ August 13.　　エ August 14.

(8) A：Let's meet for dinner at 6:00.

B：I have a meeting at 5:30. It may be a long one.

A：Then let's meet at half past seven.

Q. What time will they meet for dinner?

ア 6:00.　　イ 6:30.　　ウ 7:00.　　エ 7:30.

B　それぞれの対話を読み、最後の発言に対する応答として最も適切なものをア～エのうちから１つずつ選びなさい。

(9)　A：Dad, can I have five dollars?
B：I gave you 10 dollars last week.
A：But my friends and I are going shopping tomorrow. Please?
B：(　　　　　)

ア No. I'll give you back your money.　　イ No. It was really cheap.
ウ No. You shouldn't spend so much.　　エ No. You should buy more.

(10)　A：I love swimming.
B：Me, too.
A：How often do you go swimming?
B：(　　　　　)

ア Tomorrow.　　イ Last weekend.
ウ Two or three times a month.　　エ I often go to the beach.

(11)　A：Have you been to any good restaurants lately?
B：Actually, yes. I found a good Chinese restaurant.
A：Really? Where is it?
B：(　　　　　)

ア It's near the restaurant.　　イ The menu is on the table.
ウ I have no idea.　　エ Not so far from here.

(12)　A：Sorry, Jane. I can't go to the movies with you tomorrow.
B：Really? Why not?
A：(　　　　　)

ア I have lots of homework.　　イ I like that movie very much.
ウ I'm free all day.　　エ I don't have a DVD player.

(13)　A：Can you help us move these chairs after class?
B：I'd be happy to, but I have to go to the dentist.
A：(　　　　　)

ア The dentist is too far away.
イ This morning was the best time to do this.
ウ The desks are very heavy.
エ But it will only take a few minutes.

(14) A：Guess what? I'm moving to Osaka next month.
B：Really? Oh, no. When did you find that out?
A：(　　　　　)

ア Maybe tomorrow.　　イ Some time next week.
ウ Just yesterday.　　エ I'm not sure.

(15) A：Time for my favorite TV show.
B：Come on, dinner is ready.
A：Oh, but I really don't want to miss it.
B：(　　　　　)

ア But I want to watch TV.
イ So you don't have to make dinner.
ウ Oh, I get it. You must be hungry.
エ OK. Let's watch it while we are eating.

Ⅲ 以下の英文や資料を読み、設問の答えとして最も適切なものをそれぞれア～エの中から選びなさい。

Dear Diana,

I'm so glad I came to Okinawa for my vacation. The food here is quite delicious and there is fresh fruit everywhere. I have tried some of the local specialties. A lot of the food is too hot for me, but they also serve some mild dishes. Some of the dishes are deep-fried, which I don't like, but they also have other ways of cooking the food. I had a wonderful grilled lobster last night. And there is freshly baked bread every morning. You probably think that all I've done on this trip is to eat. You're right! It's been unseasonably chilly, but I don't mind as long as I can enjoy a good meal and a cup of tea in a cafe. I hope you'll come here with me next year. You'll love it.

Love,

Michael

(1) Why did Michael write this letter?
ア To tell Diana about his vacation.
イ To tell Diana about his favorite spot.
ウ To explain to Diana how to cook local specialties.
エ To explain to Diana what his favorite fruit is.

(2) What does Michael suggest to Diana?

ア To go to a fancy restaurant.

イ To visit Okinawa next year.

ウ To have a cup of tea.

エ To cook some mild dishes.

Blue Moon Hotel

This chart is based on information from our hotel guests over the past year.

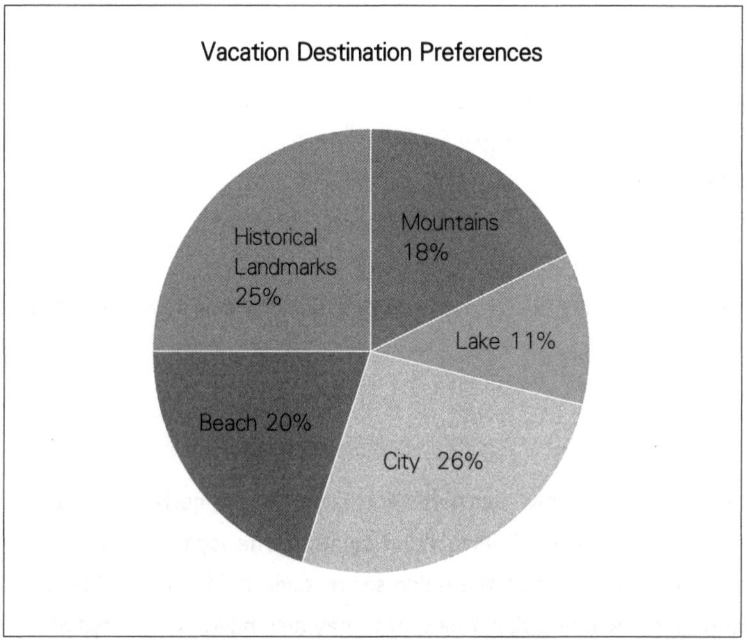

(3) What information does this chart show us?

ア The places where the guests like to spend their vacations.

イ How often people take a vacation.

ウ The temperature of the several tourist spots.

エ The amount of money people spend on vacations.

(4) How did Blue Moon Hotel get this information?

ア They asked their guests.

イ They made a call to the different hotels.

ウ They looked at the graph.

エ They asked other travel agencies.

You are invited to a party in honor of our President.
7-9 P.M.
September 15
186 Tokuriki Nishi
Please RSVP by September 1.

(5) When should people respond to the invitation?
ア On September 15.
イ At 8 p.m.
ウ By September 1.
エ By our president.

Ⅳ 次の英文を読んで、後の各設問に答えなさい。

Many Americans are worried about the number of children in the United States who are overweight or too fat. A recent study showed that about 20 percent of children between the ages of 6 to 11 weigh too much. One reason (a) this is that some parents give their children convenience foods or take them to eat at fast-food restaurants. Another is that when children buy food and drinks, they often choose unhealthy items. For example, many children prefer sweet drinks like cola (b) healthier drinks like milk.

Some people think that ①[to / problem / answer / the / this] to teach children how to cook. They say that when children become interested in cooking, they begin to want to eat better food. They ask their parents for healthier meals and buy (②) candies and soft drinks. In 2006, an organization called the *Junior League* started a new program. In this program, the *Junior League* invites children to meetings where cooks explain how to prepare healthy snacks and meals.

Cookbooks for children are also becoming more popular. In the past, children's cookbooks were often (③) because they only introduced very simple meals. (④), these cookbooks have become much more interesting. They have many dishes ⑤ [to / that / more / make / difficult], and they also have information about healthy eating. Some teach children how to make food from other parts of the world, such (c) sushi rolls from Japan and bibimbap from Korea. (d) this way, they show children that eating healthily is not only good for them, but also fun.

問1　空所（ a ）～（ d ）に入る最も適切な語を、次のア～キから1つずつ選び、記号で答えなさい。なお、文頭に来る語も小文字で示してある。

ア in　　イ to　　ウ by　　エ for　　オ with　　カ at　　キ as

問2　空所（ ② ）、（ ③ ）、（ ④ ）に入る最も適切な語を、次のア～エからそれぞれ1つ選び、記号で答えなさい。

（ ② ）ア more　　イ fewer　　ウ more delicious　　エ more expensive

（ ③ ）ア interesting　　イ interested　　ウ boring　　エ bored

（ ④ ）ア So　　イ In addition　　ウ For example　　エ However

問3　下線部①、⑤の［　　］内の語を正しく並べかえなさい。ただし、それぞれ不足する語が1つずつあるので補うこと。

問4　以下の説明に当てはまる語を本文中から1語で抜き出しなさい。

"a group of people that has formed for a particular purpose"

V　次の英文を読んで、後の設問に答えなさい。

Scientists in Israel say they have done tests to successfully stop and *reverse the biological ageing process. The tests were part of a joint project by Tel Aviv University and the Shamir Medical Center. The researchers said the science behind their experiments was very simple — they used only oxygen to slow down and turn around（ ① ）happens to cells as they age. They used high-pressure oxygen on *cells that were in a pressure chamber. The scientists said two processes related to ageing and illnesses slowed down. The scientists did tests on 35 adults over the age of 64 for 90 minutes a day, five times a week for half a year. Their study was published in the magazine "Ageing" on November the 18th.

A lead scientist explained how important his team's research was. Professor Shai Efrati says the study shows that the ageing process can be reversed at the cellular level. He says we may be able to stop telomeres from shortening. Telomeres are inside cells. The shorter they become, the more we age. If we can stop them getting shorter, cells will not age. Professor Efrati said: "Today telomere shortening is considered the '*Holy Grail' of the biology of ageing. Researchers around the world are trying to develop（ ② ）that enable telomere lengthening." He added:

"The study gives hope, and opens the door for a lot of young scientists to deal with ageing as a reversible disease."

注　*reverse　逆行させる
　　*cell(s)　細胞
　　*Holy Grail　聖杯(究極の目標)

問１　空所（　①　）、（　②　）に入る最も適切な語を、それぞれ次のア～エから選び、記号で答えなさい。

（　①　）　ア．that　　イ．what　　ウ．which　　エ．thing

（　②　）　ア．tests　　イ．drugs　　ウ．teams　　エ．diseases

問２　以下は本文をまとめたものです。（　1　）～（　8　）に最も適切な語を、ア～チの中から選び、記号で答えなさい。ただし、同じ記号は２回以上使用してはいけません。

Scientists did tests to try to（　1　）ageing. The test was a simple one. It used oxygen to slow down the process that happens to cells as they age. Two processes that（　2　）something to do with ageing and illnesses slowed down. The scientists（　3　）tests on 35 adults over the age of 64 five times a week for（　4　）months.

A professor explained the（　5　）of the research. He says we may be able to stop telomeres from getting shorter. If we can do this, the cells will not age. Researchers want to make the telomeres longer（　6　）that they do not age. The professor said "The study gives young scientists the（　7　）to make ageing a（　8　）disease."

ア conducted	イ concluded	ウ prevent	エ five	オ so
カ that	キ curable	ク luck	ケ six	コ conveyed
サ half	シ irreversible	ス have	セ illness	ソ God
タ chance	チ importance			

VI　以下の設問に答えなさい。

1．(　　　)の日本語を［　　　］内の単語を用いて英語に直しなさい。その際、［　　　］内の語も含み英語6語になるようにしなさい。(don'tなどの短縮形は1語と数える。)

A：Excuse me.

B：Yes.

A：It's already nine o'clock, but the bus hasn't come yet. Do you know why?

B：(どのバスを待っているの［ waiting])?

A：This one.

B：Oh, it doesn't come because it's Saturday today.

A：Then which one can I take?

B：Well, the earliest one is this.

A：OK. I'll take it. Thank you.

2．［　　　］内の単語を用いて自然な会話文になるように6語の英文を作りなさい。
(［　　　］内の単語は1語と数え、また、don'tなどの短縮形も1語と数える。)

A：Ayumi, I hear you went to Nagoya last week.

B：Yes, I went there to see my aunt.

A：Do you often go to Nagoya?

B：Yes. I go there with my father in July every year, because there is a big parade then.

A：That sounds like fun. Well, Ayumi, I went to Nagoya last month, too.

B：Really?

A：My friend came to see me from my country, and I took him to Nagoya for sightseeing. ［ good ］.

B：That's nice.

【数　学】（50分）〈満点：100点〉

（注）1．分数は既約分数に直し，無理数は分母を有理化し，根号内はできるだけ簡単に，比はもっとも簡単な整数値にして答えること。

2．【考え方】に記述がなく，答えのみの場合は得点にはなりません。

1　次の各問いに答えなさい。

(1) $(2x^2y^3)\times(-3xy^2)^2\div(4xy)^3$ を計算しなさい。

(2) $x=\dfrac{\sqrt{3}+\sqrt{2}}{\sqrt{3}-\sqrt{2}}$，$y=\dfrac{\sqrt{3}-\sqrt{2}}{\sqrt{3}+\sqrt{2}}$ のとき，$x^2+2xy+y^2$ の値を求めなさい。

(3) 2次方程式 $(x+3)^2-4(x+2)-5=0$ を解きなさい。

(4) $\sqrt{99-3k}$ が自然数となる自然数 k の値をすべて求めなさい。

(5) 関数 $y=ax^2$ において，x の値が -1 から 3 まで増加するときの変化の割合が -4 であった。a の値を求めなさい。

(6) [1]，[2]，[3]，[4]，[5]，[6] の6枚のカードから同時に2枚選ぶとき，積が4の倍数となる確率を求めなさい。

(7) 右の図において，$\angle x$ の大きさを求めなさい。

ただし，Oは円の中心である。

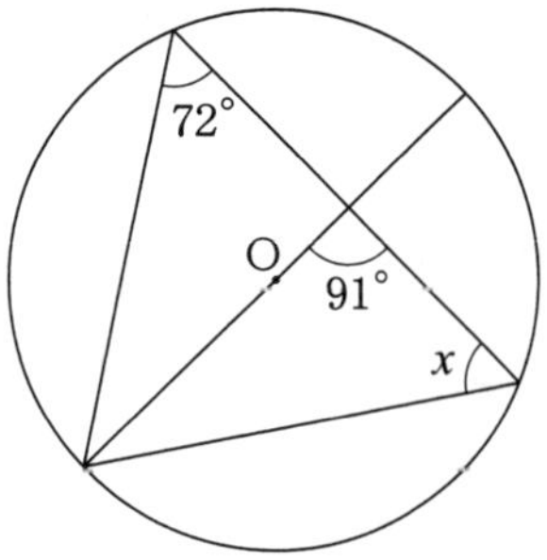

2　次の各問いに答えなさい。

(1)　複数人でじゃんけんをする。次の確率を求めなさい。

(i)　２人でじゃんけんをして，あいこになる確率。

(ii)　３人でじゃんけんをして，あいこになる確率。

(iii)　４人でじゃんけんをして，あいこになる確率。

(2)　ＡさんとＢさんは糖度が８％のスポーツドリンク500mLをそれぞれもっている。
これに糖度が14％のスペシャルドリンクを加え，新しいドリンクを作る。
このとき，次の各問いに答えなさい。

(i)　Ａさんは糖度が12％のドリンクが理想のドリンクである。
８％のスポーツドリンク500mLに14％のスペシャルドリンクを
何mL加えれば理想のドリンクができるか答えなさい。

(ii)　Ｂさんは誤って８％のスポーツドリンクを200mL取り出して飲んでしまった。
仕方なく残りのスポーツドリンクに14％のスペシャルドリンク200mLを加えて，
新たに500mLの仕方なしドリンクを作ることにした。
Ｂさんにとって，仕方なしドリンクの糖度は何％か答えなさい。

3　赤白青３つのサイコロを投げ，赤いサイコロの目を百の位，白いサイコロの目を十の位，青いサイコロの目を一の位として３桁の自然数nをつくる。
このとき，次の各問いに答えなさい。

(1)　小さい方から100番目の数は何か答えなさい。

(2)　nが４の倍数となるのは何個あるか答えなさい。

(3)　nが平方数となるのは何個あるか答えなさい。

4　２次関数$y=ax^2$…①と，傾きが２の直線ℓが，２点Ａ，Ｂで交わっており，点Ａの座標は$(-2,\ 2)$である。このとき，次の各問いに答えなさい。

(1)　aの値を求めなさい。

(2)　点Ｂの座標を答えなさい。

(3)　△OABの面積を求めなさい。

(4)　①上に点Ｃを四角形AOBCの面積が120となるようにとる。
点Ｃの座標をすべて答えなさい。

5　次の会話文の [ア] ～ [コ] に，適切な語句や数値を埋めなさい。

ただし，[イ]，[ウ]，[エ] の順番と [オ]，[カ]，[キ] の順番は問いません。

太郎：３辺の長さが７，８，９の三角形の面積は，[ア] だね。

花子：その三角形を４枚，適切に貼り合わせて，三角すいを作ることができます。

４つの面がすべて合同な三角形だから，等面四面体というらしいわ。

太郎：この等面四面体の体積を，楽に求める方法はないかな。

花子：実は，３辺の長さが [イ]，[ウ]，[エ] の

直方体ABCD−EFGHを用意して，

４点A，[オ]，[カ]，[キ] をそれぞれ結んで，

三角すいを作れば，それが等面四面体になっていますよ。

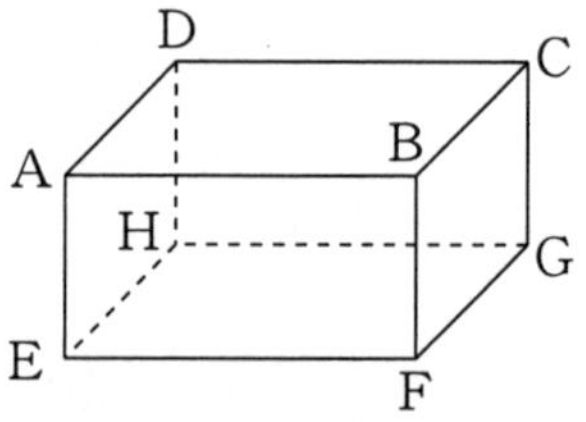

太郎：それじゃ，直方体から，余分な三角すいを [ク] 個切りおとせば，

等面四面体ができるから，等面四面体の体積が [ケ] であることがわかる！

花子：さらに，この等面四面体のうち，１つの面を選んで底面としたとき，

高さは [コ] になるね。

エ　聖を正しく描いた肖像画を確実に手に入れたいと思っていたから。

オ　絵師たちが本物の絵師かどうかを疑わしく思っていたから。

問3　傍線部③「『しばし』といひて」とあるが、誰のセリフか。本文中から抜き出して答えなさい。

問4　傍線部④「かい消つようにして失せ給ひぬ」とあるが、誰がどうなったのか。説明として最も適切なものを次の中から選び、記号で答えなさい。

ア　聖が、物陰にさっと身を隠してしまった。

イ　聖が、さっと見えなくなってしまった。

ウ　絵師が、物陰にさっと身を隠してしまった。

エ　絵師が、さっと見えなくなってしまった。

オ　使いの者が、物陰にさっと身を隠してしまった。

カ　使いの者が、さっと見えなくなってしまった。

問5　傍線部⑤「ただ人にてはおはせざりけり」を主語を補って訳しなさい。

問6　傍線部⑥「宇治拾遺物語」の「拾遺」の読み方をひらがなで答えなさい。

そらく日常的に周囲の人々を虐げているであろうことを謝罪したいから。

イ　人間に身分の上下はないはずなのに、その事実から目を背け、かたくなに古い感覚を守ろうとする自分の息子に変わって謝罪すべきだと思いながら、やはり人前で頭を下げるのは恥ずかしいから。

ウ　人間に身分の上下はないので、信夫が虎雄たちに謝罪しなければならないと痛感したが、息子のしたことは父親の責任でもあるので、六さんたちが認めてくれるまでは頭を下げているべきだから。

エ　人間に身分の上下はないので、どんな理由があろうと人を殺したり傷つけたりしてはならず、今回のケースでは虎雄や六さんを傷つけてしまった信夫の代わりに深い謝罪の意を表したかったから。

オ　人間に身分の上下はないはずなのに、士族が長い間えらそうにふるまってきたことを申し訳ないと思うとともに、自分の息子にそのことを教えていなかった自分を責める気持ちになっているから。

三

次の文章を読んで、後の問いに答えなさい。

昔、①唐に宝志和尚といふ注1聖あり。いみじく貴《たふと》くおはしければ、注2御門《みかど》、「かの聖の姿を影（肖像画に）に書きとらん」とて、②絵師三人を遣はして（召して）、「もし一人しては、書き違《たが》ゆる事もあり」とて、三人して面々に写す（写すように）べき由《よし》仰せ含められて、遣はさせ（お遣わせ）給ふに、三人の絵師聖のもとへ参りて、かく注3宣旨を蒙《かうぶ》りてまうでたる（いただいて伺ったのだと）由申しければ、③「しばし」といひて、法服の装束して（法衣の正装をして）出であひ給へるを、三人の絵師、おのおの書くべき絹（絹布を）を広げて、三人並びて筆を下さんとするに、聖、「しばらく。我がまことの影（姿）あり。それを見て書き写すべし」とありければ、絵師左右《さう》なく（すぐには）書かずして、聖の御顔を見れば、大指の爪にて額《ひたひ》の皮をさし切りて、皮を左右へ引き退《の》けてあるより、金色の注4菩薩の顔をさし出でたり。一人の絵師は十一面観音と見る。一人の絵師は聖観音と拝み奉りける。おのおの見るままに写し奉りて持ちて参りたりければ、御門驚き給ひて、別の使《つかひ》を給ひて問はせ給ふに（遣わしてお尋ねになると）、④かい消《け》つようにして失せ給ひぬ。それよりぞ（その時から）「⑤ただ人にてはおはせざりけり」と申し（言い）合へりける（合ったのだそうだ）。

（『⑥宇治拾遺物語』）

注1　「聖」…徳の高い僧。
注2　「御門」…帝、皇帝。
注3　「宣旨」…帝の命令を伝える文書。
注4　「菩薩」…如来に次ぐ高位の仏。観音菩薩、弥勒菩薩など。

問1　傍線部①「唐」の読みをひらがな四字で答えなさい。

問2　傍線部②「絵師三人を遣はして」とあるが、なぜ御門は絵師を三人呼んだのか。理由として最も適切なものを次の中から選び、記号で答えなさい。

ア　すばらしい聖の肖像画を三枚手に入れたいと思っていたから。
イ　三枚の肖像画のうち最もすばらしいものを選ぼうと思っていたから。
ウ　絵師を競わせることで絵師の技量を高めようと思っていたから。

ウ　虎雄が信夫を突き落としたのはわざとではないということを主張したかったのに、信夫がその機会を与えてくれないので、悔しく思っている。

エ　虎雄は信夫を突き落としてしまい、あとで父親にひどくしかられると恐れているのに、信夫にまですごい剣幕で怒られたので悲しく思っている。

オ　虎雄は信夫を突き落としてしまい、心から申し訳なく思っていたが、信夫が虎雄のことをかばう発言をしてくれたのでありがたく思っている。

問4　傍線部③「六さんの顔がくしゃくしゃにくずれた」とあるが、その理由として最も適切なものを選び、記号で答えなさい。

ア　自分の息子である虎雄が、身分違いの家の子である信夫とけんかしたことで、自分がトセや貞行にとがめられると思っていたが、どうやら自分の面目が保たれることに気づき、ほっとしているから。

イ　自分の息子である虎雄が、身分違いの家の子である信夫を屋根から突き落としてしまったことで旧来の身分制度に疑問を感じたが、信夫が虎雄をかばってくれていることに気づき、喜んでいるから。

ウ　自分の息子である虎雄が、身分違いの家の子である信夫にけがをさせたと思い込んで虎雄をなぐりつけたが、じつは信夫が一人で屋根から落ちただけなのだという話になったので、ほっとしたから。

エ　自分の息子である虎雄が、身分違いの家の子である信夫といっしょに遊んでいたが、大事件を引き起こし、親としてやりきれない思いにとらわれるとともに、身分制度を恨んで涙を流しているから。

オ　自分の息子である虎雄が、身分違いの家の子である信夫にけがをさせてしまったことで恐縮していたが、信夫が虎雄を必死でかばうような発言をしているのがありがたく、泣き顔になっているから。

問5　傍線部④「大したことがなくて結構でした」とあるが、「トセ」がこのように言った理由を、それぞれ五十字以上六十字以内で二つ書きなさい。

問6　傍線部⑤「信夫の言葉に貞行の顔色がさっと変わった」とあるが、その説明として最も適切なものを次の中から選び、記号で答えなさい。

ア　士族出身でありながら町人を思いやることができるようになった信夫を最初は誇らしく思っていたが、みんなの前で本音を口にしてしまった幼さに憤りを感じているから。

イ　近所の友人をかばうために気丈にふるまった自分の息子をほめてあげたい気分だったが、調子に乗って言ってはいけないことを口にしたことにふがいなさを感じたから。

ウ　新しい時代になり、もはや身分制度を意識する人間はいないはずだと信じていたのに、よりによって自分の息子が身分を強く意識していたことに大きな衝撃を受けたから。

エ　一度は自分の息子が他者に気をつかうほどに成長したのだと思って喜んだが、実際は人間として間違った考え方をしていることに気づき、怒りがこみあげてきたから。

オ　信夫が自分にけがをさせた年下の子どもを必死にかばおうとしている言動を立派だと思ったが、一方でトセの教育によって受けた悪影響の大きさに驚きを感じたから。

問7　傍線部⑥「信夫は父をにらんだ」とあるが、このときの信夫の心情を五十字以上六十字以内で説明しなさい。

問8　(あ)に入る人物の姓名を漢字で正しく書きなさい。

問9　傍線部⑦「そのまま顔を上げることもしなかった」とあるが、その理由として最も適切なものを次の中から選び、記号で答えなさい。

ア　人間には身分の上下がないと説く人がいる一方で、自分の母や息子は身分の違いを主張しており、今回のことに限らず、お

「どこもちがってはいない。目も二つ、耳も二つだ。いいか信夫。（あ）先生は人の上に人を造らず、人の下に人を造らず、とおっしゃった。わかるか、信夫」

「………」

信夫も（あ）の名前だけはよくきいていた。

「いいか。人間はみんな同じなのだ。町人が士族よりいやしいわけではない。いや、むしろ、どんな理由があろうと人を殺したりした士族の方が恥ずかしい人間なのかも知れぬ」

きびしい語調だった。父がこんなきびしい人だとは、信夫はそれまで知らなかった。しかしそれよりも、

「士族の方が恥ずかしい人間かも知れぬ」

と言った言葉がｃ胸をついた。士族はえらいと当然のように思ってきた信夫である。それは雪は白い、火は熱いということと同じように、信夫には当然のことであった。

（ほんとうに人間はみな同じなのだろうか）

信夫は唇をきりりとかみしめて枕に顔をふせていた。

「信夫。虎雄くんたちにあやまりなさい」

厳然として貞行が命じた。

「ぼく……」

信夫はまだ謝罪するほどの気持ちにはなれなかった。

「信夫あやまることができないのか。自分のいった言葉がどれほど悪いことかお前にはわからないのか！」

そういうや否や、貞行はピタリと両手をついて、おろおろしている六さんと虎雄にむかって深く頭を垂れた。そして、⑦そのまま顔を上げることもしなかった。その父の姿は信夫の胸に深くきざまれて、一生忘れることができなかった。

（『塩狩峠《しおかりとうげ》』三浦綾子《あやこ》）

問１　波線部ａ～ｃの意味として最も適切なものをそれぞれ後の中から選び、記号で答えなさい。

ａ「もんどりうって」

ア　あわてふためいて
イ　一度転んでから
ウ　大声で叫んで
エ　宙返りをするように
オ　もがき苦しみながら

ｂ「唇をかんだ」

ア　悔しさをこらえた
イ　言葉が出てこなかった
ウ　静かに引きさがった
エ　ショックを受けた
オ　自分を強く責めた

ｃ「胸をついた」

ア　自信を失わせた
イ　恥ずかしさを感じさせた
ウ　はっと驚かせた
エ　反省を促した
オ　反発心を起こさせた

問２　傍線部①「黒豆のような目」のような表現技法の名称として最も適切なものを選び、記号で答えなさい。

ア　隠喩　　イ　換喩　　ウ　直喩
エ　擬人法　　オ　擬態語

問３　傍線部②「虎雄はポカンとして信夫をみた」とあるが、このときの虎雄の心情として最も適切なものを選び、記号で答えなさい。

ア　虎雄は信夫を突き落とし、信夫の様子を心配してすぐに下へ降りたが、信夫は虎雄にあれこれ命令するほど元気だったので拍子抜けしている。

イ　虎雄は信夫を突き落とし、大変なことをしてしまったと思っているのに、信夫は自分が勝手に落ちたと言っているので、理解できないでいる。

「どうも、ごいんきょさま、すみません。虎の奴が……」
言いかけた六さんの言葉を信夫が鋭くさえぎった。
「ちがう！　ぼくひとりで落ちたんだ！」
信夫の言葉に③六さんの顔がくしゃくしゃにくずれた。
「坊ちゃま！」
「そんなことより怪我はありませんか」
トセは取り乱してはいなかった。
「大したことはないようですが、お医者さまにつれて行って下さい」
祖母は信夫の顔色をみて六さんにいった。あわてて六さんが信夫をおぶって近所の医者につれていった。足首の捻挫《ねんざ》だけで骨折はなかった。それでも医者から帰って、一応布団の上にねかされると、信夫は大分つかれていた。
「④大したことがなくて結構でした」
貞行《さだゆき》が部屋にはいってくると、トセはそういって、入れ代わりに台所に立って行った。
貞行をみると、六さんがあわててたたみに額をこすりつけた。
「どうも、虎雄がとんだことを致しまして……」
虎雄もしょんぼりとうつむいていた。
「虎雄ちゃんじゃないったら！」
信夫がじれた。
「いったい、どうしたというのだね」
貞行はきちんと正座したままで、おだやかに言った。
「実はこのガキが、物置の屋根から……」
「信夫をつき落としたというのだね」
「はあ」
六さんは鼻に汗をうかべている。
「ちがう。ぼくがひとりで落ちたんだ」
信夫がいらいらと叫んだ。貞行は微笑して、二、三度うなずいた。信夫に年下の友だちをかばう度量のあることが嬉《うれ》しかった。
「そうか。お前がひとりで落ちたのか」
「そうです。ぼく町人の子なんかに落とされたりするものですか」
⑤信夫の言葉に貞行の顔色がさっと変わった。六さんはうろうろとして貞行をみた。
「信夫っ！　もう一度今の言葉を言ってみなさい」
凛《りん》とした貞行の声に信夫は一瞬ためらったが、そのきりりときかん気に結ばれた唇がはっきりと開いた。
「ぼく、町人の子なんかに……」
みなまで言わせずに貞行の手が、信夫のほおを力いっぱいに打った。信夫には何で父の怒りを買ったのかわからない。
「永野家は士族ですよ。町人の子とはちがいます」
祖母のトセはいつも信夫に言っていた。だから、町人の子に屋根からつき落とされたなんて、口が裂けても言えなかったのだ。⑥信夫は父をにらんだ。
（ほめてくれてもいいのに！）
「虎雄くん。君の手を見せてほしい」
貞行は虎雄に微笑をみせた。虎雄はおどおどと汚れた小さな手を出した。
「信夫！　虎雄君の指は何本ある？」
「五本です」
殴られたほおがまだひりひりと痛んだ。
「では、信夫の指は何本か？　六本あるとでもいうのか」
信夫はむすっとｂ唇をかんだ。
「信夫。士族の子と町人の子とどこがちがうというのだ？　言ってみなさい」
（ほんとうだ。どこがちがうのだろう）
言われてみると、どこがちがうのか信夫にはわからない。しかし祖母はちがうと言うのだ。
「どこかがちがいます」
信夫はやはりそう思わずにはいられない。

二　次の文章を読んで問題に答えなさい。

「ねえ信《のぶ》ちゃん、あの空の向こうに何があるか知っているかい」

屋根の上で見る空は、下でみる空とどこかちがう。

「知らん」

信夫《のぶお》はきっぱりとした口調で答えた。

「ふうん。三年生でも空の向こうに何があるのか、わからんの」

虎雄《とらお》の①黒豆のような目がにやりと笑った。

「空の向こうに行かなきゃ、わかるわけがないや」

信夫は利かん気に眉をピリリとあげた。

「行かなくっても、わかってらあ」

虎雄は下町の言葉づかいになった。

「ふん、じゃ何がある？」

「おてんとうさまがあるよ」

「なあんだ。ばかだね虎ちゃんは。おてんとうさまは空にあるんだよ」

「うそさ。空の向こうだよ」

「空だよ」

「ちがう！　空の向こうだったら！」

めずらしく虎雄が強情をはった。

「お星さんや、おてんとうさまのあるところが空なんだ」

信夫は断乎《だんこ》とした口調でいった。

「うそだい！　ずがをかく時、家の屋根のすぐ上は空じゃないか。ここが空だよ」

虎雄は自分の腹ばいになっている屋根の上の空気を、かきまわすように腕を振った。

「あっちだよ、空は」

信夫はゆずらない。

「うそだ！　空の向こうだ」

二人はいつしか自分たちがどこにいるのか忘れていた。二人はにらみ合うようにして物置の屋根の上に立っていた。

「うそだったら！」

虎雄が信夫の胸をついた。信夫は体の重心を失ってよろけた。

「ああっ！」

悲鳴は二人の口からあがった。

（しまった!!）

虎雄が思った時、aもんどりうって信夫は地上に落ちていた。

しかし信夫は幸運だった。その日はトセが布団の皮をとって、古綿をござの上に一ぱいに干してあった。信夫はその上に落ちたのである。まっさかさまにころげ落ちたと思ったのに、打ったのは足首であった。

「信ちゃん、ごめんよ」

虎雄が泣きだしそうな顔をして屋根から降りてきた。

「おれはお前に落とされたんじゃないぞ！　いいか！」

信夫は眉をしかめて足首をさすりながらいった。

「えっ！　なんだって？」

虎雄は信夫の言葉がわからなかった。

「お前がおれをつき落としたなんて、だれにもいうな！」

信夫は命令するように、口早にいった。②虎雄はポカンとして信夫をみた。

悲鳴をきいてまずかけつけたのは六さんであった。

「坊ちゃま、どうなさった」

六さんは青い顔をして立っている虎雄をねめつけた。

「なんでもないよ。遊んでいて屋根から落ちたんだ」

「屋根から！」

六さんは叫んだ。そしていきなり虎雄のほおをいやというほど殴りつけた。

「虎！　お前だな」

虎雄はいくじなく鳴き声をあげた。

「どうしたというのです？」

祖母のトセだった。

展は、SNS等のソーシャルメディアでつながる仮想世界を構築してきた。そこでは、自分の価値観に合った情報のみを自由に選択でき、異なるものは無視する、情報をdセイサせずに意思決定するなど、自分にとって心地よい集団を自由に形成することができる。③悪意や扇動の意図をもつ情報操作が容易となり、個や社会の多様な価値観を分断する方向に軋轢が拡大している。そして今、わたしたちは、新型コロナウイルス感染症の猛威に直面している。コロナ禍の日常は、仮想世界でのコミュニケーションをいっそう加速させており、今後、感染症の流行が収束したとしても、この流れは止まることはないだろう。

二〇万年前に誕生したヒトは、身体、脳や心、行動特性という生物学的制約のもと、環境に適応して生存してきた。この事実をふまえると、この数十年の間に激変した環境に対し、ヒトが容易に適応できるとは考えにくい。とくに、環境の影響を強く受けやすい発達途上の脳をもつ子どもたちに、何かしらの影響がみられる可能性は否定できない。ヒトの良心は進化のeサンブツである。良心を他個体と共有することによって、ヒトは安定した集団、社会を形成、維持し、それは次世代の脳と心を育む環境ともなってきた。生物としてのヒトの脳や心の働きを創発、発達させるために必要な環境とは何か、次世代にどのような未来環境をつないでいくべきかを真剣に考えるべき時期を、わたしたちはすでに迎えている。

（『ヒトの良心の発達とその生物学的基盤』明和政子　一部改変）

注1　「ハムリン」…発達心理学の研究者。文中に「彼女たち」とあるように女性。

注2　「鹿子木」…発達心理学の研究者。

注3　「向社会的行動」…他者や社会に何らかの利益をもたらす自発的な行動。

注4　「バイアス」…ここでは偏向、偏見の意味。

問1　波線部a～eのカタカナをそれぞれ漢字に直しなさい。なお、文字は楷書で一画ずつ丁寧に書くこと。

問2　空欄A～Cに当てはまる語として、最も適切なものを次の中からそれぞれ選び、記号で答えなさい（ただし記号は重複しない）。

ア　つまり　　イ　したがって　　ウ　なぜなら
エ　しかし　　オ　むしろ　　カ　それでは

問3　傍線部①「ヒトは、たいへんユニークな環境の中で育ちはじめる」とあるが、人間が「ユニーク」であることを説明した一文がある。本文中から探し出し、最初の五字を答えなさい。

問4　空欄Xに入る言葉として、最も適切なものを次の中から選び、記号で答えなさい。

ア　に違いない　　イ　といえる
ウ　のだろうか　　エ　可能性がある
オ　はずがない

問5　傍線部②「こうした認知バイアス」とはどういうものか。本文中から探し出し、その最初と最後の五字を答えなさい。

問6　空欄Yに入る言葉として、最も適切なものを次の中から選び、記号で答えなさい。

ア　同じ母語で話しかけた者
イ　言語を介さなかった者
ウ　同じ肌の色をした者
エ　自分よりも年上の者
オ　自分よりも年下の者

問7　傍線部③「悪意や扇動の意図をもつ情報操作」として適当な具体例を挙げなさい。

問8　二重傍線部「ヒトの発達初期①②に焦点をあて」とあるように、本文では人間の良心の発達を時期に分けて説明している。「発達初期②」における人間の良心の発達を本文の語句を用いてまとめなさい。

示した。この実験では、攻撃者と犠牲者の間で起こる相互作用を止める、あるいは止めない第三者の図形のふるまいを見せた。その後、第三者の図形の実物二つを乳児の目の前に提示すると、犠牲者に対する攻撃者の行為を止めようとした図形の実物のほうを好み、接近した。

　生後早期の乳児を対象とした研究については再現性の問題が指摘されており、その解釈には慎重にならねばならないが、ヒトは、少なくとも生後半年頃には他個体の行為の善悪を判断し、善い行いをする個体を選好する性質をもっている［X］。

　生後早期に報告されている他個体の行為の善悪判断においては、将来、その個体から見返りを得られる可能性が高いか、生存に関する個体であるかといった点で選択、特定されることはない。善悪を判断する文脈も「助ける―妨害する」といった単純な場面に限られる。

［C］その後、ヒトの善悪判断に関する心の働きは、時と場合(文脈)によって変容する複雑なものとなっていく。生後一年を過ぎる頃から、ある目標を達成できない他個体を目にすると、それを援助しようとする注3向社会的行動が出現するが、この段階では、援助しようとする者は特定の誰かではない。しかし、生後三年目以降、向社会的行動をする相手は個別的、選択的となる。四歳になると、他個体に意地悪なふるまいをした者に対しては、他個体を助けた者あるいは中立な立場をとった者ほど助けようとしない。見知らぬ個体よりも血縁関係にある個体に対し、また、ある物を自分と共有しなかった者よりも共有した経験をもつ者に、さらには、第三者と物の共有をしなかった者よりも共有した者に対し、より多くの分配を行う。

　ヒトは、「内集団注4バイアス」と呼ばれる認知特性をもつ。自分が属する内集団の者に対して、外集団の者に比べて(実際には差はないにもかかわらず)人格や能力が優れている、信頼できると評価するなど、好意的な認知、感情、行動を示す傾向を指す。また、他個体の不幸や苦しみ、失敗を見聞きしたとき、それが内集団の者であれば共感を覚えるが、外集団の者である場合には喜びや嬉しさ、といった相反する快感情が喚起する。

　②こうした認知バイアスがいつ頃からみられるかを検証した発達研究がある。生後一〇カ月、二歳半、五〜六歳の乳幼児に、見知らぬ他個体が彼らに物を渡そうとする、あるいは彼らが他個体に物を渡す場面を見せた。他個体は二人いて、一方は乳幼児と同じ色の肌を、もう一方は異なる色の肌をもつ者であった。母語に対するバイアスも考慮するため、ある条件では両者が同じ言語を用いて乳幼児に語りかけ、もう一つの条件では言語を介さず微笑むだけとした。その結果、言語経験の有無によらず、一〇カ月児では二人から物を受け取る場合に違いはみられなかった。また、二歳半児が物を渡す場合にも差異はみられなかった。ところが、これら二つの場面の映像を五〜六歳児に見せると、彼らは［Y］から物を受け取る、あるいは渡すと回答した。肌の色に基づく内集団バイアスは、生後数年をかけて形成されるものであるらしい。

　関係する他個体の選択について、進化生物学ではさまざまな理論が提唱されている。遺伝子を共有する血縁個体の繁殖成功率を高める「血縁選択」、つきあいが続く二者間で見返りが期待される程度に応じて利他的にふるまう「互恵《ごけい》的利他行動」などである。直接の利害関係にない者に対しても起こる利他行動は、所属する集団内でよい評判がたつと、結果的に他個体が自分に利他的にふるまうだろうという期待に基づく「間接互恵性」もある。ヒトが明確な根拠なしに内集団の者をひいきする心的特性の背景にはこうした生存上の理由があると考えられるが、この特性は、生後三年以上にわたる環境経験(社会的規範や文化的価値観)の影響を受けながら c ゼンジ的に形成されるものである。

(中略)

　人間は今、未曽有《みぞう》の時代を迎えている。情報科学技術の急激な発

二〇二二年度
開智高等学校（第二回）

【国語】（五〇分）〈満点：一〇〇点〉

一 次の文章を読んで、後の問いに答えなさい。

ヒトは、長い時間をかけて生後の環境の影響を受けながら脳と心を発達させる。とくに、他の生物にはみられないほど高度な社会性をもつヒトにとって、他個体との社会的な相互作用経験は、ヒト特有の心的機能を創発、発達させるうえできわめて重要である。

①ヒトは、たいへんユニークな環境の中で育ちはじめる。養育者は乳児を抱きながら、あるいは手をとりながら同時に目を見つめ、表情を変化させ、声かけを積極的に行う。こうした養育者からの働きかけは、他の霊長類や哺乳類動物ではみられない。そして、乳児は生後半年を過ぎる頃から、相手が注意を払う物や出来事を目で追いはじめる。見知らぬ物に出くわすと、養育者と物とを交互に見比べて情報を得ようとする。自分が興味ある物や出来事を指さすことで、相手の関心を引き寄せようとする。つまり、相手の心の状態と自分のそれとを関連づけ、相手の視点を通して環境をaタンサクしようとする行動が顕著に起こりはじめるのである。こうした社会的行動は、チンパンジーでもほとんどみられない。ヒトほど、他個体と行為やその背後にある心の状態を共有する経験をもちながら成長する生物はいないのである。

本章では、ヒト特有の社会性を軸として、ヒトはいつ、どのように「良心(conscience)」――個人が社会の価値観、規範に照らし合わせ、ことの善悪を判断しようとする心の働き――を創発、発達させていくのかという問いについて考える。他個体との関係において良心を働かせることは、生存可能性を高める適応戦略である。集団内で良心を共有することにより、協力的で安定した集団形成、維持が可能となる。しかし、ある集団内で共有される良心が、他の集団においても適応的に働くとは限らず、［A］、集団間の分断、軋《あつ》轢《れき》、対立を生み出す動因ともなりうる。現代の情報科学技術の急激な発展は、個や社会の多様な価値観を容易に分断、対立させる負の側面を生み出してきた。個々の道徳や倫理、社会的規範、文化的な価値観が多様に混在する環境で生存してきたヒトの本質の科学的理解、それに基づいて未来社会を設計するためのビジョンづくりが今こそ求められている。ヒトの良心が創発、発達する動的プロセスとその背後にあるメカニズムの解明は、その第一歩として重要な役割を果たすものである。

ヒトは、いつから、どのように他個体との行為の善い・悪いを判断する認知能力を創発、発達させるのだろうか。これまでの研究を概観すると、ヒトの良心の発達には三つの注目すべき時期があることが示唆されている。①生後早期から前言語期、②生後三年目以降、③思春期、である。本章では、ヒトの発達初期①②に焦点をあて、③の時期にみられる特性については別稿に譲ることとする。

最近の発達研究は、ヒトは生後早期からすでに他個体の行為の善悪判断を行っている可能性を示している。注1ハムリンらは、A、B、Cの三種類の図形を用いて、それらが動いて相互作用する映像を生後六カ月と一〇カ月の乳児に見せた。一つは、AがCの行為を助けようとふるまう場面、もう一つは、BがCの行為を妨害しようとふるまう場面であった。その後、実験者はAとBの実物を二つ並べて乳児に提示し、どちらに接近しようとするかを調べた。その結果、乳児は、他者を妨害した図形を避け、他者を助けようとした図形に接近した。その後、彼女たちはbルイジの実験パラダイムを用いて、生後三カ月の乳児ですら他個体を妨害する図形を注視しない、［B］、避けることを報告している。

二者間より複雑な相互作用場面でも、乳児は善悪の判断を行っているらしい。注2鹿子木らは、六カ月児が攻撃者から犠牲者を守ろうとする行為を肯定し、そうしたふるまいをする図形を好むことを

英語解答

Ⅰ　1　(1)　3.1　(2)　2.5　　2　オーロラ
　3　(バラク・)オバマ　　4　New York

Ⅱ　(1)　イ　(2)　イ　(3)　ウ　(4)　ウ
　(5)　ア　(6)　ア　(7)　ウ　(8)　エ
　(9)　ウ　(10)　ウ　(11)　エ　(12)　ア
　(13)　エ　(14)　ウ　(15)　エ

Ⅲ　(1)　ア　(2)　イ　(3)　ア　(4)　ア
　(5)　ウ

Ⅳ　問１　a…エ　b…イ　c…キ　d…ア
　問２　②…イ　③…ウ　④…エ
　問３　①　the answer to this problem is
　　⑤　that are more difficult to make
　問４　organization

Ⅴ　問１　①…イ　②…イ
　問２　1…ウ　2…ス　3…ア　4…ケ
　　5…チ　6…オ　7…タ　8…キ

Ⅵ　1　(例)Which bus are you waiting for
　2　(例)We had a good time there

Ⅰ〔読解総合―説明文〕

1＜要旨把握―計算＞≪全訳≫「以下の表は，ケンタロウという高校３年生がある週の月曜日から土曜日まで近所の中華料理店で働いた時間を示している」　(1)「火曜日から土曜日までの５日間の平均労働時間を時間で求めよ」　(4＋2＋3＋2.5＋4)÷5＝3.1(時間)　(2)「月曜日から土曜日までの６日間の平均労働時間を３時間とした場合，Xが表す数を求めよ」　(X＋4＋2＋3＋2.5＋4)÷6＝3を解く。

2＜要旨把握―理科＞≪全訳≫「この自然現象は空に現れる自然色(緑，赤，黄，白)の光を特徴とする。これは電気を帯びた太陽からの粒子が地球の大気中にある酸素や窒素などのガスの粒子にぶつかるときに生じる光のショーである」　be characterized by ～「～によって特徴づけられる」　particle「分子，粒子」　nitrogen「窒素」

3＜要旨把握―現代社会＞≪全訳≫「彼は2009年から2017年まで第44代アメリカ合衆国大統領を務めたアメリカの政治家であり弁護士である。民主党の党員である彼は，アメリカ合衆国初のアフリカ系アメリカ人の大統領となった。彼は以前，2005年から2008年にイリノイ州選出のアメリカ合衆国上院議員を務め，1997年から2004年にはイリノイ州上院議員を務めた」　senator「上院議員」

4＜適語補充―現代社会＞≪全訳≫「国際連合は，世界平和を維持し，世界中の人々の生活環境を改善することを主たる目的とした国際組織である。本部はニューヨークにある。国連は1945年に51か国によって結成された。現在では190か国以上が加盟国となっている」　headquarters「本部」

Ⅱ〔対話文総合〕

A＜英問英答＞

(1)A：この辺りに銀行はありますか？／B：はい，ございます。その角を曲がった所に１つあります。／A：その銀行の営業時間はどうなっていますか？／B：９時から３時までです。
　Q：「その銀行は何時間営業しているか」―イ．「６時間」

(2)A：次の土曜日にワゴン車を１台借りたいんですが。／B：かしこまりました，何台かございます。／A：18人いるんです。ワゴン車１台で全員乗れますか？／B：そうですねえ，１台に乗れるのは12人までなんです。
　Q：「このグループは何台のワゴン車を借りるか」―イ．「２台」　up to ～「～まで」

(3)Ａ：お母さん，おなかすいたよ。夕飯はいつできるの？／Ｂ：あと30分くらいよ。今夜はおばあちゃんが夕食を食べにここに来るの。おばあちゃん用に椅子をもう１脚，食堂に持ってきてくれない？／Ａ：いいよ。どの椅子？／Ｂ：あなたの寝室にある茶色い椅子よ。

Ｑ：「Ａの母は彼に何をしてほしいと頼んでいるか」—ウ．「椅子を食堂に運ぶ」

(4)Ａ：空を見て。もうすぐ雨が降り出しそうだよ。／Ｂ：雪になるかもね。今朝，天気予報で地域によっては雪が降るかもしれないって言ってたよ。／Ａ：ほんと？　この１週間，晴れてないよね。

Ｑ：「今の天気はどうか」—ウ．「くもり」　weather report「天気予報」

(5)Ａ：すみません。ニューヨーク行きの502便は時間どおり出発しますか？／Ｂ：申し訳ございません。本日は豪雪のため，約１時間遅れの午後４時30分に出発いたします。

Ｑ：「502便は通常は何時に出発しているか」—ア．「３時30分」　usually「通常は」

(6)Ａ：何か捜しているの？／Ｂ：ええ。眼鏡をね。雑誌を読んだ後，テーブルに置いたと思ったんだけど。／Ａ：あれっ，言ってなかったっけ？　ソファーの上にあるのを見たからピアノの上に置いておいたよ。

Ｑ：「Ａ氏はＢさんの眼鏡をどこで見つけたか」—ア．「ソファーの上」　Ａの発言の them は glasses「眼鏡」を指す。

(7)Ａ：どうして昨日の会合に来なかったの？／Ｂ：何？　それって８月14日じゃなかったっけ？／Ａ：違うよ，８月12日だったんだよ。／Ｂ：ああ，なんてこった！

Ｑ：「今日の日付はいつか」—ウ．「８月13日」

(8)Ａ：６時に待ち合わせて夕食に行こうよ。／Ｂ：私は５時30分に会議があるの。長くなるかもしれないな。／Ａ：じゃあ，７時半に待ち合わせよう。

Ｑ：「彼らは何時に夕食の待ち合わせをするか」—エ．「７時30分」　ここでの past は「～を過ぎて」の意味の前置詞。half past ～ で「～時半，～時30分」という意味を表す。

Ｂ＜適文選択＞

(9)Ａ：お父さん，５ドルもらえる？／Ｂ：先週10ドルあげただろう。／Ａ：でも友達と明日買い物に行くの。ねえお願い。／Ｂ：だめだ。そんなにお金を使いすぎちゃいけないよ。∥会話が成立するのは，お金の使いすぎを戒めるウだけ。

(10)Ａ：僕は泳ぐのが大好きなんだ。／Ｂ：私も。／Ａ：どのくらい頻繁に泳ぎに行ってるの？／Ｂ：月に２，３回よ。∥How often「どのくらい(頻繁に)，何回」

(11)Ａ：最近どこかいいレストランに行った？／Ｂ：実は行ったんだ。いい中華料理店を見つけたんだよ。／Ａ：ほんと？　どこにあるの？／Ｂ：ここからそんなに遠くないよ。∥話題となっているレストランの場所を尋ねられての返答である。

(12)Ａ：ごめんね，ジェーン。明日君と映画に行けなくなっちゃった。／Ｂ：ほんとに？　どうして行けないの？／Ａ：宿題がたくさんあるんだ。∥映画に行けなくなった理由をきかれての返答である。

(13)Ａ：放課後，ここにある椅子を移動させるのを手伝ってくれない？／Ｂ：ぜひそうしたいところだけど，歯医者に行かないといけないんだ。／Ａ：でも数分しかかからないんだよ。∥会話が成立するのは，椅子の移動にはそれほど時間はかからないと伝えるエだけ。

(14)Ａ：ちょっと聞いてよ。私，来月大阪に引っ越すことになったの。／Ｂ：ほんと？　そりゃないよ。それ，いつわかったことなの？／Ａ：つい昨日だよ。∥find out ～〔find ～ out〕「～を

発見する，～がわかる」

⒂A：僕の好きなテレビ番組の時間だ。／B：ちょっと，夕食の準備ができてるのよ。／A：えっ，でもどうしても見逃したくないんだ。／B：わかったわよ。食べながら見ましょう。⁄⁄会話が成立するのは，食べながらテレビを見ることを提案するエだけ。ここでのmissは「～を見逃す」という意味。

Ⅲ〔読解総合―英問英答〕

＜長文読解―手紙＞≪全訳≫「ダイアナへ／休暇で沖縄に来られてとてもうれしいよ。ここの食べ物はすごくおいしいし，どこにでも新鮮な果物があるんだ。地元の名物料理もいくつか食べてみたよ。僕にとっては辛すぎる料理が多いけど，辛くない料理も出してくれるんだ。料理の中には揚げ物もあって，僕はそれが好きじゃないけど，他の料理法もあるんだよ。昨夜はすばらしいロブスターのグリルを食べたんだ。それに毎朝焼きたてのパンが出るんだよ。ひょっとすると君は，僕がこの旅行で食べてばっかりいると思ってるかもね。そのとおりだよ！　季節外れにひんやりした日が続いてるけど，カフェでおいしい食事とお茶を楽しめるかぎり，僕は気にしないよ。来年は君と一緒にここに来られるといいな。君もきっと気に入るよ。／大好きだよ／マイケル」　⑴「マイケルがこの手紙を書いたのはなぜか」―ア．「ダイアナに自分の休暇のことを伝えるため」　⑵「マイケルはダイアナに何を提案しているか」―イ．「来年沖縄を訪れること」　最後の２文参照。

＜グラフを見て答える問題＞≪全訳≫「ブルームーンホテル／この図は昨年の当ホテルのお客様からいただいた情報に基づいています。／休暇の行き先に関する好み／山―18パーセント／湖―11パーセント／都市―26パーセント／ビーチ―20パーセント／史跡―25パーセント」　⑶「この図はどんな情報を示しているか」―ア．「客が休暇を過ごしたいと思う場所」　グラフのタイトル参照。なお，アにあるwhereは関係副詞である。　destination「目的地」　preference「好み」　⑷「ブルームーンホテルはどうやってこの情報を入手したか」―ア．「利用客に尋ねた」　be based on ～「～に基づいている」

＜招待状＞≪全訳≫「当社の社長の祝賀パーティーにご招待いたします。／午後７時～９時／９月15日／徳力西186／９月１日までにお返事ください」　⑸「この招待状にいつ返答すればよいか」―ウ．「９月１日まで」　RSVPとはフランス語のrepondez s'il vous plait「お返事ください」という意味の略語。

Ⅳ〔長文読解総合―説明文〕

≪全訳≫❶多くのアメリカ人が，アメリカにいる肥満児の人数について懸念している。最近の研究では，６～11歳の子どものうち約20パーセントが太りすぎだとわかった。この理由の１つは，親が自分の子どもにインスタント食品を与えたり，ファストフード店に連れていったりすることである。もう１つは，子どもたちが食べ物や飲み物を買うとき，多くの場合に健康によくないものを選ぶことだ。例えば，牛乳などの健康によい飲み物よりもコーラなどの甘い飲み物を好む子どもが多い。❷①この問題に対する解決策は，子どもたちに料理の仕方を教えることだと考える人たちがいる。子どもたちが料理に興味を持てば，よりよい食品を食べたがるようになると彼らは述べている。子どもたちは親により健康的な食事を求め，甘いお菓子や清涼飲料を以前より買わなくなる。2006年に，ジュニア・リーグという団体が，新たなプログラムを開始した。このプログラムで，ジュニア・リーグは，料理人が健康的な軽食や食事のつくり方を説明する会に子どもたちを招待している。❸子ども向けの料理本も人気が出てきている。昔は，子ども向けの料理本はとても簡単な料理しか紹介していなかったため，つまらないものが多かった。ところが，こういった料理本は以前よりずっとおもしろくなっている。⑤つくるのがより難し

い料理がたくさん載っているし，健康的な食事に関する情報も載っている。日本の巻きずしや韓国のビビンバなど，世界の他の地域の食べ物のつくり方を子どもたちに教えてくれる本もある。このように，料理本は子どもたちに，健康的に食べることは体にいいだけでなく楽しいということも教えてくれるのだ。

問１＜適語選択＞ａ. reason for 〜で「〜の理由」。　ｂ．‘prefer *A* to *B*’で「*B*よりも*A*を好む」。　ｃ．such as 〜で「〜など(の)」。　ｄ．in this way で「このように(して)」。

問２＜適語(句)選択・語形変化＞②子どもたちが料理を習うことで健康的な食生活を意識するようになれば，健康によくない甘いお菓子や清涼飲料を(前よりも)買わなくなる。few は「より少ない」という意味で‘数えられる名詞’を修飾する形容詞。　③簡単な料理しか載っていないことの結果として考えられるのは「つまらなかった」。boring「退屈な，つまらない」／bored「(人が)退屈した」，interesting「おもしろい」／interested「(人が)興味を持った」など‘感情’に関わる現在分詞および過去分詞の意味は exciting／excited，surprising／surprised などと併せてまとめておくとよい。　④昔の子ども向けの料理本はつまらなかったが，今はおもしろいものが増えている，と前後が‘逆接’の関係になっている。

問３＜整序結合＞①前後の内容から，「この問題に対する解決策は」という意味になると推測できる。the answer to 〜で「〜に対する答え」となるので the answer to this problem とし，これが that 節の主語となるので，それに対応する動詞 is を補う。　⑤ They have many dishes「それにはたくさんの料理が載っている」が文の骨組みなので，that を主格の関係代名詞として用いて dishes を修飾する関係代名詞節をつくる。文脈から「つくるのが難しい」という意味になると推測できるので that の後に be動詞 are を補って are more difficult「より難しい」を続け，この後に to不定詞の副詞的用法で to make とする。

問４＜単語の定義＞「特定の目的のために結成された人々の集団」―organization「団体，組織」第２段落第４文にある。

V〔長文読解総合―説明文〕

≪全訳≫❶イスラエルの科学者らは，生物学的な老化の進行をうまく阻止し逆行させるための実験を行ったという。この実験は，テルアビブ大学とシャミル医療センターによる合同プロジェクトの一環だった。研究者らは，彼らの実験の背後にある科学の仕組みは非常に単純なもので，酸素だけを用いて，人が老化するときに細胞に起こることを遅らせ，逆行させるのだという。彼らは圧力室内の細胞に高圧の酸素を作用させた。科学者らは，老化と病気に関連する２つのプロセスの進行が遅くなったと述べた。科学者らは65歳以上の成人35人に対し，１日90分，週に５回のテストを半年間行った。彼らの研究は雑誌「エイジング」の11月18日号で発表された。❷研究を主導した科学者は，彼のチームの調査がいかに重要かを説明した。シャイ・エフラティ教授によると，この研究は老化の進行を細胞レベルで逆行させうることを示しているということだ。我々はテロメアが短くなるのを防ぐことができかもしれないと彼は述べている。テロメアは細胞の内部に存在している。テロメアが短くなればなるほど，老化が進むのだ。テロメアが短くなるのを止められれば，細胞は老化しなくなる。エフラティ教授はこう語った。「今日では，テロメアの短縮は老化の生物学における「究極の研究目標」だと考えられています。世界中の研究者がテロメアを長くできる薬を開発しようとしています」　彼はこうつけ加えた。「この研究は希望を与え，多くの若い科学者たちが老化を可逆的な病として対処するための扉を開いてくれるのです」

問１＜適語選択＞①先行詞を含み，「〜こと，もの」の意味を表す関係代名詞 what が適切。老化す

るときに細胞に起きる「こと」を遅くしたり逆行させたりするということ。　②テロメアが短くなるのを食いとめる研究をしている科学者たちが開発しようとしているものを考える。

問２＜要約文完成―適語選択＞≪全訳≫科学者らは老化を$_1$防ごうとして実験を行った。その実験は単純なものだった。その実験は，老化する際に細胞に起こるプロセスを遅らせるために酸素を利用したのだ。老化と病気に関係の$_2$ある２つのプロセスの進行が遅くなった。科学者らは，65歳以上の成人35人に対して$_4$６か月間，週に５回の実験を$_3$行った。／ある教授がこの調査の$_5$重要性について説明した。彼は，我々はテロメアが短くなるのを阻止できるかもしれないと言っている。もしこれができれば，細胞は老化しなくなる。研究者らは，老化しない$_6$ためにテロメアを伸ばしたいと思っている。教授は「この研究が若い科学者たちに老化を$_8$治療可能な病気にするための$_7$チャンスを与えてくれる」と述べた。

＜解説＞１．第１段落第１文参照。stop and reverse「～を止めて逆行させる」は，prevent「～を妨げる」と言い換えられる。　２．第１段落第５文参照。related to ～は「～に関係のある」という意味。これを have something to do with ～「～と関係がある」を使って言い換える。　３．第１段落第６文参照。 conduct「(調査など)を行う」　４．第１段落第６文参照。half a year は「半年」。　５．第２段落第１文参照。how important ～ was「～がいかに重要か」とある。これは「～の重要性」と言い換えられる。　６．第２段落第６文参照。「テロメアが短くなるのを止めることができれば細胞は老化しなくなる」とある。これは，「老化しないためにテロメアを長くしたい」ということ。so that ～で「～するために」という‘目的’の意味を表せる。　７．第２段落最終文参照。「若い科学者たちに希望を与え，扉を開く」とは，chance「チャンス」を与えると言い換えられる。　８．第２段落最終文参照。ここでいう「可逆的な」は curable「治療可能な」ということ。

Ⅵ〔作文総合問題〕

１＜対話文完成―和文英訳＞≪全訳≫Ａ：すみません。／Ｂ：はい。／Ａ：もう９時なのに，バスがまだ来ないですね。どうしてかわかりますか？／Ｂ：どのバスを待っているんですか？／Ａ：このバスです。／Ｂ：ああ，そのバスは来ませんよ，今日は土曜日ですからね。／Ａ：じゃあ，どのバスなら乗れますか？／Ｂ：そうですね，一番早いのはこれです。／Ａ：わかりました。それに乗ります。どうもありがとう。

＜解説＞Which bus「どのバス」で始める。「～を待つ」は wait for ～で表せるので「(あなたは)～を待っている」は，you are waiting for ～となり，これを疑問文の語順にすればよい。

２＜対話文完成―条件作文＞≪全訳≫Ａ：アユミ，先週名古屋に行ったんだってね。／Ｂ：そうなの，おばに会いに行ったの。／Ａ：名古屋へはよく行くの？／Ｂ：うん。毎年７月に父と一緒に行くの，その時期に大きなパレードがあるからね。／Ａ：それは楽しそうだな。ねえ，アユミ，僕も先月名古屋に行ったんだよ。／Ｂ：そうなの？／Ａ：母国から友人が会いに来てくれてね，彼を名古屋まで観光に連れていったんだ。(例)そこで楽しく過ごせたよ。／Ｂ：それはよかったね。

＜解説＞前後の流れと good という指定語より，そこで楽しく過ごせたという内容が書きやすい。自分と友人が主体なので，主語は We とする。have a good time「楽しく過ごす」を過去形で使い，最後に there「そこで」を置くと６語になる。

2022年度／開智高等学校（第２回）

数学解答

1 (1) $\dfrac{9xy^4}{32}$　(2) 100
(3) $x=-1\pm\sqrt{5}$　(4) 6，21，30
(5) -2　(6) $\dfrac{2}{5}$　(7) 71°

2 (1) (i) $\dfrac{1}{3}$　(ii) $\dfrac{1}{3}$　(iii) $\dfrac{13}{27}$
(2) (i) 1000 mL　(ii) 10.4％

3 (1) 354　(2) 54 個　(3) 8 個

4 (1) $\dfrac{1}{2}$　(2) (6，18)　(3) 24
(4) (−6，18)，(10，50)

5 ア…$12\sqrt{5}$
イ・ウ・エ…$4\sqrt{3}$，$\sqrt{33}$，4
オ・カ・キ…C，F，H　ク…4
ケ…$16\sqrt{11}$　コ…$\dfrac{4\sqrt{55}}{5}$

1〔独立小問集合題〕

(1)＜式の計算＞与式 $=2x^2y^3\times9x^2y^4\div64x^3y^3=\dfrac{2x^2y^3\times9x^2y^4}{64x^3y^3}=\dfrac{9xy^4}{32}$

(2)＜式の値＞$x^2+2xy+y^2=(x+y)^2$ であり，$x+y=\dfrac{\sqrt{3}+\sqrt{2}}{\sqrt{3}-\sqrt{2}}+\dfrac{\sqrt{3}-\sqrt{2}}{\sqrt{3}+\sqrt{2}}=\dfrac{(\sqrt{3}+\sqrt{2})^2+(\sqrt{3}-\sqrt{2})^2}{(\sqrt{3}-\sqrt{2})(\sqrt{3}+\sqrt{2})}=\dfrac{3+2\sqrt{6}+2+3-2\sqrt{6}+2}{3-2}=10$ となるから，$x^2+2xy+y^2=10^2=100$ である。

(3)＜二次方程式＞$x^2+6x+9-4x-8-5=0$，$x^2+2x-4=0$　解の公式より，$x=\dfrac{-2\pm\sqrt{2^2-4\times1\times(-4)}}{2\times1}=\dfrac{-2\pm\sqrt{20}}{2}=\dfrac{-2\pm2\sqrt{5}}{2}=-1\pm\sqrt{5}$ となる。

(4)＜数の性質＞$\sqrt{99-3k}=\sqrt{3(33-k)}$ とすると，$33-k=3p^2$（p は自然数）と表せる。$33-k=3p^2$ において，$p=1$ のとき，$33-k=3\times1^2$ より，$k=30$，$p=2$ のとき，$33-k=3\times2^2$ より，$k=21$，$p=3$ のとき，$33-k=3\times3^2$ より，$k=6$ となる。また，$p\geqq4$ のときは，k は負の数になり，適さない。よって，$k=6$，21，30 である。

(5)＜関数―変化の割合＞関数 $y=ax^2$ において，$x=-1$ のとき，$y=a\times(-1)^2=a$，$x=3$ のとき，$y=a\times3^2=9a$ である。これより，x の値が -1 から 3 まで増加するときの変化の割合は，$\dfrac{9a-a}{3-(-1)}=\dfrac{8a}{4}=2a$ であり，これが -4 となることから，$2a=-4$ が成り立ち，$a=-2$ となる。

(6)＜確率―カード＞[1]，[2]，[3]，[4]，[5]，[6]の 6 枚のカードから同時に 2 枚のカードを選ぶとき，その選び方は，(1，2)，(1，3)，(1，4)，(1，5)，(1，6)，(2，3)，(2，4)，(2，5)，(2，6)，(3，4)，(3，5)，(3，6)，(4，5)，(4，6)，(5，6)の 15 通りある。これらのうち，積が 4 の倍数になるのは，一方のカードが 4 か，両方のカードが 2 の倍数のときで，下線を引いた 6 通りある。よって，求める確率は $\dfrac{6}{15}=\dfrac{2}{5}$ である。

(7)＜平面図形―角度＞右図のように，円周上の各点を A～D，弦 AC，BD の交点を E とし，弦 CD を引く。△ABE で内角と外角の関係より，$\angle ABE=\angle BEC-\angle BAE=91°-72°=19°$ となり，$\overset{\frown}{AD}$ に対する円周角より，$\angle ACD=\angle ABE=19°$ である。また，弦 BD は円の直径より，$\angle BCD=90°$ だから，$\angle x=\angle BCD-\angle ACD=90°-19°=71°$ となる。

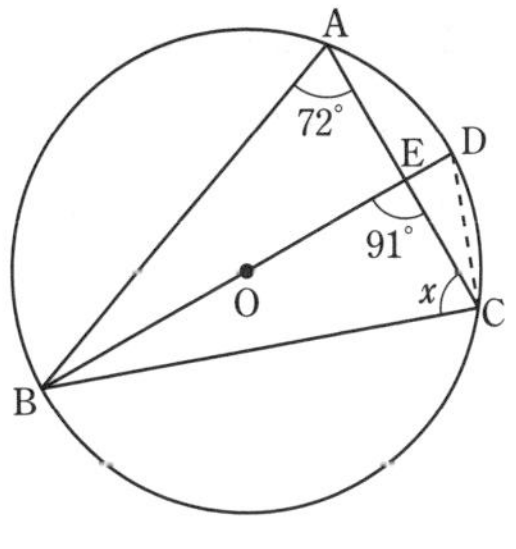

2〔独立小問集合題〕

(1)＜確率―じゃんけん＞(i) 2 人でじゃんけんをするとき，2 人のグー，チョキ，パーの出し方は，$3\times3=9$（通り）ある。このうち，あいこになるのは，2 人が同じものを出す場合で，（グー，グー），（チョキ，チョキ），（パー，パー）の 3 通りある。よって，あいこになる確率は $\dfrac{3}{9}=\dfrac{1}{3}$ である。　(ii) 3

人でじゃんけんをするとき，3人のグー，チョキ，パーの出し方は，$3\times3\times3=27$(通り)ある。このうち，あいこになるのは，3人が同じものを出す場合か，3人とも異なるものを出す場合で，3人が同じものを出す場合は，(グー，グー，グー)，(チョキ，チョキ，チョキ)，(パー，パー，パー)の3通りあり，3人とも異なるものを出す場合は，(グー，チョキ，パー)，(グー，パー，チョキ)，(チョキ，グー，パー)，(チョキ，パー，グー)，(パー，グー，チョキ)，(パー，チョキ，グー)の6通りある。よって，$3+6=9$(通り)の場合があるので，求める確率は$\frac{9}{27}=\frac{1}{3}$である。　(ⅲ)4人でじゃんけんをするとき，4人のグー，チョキ，パーの出し方は，$3\times3\times3\times3=81$(通り)ある。このうち，あいこになるのは，4人が全員同じものを出す場合と，2人が同じものを出し，残る2人がそれぞれ異なるものを出す場合がある。まず，4人が全員同じものを出す場合は3通りある。次に，4人をA，B，C，Dとすると，同じものを出す2人の組合せは，AとB，AとC，AとD，BとC，BとD，CとDの6通りある。それぞれの組は3通りの出し方があるので，$6\times3=18$(通り)となり，例えば，AとBがグーを出したとすると，(C，D)＝(チョキ，パー)，(パー，チョキ)であいこになるので，18通りそれぞれについて残る2人の出し方は2通りあり，この場合の数は$18\times2=36$(通り)となる。よって，あいこになるのは，$3+36=39$(通り)あるので，求める確率は$\frac{39}{81}=\frac{13}{27}$となる。

⑵＜一次方程式の応用―糖度＞(ⅰ)スポーツドリンクの密度は1g/cmで変わらないものとして考える。8%の糖度のスポーツドリンク500mLの質量は500gで，その中に含まれる糖の量は，$500\times\frac{8}{100}=40$(g)である。また，加える糖度14%のスペシャルドリンクの量をxmLとすると，その質量はxgで，含まれる糖の量は$x\times\frac{14}{100}=\frac{7}{50}x$(g)と表される。このときできる理想のドリンク$500+x$mL，つまり，$500+x$gの糖度は12%であることから，糖の量について，$40+\frac{7}{50}x=(500+x)\times\frac{12}{100}$が成り立つ。両辺に50をかけてこれを解くと，$2000+7x=6(500+x)$より，$x=1000$となるから，加えるスペシャルドリンクは1000mLである。　(ⅱ)8%のスポーツドリンクの残り$500-200=300$(mL)は300gだから，含まれる糖の量は，$300\times\frac{8}{100}=24$(g)である。そこに加える糖度14%のスペシャルドリンク200mLは200gだから，含まれる糖の量は，$200\times\frac{14}{100}=28$(g)である。よって，できた仕方なしドリンク500mLは500gであり，含まれる糖の量は，$24+28=52$(g)となるから，その糖度は$\frac{52}{500}\times100=10.4$(%)である。

〔編集部注：実際には，スポーツドリンクの密度は濃度により異なるが，問題を解くために変わらないものとして考えた。〕

3 〔データの活用―場合の数―サイコロ〕

⑴＜場合の数＞赤いサイコロの目が1のとき，百の位の数は1で，十の位は白いサイコロの目の6通り，一の位は青いサイコロの目の6通りあるから，3けたの自然数nは$6\times6=36$(個)できる。同様に，赤いサイコロの目が2のとき，3けたの自然数nは36個できる。さらに，赤いサイコロの目が3で白いサイコロの目が1〜4のとき，青いサイコロの目は1〜6の6通りあるから，3けたの自然数nは$4\times6=24$(個)できる。これより，小さい方から，$36+36+24=96$(番)目の数は346となるから，351，352，353，354より，100番目の数は354である。

⑵＜数の個数―4の倍数＞3けたの自然数nが4の倍数になるのは，下2けたが4の倍数になるときである。このときの白いサイコロと青いサイコロの目の出方は，(白，青)＝(1，2)，(1，6)，(2，4)，(3，2)，(3，6)，(4，4)，(5，2)，(5，6)，(6，4)の9通りあり，そのそれぞれについて，赤いサイコロの目は1〜6の6通りあるから，全部で$9\times6=54$(個)ある。

(3)＜数の個数─平方数＞各位の数が１から６でできている３けたの平方数は，$11^2=121$，$12^2=144$，$15^2=225$，$16^2=256$，$18^2=324$，$19^2=361$，$21^2=441$，$25^2=625$ の８個ある。

4〔関数─関数 $y=ax^2$ のグラフと一次関数の直線〕

≪基本方針の決定≫(3)　y 軸によって，２つの三角形に分けて面積を求める。　(4)　まず，y 軸上に点Ｅを〔四角形 AOBE〕＝120 となるようにとり，等積変形を利用する。

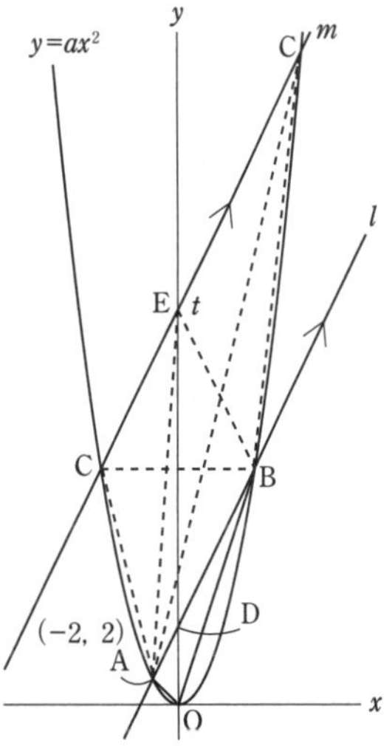

(1)＜比例定数＞右図で，放物線 $y=ax^2$ は $A(-2,\ 2)$ を通っているので，$x=-2$，$y=2$ を代入すると，$2=a\times(-2)^2$ より，$a=\frac{1}{2}$ となる。

(2)＜点の座標＞(1)より，放物線の式は $y=\frac{1}{2}x^2$ である。また，右図で，直線 l は，傾きが２で，$A(-2,\ 2)$ を通るから，直線 l の式を $y=2x+b$ として，点Ａの座標より $x=-2$，$y=2$ を代入すると，$2=2\times(-2)+b$，$b=6$ となる。よって，直線 l の式は $y=2x+6$ となる。点Ｂは，放物線 $y=\frac{1}{2}x^2$ と直線 $y=2x+6$ の交点なので，２式より y を消去して，$\frac{1}{2}x^2=2x+6$，$x^2-4x-12=0$，$(x-6)(x+2)=0$ より，$x=6$，-2 となり，点Ｂの x 座標は $x=6$ である。したがって，y 座標は，$y=\frac{1}{2}\times6^2=18$ となるから，$B(6,\ 18)$ である。

(3)＜面積＞右図のように，直線 l と y 軸の交点をＤとすると，直線 l の切片は６なので，$D(0,\ 6)$ となり，OD＝6 である。△OAB を y 軸によって △OAD と △OBD に分け，それらの底辺を OD とすると，２点Ａ，Ｂの x 座標から，それぞれの高さは２，６となる。よって，$\triangle OAB=\triangle OAD+\triangle OBD=\frac{1}{2}\times6\times2+\frac{1}{2}\times6\times6=24$ となる。

(4)＜点の座標─等積変形＞右上図のように，y 軸上に点Ｅを〔四角形 AOBE〕＝120 となるようにとると，(3)より △OAB＝24 なので，△ABE＝120−24＝96 となる。点Ｅの座標を $(0,\ t)$ とすると，$OE=t$，OD＝6 より，$ED=t-6$ と表せる。よって，△ABE を y 軸によって △EAD と △EBD に分け，△ABE の面積を t を用いて表すと，$\triangle ABE=\triangle EAD+\triangle EBD=\frac{1}{2}(t-6)\times2+\frac{1}{2}(t-6)\times6=t-6+3t-18=4t-24$ となる。これが 96 になることから，$4t-24=96$ が成り立ち，$t=30$ となり，$E(0,\ 30)$ である。次に，点Ｅを通り，直線 l に平行な直線 m を引き，放物線 $y=\frac{1}{2}x^2$ との交点をＣとすると，△ABC＝△ABE となり，〔四角形 AOBC〕＝〔四角形 AOBE〕＝120 となる。直線 m は傾きが２で切片が 30 なので，その式は $y=2x+30$ であり，これと放物線の式から y を消去すると，$\frac{1}{2}x^2=2x+30$，$x^2-4x-60=0$，$(x+6)(x-10)=0$，$x=-6$，10 となる。したがって，$x=-6$ のとき，$y=\frac{1}{2}\times(-6)^2=18$，$x=10$ のとき，$y=\frac{1}{2}\times10^2=50$ となるので，点Ｃの座標は $(-6,\ 18)$，$(10,\ 50)$ である。

5〔空間図形─四面体〕

図１

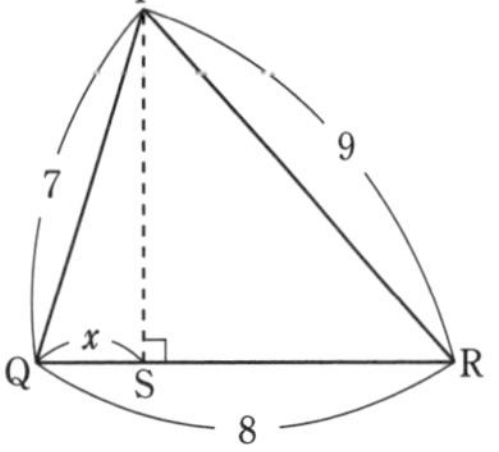

＜解説＞右図１のように，３辺の長さが７，８，９の三角形を △PQR とし，PQ＝7，QR＝8，RP＝9 とする。また，頂点Ｐから辺 QR に引いた垂線を PS とすると，垂線 PS の長さが △PQR の底辺を QR としたときの高さとなる。ここで，$QS=x$ として，△PQS で三平方の定理より，$PS^2=PQ^2-QS^2=7^2-x^2$ と表せる。また，$RS=QR-QS=8-x$ であり，△PRS についても同様に，$PS^2=PR^2-RS^2=9^2-(8-x)^2=81-(64-16x+x^2)=-x^2+$

$16x+17$ と表せる。これより，$49-x^2=-x^2+16x+17$ が成り立ち，$16x=32$ より，$x=2$ となる。よって，$PS^2=7^2-2^2=49-4=45$ となるので，$PS=\pm\sqrt{45}=\pm3\sqrt{5}$ となり，$PS>0$ より，$PS=3\sqrt{5}$ である。したがって，$\triangle PQR=\dfrac{1}{2}\times QR\times PS=\dfrac{1}{2}\times8\times3\sqrt{5}=12\sqrt{5}$ となる。次に，右図2のような直方体ABCD-EFGHを考えると，直方体は向かい合う面が合同な長方形であり，それらの対角線の長さも等しい。これより，AF＝CH，AH＝CF，AC＝HFであり，これらを3辺とする三角形は全て合同となり，$\triangle ACF\equiv\triangle CAH\equiv\triangle FHA\equiv\triangle HFC$ であるから，立体ACFHは4つの面が合同な三角錐となり，等面四面体となる。よって，4点A，C，F，Hをそれぞれ結べばよい。ここで，図2のように，$AB=a$，$AD=b$，$AE=c$ とし，$AH=7$，$AF=8$，$AC=9$ とすると，$\triangle ADH$ に三平方の定理を用いて，$AD^2+DH^2=AH^2$ より，$b^2+c^2=7^2$，$b^2+c^2=49$……①が成り立つ。同様に，$\triangle ABF$ において，$AB^2+BF^2=AF^2$ より，$a^2+c^2=8^2$，$a^2+c^2=64$……②，$\triangle ABC$ において，$AB^2+BC^2=AC^2$ より，$a^2+b^2=9^2$，$a^2+b^2=81$……③となり，①＋②＋③より，$2a^2+2b^2+2c^2=49+64+81$，$2(a^2+b^2+c^2)=194$，$a^2+b^2+c^2=97$……④となる。よって，④－①より，$a^2=48$，$a>0$ なので，$a=\sqrt{48}=4\sqrt{3}$ となり，④－②より，$b^2=33$，$b>0$ なので，$b=\sqrt{33}$，④－③より，$c^2=16$，$c>0$ なので，$c=4$ となるから，直方体の3辺の長さは，$4\sqrt{3}$，$\sqrt{33}$，4である。等面四面体ACFHは，直方体ABCD-EFGHから，4個の三角錐B-ACF，D-CAH，E-FHA，G-HFCを除いたものであり，これらの三角錐は全て合同である。したがって，〔三角錐B-ACF〕$=\dfrac{1}{3}\times\triangle ABC\times BF=\dfrac{1}{3}\times\left(\dfrac{1}{2}\times AB\times BC\right)\times BF=\dfrac{1}{3}\times\left(\dfrac{1}{2}\times4\sqrt{3}\times\sqrt{33}\right)\times4=8\sqrt{11}$ より，〔等面四面体ACFH〕＝〔直方体ABCD-EFGH〕－〔三角錐B-ACF〕$\times4=4\sqrt{3}\times\sqrt{33}\times4-8\sqrt{11}\times4=16\sqrt{11}$ となる。さらに，等面四面体ACFHを $\triangle ACF$ を底面とする三角錐とし，その高さを l とすると，〔等面四面体ACFH〕$=\dfrac{1}{3}\times\triangle ACF\times l=\dfrac{1}{3}\times12\sqrt{5}\times l=4\sqrt{5}\,l$ と表せるから，$4\sqrt{5}\,l=16\sqrt{11}$ より，$l=\dfrac{4\sqrt{55}}{5}$ となる。

図2

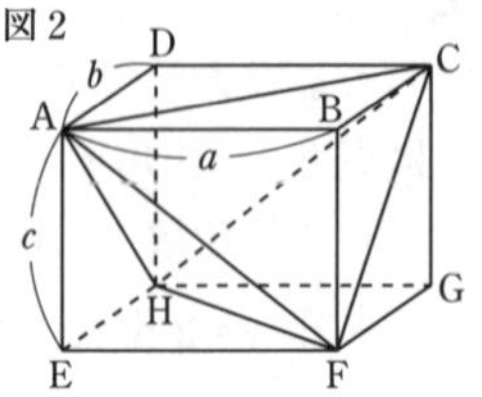

国語解答

一 問１　ａ　探索　ｂ　類似　ｃ　漸次
ｄ　精査　ｅ　産物

問２　Ａ…オ　Ｂ…ア　Ｃ…エ

問３　ヒトほど，　問４　エ

問５　自分が属す～が喚起する〔喚起する。〕

問６　ウ

問７　(例)ライバル会社の評価を落とすために，その会社が不正をしているというその情報をSNSで拡散する。

問８　向社会的行動を行う対象が，内集団の者や他個体に意地悪な振る舞いをしなかった者など，個別的・選択的になる。

二 問１　ａ…エ　ｂ…ア　ｃ…ウ

問２　ウ　問３　イ　問４　オ

問５　・士族である自分の孫が町人の子どもにけがをさせられたとなると恥ずかしいので，大きなけがでなくてよかったと思っているから。(59字)
・士族の身分を受け継いでいるという意識が強いため，今回のようなことで大騒ぎするのはみっともないことだと思っているから。(58字)

問６　エ

問７　自分は祖母の言いつけをきちんと守ったので褒められるべきなのに，理由もわからず力いっぱい殴られたので，不満に思っている。
(59字)

問８　福沢諭吉　問９　オ

三 問１　もろこし　問２　エ

問３　宝志和尚〔聖〕　問４　イ

問５　宝志和尚は普通の人ではいらっしゃらなかった

問６　しゅうい

一〔論説文の読解―教育・心理学的分野―心理〕出典；明和政子「ヒトの良心の発達とその生物学的基盤」(『良心から科学を考える』所収)。

≪本文の概要≫ヒトは，行為やその背後にある心の状態を，他個体と共有する経験を持ちながら成長するという特殊な生物である。自らの生存可能性を高める適応戦略として集団内で良心をはたらかせることを必要とするヒトは，少なくとも生後半年頃には他個体の行為の善悪を判断していると思われる。ヒトには，自分が属する集団の者に対して，好意的な認知，感情，行動を示す，内集団バイアスと呼ばれる認知特性がある。このような認知バイアスは，生後早期の乳児には見られず，生後三年以上にわたる環境経験の影響を受けながら漸次的に形成されるものである。情報科学技術の急激な発展により，人間は，ソーシャルメディアでつながる仮想世界において，個や社会の多様な価値観を分断する方向に向かっている。ヒトは，進化の産物である良心を他個体と共有することで，安定した集団，社会を形成，維持し，次世代を育んできた。多様な価値観が混在する今こそ，集団内で共有されるヒトの良心に基づいて未来環境をつないでいくことを，私たちは真剣に考えなければならない。

問１＜漢字＞ａ．「探索」は，さぐり調べること。　ｂ．「類似」は，似かよっていること。　ｃ．「漸次」は，だんだん，しだいに，という意味。　ｄ．「精査」は，詳しく調べること。　ｅ．「産物」は，ある事柄が背景となってうみ出されたもののこと。

問２．Ａ＜表現＞「ある集団内で共有される良心」が，他の集団においては「適応的に働く」というより，どちらかといえば，「集団間の分断，軋轢，対立を生み出す動因」になることがある。
Ｂ＜表現＞生後早期の乳児が「他個体を妨害する図形を注視しない」ということは，すなわち，

「避ける」ということである。　C＜接続語＞ヒトの生後早期の善悪判断は，「『助ける―妨害する』といった単純な場面に限られる」けれども，その後，善悪判断は，「時と場合」によって「変容する複雑なもの」となる。

問3＜文章内容＞ヒトは，「他個体と行為やその背後にある心の状態を共有する経験をもちながら成長する」という，「ユニークな環境の中で」育つ生物である。

問4＜文章内容＞「再現性の問題が指摘」されているものの，「最近の発達研究」から，「ヒトは生後早期からすでに他個体の行為の善悪判断を行っている可能性」があると考えられる。

問5＜指示語＞ヒトには「内集団バイアス」という認知特性があるが，「自分が属する内集団の者に対して～好意的な認知，感情，行動を示す傾向」や，「他個体の不幸や苦しみ，失敗を見聞きしたとき～相反する快感情が喚起する」ことが，「いつ頃からみられるかを検証した発達研究」が存在する。

問6＜文章内容＞「見知らぬ他個体」が「物を渡そうとする」または「見知らぬ他個体」に「物を渡す」という「場面の映像を五～六歳児に見せる」と，「肌の色に基づく内集団バイアスは，生後数年をかけて形成されるものであるらしい」ことがわかる。彼らは，「同じ肌の色をした者」から「物を受け取る，あるいは渡すと回答した」のである。

問7＜作文＞SNS等の情報発信力を利用して，事実ではない，または故意に誇張した情報を社会的に拡散し，悪意を持って他者をおとしめたり，意識的に他者が何かの活動を起こすように仕向けるという具体例を考える。

問8＜文章内容＞「生後一年を過ぎる頃」から，「ある目標を達成できない他個体を目にすると，それを援助しようとする向社会的行動が出現」する。そして「発達初期②」にあたる「生後三年目以降」には，「向社会的行動をする相手は個別的，選択的」となり，「他個体を助けた者あるいは中立な立場をとった者」や「血縁関係にある個体」を選択して助けようとするようになる。

二〔小説の読解〕出典；三浦綾子『塩狩峠』。

問1＜慣用句＞a．「もんどり(を)打つ」は，とんぼ返りをする，宙返りをする，という意味。　b．「唇をかむ」は，怒りや悔しさをこらえる，という意味。　c．「胸をつく」は，心に衝撃を与える，という意味。

問2＜表現技法＞「ようだ」「ごとし」などを用いてたとえる技法を，「直喩」という。

問3＜心情＞「虎雄が信夫の胸をついた」せいで，信夫は屋根から落ちた。しかし，信夫が「おれはお前に落とされたんじゃない」と言い，「お前がおれをつき落としたなんて，だれにもいうな！」と「命令」したので，虎雄は，「信夫の言葉がわから」ず，「ポカン」とした。

問4＜文章内容＞六さんは，「遊んでいて屋根から落ちた」という信夫の言葉を聞いて，息子の虎雄がけがをさせたと気づいた。信夫の祖母のトセに申し訳なさそうにわびようとしたところ，信夫が，「ぼくひとりで落ちたんだ！」と自分の言葉をさえぎるように主張したので，六さんは，虎雄をかばってくれようとする信夫の気持ちがうれしくて，涙が出そうになったのである。

問5＜心情＞トセは，常に信夫に「永野家は士族ですよ。町人の子とはちがいます」と言い聞かせていた。トセは，「士族」という身分に誇りを持っており，自分たちは身分にふさわしい人間でなければならないと考えていたので，「士族」の子である信夫が，「町人の子」である虎雄に屋根から突き落とされたなどということは，恥になるから，大けがでなくてよかったと思ったのである。また，「士族」の身分にふさわしく，超然として，子どものけがくらいのことで大騒ぎしないように，落ち着いていようとしたのである。

問6＜心情＞虎雄に突き落とされたのに，どこまでも「ぼくがひとりで落ちた」と言い張る信夫を見

て，貞行は，「信夫に年下の友だちをかばう度量のあること」がうれしくて，「微笑して」いた。しかし，「ぼく町人の子なんかに落とされたりするものですか」という信夫の言葉を聞き，貞行は，信夫の態度は，虎雄をかばうためではなく，士族の子が「町人の子」に突き落とされたことにしたくない気持ちからだったとわかり，信夫への怒りが込み上げてきたのである。

問7＜心情＞信夫は，常々祖母から「永野家は士族」で「町人の子とは」違うと言い聞かされていたので，「町人の子に屋根からつき落とされたなんて，口が裂けても」言えないと思い，自分で落ちたと言い張った。祖母の教えどおりに士族らしい態度を取ったことを，父が「ほめてくれてもいい」のに，父にほおを打たれ，信夫は，何で怒りを買ったかわからず，不満に思ったのである。

問8＜文学史＞天は「人の上に人を造らず，人の下に人を造らず」は，福沢諭吉の著作『学問のすゝめ』の冒頭文である。

問9＜文章内容＞貞行は，「人間はみんな同じ」であり，むしろ，「人を殺したりした士族の方が恥ずかしい人間」かもしれないと考えていた。信夫が「士族はえらいと当然のように」思っていたことや，これまで長い間，士族が自分たちの身分を誇りに思って振る舞ってきたことに対し，申し訳なく感じ，貞行は，町人である六さんや虎雄の前で，顔を上げることができずにいたのである。

三〔古文の読解―説話〕出典；『宇治拾遺物語』巻第九ノ二。

≪現代語訳≫昔，中国に宝志和尚《かしょう》という聖《ひじり》がいた。大変貴くていらっしゃったので，帝が，「あの聖の姿を肖像画に描き取ろう」と言って，絵師三人を召して，「もし一人で(描かせて)は，描き間違えることもある」と言って，三人でそれぞれに写すように(ご命令を)言い含めなさって，お遣わせなさったところ，三人の絵師は聖の所へ参上して，このように帝の命令を伝える文書をいただいて伺ったのだと申し上げると，(聖は)「しばらく」と言って，法衣《ほうえ》の正装をして出てきなさったので，三人の絵師は，それぞれ描くための絹布を広げて，三人で並んで筆を下ろそうとしたところ，聖が，「しばらく(待ちなさい)。私の本当の姿がある。それを見て描き写しなさい」と言ったので，絵師はすぐには描かないで，聖のお顔を見ると，(聖が)親指の爪で額の皮を切って，皮を左右に引きのけた中から，金色の菩薩《ぼさつ》の顔を差し出した。／一人の絵師は(聖の姿を)十一面観音と見た。もう一人の絵師は聖観音と拝見した。それぞれ見たとおりに写し申し上げて(帝のもとに)持って参上したところ，帝は驚きなさって，別の使者を遣わしてお尋ねになると，(聖は)かき消すようにしていなくなられた。そのときから「(宝志和尚は)普通の人ではいらっしゃらなかったのだなあ」と言い合ったのだそうだ。

問1＜古語＞「唐」は，現在の中国のことで，「もろこし」と読む。

問2＜古文の内容理解＞帝は，もし一人に宝志和尚の姿を描かせたら，描き間違えることもあるかと思って，絵師三人でそれぞれに描くように命令したのである。

問3＜古文の内容理解＞絵師たちが，帝の命令をいただいて参上したということを言うと，宝志和尚は，しばらく待てと言い，法衣の正装をして出てきた。

問4＜古文の内容理解＞三人の絵師が写した宝志和尚の姿が，それぞれに異なる観音の姿であったので，帝は驚いて，別の使者を遣わしなさったところ，宝志和尚は，かき消すように消えなさったのである。

問5＜現代語訳＞「ただ人」は，普通の人のこと。「おはす」は，「あり」の尊敬語で，いらっしゃる，という意味。「ざり」は，打ち消しの助動詞「ず」の連用形。全体で，宝志和尚は，普通の人ではいらっしゃらなかった，という意味。

問6＜文学史＞『宇治拾遺物語』は，鎌倉時代に成立した説話集。

Memo

2021年度 開智高等学校(第１回)

【英　語】 (50分) 〈満点：100点〉

I 以下の各設問に答えなさい。

(1) 以下の対話文を読んで、[　　]に入る漢字１字を答えなさい。

A：What is the kanji which has sun and moon?

B：I don't know.

A：The answer is "明".

B：Oh, I see. That's interesting.

A：Then, what is the kanji which has one, eight, ten and eye?

B："[　　]"!

A：You're right!

(2) 以下の英文を読んで、質問に数字で答えなさい。

Akira left home for school at seven forty. He walked at the speed of 70 meters per minute. Four minutes later, he realized that he did not have his lunch. He had to go back to get his lunch. He ran back home at the speed of 150 meters per minute. As soon as he got his lunch, he ran all the way to school at the same speed. It was 770 meters from his house to the school. Finally he got to school in time. What time did he get to school?

(3) 以下の説明に当てはまる歌集名を、日本語で答えなさい。

This is a collection of old Japanese poems of the Nara Period. One of the most famous poets is Kakinomoto no Hitomaro. Also, some of the poems were written by soldiers who were sent to Kyushu for the defense of the country.

(4) 以下の[　　]に当てはまる言葉を、日本語で答えなさい。

Light usually goes straight, but when it goes into water, it changes its course. This is called "refraction of light" or "光の[　　]" in Japanese. When you put a pencil in a glass of water, it doesn't look straight, or it looks shorter than it really is.

(5) 以下の問いに、英単語１語で答えなさい。

July 4 is Sunday in 2021. What day of the week is September 18 in 2021?

Ⅱ 以下の各設問に答えなさい。

A それぞれの対話を読み、Qの答えとして最も適切なものを、ア～エのうちから1つずつ選びなさい。

(1) A：Mom, I have to take the 8:00 train tomorrow morning.
B：Shall I wake you up one hour before?
A：Well, I want to take the dog for a walk before I leave. So could you wake me up 30 minutes earlier, please?
B：OK, I will.

Q. What time is the boy probably going to get up?
ア 6:00　イ 6:30　ウ 7:00　エ 7:30

(2) A：May I help you, madam?
B：How much is this meat?
A：It's $14 per kilogram. It's $2 cheaper than usual.
B：Oh, great! Then, I'll take one kilogram.

Q. How much will Ms. B pay for the meat?
ア $2　イ $12　ウ $14　エ $16

(3) A：When shall we meet at the bus station tomorrow?
B：The bus to the beach departs at 9:30. Let's get together 20 minutes earlier because we'll need to buy lunch.
A：I agree.

Q. What time are they going to get together tomorrow?
ア 9:00　イ 9:10　ウ 9:20　エ 9:30

(4) A：What's wrong, George? Are you looking for something?
B：I thought I put my wallet on the desk, but I can't find it. Didn't you see it anywhere?
A：Did you check the basket you usually put your wallet in when you come home? Or, how about the jacket you wore yesterday?
B：I looked in the basket, but .... Yes! I didn't take it out when I came home last night!

Q. Where will George probably find his wallet?
ア On the desk.　イ On the bookshelf.
ウ In the basket.　エ In the jacket.

(5) A：I can't access the music site you recommended yesterday.
B：Did you type the site name correctly? The name is Geala, g-e-a-l-a.
A：Oh, I thought it was Jeala, j-e-a-l-a. I'll try again, thank you.
B：No problem.

Q. What is the correct address of the music site?
ア http://geala_music.co.jp　　イ http://geara_music.co.jp
ウ http://jeala_music.co.jp　　エ http://jeara_music.co.jp

(6) A：I appreciate your help, Jack. In the summer, this garden needs a lot of work.
B：I'm glad to help. I don't get many chances to work outside.
A：I have to go into the house for a second. Can I bring you an ice cream bar?
B：No, thanks.
A：Then, would you like a cold drink instead?

Q. Where are the people talking?
ア At a gardening company.　　イ In front of a vending machine.
ウ In the house.　　エ Outside the house.

(7) A：Excuse me. I think one of my tires is leaking air.
B：Pull over there and let me have a look.
A：I brought the car in for new tires only a week ago. I don't understand how this could have happened.
B：Here's the problem. You drove over a nail. We're going to have to fix this tire.
A：Oh, no.

Q. Where does this conversation take place?
ア At a shopping mall.　　イ At a supermarket.
ウ At a machine's garage.　　エ In a hospital.

(8) A：Excuse me, could you help me with this computer? It keeps freezing.
B：Hmm, it seems something is wrong with it.
A：What should I do? I must finish writing this report in two hours.
B：Then you can use mine instead.
A：Thanks a lot.

Q. What will Ms. A do?

ア Ask Mr. B to repair her computer.

イ Use Mr. B's computer.

ウ Give up writing the report.

エ Buy a new computer.

(9) A：How do you come to school, Jane?

B：I usually come to school by bike. It takes about fifteen minutes.

A：How about this morning? It was raining heavily. I usually come to school by bike, but I walked to school today.

B：I took a bus from the station. I didn't want to get wet.

Q. How did Ms. B come to school today?

ア By bike.　　イ By train.　　ウ By bus.　　エ On foot.

(10) A：Hi, George. What are you doing now?

B：Oh, is that you, Kenta? I'm working on the paper due next Monday. I have just checked out some websites.

A：Did you find anything useful for your paper?

B：To tell the truth, the Internet access here in my room is too slow. I'll try again tonight.

Q. What is George most likely to do from now?

ア Take a break.　　イ Finish his paper.

ウ Check out websites.　　エ Go to buy a new computer.

B　それぞれの対話を読み、最後の発言に対する応答として最も適切なものをア～エのうちから１つずつ選びなさい。

(11) A：How much is it to send this package to Mexico by airmail?

B：The postage depends on the weight.

A：Ah ..., I don't know the exact weight.

B：(　　　)

ア It's light enough to send.

イ Don't you know the exact postage?

ウ You need a five-dollar stamp on it.

エ Let me weigh the package.

(12) A：What seems to be the problem?

B：I think I'm catching a cold.

A：Does it hurt anywhere?

B：Oh, yes. I have a slight headache.

A：(　　　)

ア I don't think it's a headache.

イ Oh, I'm glad to hear that.

ウ Why does it hurt so much?

エ Let me take your temperature.

(13) A：We have been working for a long time, haven't you?

B：I think so. Let's see. It's been an hour and a half since we started.

A：Why don't you take a break?

B：(　　　)

ア Because I'm so tired.

イ I don't know why I do that.

ウ This is the reason why I don't want to work.

エ That's a good idea.

(14) A：I can't get my PC screen to change.

B：Did you press both buttons at the same time?

A：No, the buttons are at either end of the keyboard.

B：(　　　)

ア Oh, do it with both of your hands.　イ I know it's difficult to find them.

ウ OK. Try each button one by one.　エ Will you try other machines?

(15) A：Do you know where the key for my car is? I can't find it.

B：I borrowed your car yesterday, and ...

A：Please remember where you put it!

B：(　　　)

ア I won't forget.　イ I didn't mean to forget about it.

ウ I'll try to as soon as I can.　エ I hope you can.

Ⅲ 以下の対話を読み、Ｑ１～Ｑ５の答えとして適切なものをそれぞれア～エの中から選びなさい。

Ken：Hi, Jane. Have you decided where to go during the summer vacation?
Jane：Yeah, I'll travel around several Asian countries for five days.
K：For five days! Sounds interesting. What are you going to do?
J：After leaving Japan, I'll stop off and stay in Shanghai, China for two nights. I'm going to see a world-famous circus on the second night there.
K：Oh, that's good. And what's next?
J：I'll go to Hong Kong the next morning and enjoy the night view there. I'm going to stay there for one night. Early the next morning, I'll visit Singapore and enjoy shopping after lunch, and then move on to Thailand the same day. I'm looking forward to the ethnic foods for dinner.
K：Won't you visit a beach in Thailand?
J：I'd like to. But I won't have enough time on the last day.
K：That's unfortunate. Anyway, have a nice trip. See you.
J：See you, Ken.

Ｑ１．Where is Jane going to stay after leaving Japan?
ア Beijing　イ Shanghai　ウ Hong Kong　エ Singapore

Ｑ２．What is Jane going to do in Hong Kong?
ア She is going to see a circus.
イ She is going to stay for two nights.
ウ She is going to enjoy shopping.
エ She is going to enjoy the night view.

Ｑ３．What is Jane going to visit Singapore for?
ア For sightseeing.　イ To visit the beach.
ウ For shopping.　エ To enjoy the view.

Ｑ４．Why can't Jane visit a beach in Thailand?
ア Because she is going to visit Singapore.
イ Because she would like to go shopping.
ウ Because she will have little time.
エ Because she can't swim.

Ｑ５．How many days is Jane going to stay in Shanghai?
ア For two days.　イ For four days.
ウ For five days.　エ She isn't going to stay there.

Ⅳ 次の英文を読んで、後の各設問に答えなさい。

The United States has (a) least one holiday in every month except August. On the third Monday of February, Americans celebrate the birthday of two former presidents. They are George Washington and Abraham Lincoln. You may have heard of them. They were both famous U.S. presidents and they both have birthdays in February. Even though they are (①) days, we celebrate both of them on the same day.

George Washington was born on February 22, 1732. He became the first president of the United States in 1789. He is sometimes called "*The Father of Our Country*." He was ②[the / fought / one / president / people / who / of] in the Revolutionary War, which started in 1775, and later helped write the United States *Constitution. There is a famous story about George Washington when he was a young boy. It says that he cut down his father's cherry tree (b) an ax. When his father asked, "Who did this?" young George answered, "I cannot tell a lie. I did it." Many children have heard this story and are encouraged to always tell the (③).

Abraham Lincoln was born on February 12, 1809. He became president in 1860. His presidency was difficult. The states in the north and the south were divided because (c) slavery. White people in the south owned black people. The north did not like it. A civil war began between the two sides. In the end, the northern states won and President Lincoln helped to free the slaves. He gave a very famous speech ④[right / everybody / how / about / the / was / had] to be free. After the civil war, Abraham Lincoln went to see a play. While he was there, he was shot dead.

Both George Washington and Abraham Lincoln were very famous presidents in the United States. Today you can see their faces on American money. George Washington is on the one dollar bill and Abraham Lincoln is on the five dollar bill. Many schools and some cities are named (d) each president. For example, the State of Washington and Washington D.C. were both named (d) President Washington.

注：* constitution 憲法

問１ 空所(a)～(d)に入る最も適切な語を、次のア～キから１つずつ選び、記号で答えなさい。

ア by　イ with　ウ from　エ after　オ of　カ at　キ through

問２ 空所(①)に入る最も適切な語を、１語で答えなさい。

問３　下線部②、④の[　　]内の語句を正しく並べかえなさい。ただし、それぞれ不要な語が１つずつある。

問４　空所(③)に入る最も適切な語を、次のア～エから１つ選び、記号で答えなさい。

ア truth　　イ story　　ウ lie　　エ answer

問５　以下の説明に当てはまる語を本文中から１語で書き抜きなさい。

"a formal talk that a person gives to an audience"

問６　本文の内容に一致するものを、次のア～エから１つ選び、記号で答えなさい。

ア George Washington became president after fighting in the civil war.

イ Abraham Lincoln was on the northern states in the civil war.

ウ Abraham Lincoln and George Washington were killed by someone.

エ You can see Abraham Lincoln's face on a U.S. one dollar bill.

V　次の英文を読んで、後の設問に答えなさい。

There are many advantages of wind *turbines and wind farms. They are important in providing green energy. However, there are also some disadvantages. One of ①these is that the giant *blades on turbines kill thousands of birds. Many birds accidentally fly into the blades and die. Researchers have found a solution. They say painting one blade black could help birds see the rotating blades. This could cut bird strikes dramatically. Researcher Dr Roel May said: "The collision of birds ... is one of the main environmental concerns related to wind energy development." The findings of the research have been published in the *conservation journal "Ecology and Evolution".

Dr May and his team conducted research on how to reduce the death rate of birds due to wind-turbine blades. They painted one blade of four different turbines black. The data showed that over four years, the turbines with one black blade saw a reduction in bird deaths of over 71 per cent. Dr May said: "Few effective measures have been developed to reduce the risk of collision." The RSPB, a bird protection group, welcomed the idea. It stressed the importance of wind farms needing to "take place in harmony with nature". It added: "Wind turbines are the right technology when we find the right places for them." It said wind farms should be put in places where there is (②) risk to wildlife.

注：* turbine タービン(回転式の原動機)　* blade (プロペラの)羽根、刃

* conservation 環境保護

問1　下線部①が表すものとして正しいものを、次のア～エから1つ選び、記号で答えなさい。

ア the advantages　　イ the disadvantages

ウ the wind turbines　　エ the wind farms

問2　空所(②)に入る最も適切な語を、次のア～エから1つ選び、記号で答えなさい。

ア few　　イ a few　　ウ little　　エ a little

問3　以下は本文をまとめたものです。(1)～(8)に適する語を、ア～チの中から選び、記号で答えなさい。同じ記号は2回以上使用してはいけません。

Wind farms provide eco-friendly energy. However, thousands of birds are (1) due to wind-turbine blades. Researchers have tried to find out how to make wind turbines (2) for birds. They say that when one blade is (3) black, birds can see the blades. This (4) bird deaths (5) 71%. A bird protection group is (6) with the idea. It says wind farms (7) to be in harmony with nature and that they should not (8) wildlife.

ア kind　　イ satisfied　　ウ painting　　エ reduced　　オ need

カ risky　　キ necessary　　ク killing　　ケ to　　コ damage

サ painted　　シ die　　ス by　　セ safe　　ソ welcomed

タ killed　　チ reduction

Ⅵ

(　　)内の日本語を[　　]の語を用いて英語に直しなさい。その際、[　　]内の語も含み英語6語になるようにしなさい。(don'tなどの短縮形は1語と数える。)

A：Say, "Cheese!" Good! No V sign, please. I hate it.

B：Why not? Everybody does it, Dad.

A：I want a natural shot. No, (そんな風に両手を広げないで[like]).

B：Yeah, yeah ... but hurry up, Dad. It's going to close here soon.

Ⅶ

以下の会話文で、空欄に[　　]の語を用いて適切と思われる4語の英語を入れなさい。その際、[　　]内の単語も語数に含める。(don'tなどの短縮形は1語と数える。)

A：I'm thinking of buying a camera.

B：I'm not using my old one.

A：Really? How much do you want for it?

B：＿＿[worry]＿＿ me. You can have it.

【数　学】 (50分) 〈満点：100点〉

(注) 分数は既約分数に直し，無理数は分母を有理化し，根号内はできるだけ簡単に，比はもっとも簡単な整数値にして答えること。

1　次の各問いに答えなさい。

(1) $(-3abc)^2 \div \frac{6}{5}a^2b \times \left(\frac{2}{3}bc\right)^2$ を計算しなさい。

(2) $4(x-2y)^2-(x+3y)(x-3y)$ を計算しなさい。

(3) $3ab^2c+18ac-15abc$ を因数分解しなさい。

(4) $\sqrt{220-3a}$ が自然数となる自然数 a の個数を求めなさい。

(5) 連立方程式 $\begin{cases} ax+by=11 \\ bx+ay=14 \end{cases}$ の解が $\begin{cases} x+2y=0 \\ 3x+y=5 \end{cases}$ の解と等しくなる

a，b の値を求めなさい。

(6) 図のように中心Oの円周上に4点A，B，C，Dがあり，

$\overset{\frown}{AB}:\overset{\frown}{BC}:\overset{\frown}{CD}:\overset{\frown}{DA}=1:2:3:4$であるとき

正しいものをすべて選びなさい。

① 辺ABと辺BCの長さの比は1：2

② AC⊥BD

③ △BOC∽△ACD

④ CO⊥AD

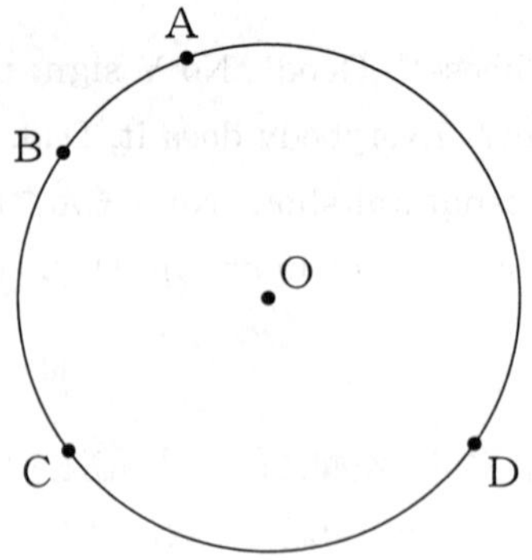

(7) 右の図のように，３点A，B，Cは点Oを中心とする半径４の円周上にあり，さらに３点A，O，Cは点Bを中心とする半径４の円周上にある。
図の斜線部分の面積を求めなさい。
ただし，円周率はπとする。

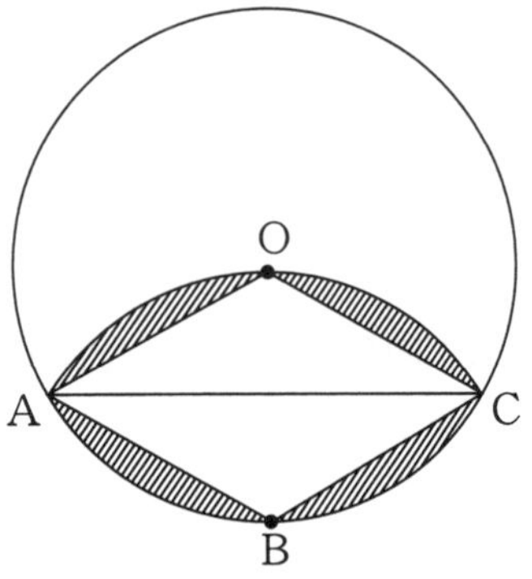

2 次の各問いに答えなさい。

(1) 0，1，2，3，4の５つの数字から３つの数字を選んで並べて，３桁の整数をつくる。ただし同じ数字を２回以上選ばないものとする。
このとき，次の各問いに答えなさい。

(i) ３桁の整数は全部で何個できるか求めなさい。

(ii) 偶数は何個できるか求めなさい。

(iii) ４の倍数は何個できるか求めなさい。

(2) 右の図のようにA (0, 5)があり，Aを通る直線をℓとし，ℓとx軸の交点をDとする。次に直線m：$y=2x$上に点Bがあり，ℓとmは点Bで直角に交わる。またCはBDの中点，EはODの中点とする。次の各問いに答えなさい。

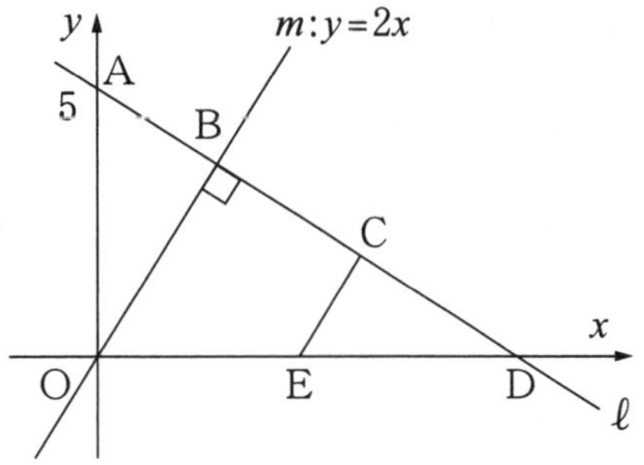

(i) 直線 ℓ の方程式を求めなさい。

(ii) 点Cの座標を求めなさい。

(iii) △OAB：四角形OBCE：△CDEの面積比を求めなさい。

3 A，A，A，B，B，Cの6つの文字から3つの文字を選んで1列に並べる。このとき，次の各問いに答えなさい。

(1) Aを2つ選ぶ文字列は何通りか答えなさい。

(2) Aを1つ選ぶ文字列は何通りか答えなさい。

(3) 文字列は全部で何通りか答えなさい。

4 図のように，関数 $y=x^2$ ……① のグラフと直線 ℓ，直線 m とが，それぞれ2点A，BとC，Dで交わっている。そして，直線 ℓ と直線 m，直線BCと x 軸はそれぞれ平行であり，A，Bの x 座標はそれぞれ−1，2である。
直線ADと直線BCの交点をEとする。
次の各問いに答えなさい。

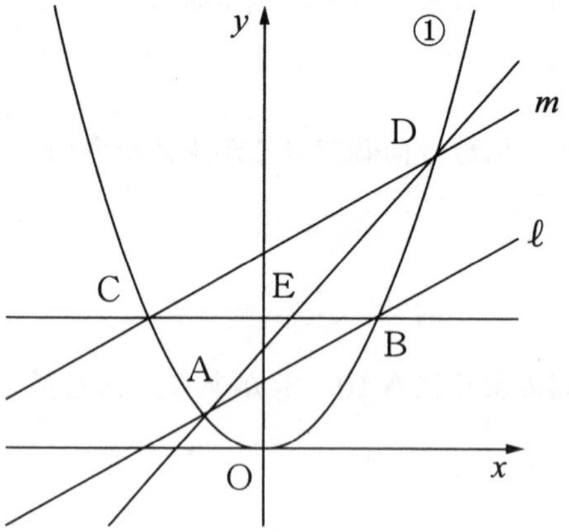

(1) 直線ℓの方程式を求めなさい。

(2) 点Cの座標を求めなさい。

(3) 点Dの座標を求めなさい。

(4) 線分AE：EDの比をもっとも簡単な整数比で表しなさい。

5 三角形ABCは円に内接し，∠Aの二等分線と円との交点のうち，点A以外の点をDとする。AB＝6，AC＝8，BC＝10である。

次の各問いに答えなさい。

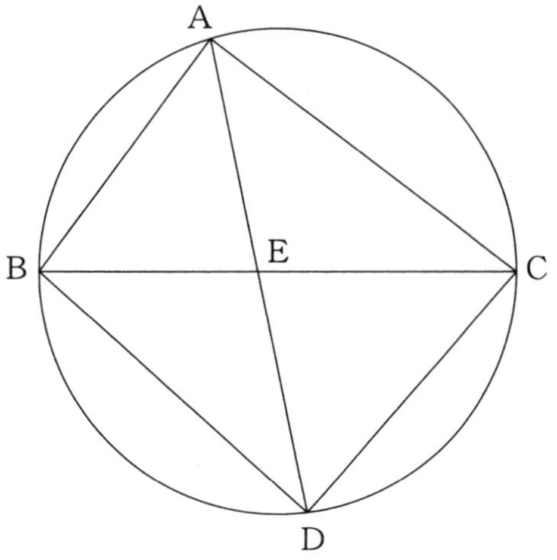

(1) ∠BCDの大きさを求めなさい。

(2) BDの長さを求めなさい。

(3) BEの長さを求めなさい。

(4) ADの長さを求めなさい。

問2　波線部B「置く」、C「見れ」の主語をそれぞれ文中の語で答えなさい。

問3　波線部D「すゑむ」を現代仮名遣いに直しなさい。

問4　傍線部①「おの」は何を指しているか。文中の語で答えなさい。

問5　傍線部②「子猿を負ひたるを助けむとて」、③「母につきて離れじとしけり」の現代語訳として最も適切なものを後の中からそれぞれ一つ選び、記号で答えなさい。

②「子猿を負ひたるを助けむとて」

ア　子猿を背負った猿を助けようとして
イ　子猿を背負っていたのを助けまいとして
ウ　背負っていた子猿を助けようとして
エ　子猿を怪我させたのを助けまいとして
オ　負傷している子猿を助けると思って

③「母につきて離れじとしけり」

ア　母親にくっついて離れられなくなった
イ　母親にしがみついて離れまいとした
ウ　母親にしがみついたが離れそうになった
エ　母親にくっついて一緒に戦おうとした
オ　母親に関しては離れるのが難しかった

問6　傍線部④「それより長く、猿を射ることをばとどめてけり」の内容を説明したものとして最も適切なものを次の中から一つ選び、記号で答えなさい。

ア　太郎入道は、猿を射ることに魅力を感じなくなったので、しばらく猿を射ていなかった。
イ　太郎入道は、猿の親子が地面に落ちて動けなくなったので、再び動くまで射るのを待った。
ウ　太郎入道は、猿の親子を射た一件によって、しばらくの間は猿を射ることを禁止された。
エ　太郎入道は、猿の親子を仕留められなかったことを反省し、以後は猿を射ることをやめた。
オ　太郎入道は、猿の親子をあわれに思い、それ以降はずっと猿を射ることをやめてしまった。

問7　『古今著聞集』は平安時代に成立した説話集である。同じく平安時代に成立した、わが国最大の説話集の名前を漢字で書きなさい。

問2　傍線部①「そういう結末を書けなくなってしまった」とあるが、なぜ「書けなくなっ」たのか。分かりやすく説明しなさい。

問3　傍線部②「彼らの『今』」とあるが、アボリジニの『今』についての説明として最も適切な一文を文中から探し出し、その最初の五字を答えなさい。

問4　傍線部③「例の伝統的な『法』」とあるが、『法』とはどういうものか。文中に二十五字程度で説明している箇所がある。その最後の五字を答えなさい。

問5　傍線部④「激しい衝撃を感じずにはいられなかった」とあるが、なぜか。その理由を次のようにまとめた。空欄部1、2を埋めなさい。ただし、空欄部2は文中から二十一字で抜き出し、その最初の五字を答えなさい。

筆者はこの町のアボリジニたちは［ 1 ］と思っていたが、筆者に良くしてくれていた亡くなった町のアボリジニの男性が［ 2 ］ことを知ったから。

問6　二重傍線部「個人の感情」、「伝統意識」とあるが、文中の亡くなったアボリジニの男性の場合、具体的にどういうものを指すか。それぞれ答えなさい。

問7　傍線部⑤「『理屈で考えてたら、カミは決してわからないよ』と囁く声が聞こえている」とあるが、筆者は「カミ」をどのようなものと考えているか。適切でないものを次の中から一つ選び、記号で答えなさい。

ア　視認できなくとも、人々に信じられていたもの。
イ　信仰する人々に対して、大きな制約をかけるもの。
ウ　カミへの信仰を通して、人々の世界観が見えてくるもの。
エ　信仰する人々や社会にとって、拠り所となるもの。
オ　絶対的な存在であり、他のカミを拒絶するもの。

三　次の文章を読んで、後の問いに答えなさい。

注1 豊前《ぶぜん》の国の住人太郎入道といふものありけり。男なりけるとき(出家する前、)、常に猿を射けり。ある日山を過ぐるに、大猿ありければ、木に追ひ登せて射たりけるほどに(木の上に追って登らせて射たときに)、Aあやまたず、かせぎにて射てけり(木のまたのところで射たそうだ。)。すでに木より落ちむとしけるが、なにとやらん(なんとなく、)、物を木のまたにB置くやうにするをC見れば、子猿なりけり。①おのが傷を負ひて土に落ちむとすれば(地面に落ちようとするので、)、②子猿を負ひたるを助けむとて、木のまたにDすゑむとしけるなり(木のまたに置こうとしたのだった。)。子猿はまた、③母につきて離れじとしけり。かくたびたびすれども(このように何度もしたが、)、なほ子猿つきければ(やはり子猿がついているので、)、Eもろともに地に落ちにけり。④それより長く、猿を射ることをばとどめてけり。

(『古今著聞集《ここんちょもんじゅう》』)

注1　「豊前の国」…現在の福岡県と大分県にまたがっていた旧国名。

問1　波線部A「あやまたず」、E「もろともに」の文中での意味として最も適切なものを後の中からそれぞれ一つ選び、記号で答えなさい。

A　「あやまたず」
ア　殺すことなく
イ　謝罪することもせず
ウ　だれも待たず
エ　ねらいにたがわず
オ　申し訳ないと思わず

E　「もろともに」
ア　いっしょに　　イ　直接
ウ　完全に　　エ　かわいそうに
オ　ようやく

がら、ときに、伝統意識とぶつかりあわねばならないこの町のアボリジニたちの不安定さ、苦しさに愕然《がくぜん》とした。かつて、まわりの人全員が同じ『法』の中で生活し、同じ制約や常識を持っていたときには、さほど感じなかったことが、今ふたつの世界の狭間にいる彼らには、ひどく苦しいことになってしまっているのではないか……。『月の森に、カミよ眠れ』を書いていたときに、私の頭にあったのはそのことだった。古代、集落の社会と、朝廷が支配するもうひとつの社会との狭間で生きなければならなくなった人びとにとって、かつて自分たちを律していたカミガミの制約が、ふいにとてもつらいものに感じられるようになりはしなかったか……。

　特に、カミは注6常人《じょうじん》の目には見えない。声も聞こえない。大蛇などの異様なモノの中に、それを感じることはあったとしても、基本的には、全員がそれがカミであるとたしかに認識できるものではない。にもかかわらず、自分が思っているカミを、他の人もそう思っているだろうと皆が思い込んでいる不思議な存在である。それだけに、当時の注7隼人の社会のように、都を見、異なる世界の常識を知った男たちと、かつてのまま暮らしている人びとという、ふたつの異なる認識がぶつかりあったとき、きっとものすごい混乱と苦しみが生じたにちがいない……そう思ったのである。

　カミを描くことは、世界観を描くこと。そのとき、その人びとがどんな目で、どんな思いで世界を見ているかを描くことだと思う。

　私たちは、歴史に立ちあらわれた数々のカミと現在の世界中の人びとのカミを情報として知ることができる。そのために、その広大な視野に人びとはとまどい、カミを相対化しすぎた結果、科学という新たな世界観を拠《よ》り所とするようになった。しかし、この科学さえ相対化できることに気づきはじめた今、人びとは今度は何を拠り所にして世界を見るようになるのだろうか。……そんな理屈を考えながら、実は心の底で、⑤「理屈で考えてたら、カミは決してわからないよ」と囁《ささや》く声が聞こえている。

（『カミを見る目が変わるとき』上橋菜穂子　一部改変）

注1「文化人類学」…諸民族の文化・社会を比較研究する学問。
注2「アボリジニ」…オーストラリアの先住民。白人の入植後、人口が激減した。
注3「アル中」…アルコール中毒を略した言葉。
注4「パブ」…洋風の居酒屋。
注5「土地権運動」…先住民が国家に対して自らが居住、生活してきた土地に対する利用権や所有権を請求する運動。
注6「常人」…普通一般の人。
注7「隼人」…古代、九州南部に住んでいた人々で、大和政権に反抗していた。独自の文化・習慣を持っていたとされる。

問1　波線部a～cの語句の意味として最も適切なものを後の中からそれぞれ一つ選び、記号で答えなさい。

a「侮り欺いた」
ア　みくびりさげすんだ
イ　見下しだました
ウ　だましだまされた
エ　裏切り罠にかけた
オ　そそのかして罠にかけた

b「冷水をあびせて」
ア　冷静さをとりもどして
イ　おちついて判断させて
ウ　一息つかせて
エ　意気込みをくじいて
オ　やる気を奮い起こして

c「はにかみながら」
ア　ほほえみながら
イ　あせりながら
ウ　はじらいながら
エ　何事もないようにしながら
オ　困りはてながら

が選択していれば、破滅に向かって、うなりをあげて突きすすんでいる、なんてことはなかっただろうになぁ、と思ったわけである。……そういう単純な感激に、ある経験が、ざばっとｂ冷水をあびせてくれた。

アボリジニというと、ブーメランを投げ、沙漠《さばく》で虫などを食べているイメージがある。テレビでも「今でもこんなもの食べてる！」式の番組で登場するので、そういう印象のみがクローズアップされているが、実際は、伝統的な生活や言語をある程度でも守って生きている人びとは少数派で、多くのアボリジニたちは植民後約二百年の歴史の中で白人と混血し、言語や慣習をほとんど失い、都市や田舎の町などで暮らしている。私は、大都市や田舎町、沙漠の中のコミュニティとさまざまなところにおじゃましたが、都市のアボリジニの小学生から、学校で習ったからアボリジニの言葉を教えてあげると言われたことがある。この子たちにとって母語は英語であり、祖先が話していた言葉はもはや、学校で紹介される程度のものでしかなくなってしまっているのだ。

私が最初に滞在した町は、人口わずか四〇〇人たらずの小さな田舎町だった。その町の小学校では、混血のアボリジニ生徒の母親たちが、先生のアシスタントとして働いており、気さくな彼女たちが、私にとってはアボリジニについて教えてくださる大切な先生だった。

彼女らは十数単語しか伝統言語を知らず、キリスト教徒だったが、おおぜいの親族と強い絆《きずな》で結ばれているなど、やはり白人社会とはやや異なった人間関係を持っていた。それでも、もう精霊などは信じていないと笑い、新聞を片手に注3アル中の夫の愚痴《ぐち》をこぼしあう彼女らは、私には、もはや③例の伝統的な『法』とはほとんど関わりのない人びとに見えていた。

その彼女らの親族のひとりに、純血の真っ黒い肌のおじさんがいた。彼はこわそうな外見とは裏腹に、とても内気な気のいい人で、二歳の姪《めい》っ子のお守りをしがてら、しょっちゅう学校に遊びにきていた。私にも優しくて、数か月町を離れることになったときには、またもどっておいでと、町に一軒しかない小さなホテルで、注4パブにいる仲間にからかわれながらディナーを奢《おご》ってくれたりもした。……その彼が、ふいの心臓発作で亡くなったことを知ったのは、別の町での数か月の滞在から帰ってきたときだった。そして、その死が、この町に住むアボリジニたちの心の中に残る、『法』のかけらを浮かびあがらせたのである。

アボリジニは、伝統的な意識の中では、土地と非常に強く結びついている。この土地は、売り買いできるような表面的な土地ではなく、人の魂が属しているとされる世界そのものをさす。民族運動として重要な注5土地権運動《ランド・ライツ・ムーブメント》については知っていたが、そういう意識は伝統文化がリアリティを保っているところか、政治意識が強いところで表出してくるもので、この町のアボリジニたちには、実際はあまり関わりのない意識だろうと思っていた。しかし、彼の死が浮かびあがらせたものは、その伝統的な土地への帰属意識の問題だったのである。

彼は生前、死んだら故郷ではなく、三十年以上も暮らし、仲のよい友人も埋葬されているこの町の墓地に埋めてほしいと言っていた。この町のアボリジニたちは、その願いをかなえてやりたがっていた。しかし、彼の故郷の親族たちは、彼は彼の属する土地に埋葬されねばならないと主張して譲らなかったのである。苦しんだのは、この町のアボリジニだった。……議論の末、彼の遺体は二〇〇キロも離れた故郷へと運ばれていった。彼は自分の望むところで眠ることを許されなかったのである。

こういう伝統法の厳しさについては、知識としてはよく知っていた。個人の人権の尊重という思想とはあいいれない『法』の厳しさが、自然環境を守ってきたのだと私は考えていた。……けれど、ホテルで、ｃはにかみながら食事をしていた彼の顔を思い、その死を思うと、ふいにドンッと壁に突きあたったような④激しい衝撃を感じずにはいられなかった。

同時に個人の感情や人権を大切にする白人社会で日常を暮らしな

ったこと。

オ　一層の民主化が強まる流れの中で民主政治を新しくしようとしたこと。

問7　傍線部⑥「情報革命は民主主義を促進するという楽観論があった」とあるが、この「楽観論」とは逆に起こったことを三〇字以内で具体的に書きなさい。

問8　この文章の内容に最も合うものを次の中から一つ選び、記号で答えなさい。

ア　白人男性が中心であるという政治的正しさは民衆から飽きられ、反発を受け、不安定な社会ができあがった。

イ　新聞やテレビなどの伝統的なメディアでは情報をすべて公開することができず、政治に対する不満が募った。

ウ　豊かな生活が継続していれば、多数派の市民が利益を得られるので政治への不満もなく、社会は安定する。

エ　旧来のマスメディアでは優秀な人材のみが発言し、人権侵害や虚偽情報は抑制されていたので平和だった。

オ　一層の民主化が追求された結果、民主主義は固定的なものでなくなり、社会は多様化することになった。

二　次の文章は、文化人類学者で小説家の上橋菜穂子が一九九二年に書いたエッセイ『カミを見る目が変わるとき』の全文である。文章を読んで、後の問いに答えなさい。

数年前、『月の森に、カミよ眠れ』（偕成社・一九九一年）という物語の最初の構想が浮かんだとき、私は『ばちを当てる畏《おそ》ろしいカミ』を描こうと思っていた。カミをa侮り欺いた結果、自然災害としての罰が降りかかる話を思いえがいていたのだ。

ところが、ある経験を境《さかい》に、①そういう結末を書けなくなってしまった。そして、気がつくと物語は、リアリティを失い力を失って見えなくなっていくカミと、カミと人との狭間で悩む人びとの話になってしまっていたのだ。……なぜ、そんなふうに変わってしまったのか。ちょっとまわりくどくなってしまうかもしれないけれど、そんな話をしてみたいと思う。

私は、注1文化人類学を学んでいて、現在はオーストラリアで、先住民注2アボリジニに②彼らの『今』について教えていただくことを研究のテーマにしている。そういうことに興味をもったのは、彼らの『法』についての本を読んで強く心をひかれたからだった。

イギリス人が植民を開始する前、彼らは、『法』と呼ばれる、森羅万象（精霊もふくめた）すべてに関わる壮大な秩序に従って生活していたという。それは現代の法律のように人間社会の秩序を守るためだけのものではなく、宇宙の現象すべてに関わるものだった。

彼らの儀礼は、人のために獲物や作物をふやしてくれとカミに願う豊饒《ほうじょう》の儀式ではなく、極端にいえば、森羅万象が在《あ》るとおりにきちんとまわってさえいれば、この世は変わらないのだという意識からおこなわれたものだったらしい。だから、ハエやカが正しい時期にふえるようにおこなう儀礼さえあったという。

そういう話を読んだとき、私はしごく単純に感激してしまった。これこそが、四万年以上ほとんど自然環境を損《そこ》なうことなく、狩猟採集で生きてきた彼らの生活規範だったのだ。こういう法を全人類

（『民主主義は終わるのか——瀬戸際に立つ日本』山口二郎　一部改変）

注1　「丸山眞男」…（一九一四～一九九六）思想家・政治学者。
注2　「テーゼ」…命題。あるまとまった考え方。
注3　「ノスタルジー」…過ぎ去った時代を懐かしむこと。

問1　波線部a～eのカタカナをそれぞれ漢字に直しなさい。なお、文字は楷書で一画ずつ丁寧に書くこと。

問2　空欄部A～Dに当てはまる語として、最も適切なものを次の中からそれぞれ選び、記号で答えなさい（ただし記号は重複しない）。

ア　こうして　イ　しかし　ウ　だから
エ　たとえば　オ　ところで　カ　また

問3　傍線部①「逆説的な事情」、③「逆説的な話」とあるが、その説明として最も適切なものをそれぞれ後の中から選び、記号で答えなさい。

①「逆説的な事情」
ア　より多くの人が民主主義に参加することによって、民主主義に問題が生じたという事情。
イ　民主主義の問題を解決するためにより多くの民主主義が必要になってしまうという事情。
ウ　そもそも政治参加は働く男性に限定されていて、少数派や移民が排除されたという事情。
エ　民主化の度合いが高まる必要があるのに、権利は白人男性だけに限られていたという事情。
オ　どんなに安定した民主主義の時代でも、そこからこぼれ落ちる人々が存在するという事情。

③「逆説的な話」
ア　民主化の度合いが高まらないのに、政治に対する満足感がもたらされた国があるということ。
イ　戦後の民主化は、政治参加に受動的な人々が豊かな生活を享受したために進んだということ。
ウ　戦後の民主化は国家間の差を生みだし、民主主義を崩壊に追い込むことになったということ。
エ　一般市民が裏取引や既得権について知ったため、政治に対して受動的でなくなったということ。
オ　新たに政治参加する人々が増えたことで、従来の民主主義システムが変化したということ。

問4　傍線部②「民主化の進行への反作用」とあるが、それは具体的にどのようなことか。五〇字以内で説明しなさい。

問5　傍線部④「後から来た人々」とあるが、この「人々」の説明として最も適切なものを次の中から一つ選び、記号で答えなさい。

ア　白人優位の社会の中で、均質性を保持するための重要な役割を果たしてきた。
イ　積極的に政治参加した結果、社会に対し絶対的な影響力を持つようになった。
ウ　女性や移民などの少数派が自分たちの権利を主張し、平等や権利を獲得した。
エ　先に権利を持っていた人々の反発を受けたが、多数派の権利を縮小してきた。
オ　秩序や安定を嫌い、確信犯的に差別発言をするような政治家を追放してきた。

問6　傍線部⑤「支持を集める要因」とあるが、筆者が考えるトランプ大統領誕生への一連の「要因」として適切なものを次の中からすべて選び、記号で答えなさい。

ア　あらゆる権利を奪われたため、被害者意識を持つ人々が増加したこと。
イ　移民労働者などにも権利を認めようという考え方に反発が生じたこと。
ウ　白人男性が優位に立つ時代の方が良かったという考えが広まったこと。
エ　差別的な発言を繰り返したことが、話題を集める好材料にな

に対して受動的だったことが民主主義システムの前提の一つだった。にもかかわらず政治に対する一定の満足感をもたらしたのは、豊かな生活の継続であった。

③逆説的な話だが、戦後の民主化は、国によって時間差はあるが、安定的な民主政治システムの前提条件を掘り崩すという結果をもたらした。従来政治から疎外されていた少数民族、女性、移民その他少数者が政治参加の権利を持って自らのアイデンティティに基づいた政治行動をとるようになると、包括政党を支えていたような社会の均質性はなくなる。従来、社会の多数派だった人々、たとえばアメリカにおける白人男性は、政治的な発言権について、あとから参加を求めた女性や黒人、ヒスパニック系の人々などに追いつかれた形である。追いつかれたといっても、真の平等が実現したのであって、先に権利を持っていた人々が反発するのは筋違いである。しかし、白人労働者の中には、自分たちの政治的な消極性と「④後から来た人々」の政治的な活発さの差が広がるにつれ、自分たちの影響力が相対的に低下し、置き去りにされたような被害者意識を持つ者も出てきた。西欧では、移民労働者の増加を前にして、すべての民族、宗教、性(伝統的な異性愛者のみならずＬＧＢＴを含む)に等しく権利を認めるという普遍主義に対する反発や懐疑が広がった。男性が社会の上部にｃクンリンし、少数者がひっそりと追い込まれていた状態の時代を、秩序があり安定した時代だとするような的外れの注3ノスタルジーが広まりだしたのである。

女性や少数者の権利を否定したり、侮辱したりする発言を公の場で行うことは、一九七〇年以降、先進国ではタブーとなった。確信犯的に差別発言をするような政治家は、公的世界から追放されるのが常識となった(日本ではそのようなルールが遵守《じゅんしゅ》されているとは言い難いが)。トランプ大統領の新しさは、大統領候補として予備選挙において差別発言を繰り返し、それが話題となり、⑤支持を集める要因となった点である。また、差別に加えて、政治的な敵を攻撃する際に虚偽や捏造《ねつぞう》の情報が多用されるようになった。指導的政治家は嘘をついてはならないという規範も、二〇一〇年代後半には崩壊した。［　C　］一層の民主化への逆風が強まる中で、民主政治の前提条件としての正確な情報の共有、誠実な発話、理性的な討論などの作法が危機に陥っている。

民主主義にとって言論の自由と公平な言論空間は不可欠である。しかし、二〇一〇年代に入って多くの先進国において言論空間はｄコウハイしている。それを促している原因の一つは、一九九〇年代から急速に進行した情報革命、ＩＴの進化である。

インターネットによってコミュニケーションや情報共有が飛躍的に拡大し始めたとき、⑥情報革命は民主主義を促進するという楽観論があった。情報伝達のコストが小さくなり、ネット上での議論が可能となり、運動やデモの呼びかけも簡単にできるようになる。ネットは人々の意思を集約して世論形成をする新しい武器になる。民主主義を支える政治運動にとって、ネットは便利な道具となった。

しかし、ネットの普及は言論空間の劣化を促進したことも確かである。トランプが公然としゃべる差別発言や虚偽情報の類は、彼が登場するはるか前からネット上にはあふれていた。情報伝達や言論空間についてネットの普及がもたらす弊害《へいがい》においては、民主化の両義性と似た構図がある。

旧来のマスメディアにおいては、そこで発言する機会を得たのはごく少数の、言論の世界のエリートであった。［　D　］、新聞における校閲《こうえつ》、テレビにおける考査というチェックや検証の仕組みがあり、人権侵害や虚偽のｅルフを避けるための抑制の仕組みは幾重にも存在した。保守、革新という立場の違いはあっても、マスメディアでの発言については、一定の品質管理が加えられた。

これに対して、ネットはきわめて平等で、ある意味で民主主義的な言論空間を提供する。知名度は、ネットにおける影響力にとって必ずしも必要ではない。しかし、ネット上の言論については、校閲や考査は存在しない。感情がそのまま不特定多数の目に触れる場に陳列される。

二〇二一年度 開智高等学校（第一回）

【国　語】（五〇分）〈満点：一〇〇点〉

一　次の文章を読んで、後の問いに答えなさい。

民主主義の変調は、二〇世紀後半に追求された一層の民主化(more democracy)によってもたらされたという①逆説的な事情も指摘できる。二〇世紀後半の安定した民主主義の時代でも、そのシステムからこぼれ落ちる人々が存在した。政治参加の単位が、企業、労働組合、農民団体、専門職団体など生産・aキョウキュウ側の集団であったことから、そこでの主要な登場人物は働き手の男性に限定されていた。また、人種・宗教・言語等の少数派、国によっては移民も排除されていた。

一九六〇年代以降、学生運動、女性解放運動、アメリカにおける黒人の公民権運動などが活発化した。自由や民主主義を特定のカテゴリーの人々だけに享有させるのではなく、一層の民主化によって民主政治の閉塞《へいそく》を打破するという運動が各国で広まった。その結果、民主主義国で従来権利を認められていなかった人々が権利を獲得し、社会は多様化した。民主主義は永久革命という注1丸山眞男《まるやままさお》の注2テーゼに従うなら、先進国といえども民主主義は固定的な制度であってはならない。従来、「二級市民」と扱われた人々が権利を要求するのは当然であり、民主化の度合いが高まることは肯定すべきことである。

［A］、アメリカ独立宣言には、「すべての人間(all men)は、神によって平等に造られ、奪うことのできない権利を付与されている」という一節がある。この文書が書かれてから一世紀半の間、「すべての人間」とは白人の男性だけを意味していた。その後、女性、黒人、ヨーロッパ以外から来た移民やその子孫が、自分たちも人間だと主張し、平等と権利を獲得した。民主主義とはそのようなプロセスである。

しかし、二一世紀に入って、これらの原理や建前、英語で言えば「政治的正しさ(political correctness)」に対する飽きや反発がアメリカや西欧で広がってきた。この反動は、②民主化の進行への反作用である。民主化と反作用の微妙な関係について、時代を追って観察してみたい。

参加の量の拡大は参加の質を高めるという期待が昔は存在した。二〇世紀初頭のアメリカでは、既成政党の腐敗に対抗する市民運動から革新主義という政治bチョウリュウが現れた。そのリーダーだったロバート・ラフォレット(ウィスコンシン州知事、上院議員などを歴任)は、民主主義の問題を解決するのはより多くの民主主義(more democracy)であると叫び、改革を進めた。

［B］、量の拡大は質の向上と並行しなければ、むしろ多数の専制といわれる民主主義の病理を招来する。政治参加の量の拡大とは、より多くの市民が自らの利益や主張を政治過程に対して表出することである。これに対して、政治参加の質の向上とは、参加者がそれぞれの政治共同体の課題について広い視野で考え、自分の利益や主張を表出しつつ、他者の権利や利益についても顧慮し、より多くの人々が合意できる結論に至るよう議論するということである。今の言葉で言えば、熟議ということになろう。

すでに述べたように、一九五〇年代から八〇年代までの西欧や日本においては、政治参加は、労働組合、企業団体、農民団体などの団体を単位としていた。団体を基盤とする代表者が団体メンバーに対する利益配分の政策を勝ち取ることで、人々は政治参加の効果を感じていた。新聞、テレビなどの伝統的なメディアだけが存在する時代には、政治過程に関する情報はすべて公開されていたわけではなかった。団体を単位とする交渉の結果、腐敗と紙一重の裏取引や既得権が生じていたが、それは一般市民からは見えなかった。一般市民はすべてを知るわけではなく、政策決定の大半は政治家、官僚、団体指導者に委任され、多数派の市民が利益を享受する反面、政治

英語解答

Ⅰ (1) 真　(2) 7時51分　(3) 万葉集
(4) 屈折　(5) Saturday

Ⅱ (1) イ　(2) ウ　(3) イ　(4) エ
(5) ア　(6) エ　(7) ウ　(8) イ
(9) ウ　(10) ア　(11) エ　(12) エ
(13) エ　(14) ア　(15) ウ

Ⅲ Q１ イ　Q２ エ　Q３ ウ
Q４ ウ　Q５ ア

Ⅳ 問１ a…カ　b…イ　c…オ　d…エ
問２ different
問３ ② one of the people who fought
④ about how everybody had the right
問４ ア　問５ speech　問６ イ

Ⅴ 問１ イ　問２ ウ
問３ １…タ　２…セ　３…サ　４…エ
５…ス　６…イ　７…オ　８…コ

Ⅵ (例)don't open your arms like that

Ⅶ (例)Don't worry about paying

Ⅰ〔総合問題〕

(1)＜対話文完成―適語補充(漢字)＞Ａ：太陽と月の入った漢字って何だと思う？／Ｂ：わからないな。／Ａ：答えは「明」だよ。／Ｂ：ああ，なるほど。おもしろいね。／Ａ：じゃあ，一と八と十と目が入った漢字は？／Ｂ：「真」だ！／Ａ：正解！〃「明」という漢字は「日」と「月」を組み合わせてできている。「一」「八」「十」「目」を組み合わせてできる漢字は「真」。

(2)＜要旨把握―計算＞「アキラは７時40分に家を出て学校に向かった。彼は分速70メートルで歩いた。４分後，彼は昼食を持っていないことに気がついた。彼は昼食を取りに戻らなければならなかった。彼は分速150メートルで走って家に帰った。昼食を手にするとすぐに，彼はさっきと同じ速さで学校までずっと走っていった。家から学校までは770メートルあった。最終的に彼は学校に間に合った。彼が学校に着いたのは何時だったか」　忘れ物に気づくまでに分速70メートルで４分歩いていたので，この時点で70×4＝280(m)進んでいる。ここから家まで戻った距離と，家から学校までの距離の合計は280＋770＝1050(m)となる。この距離を分速150メートルで走ったので，走った時間は1050÷150＝７(分)となる。よってアキラが学校に着いたのは，７時40分＋４分＋７分＝７時51分。

(3)＜要旨把握―文学史＞「これは奈良時代の古い和歌を集めたものである。最も有名な歌人の１人は柿本人麻呂である。また，和歌の中には国の防衛のために九州へ送られた兵士たちによって詠《よ》まれたものもある」　奈良時代の和歌集で，柿本人麻呂の作品や防人歌を含むものは『万葉集』。

(4)＜要旨把握―理科＞「光は普通直進するが，水の中に入ると進行方向を変える。これは日本語では『光の屈折』と呼ばれる。グラスに入った水の中に鉛筆を入れると，まっすぐには見えないか，実際よりも短く見える」　refraction には「反射」と「屈折」の意味があるが，ここでは，光が水中に入ると方向が変わり折れ曲がって見えるという説明から「屈折」が適切。

(5)＜要旨把握―計算＞「2021年の７月４日は日曜日である。2021年の９月18日は何曜日か」　９月18日を８月の日付で表すと18＋31＝49より８月49日。さらに７月の日付で表すと49＋31＝80より７月80日となる。80－4＝76より，９月18日は７月４日の76日後。76÷7＝10あまり６より，日曜日から６日後の土曜日だとわかる。

Ⅱ〔対話文総合〕

A＜英問英答＞

⑴A：お母さん，明日の朝は８時の電車に乗らなきゃならないんだ。／B：１時間前に起こしてあげようか？／A：うーん，出かける前に犬を散歩に連れていきたいんだ。だからそれより30分早く起こしてくれる？／B：わかった，そうするわね。

Q：「この少年はおそらく何時に起きることになるか」―イ．「６時30分」　８時よりも１時間30分前に起こしてもらう。

⑵A：いらっしゃいませ，お客様。／B：このお肉はいくらですか？／A：そちらは１キログラムあたり14ドルです。いつもより２ドルお安くなっております。／B：あら，いいわね！　じゃあそれを１キロいただくわ。

Q：「Bさんはこの肉にいくら払うか」―ウ．「14ドル」　per 〜 で「〜につき，〜あたり」。

⑶A：明日はバスの停留所でいつ待ち合わせようか？／B：海岸行きのバスが出るのは９時30分だね。お昼を買わないといけないから，その20分前に集合しようよ。／A：わかった。

Q：「彼らは明日何時に集合するか」―イ．「９時10分」　バスの出発時刻である９時30分よりも20分早く集まる。

⑷A：どうかしたの，ジョージ？　何か探してるの？／B：机の上に財布を置いたと思ったんだけど見つからないんだ。どこかで見なかった？／A：あなたが帰ってきたらいつも財布を入れてるかごは見てみた？　それか，昨日着てたジャケットはどうなの？／B：かごの中は見てみたよ，でも…そうだ！　昨日の夜は家に帰ってきたときに出さなかったんだ！

Q：「ジョージはおそらくどこで財布を見つけるか」―エ．「ジャケットの中」　最終文より，ジャケットに入れっぱなしになっていると考えられる。

⑸A：昨日君が勧めてくれた音楽サイトにアクセスできないんだけど。／B：サイト名を正しく打った？　サイト名はGeala，g-e-a-l-a，だよ。／A：えっ，j-e-a-l-aでJealaだと思ってた。もう一度やってみるね，ありがとう。／B：どういたしまして。

Q：「この音楽サイトの正しいアドレスは何か」―ア．「http://geala_music.co.jp」

⑹A：手伝ってくれてありがとう，ジャック。夏になるとこの庭はたくさんお手入れをしないといけないの。／B：お手伝いできてうれしいです。外で仕事をする機会はそう多くないので。／A：ちょっと家の中に行ってこないと。アイスクリームを持ってきましょうか？／B：いいえ，けっこうです。／A：じゃあ，代わりに冷たい飲み物はどう？

Q：「この人たちはどこで話しているか」―エ．「家の外」　ある家の庭仕事を終えた後の会話である。

⑺A：すみません。タイヤの１つから空気が漏れていると思うんですが。／B：向こうに止めて，ちょっと見せてください。／A：つい１週間前にこの車を持ち込んで新しいタイヤに替えたばかりなんですよ。どうしたらこんなことが起きるのか理解できないな。／B：問題はここですよ。くぎを踏んづけたんですね。このタイヤを修理しないと。／A：なんてこった。

Q：「この会話はどこで行われているか」―ウ．「自動車の修理工場」　タイヤ交換や，空気漏れを起こしたタイヤの修理について話していることから判断できる。　garage「自動車修理工場」　leak「漏れる」　nail「くぎ」

⑻A：すみません，このパソコンのことで力を貸してもらえますか？　ずっとフリーズしたままな

んです。／B：うーん，どこかがおかしいみたいですね。／A：どうしたらいいんだろう？　あと２時間でこのレポートを書き終えないといけないのに。／B：じゃあ代わりに僕のを使ってもいいですよ。／A：どうもありがとうございます。

Q：「Aさんは何をするつもりか」―イ．「Bさんのパソコンを使う」　instead「代わりに」

(9)A：君はどうやって学校に来てるの，ジェーン？／B：いつもは自転車で登校してるわ。15分くらいよ。／A：今朝はどうしたの？　どしゃ降りだったよね。僕はふだん自転車通学だけど，今日は学校まで歩いてきたよ。／B：私は駅からバスに乗ったよ。ぬれたくなかったから。

Q：「Bさんは今日どうやって登校したか」―ウ．「バスで」　駅からバスに乗ったと言っている。

(10)A：やあ，ジョージ。今何してるの？／B：あれ，君かい，ケンタ？　来週の月曜が締め切りのレポートをやってるんだ。いくつかウェブサイトを調べたところだよ。／A：レポートに役立ちそうなものは見つかったの？／B：実を言うと，僕の部屋のインターネット接続が遅すぎてね。今夜もう一度やってみるつもりなんだ。

Q：「ジョージが今からすることとして最もありそうなことは何か」―ア．「休憩をとる」　インターネット接続が遅すぎてレポートに役立つ情報が得られず，夜にまたやってみると言っていることから，イ．「レポートを終わらせる」，ウ．「ウェブサイトを調べる」，エ．「新しいパソコンを買いに行く」は，当てはまらない。

B＜適文選択＞

(11)A：航空便でこの小包をメキシコまで送るのにいくらかかりますか？／B：郵便料金は重量に応じて決まっております。／A：ああ…正確な重さはわからないんですが。／B：その小包の重さを量らせていただきますね。／／持ち込んだ小包の正確な重さがわからないと言う客に対する応答として適切なものを選ぶ。Let me weigh ... は‘let＋目的語＋動詞の原形’「～に…させる」の形。　depend on ～「～次第である，～によって決まる」　weigh「～の重さを量る」

(12)A：どうされましたか？／B：風邪をひいたみたいなんです。／A：どこか痛みますか？／B：ええ。少し頭痛がするんです。／A：熱を測らせてください。／／病院での問診の場面。風邪をひいて頭痛がするという患者に対する応答として適切なものを選ぶ。　temperature「体温，温度」

(13)A：私たち，もうずいぶん長いこと作業してるよね。／B：そうだと思うよ。ええっと。始めてから１時間半になるね。／A：休憩しない？／B：それはいい考えだね。／／長時間作業をした後の休憩をとろうという同僚の提案に対する応答として適切なものを選ぶ。

(14)A：パソコンの画面を変更できないんだ。／B：両方のボタンを同時に押してみた？／A：いや，その２つのボタンはキーボードのそれぞれの端にあるからね。／B：えっ，両手で押しなよ。／／離れた位置にあるキーを同時に押す必要があるのだから，両手で押せというアが適切。

(15)A：私の車のキーがどこにあるか知ってる？　見つからないんだけど。／B：僕が昨日君の車を借りたんだよ，それで…／A：どこに置いたか思い出してよ！／B：できるだけ早く思い出せるようがんばってみるよ。／／車のキーの置き場所を思い出せないBの，早く思い出してほしいと迫るAに対する返答。できるだけ早く思い出すと述べるウが適切。

Ⅲ〔長文読解―英問英答―対話文〕

≪全訳≫❶ケン(K)：やあ，ジェーン。夏休み中にどこへ行くかもう決めた？❷ジェーン(J)：うん，

５日間でアジアの国をいくつか回るつもりなの。❸Ｋ：５日間か！　おもしろそうだね。何をする予定なの？❹Ｊ：日本を出国後，中国の上海に２泊するつもり。そこで２日目の夜に世界的に有名なサーカスを見る予定なんだ。❺Ｋ：へえ，それはいいね。それでその次は何をするの？❻Ｊ：次の日の朝，香港に移動して夜景を楽しむつもり。そこで１泊する予定よ。次の朝早くにシンガポールに行って，昼食後に買い物を楽しんで，その日のうちにタイに移動するの。夕食にエスニック料理を食べるのが楽しみなんだ。❼Ｋ：タイのビーチには行かないの？❽Ｊ：行きたいわよ。でも最終日にはそんなに時間がないの。❾Ｋ：それは残念だね。ともかく，旅行を楽しんで。またね。／❿Ｊ：またね，ケン。

＜解説＞Ｑ１．「ジェーンは日本を出国後，どこに滞在する予定か」―イ．「上海」　第４段落第１文参照。　Ｑ２．「ジェーンは香港で何をする予定か」―エ．「夜景を楽しむ予定だ」　第６段落第１文参照。　Ｑ３．「ジェーンは何をするためにシンガポールを訪問する予定か」―ウ．「買い物をするため」　第６段落第３文参照。　Ｑ４．「なぜジェーンはタイでビーチに行けないのか」―ウ．「ほとんど時間がないから」　第７，８段落参照。　Ｑ５．「ジェーンは上海に何日滞在する予定か」―ア．「２日間」　第４段落第１文参照。

Ⅳ〔長文読解総合―説明文〕

≪全訳≫❶アメリカでは，８月を除いて毎月少なくとも１日は祝日がある。２月の第３月曜日には，アメリカ人は２人の元大統領の誕生日を祝う。その２人とは，ジョージ・ワシントンとエイブラハム・リンカーンである。皆さんも彼らのことを聞いたことはあるだろう。彼らは２人とも有名なアメリカ合衆国大統領であり，どちらも誕生日が２月なのだ。日付は異なるものの，我々は同じ日に両方の誕生日を祝うのである。❷ジョージ・ワシントンは1732年２月22日に生まれた。彼は1789年に合衆国の初代大統領となった。彼はときに「建国の父」と呼ばれる。彼は1775年に勃発したアメリカ独立戦争で②戦った人々のうちの１人であり，後に合衆国憲法の起草に貢献した。幼い頃のジョージ・ワシントンに関する有名な逸話がある。それによると，彼は斧《おの》で父の桜の木を切り倒したそうだ。彼の父が「これをやったのは誰だ」と尋ねたとき，幼いジョージはこう答えた。「嘘をつくことはできません。僕がやりました」　多くの子どもたちはこの話を聞いたことがあり，常に真実を口にしようという気持ちになるのだ。❸エイブラハム・リンカーンは1809年２月12日に生まれた。彼は1860年に大統領に就任した。彼の大統領としての任務には困難が伴った。南部と北部の州が奴隷制を巡って分断されていた。南部の白人は黒人を所有していた。北部はそれをよしとしなかった。この２つの陣営の間で内戦が始まった。最終的に，北部の州が勝利し，リンカーン大統領は奴隷解放に尽力した。彼は，④いかに全ての人が自由になる権利を持っているかについて非常に有名な演説を行った。南北戦争後，エイブラハム・リンカーンはとある劇を見に行った。そこにいる間に，彼は射殺された。❹ジョージ・ワシントンもエイブラハム・リンカーンも，アメリカでは非常に有名な大統領である。今日，アメリカ紙幣に印刷された彼らの顔を見ることができる。ジョージ・ワシントンは１ドル札に，エイブラハム・リンカーンは５ドル札に印刷されている。多くの学校やいくつかの都市は，それぞれの大統領の名前をとって名づけられている。例えば，ワシントン州やワシントンD.C.はどちらもワシントン大統領にちなんで名づけられたのである。

問１＜適語選択＞ａ．at least で「最低でも，少なくとも」。　ｂ．‘道具’を表す with「～で，～を使って」。　ｃ．because of ～で「～が理由で，～のせいで」。　ｄ．‘name *A* after *B*’「ＡにＢの名をとって名づける」の受け身形‘*A*＋be動詞＋named after *B*’の形。

問２＜適語補充＞直後の days から，主語の they が受けているのは birthdays「誕生日」。第２，３

段落より2人の大統領は2月生まれではあるが誕生日の日付は違うことがわかる。誕生日の日付は「異なる」が，同じ日に祝うということ。

問3＜整序結合＞②語群から one of the ～「～のうちの1つ〔1人〕」の形を考えると，‘～’の部分には複数名詞が入るので，president ではなく people が入るとわかり，one of the people とまとまる。残りは who を主格の関係代名詞として用いて who fought とまとめ，people を後ろから修飾する。　④直前の speech を説明する内容になると考えられるので，まず about「～について」を置き，残りは‘疑問詞＋主語＋動詞...’の形にまとめる。‘疑問詞’は how，‘主語’は everybody，‘動詞’は had で，その目的語に right「権利」を置く。the right to ～で「～する(ための)権利」。不要語は was。

問4＜適語選択＞直前で紹介された大統領のエピソードの内容から判断できる。　be encouraged to ～は‘encourage＋人＋to ～’「〈人〉が～するように励ます」の受け身形。　tell a lie「嘘をつく」　tell the truth「真実を話す」

問5＜単語の定義＞「1人の人が聴衆に向かって行う公的な話」―speech「演説，スピーチ」　第3段落最後から3文目にある。　formal「公的な，正式な」　audience「聴衆」

問6＜内容真偽＞ア．「ジョージ・ワシントンは南北戦争で戦った後，大統領になった」…×　第2段落第4文参照。ワシントンが関わったのは the Revolutionary War「独立戦争」である。　イ．「エイブラハム・リンカーンは南北戦争で北部の州に味方した」…○　第3段落第4～8文の内容に一致する。　be on ～「～の側につく，～に味方する」　ウ．「エイブラハム・リンカーンとジョージ・ワシントンは何者かに殺害された」…×　暗殺されたのはリンカーンだけである(第3段落最後の2文)。　エ．「アメリカの1ドル札でエイブラハム・リンカーンの顔を見ることができる」…×　第4段落第3文参照。リンカーンの顔は5ドル札に印刷されている。

V〔長文読解総合―説明文〕

≪全訳≫❶風力タービンと風力発電所には利点がたくさんある。それらは環境に優しいエネルギーを提供するのに重要である。しかし欠点もいくつかある。欠点の1つは，タービンの巨大な羽根のせいで何千羽もの鳥が死んでいることだ。うっかり羽根の中に飛び込んで死んでしまう鳥がたくさんいる。研究者たちはある解決策を思いついた。彼らによれば，1枚の羽根を黒く塗ることで，鳥たちが回転している羽根を見やすくなるそうだ。このおかげで鳥の衝突事故が大幅に減少した。研究者のロエル・メイ博士はこう語った。「鳥の衝突は…風力発電の進展に関連する重要な環境問題の1つです」　この研究による発見は，「エコロジー・アンド・エボリューション」という環境保護を扱った雑誌で発表された。❷メイ博士と彼のチームは，風力タービンの羽根を原因とする鳥の死亡率の削減方法に関する研究調査を行った。彼らは4枚の羽根のうち1枚を黒く塗った。データの示すところでは，その後4年で，1枚を黒く塗ったタービンのおかげで鳥の死亡率は71パーセント減少した。メイ博士はこう語った。「これまでこの衝突の危険を減らす効果的な対策はほとんど進められてきませんでした」　RSPB という鳥の保護団体はこのアイデアを歓迎している。この団体は，風力発電は「自然と調和して行われる」必要がある，という重要性を強調している。RSPB はさらにこのように述べた。「風力タービンは，それに適した場所が見つかれば，適切なテクノロジーだといえます」　この団体は，風力発電所は野生動物にとって危険がほとんどない場所に設置するべきだと述べた。

問1＜指示語＞「これら」のうちの1つは，「タービンの巨大な羽根のせいで何千羽もの鳥が死んでい

ることだ」という文の意味から，these が指すのは disadvantages「欠点」である。

問２＜適語選択＞直後の risk が単数形で使われていることから，この risk が‘数えられない名詞’であることがわかるので，‘数えられる名詞’を修飾する few「(数が)ほとんどない」と a few「(数が)少しある」は使えない。話の流れから，鳥の衝突事故を防ぐためには野生動物にとって危険の「ほとんどない」場所で風力発電を行うべきという内容にする。 little「(量が)ほとんどない」 a little「(量が)少しある」

問３＜要約文完成＞≪全訳≫風力発電所は環境に優しいエネルギーを供給してくれる。しかしながら，数千羽の鳥たちが風力タービンの羽根が原因で1死んでいる。研究者たちは風力タービンを鳥にとって2安全なものにする方法を見つけ出そうとしてきた。１枚の羽根を黒く3塗ると，鳥には羽根が見えるのだという。このことが鳥の死を71パーセント4減少させた。ある鳥の保護団体はこの考えに6満足している。この団体は，風力発電所は自然と調和する7必要があり，それらは野生動物を8傷つけるべきではない，と述べている。

＜解説＞１．第１段落第４文参照。be killed で「(事故などで)死ぬ」。 ２．第１段落第５，６文参照。本文の a solution「解決策」とは，「風力タービンを鳥にとって安全なものにする」ということ。‘make＋目的語＋形容詞’「～を…(の状態)にする」の形。 ３．第１段落第７文参照。‘paint＋物＋色’「〈物〉を〈色〉に塗る」 ４．第２段落第３文参照。タービンの羽根を黒く塗ることで鳥の死亡率は「減少した」。 ５．‘差’を表す前置詞 by が適切。 ６．第２段落第５文参照。welcomed を be satisfied with ～「～に満足している」を用いて言い換える。 ７．第２段落第６文参照。風力発電所は自然と調和する「必要がある」。 need to ～「～する必要がある」 ８．第２段落最終文参照。野生動物を「傷つけるべきではない」とする。この damage は「～に被害を与える，傷つける」という意味の動詞。

Ⅵ〔対話文完成―和文英訳〕

≪全訳≫Ａ：はい，「チーズ！」 いいよ！ Ｖサインはしないでくれよ。それは嫌いなんだ。／Ｂ：どうしてだめなの？ みんなやってるよ，お父さん。／Ａ：自然なショットが欲しいんだよ。だめ，そんな風に両手を広げないで。／Ｂ：わかった，わかった…でも急いでよ，お父さん。ここはもうすぐ閉まっちゃうから。

＜解説＞「～しないで」は，‘禁止’を表す‘don't＋動詞の原形...’の否定命令文で表せる。場面の状況からここでの「手」は arm「腕」の意味だとわかるので，「両手を広げる」は open your arms とする。動詞は spread「～を広げる」でもよい。「そんな風に」は like を「～のように」の意味の前置詞として用いて like that とする。

Ⅶ〔対話文完成―条件作文〕

≪全訳≫Ａ：カメラを買おうと思ってるんだ。／Ｂ：僕の古いカメラ，もう使ってないよ。／Ａ：ほんと？ いくらで売ってくれる？／Ｂ：僕に(例)お金を払うなんて気遣いはいらないよ。君にあげるよ。

＜解説＞カメラにいくら払えばいいかと尋ねるＡに対して，Ｂはこの後 You can have it.「あげるよ」と言っているので，「自分にお金を払おうとしなくてよい」というような文意にすればよい。worry about ～ing で「～することを心配する，気にする」の意味なので，Don't worry about ～「～のことを心配しないで」とし，最後に pay「～にお金を払う」の動名詞 paying を続ける。

2021年度／開智高等学校（第１回）

数学解答

1　(1)　$\dfrac{10}{3}b^3c^4$　(2)　$3x^2-16xy+25y^2$

(3)　$3ac(b-2)(b-3)$　(4)　10個

(5)　$a=12$，$b=13$　(6)　③，④

(7)　$\dfrac{32}{3}\pi-16\sqrt{3}$

2　(1)　(i)　48個　(ii)　30個　(iii)　15個

(2)　(i)　$y=-\dfrac{1}{2}x+5$　(ii)　(6，2)

(iii)　1：3：1

3　(1)　6通り　(2)　9通り

(3)　19通り

4　(1)　$y=x+2$　(2)　$(-2,\ 4)$

(3)　$(3,\ 9)$　(4)　3：5

5　(1)　45°　(2)　$5\sqrt{2}$　(3)　$\dfrac{30}{7}$

(4)　$7\sqrt{2}$

1〔独立小問集合題〕

(1)＜式の計算＞与式$=9a^2b^2c^2\div\dfrac{6}{5}a^2b\times\dfrac{4}{9}b^2c^2=9a^2b^2c^2\times\dfrac{5}{6a^2b}\times\dfrac{4b^2c^2}{9}=\dfrac{9a^2b^2c^2\times5\times4b^2c^2}{6a^2b\times9}=\dfrac{10}{3}b^3c^4$

(2)＜式の計算＞与式$=4(x^2-4xy+4y^2)-(x^2-9y^2)=4x^2-16xy+16y^2-x^2+9y^2=3x^2-16xy+25y^2$

(3)＜因数分解＞与式$=3ac(b^2+6-5b)=3ac(b^2-5b+6)=3ac(b-2)(b-3)$

(4)＜数の性質＞$\sqrt{220-3a}$ が自然数になるので，$220-3a$ の値は自然数を２乗した数である。また，a は自然数なので，$220-3a$ の値は220より小さい数である。よって，$220-3a$ の値として，$220-3a=1$，4，9，16，25，36，49，64，81，100，121，144，169，196が考えられる。このとき，$3a=219$，216，211，204，195，184，171，156，139，120，99，76，51，24となる。$3a$ は３の倍数なので，適するのは $3a=219$，216，204，195，171，156，120，99，51，24であり，$a=73$，72，68，65，57，52，40，33，17，8の10個となる。

(5)＜連立方程式の応用＞$ax+by=11$……①，$bx+ay=14$……②，$x+2y=0$……③，$3x+y=5$……④とする。まず，③，④の連立方程式を解くと，③×３－④より，$6y-y=0-5$，$5y=-5$　∴$y=-1$　これを③に代入して，$x+2\times(-1)=0$　∴$x=2$　①，②の連立方程式の解が，③，④の連立方程式の解と等しいから，①，②の連立方程式の解も $x=2$，$y=-1$ である。解を①に代入して，$2a-b=11$……⑤となり，②に代入して，$2b-a=14$，$-a+2b=14$……⑥となる。⑤，⑥を連立方程式として解くと，⑤×２＋⑥より，$4a+(-a)=22+14$，$3a=36$，$a=12$ となり，これを⑤に代入して，$2\times12-b=11$，$-b=-13$，$b=13$ となる。

(6)＜図形―正誤問題＞①…誤。弧の長さと弦の長さは比例しないので，$\overset{\frown}{\mathrm{AB}}:\overset{\frown}{\mathrm{BC}}$ と AB：BC は同じにならない。　②…誤。右図１で，ACとBDの交点をＥとする。$\overset{\frown}{\mathrm{AB}}$ に対する中心角だから，$\angle\mathrm{AOE}=360°\times\dfrac{1}{1+2+3+4}=360°\times\dfrac{1}{10}=36°$ となる。また，$\overset{\frown}{\mathrm{AB}}:\overset{\frown}{\mathrm{BC}}=1:2$ より，$\angle\mathrm{AOE}:\angle\mathrm{BOC}=1:2$ だから，$\angle\mathrm{BOC}=2\angle\mathrm{AOE}=2\times36°=72°$ となり，$\angle\mathrm{AOC}=\angle\mathrm{AOE}+\angle\mathrm{BOC}=36°+72°=108°$ である。△OACはOA＝OCの二等辺三角形だから，$\angle\mathrm{OAE}=(180°-\angle\mathrm{AOC})\div2=(180°-108°)\div2=36°$ である。よって，△OAEで，$\angle\mathrm{AEO}=180°-\angle\mathrm{AOE}-\angle\mathrm{OAE}=180°-36°-36°=108°$ であり，AC⊥BDとはならない。　③…正。図１で，$\overset{\frown}{\mathrm{AC}}:\overset{\frown}{\mathrm{CD}}=(1+2):3=3:3=1:1$ なので，$\overset{\frown}{\mathrm{AC}}=\overset{\frown}{\mathrm{CD}}$ であり，∠ADC＝∠CADとなる。$\overset{\frown}{\mathrm{AC}}$ に対する円周角と中心角の関係より，$\angle\mathrm{ADC}=\dfrac{1}{2}\angle\mathrm{AOC}=\dfrac{1}{2}\times108°=54°$ となるから，∠ADC＝∠CAD＝54°である。また，△BOCはOB＝OCの二等辺三角形であり，∠BOC＝72°だから，∠BCO＝∠OBC＝(180°－

図１

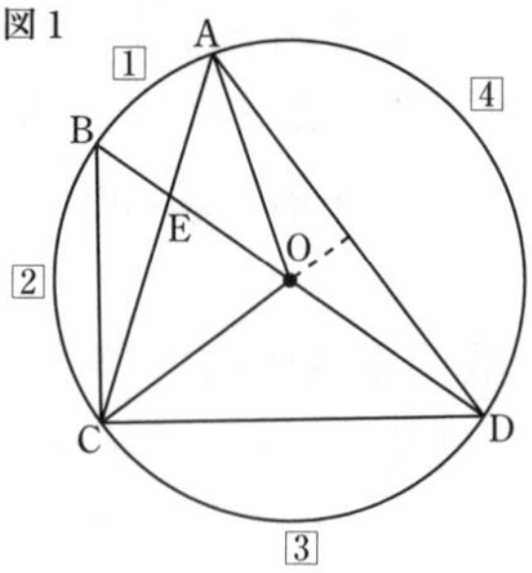

$\angle BOC)\div 2=(180^\circ-72^\circ)\div 2=54^\circ$となる。よって，$\angle BCO=\angle ADC$，$\angle OBC=\angle CAD$より，2組の角がそれぞれ等しいので，$\triangle BOC\backsim\triangle ACD$となる。　④…正。図1で，円の中心Oは線分ADの垂直二等分線上にある。また，$\angle ADC=\angle CAD$より，$\triangle ACD$は$CA=CD$の二等辺三角形だから，点Cは線分ADの垂直二等分線上にある。よって，直線COは線分ADの垂直二等分線となるから，$CO\perp AD$となる。

(7)<図形―面積>右図2で，2点O，Bを結ぶと，$OA=OB=OC=BA=BC=4$より，$\triangle OAB$と$\triangle OBC$は合同な正三角形となり，四角形OABCはひし形となる。これより，$\angle AOB=\angle BOC=\angle ABO=\angle OBC=60^\circ$，$\angle AOC=\angle ABC=60^\circ+60^\circ=120^\circ$となり，$OB\perp AC$となる。OBとACの交点をDとすると，$\triangle OAD$は3辺の比が$1:2:\sqrt{3}$の直角三角形だから，$AD=\dfrac{\sqrt{3}}{2}OA=\dfrac{\sqrt{3}}{2}\times 4=2\sqrt{3}$となり，$AC=2AD=2\times 2\sqrt{3}=4\sqrt{3}$となる。$\overset{\frown}{AB}$と線分AB，$\overset{\frown}{BC}$と線分BCで囲まれた部分の面積の合計は，〔おうぎ形OAC〕−〔ひし形OABC〕$=\pi\times 4^2\times\dfrac{120^\circ}{360^\circ}-\dfrac{1}{2}\times 4\times 4\sqrt{3}=\dfrac{16}{3}\pi-8\sqrt{3}$となり，同様にして，$\overset{\frown}{OA}$と線分OA，$\overset{\frown}{OC}$と線分OCで囲まれた部分の面積の合計も$\dfrac{16}{3}\pi-8\sqrt{3}$だから，求める斜線部分の面積は，$\left(\dfrac{16}{3}\pi-8\sqrt{3}\right)\times 2=\dfrac{32}{3}\pi-16\sqrt{3}$である。

図2

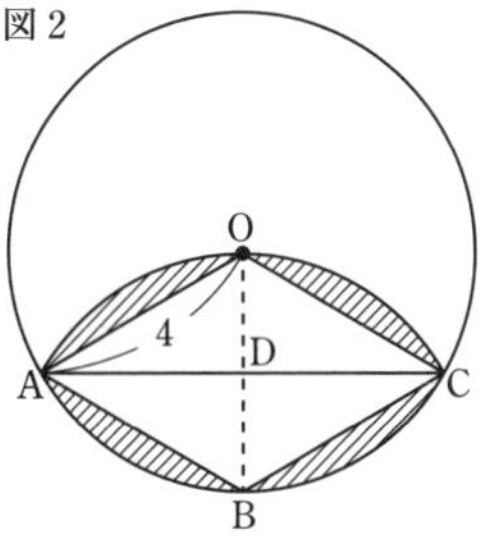

2 〔独立小問集合題〕

(1)<場合の数>(i)百の位の数字は，1，2，3，4の中から1つなので4通りあり，それぞれにおいて，十の位の数字は，百の位の数字以外だから，0を含めた4つの中から1つであり，4通りある。さらに，一の位の数字は，百の位，十の位の数字以外だから，3つの中から1つであり，3通りある。よって，3けたの整数は，全部で$4\times 4\times 3=48$(個)できる。　(ii)偶数は，一の位の数字が0，2，4の整数である。一の位の数字が0のとき，百の位の数字は1，2，3，4の4通り，十の位の数字は，百の位の数字と0以外だから3通りあり，一の位の数字が0の3けたの整数は$4\times 3=12$(個)できる。一の位の数字が2のとき，百の位の数字は1，3，4の3通り，十の位の数字は，百の位の数字と2以外だから3通りあり，一の位の数字が2の3けたの整数は$3\times 3=9$(個)できる。一の位の数字が4のときも同様に9個できる。よって，偶数は$12+9+9=30$(個)できる。　(iii)4の倍数は，下2けたが4の倍数の整数である。つまり，下2けたが04，12，20，24，32，40となる整数である。下2けたが04のとき，104，204，304の3個でき，下2けたが20，40のときも同様にそれぞれ3個できる。下2けたが12のとき，312，412の2個でき，下2けたが24，32のときも同様にそれぞれ2個できる。以上より，4の倍数は，$3\times 3+2\times 3=15$(個)できる。

(2)<関数―直線の式，座標，面積比>(i)右図のように，点Bからx軸に垂線BFを引く。$\angle OFB=\angle BFD=90^\circ$である。また，$\angle OBD=90^\circ$より，$\angle OBF=\angle OBD-\angle FBD=90^\circ-\angle FBD$であり，$\triangle BFD$で，$\angle BDF=180^\circ-\angle BFD-\angle FBD=180^\circ-90^\circ-\angle FBD=90^\circ-\angle FBD$だから，$\angle OBF=\angle BDF$となる。よって，$\triangle OBF\backsim\triangle BDF$となるので，$\dfrac{BF}{OF}=\dfrac{DF}{BF}$となる。直線$y=2x$は傾きが2だから，$\dfrac{BF}{OF}=2$であり，$\dfrac{DF}{BF}=2$となる。これより，$\dfrac{BF}{DF}=\dfrac{1}{2}$だから，直線$l$の傾きは$-\dfrac{1}{2}$となる。A(0，5)より，直線$l$の切片は5なので，直線$l$の式は$y=-\dfrac{1}{2}x+5$である。　(ii)上図で，(i)より，点Bは，直

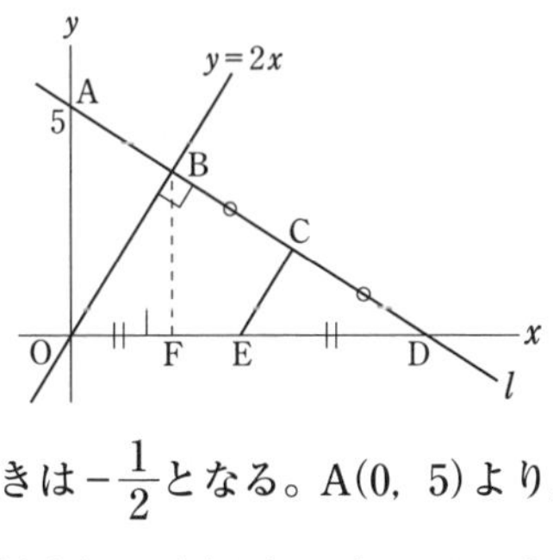

線 $y=-\frac{1}{2}x+5$ と直線 $y=2x$ の交点であるから，この２式より，$-\frac{1}{2}x+5=2x$，$-\frac{5}{2}x=-5$，$x=2$ となり，$y=2\times2$，$y=4$ となる。よって，B(2，4)である。また，点Dは直線 $y=-\frac{1}{2}x+5$ と x 軸の交点なので，$y=0$ を代入して，$0=-\frac{1}{2}x+5$ より，$\frac{1}{2}x=5$，$x=10$ となり，D(10，0)である。点Cは線分BDの中点なので，x 座標は $\frac{2+10}{2}=6$，y 座標は $\frac{4+0}{2}=2$ であり，C(6，2)となる。　(iii)前ページの図で，A(0，5)，D(10，0)だから，OA=5，OD=10である。B(2，4)だから，△OABの底辺をOAと見ると，高さは２となり，△OAB $=\frac{1}{2}\times5\times2=5$ である。また，△BDOの底辺をODと見ると，高さは４であり，△BDO $=\frac{1}{2}\times10\times4=20$ となる。２点C，Eがそれぞれ線分BD，ODの中点より，△BDO∽△CDEとなり，相似比はBD：CD＝2：1だから，△BDO：△CDE $=2^2:1^2=4:1$ となる。これより，△CDE $=\frac{1}{4}$△BDO $=\frac{1}{4}\times20=5$，〔四角形OBCE〕＝△BDO－△CDE＝20－5＝15となる。以上より，△OAB：〔四角形OBCE〕：△CDE＝5：15：5＝1：3：1となる。

3 〔場合の数〕

(1)＜場合の数＞Aを２つ選ぶ文字列は，AAB，AAC，ABA，ACA，BAA，CAAの６通りある。

(2)＜場合の数＞Aを１つ選ぶ文字列は，ABB，ABC，ACB，BAB，BAC，CAB，BBA，BCA，CBAの９通りある。

(3)＜場合の数＞文字列は，Aを３つ選ぶ場合，２つ選ぶ場合，１つ選ぶ場合と，１つも選ばない場合がある。Aを３つ選ぶ場合は，AAAの１通りある。２つ選ぶ場合は，(1)より，６通りあり，１つ選ぶ場合は，(2)より，９通りある。また，１つも選ばない場合は，BBC，BCB，CBBの３通りある。よって，文字列は全部で1＋6＋9＋3＝19(通り)ある。

4 〔関数―関数 $y=ax^2$ と直線〕

≪基本方針の決定≫(4)　２点A，Dから直線BCに垂線を引いて，三角形の相似を利用するとよい。

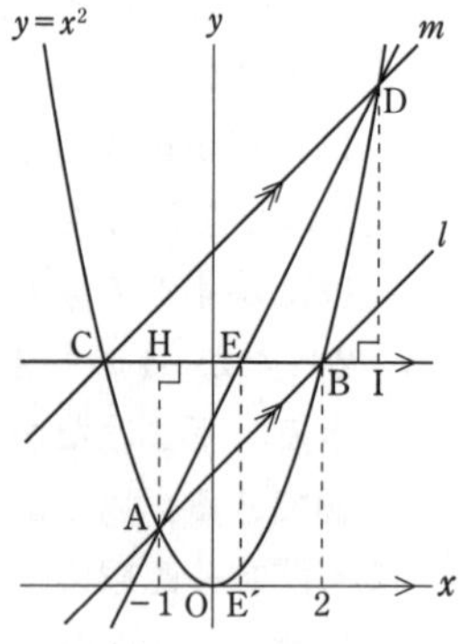

(1)＜直線の式＞右図で，２点A，Bは放物線 $y=x^2$ 上にあり，x 座標はそれぞれ－1，2なので，$y=(-1)^2=1$，$y=2^2=4$ より，A(－1，1)，B(2，4)である。直線 l は２点A，Bを通るので，傾きは $\frac{4-1}{2-(-1)}=\frac{3}{3}=1$ となり，その式は $y=x+b$ とおける。点Bを通るから，$4=2+b$，$b=2$ となり，直線 l の式は $y=x+2$ である。

(2)＜座標＞右図で，２点B，Cは放物線 $y=x^2$ 上にあり，直線BCは x 軸に平行だから，点Bと点Cは y 軸について対称となる。(1)より，B(2，4)なので，C(－2，4)となる。

(3)＜座標＞右図で，$l /\!/ m$ であり，直線 l の傾きは１だから，直線 m の傾きも１となる。直線 m の式を $y=x+c$ とおくと，C(－2，4)を通るから，$4=-2+c$，$c=6$ となり，直線 m の式は $y=x+6$ となる。点Dは放物線 $y=x^2$ と直線 $y=x+6$ の交点となるから，$x^2=x+6$，$x^2-x-6=0$，$(x-3)(x+2)=0$ より，$x=3$，-2 となり，点Dの x 座標は３である。y 座標は $y=3^2=9$ となるので，D(3，9)となる。

(4)＜長さの比＞右上図で，２点A，Dから直線BCに垂線AH，DIを引く。∠AHE＝∠DIE＝90°，∠AEH＝∠DEIより，△AEH∽△DEIとなるから，AE：ED＝HA：DIである。直線BCが x 軸に平行より，HA，DIは y 軸に平行である。３点A，B，Dの y 座標はそれぞれ1，4，9なので，HA＝4－1＝3，DI＝9－4＝5となり，HA：DI＝3：5である。よって，AE：ED＝3：5となる。

5〔平面図形―三角形，円〕

≪基本方針の決定≫(1)　AB^2+AC^2，BC^2 の値を考える。　　(4)　△ABE と △ADC に着目する。

(1)＜角度＞右図で，$AB^2+AC^2=6^2+8^2=100$，$BC^2=10^2=100$ より，$AB^2+AC^2=BC^2$ が成り立つ。よって，△ABC は $\angle BAC=90°$ の直角三角形となる。AD は∠BAC の二等分線なので，$\angle BAD=\angle CAD=\frac{1}{2}\angle BAC=\frac{1}{2}\times 90°=45°$ となる。よって，$\overset{\frown}{BD}$ に対する円周角より，$\angle BCD=\angle BAD=45°$ となる。

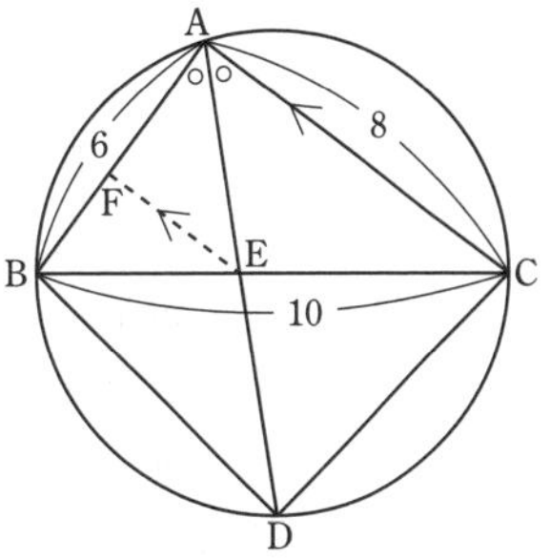

(2)＜長さ―特別な直角三角形＞右図で，(1)より，$\angle BCD=45°$ であり，$\overset{\frown}{CD}$ に対する円周角より，$\angle CBD=\angle CAD=45°$ となるから，△BCD は直角二等辺三角形である。よって，$BD:CD:BC=1:1:\sqrt{2}$ だから，$BD=\frac{1}{\sqrt{2}}BC=\frac{1}{\sqrt{2}}\times 10=5\sqrt{2}$ となる。

(3)＜長さ―相似＞右上図で，点 E を通り AC に平行な直線と AB の交点を F とする。FE∥AC より $\angle AEF=\angle CAD=45°$ となり，$\angle FAE=45°$ だから，△AEF は直角二等辺三角形となる。これより，$FA=FE=x$ とすると，$FB=AB-AF=6-x$ となる。また，△ABC∽△FBE だから，$AB:FB=AC:FE$ より，$6:(6-x)=8:x$ が成り立つ。これを解くと，$6x=(6-x)\times 8$，$6x=48-8x$，$14x=48$ より，$x=\frac{24}{7}$ となる。よって，$FA=\frac{24}{7}$ となり，$BF=6-\frac{24}{7}=\frac{18}{7}$ となる。FE∥AC より，$BE:BC=BF:BA=\frac{18}{7}:6=3:7$ なので，$BE=\frac{3}{7}BC=\frac{3}{7}\times 10=\frac{30}{7}$ である。

(4)＜長さ―相似＞右上図で，$\angle BAE=\angle DAC$ であり，$\overset{\frown}{AC}$ に対する円周角より，$\angle ABE=\angle ADC$ だから，△ABE∽△ADC となる。よって，$AB:AD=BE:DC$ である。(2)より $DC=BD=5\sqrt{2}$，(3)より $BE=\frac{30}{7}$ なので，$6:AD=\frac{30}{7}:5\sqrt{2}$ が成り立ち，$AD\times\frac{30}{7}=6\times 5\sqrt{2}$，$AD=7\sqrt{2}$ となる。

2021年度／開智高等学校（第１回）

国語解答

一　問１　a　供給　b　潮流　c　君臨
　　　　d　荒廃　e　流布

問２　A…エ　B…イ　C…ア　D…カ

問３　①…ア　③…オ

問４　従来政治から疎外されていた少数者が政治参加の権利を持つと，先に権利を持っていた人々が反発すること。（49字）

問５　ウ　　問６　イ，ウ，エ

問７　差別発言や虚偽情報があふれ，言論空間が劣化したこと。（26字）

問８　オ

二　問１　a…イ　b…エ　c…ウ

問２　伝統的な「法」のために希望する場所に埋葬されなかったアボリジニの男性の死に衝撃を受け，伝統的な社会とは異なる社会を知った人々の混乱や苦しみ，不安定さを考えずにはいられなくなったから。

問３　テレビでも　　問４　壮大な秩序

問５　1　伝統的な「法」とはほとんど関わりがない
　　　2　自分の望む

問６　個人の感情　故郷ではなく長年暮らした町の墓地に埋葬されたい。
　　　伝統意識　男性の属する土地である故郷に埋葬しなくてはならない。

問７　オ

三　問１　A…エ　E…ア

問２　B　大猿〔母〕　C　太郎入道

問３　すえん　　問４　大猿〔母〕

問５　②…ウ　③…イ　　問６　オ

問７　今昔物語集

一〔論説文の読解―政治・経済学的分野―社会〕出典；山口二郎『民主主義は終わるのか――瀬戸際に立つ日本』。

≪本文の概要≫二一世紀に入ってからの民主主義の変調は，二〇世紀後半に追求された一層の民主化によってもたらされた。従来，政治参加は団体を単位としており，多数派の市民は，利益を享受する反面，政治には受動的だった。一九六〇年代以降，一層の民主化によって，権利を認められていなかった女性や黒人，移民などが平等と権利を獲得し，政治参加の量が拡大した。その結果，社会の均質性がなくなり，安定的な民主主義システムの前提条件が掘り崩されたのである。アメリカでは，白人労働者の中に，自分たちの影響力の相対的な低下に対する被害者意識を持つ者も出てきた。トランプ大統領は，そうした風潮の中で差別発言を繰り返したことが話題となって支持を集めたのである。また，差別に加え，政治的な敵を攻撃する際に，虚偽やねつ造の情報が多用されるようになった。公平な言論空間は民主主義に不可欠だが，一九九〇年代からの急速なITの進化で，二〇一〇年代に入ってネット上には差別発言や虚偽情報があふれ，言論空間の劣化が促進した。旧来のメディアは，ごく少数の言論の世界のエリートのみが発言し，校閲や考査といったチェックや検証の仕組みがあるのに対して，ネットは平等で，ある意味で民主主義的な言論空間だが，校閲や考査は存在せず，感情がそのまま不特定多数の目にふれる場に陳列されるのである。

問１＜漢字＞a.「供給」は，必要とされるものを与えること。　b.「潮流」は，時代や世の中の進む方向のこと。　c.「君臨」は，力を持つ者が大勢の人間の上に立って圧倒すること。　d.「荒廃」は，荒れ果ててすさんだ状態になること。　e.「流布」は，世の中に広く知れわたること。

問２＜接続語＞A．政治参加が白人男性しか認められなかった中で，「女性，黒人，ヨーロッパ以外から来た移民やその子孫が～平等と権利を獲得した」ことは，「『二級市民』と扱われた人々が権利

を要求」し，「民主化の度合い」が高まることは肯定すべきだということの例である。　B．ロバート・ラフォレットは，「民主主義の問題を解決するのはより多くの民主主義である」と言ったが，政治参加の「量の拡大は質の向上と並行しなければ，むしろ多数の専制といわれる民主主義の病理を招来」する。　C．「差別」発言や「虚偽や捏造の情報が多用」され，「指導的政治家は嘘をついてはならないという規範」が崩壊したことで，「正確な情報の共有～理性的な討論などの作法が危機に陥って」いる。　D．旧来のマスメディアでは，「発言する機会を得たのはごく少数の，言論の世界のエリート」であり，さらに「新聞における校閲，テレビにおける考査というチェックや検証の仕組み」があった。

問３＜文章内容＞①「一層の民主化」で，より多くの人が「平等と権利を獲得」し，「政治参加の量の拡大」が起きた結果，かえって民主主義が変調し，「政治的正しさ」への飽きや反発という問題が生じた。　③「従来政治から疎外されていた」人々が，「政治参加の権利」を持つことで民主化が進んだ結果，逆に従来の「安定的な民主政治システムの前提条件を掘り崩す」ことになった。

問４＜文章内容＞女性や黒人，移民など，従来政治から「排除されていた」人々が「平等と権利を獲得した」という「政治的正しさ」が，すでに権利を持っていた「アメリカや西欧」の白人男性たちの「飽きや反発」という「反動」を生んだのである。

問５＜文章内容＞アメリカにおいては，先に政治参加の権利を持っていたのは白人男性のみで，「従来政治から疎外されていた少数民族，女性，移民その他少数者」は，後から「政治参加の権利」を求め，「平等と権利を獲得した」のである。

問６＜文章内容＞西欧では，増加した「移民労働者」などにも「等しく権利を認める」という考えに対する「反発や懐疑」や(イ…○)，白人男性が「社会の上部に君臨」していた時代の方が，「秩序があり安定した時代」だという考えが広まり出していた(ウ…○)。トランプ大統領は，その流れに乗って，「差別発言を繰り返し，それが話題と」なって(エ…○)，支持を集めたのである。

問７＜文章内容＞情報革命によってネットの普及が進み，情報を誰でも発信できるようになった結果，「差別発言や虚偽情報の類」がネット上にあふれ，「言論空間の劣化を促進」するという，「民主主義を促進するという楽観論」とは逆の状況がもたらされた。

問８＜要旨＞二〇世紀後半に「一層の民主化」が追求された結果，従来政治参加を認められていなかった女性や黒人，移民などが，「平等と権利を獲得」し，「社会は多様化」した(オ…○)。西欧や日本では従来，政治参加は「団体を単位として」おり，多数派の市民は「利益を享受する反面，政治に対して受動的」で，伝統的メディアでは「政治過程に関する情報はすべて公開されていたわけではなかった」が，それでも「豊かな生活の継続」があったことで，政治に対して一定の満足感があった(イ・ウ…×)。女性や黒人，移民などの政治参加が認められたことで，アメリカや西欧では，その「政治的正しさ」への「飽きや反発」が広まった(ア…×)。また，新聞やテレビなどの旧来のマスメディアでは，発言するのは「ごく少数の，言論の世界のエリート」のみで，校閲や考査などの「チェックや検証の仕組み」もあり，発言には「一定の品質管理」が加えられていて，言論空間が差別発言や虚偽情報があふれて劣化することはなかったが，「平和」だったわけではない(エ…×)。

二〔随筆の読解―文化人類学的分野―文化〕出典；上橋菜穂子「カミを見る目が変わるとき」(『物語と歩いてきた道』所収)。

問１．ａ＜語句＞「侮る」は，人を軽く見る，という意味。「欺く」は，うそをついてだます，という意味。　ｂ＜慣用句＞「冷水をあびせる」は，やる気を失わせる，という意味。　ｃ＜語句＞「はにかむ」は，恥ずかしそうにする，という意味。

問２＜文章内容＞あるアボリジニの男性は，「伝統的な『法』」の制約で，希望していた場所に埋葬されなかった。それを知った「私」は，伝統的な社会と「異なる世界の常識を知った」人々の「不安定さ，苦しさに愕然と」して，安易に「ばちを当てる畏ろしいカミ」を書けなくなったのである。

問３＜文章内容＞今のアボリジニには，「伝統的な生活や言語」を守って生きている人は少なく，多くは「白人と混血し，言語や慣習をほとんど失い，都市や田舎の町などで暮らしている」のである。

問４＜文章内容＞アボリジニの「法」とは，「森羅万象(精霊もふくめた)すべてに関わる壮大な秩序」のことであり，イギリス人が植民する前のアボリジニは，その「法」に従って生活していた。

問５＜文章内容＞「私」は，滞在した町で出会ったアボリジニを，「伝統的な『法』とはほとんど関わりのない人びと」と感じていた。だが，「私」に優しくしてくれたアボリジニの男性が亡くなったとき，その男性が「自分の望むところで眠ること」を許されずに，伝統的な「法」に従って「彼の属する土地に埋葬」されたことを知って，「私」は，「伝統法の厳しさ」を実感したのである。

問６＜文章内容＞亡くなったアボリジニの男性個人は，「三十年以上も暮らし，仲のよい友人も埋葬されているこの町の墓地に埋めてほしい」と考えていた。だが，男性の故郷の親族は，「彼の属する土地に埋葬されねばならない」という「伝統意識」に基づいて，男性を故郷の土地に埋葬した。

問７＜文章内容＞カミは，「常人の目には見えない」が，「自分が思っているカミを，他の人もそう思っているだろうと皆が思い込んでいる不思議な存在」であり(ア…○)，「自分たちを律し」ている，厳しい「制約」にもなる(イ…○)。「カミを描くこと」は，そのカミを信じる人々が「どんな目で，どんな思いで世界を見ているか」を描くことである(ウ…○)。科学が新たな世界観となる前には，人々や社会は，カミを「拠り所」にして世界を見ていたのである(エ…○)。

三〔古文の読解―説話〕出典；橘成季『古今著聞集』巻第二十，七一七。

≪現代語訳≫豊前の国の住人で太郎入道という者がいた。出家する前，いつも猿を射ていた。ある日山中を通りかかると，大猿がいたので，木の上に追って登らせて射たときに，狙いにたがわず，木のまたの所で射たそうだ。(大猿は)今にも木から落ちようとしたが，何となく，物を木のまたに置くようにしているのを見ると，(それは)子猿だった。(大猿は)自分が傷を負って地面に落ちようとするので，背負っていた子猿を助けようとして，木のまたに置こうとしたのだった。子猿もまた，母にしがみついて離れまいとした。このように何度もしたが，やはり子猿がついているので，一緒に地面に落ちてしまった。(太郎入道は)それ以降はずっと，猿を射ることをやめたという。

問１＜古語＞Ａ．「あやまたず」は，間違うことなく正確に，という意味。　Ｅ．「もろともに」は，そろって一緒に，という意味。

問２＜古文の内容理解＞Ｂ．射られた大猿が，何かを「木のまたに置く」ような行動をとったのである。　Ｃ．太郎入道が，何かを「木のまたに置く」ような大猿の行動を見たのである。

問３＜歴史的仮名遣い＞歴史的仮名遣いの「ゑ」は，「え」に直す。助動詞の「む」は，「ん」に直す。

問４＜古文の内容理解＞大猿は，射られて傷を負い，地面に落ちそうになったので，子猿まで落ちないように，「木のまた」に置こうとしたのである。「おのが」は，自分が，という意味。

問５＜現代語訳＞②「負ひたる」は，背負った，という意味。大猿が，子猿を背負っていたのである。「助けむ」の「む」は，意志を表す助動詞で，～しよう，という意味。　③「離れじ」の「じ」は，打ち消しの意志を表す助動詞で，～まい，という意味。子猿が，母から離れまいとしたのである。

問６＜古文の内容理解＞大猿は，自分が射られながらも子猿を助けようとしたが，子猿は母を慕って離れず，結局「もろともに地に落ち」てしまった。太郎入道は，猿の親子の情愛の深さに心を打たれて，それ以降，猿を射ることをやめたのである。

問７＜文学史＞『今昔物語集』は，平安時代末期に成立した説話集。

2021年度 開智高等学校（第２回）

【英　語】（50分）〈満点：100点〉

I 以下の各設問に答えなさい。

(1) 以下の対話文を読んで、[　　]に入る漢字１字を答えなさい。

A：What is the kanji which has sun and moon?

B：I don't know.

A：The answer is "明".

B：Oh, I see. That's interesting.

A：Then, what is the kanji which has sun, moon, ten and ten?

B："[　　]"!

A：You're right!

(2) 以下の英文を読んで、質問に数字で答えなさい。

One day, Momoko went to a supermarket and bought some apples and oranges, and she paid 1,230 yen for them all. The apples were 150 yen each and oranges 90 yen each. The number of the apples and the oranges was eleven in total. How many apples did she buy?

(3) 以下の説明に当てはまる建物名を、日本語で答えなさい。

This is a warehouse built in the Nara Period. There are a lot of treasures and items in it. Some were used by Emperor Shomu. Some were brought from the Middle East or India. It is also known as "the terminal station of the Silk Road."

(4) 以下の[　　]に当てはまる言葉を、日本語で答えなさい。

Buoyancy is a force which helps something float. For example, when you are in water, your body becomes lighter. This is because of buoyancy or "[　　]" in Japanese.

(5) 以下の問いに、英単語１語で答えなさい。

October 18 is Monday in 2021. What day of the week is August 18 in 2021?

Ⅱ 以下の各設問に答えなさい。

A それぞれの対話を読み、Qの答えとして最も適切なものを、ア～エのうちから1つずつ選びなさい。

(1) A：This train is supposed to depart at 1:30, but it's already 1:40!
B：The conductor said that's because they're checking the electrical system. It'll take another half hour.
A：Oh, that's too bad.

Q. What time will the train probably depart?
ア 2:00　　イ 2:10　　ウ 3:00　　エ 3:10

(2) A：Let's go to the movie tomorrow.
B：I have some work to do. If I finish it by tomorrow morning, I can go.
A：I can help you.
B：Thanks, but I'd like to do it by myself.
A：OK. I'll call you tomorrow morning. Let me know how you are doing then.
B：I'll do my best to finish it as soon as possible.

Q. What will Ms. A do tomorrow morning?
ア Call Mr. B.　　イ Work with Mr. B.
ウ Go to the movie with Mr. B.　　エ Finish the work by herself.

(3) A：Oh, the cartridge in my printer has run out of ink.
B：Do you want to buy a new one? I know a good online shop.
A：In fact, I have an extra cartridge on my desk in the office. I have to bring it home tomorrow.
B：Well, try the shop next time.

Q. How is Mr. A likely to get an ink cartridge?
ア He will try the shop B recommends.
イ He will bring it from the office.
ウ He will order it on the telephone.
エ He will buy it on the Internet.

(4) A：Why don't we take the train to the ski resort? It's more reasonable than going by plane.

B：You're right, but we have to take a taxi or rent a car from the station. I'd rather drive the whole journey.

A：But I'm afraid you'll get tired.

B：No worries!

Q. How are Ms. A and Ms. B going to the ski resort?

ア By train and taxi.　　イ In their own car.

ウ By renting a car.　　エ By plane and train.

(5) A：We only have two hours before the party starts. There are too many things to do.

B：Can I help you?

A：Yes, please. Can you help me prepare the food?

B：Sure. What would you like me to do?

A：Please make a seafood salad. There is some lettuce, tuna, shrimp, and tomatoes in the refrigerator. Use whatever you like.

B：No problem. Just leave it to me.

Q. What is Mr. B going to do now?

ア Clean up the refrigerator.　　イ Solve the problem.

ウ Make a seafood salad.　　エ Leave the kitchen and go shopping.

(6) A：Excuse me. Does this bus go to Central Station?

B：I'm sorry I don't know. This is the first time here for me.

A：Me, too. This bus terminal is so large and there are too many buses.

B：I have a bus map here. Let's have a look and check it together.

A：Thanks. That would be great.

Q. What will Ms. A do?

ア Check the bus route with Mr. B.

イ Ask the bus driver.

ウ Buy a bus map.

エ Go to the police station and ask for help.

(7) A：Hi, John. What instrument do you want to play at the school concert next month?

B：I want to play the piano. How about you, Taro?

A：I love the sound of the saxophone. But, as you know, I can't play it at all. So I'm thinking of some percussion instrument.

B：I think that's a good idea. It might be easier to play than the saxophone.

Q. What is Taro most likely to play?

ア The saxophone.　　イ The flute.

ウ The piano.　　エ A percussion instrument.

(8) A：I'd like a B-ticket for the concert starting at 7:00 tonight.

B：We are very sorry, but both of A- and B-tickets for tonight are sold out.

A：Oh, that's too bad. Then do you have any standing room?

B：Yes. You're very lucky. There are only five tickets left.

Q. Which ticket is Mr. A likely to buy?

ア A standing-room ticket starting at 7:00 p.m.

イ A standing-room ticket starting at 5:00 p.m.

ウ An A-ticket starting at 7:00 tonight.

エ A B-ticket starting at 5:00 p.m. tomorrow.

(9) A：What seems to be the trouble today?

B：There's nothing wrong. I'd like to have a medical check-up for job-hunting.

A：Certainly. Would you like a more thorough check? For a small extra charge, you can get more detailed results than you would from our regular medical check-up.

B：No, thank you. Just a regular check-up would be fine for my purpose.

Q. What did Ms. B need in the hospital?

ア Some medicines.

イ A health examination.

ウ A more thorough medical check-up.

エ A job.

(10) A：So, do you have any experience working in a restaurant?
B：Yes. I worked in an Italian restaurant called Mario's for two years while I was a high school student.
A：What did you do there?
B：I started as a dishwasher, and a year later I became a waiter.
A：That sounds good. We'd love to hire you. Can you start tomorrow?
B：Definitely.

Q. What is happening in the conversation?
ア Mr. B is being interviewed.
イ Mr. B is talking with his friend.
ウ Ms. A is asking Mr. B's advice.
エ Ms. A is introducing Mr. B.

B それぞれの対話を読み、最後の発言に対する応答として最も適切なものをア～エのうちから１つずつ選びなさい。

(11) A：My right shoulder really hurts.
B：I'm sorry to hear that. Did you lift something heavy?
A：No, but I played rugby yesterday.
B：(　　　)

ア Maybe you hurt it at home.
イ Was it a hard tackle?
ウ What did you lift up?
エ When did you go to the doctor?

(12) A：The washing machine isn't working.
B：Oh, I need a clean uniform for tomorrow.
A：Hmm ... oh, hasn't a new laundromat opened nearby?
B：(　　　)

ア Yes, and I have to wash my shoes, too.
イ No, it is not yet cleaned at all.
ウ Yes, I will go and check it tomorrow.
エ Oh, yes, I heard it's across from the post office.

(13) A：Would you like to go to the amusement park with me next week?
B：I thought you were going to take your friend there.
A：It's closed this week, so we're going to the zoo instead.
B：(　　　)

ア Be sure to check out the tigers.
イ It's a shame she couldn't come.
ウ The park has very exciting roller coasters.
エ Why don't you go to the zoo then?

(14) A：This is nice. Where did you get it?
B：Oh, do you have an eye for art? I bought it at a flea market in Paris last year. I believe it's an original by Claude Monet.
A：Is it? But actually, I was talking about the picture frame. I don't know much about paintings.
B：(　　　)

ア Good. Then I'll let you see some more of my collection.
イ Oh, why? Do you think it's not real?
ウ The frame? It's just an old one I found in the attic.
エ Unfortunately I don't, either.

(15) A：Can I help you?
B：Yes. I'm looking for a formal dress.
A：Well, how about that one hanging from the wall?
B：Looks good. Where was it made?
A：(　　　)

ア You can't buy it anywhere else.
イ You can attend any party in it.
ウ It is a product of France.
エ It is made of 100% silk.

Ⅲ　以下の対話を読み、Q１～Q５の答えとして適切なものをそれぞれア～エの中から選びなさい。

Kyoko：Mary, how about going to the Louvre Museum right after breakfast?

Mary：That's a good idea. It'll take at least three hours to look around. So, why don't we have lunch at a restaurant near the Louvre?

K：Maybe it would be better for us to eat at a café inside the museum.

M：I agree. Let's do that.

K：What are we going to do after lunch?

M：How about taking a sightseeing cruise on the Seine?

K：That's a great idea! But the departure time is 4:00 p.m., so, let's go up the Eiffel Tower before doing that.

M：In that case we don't have enough time because we will have to wait in line for a long time to go up.

K：Yeah, you're right. Then why don't we visit Notre Dame Cathedral?

M：That's prefect! And then let's eat dinner after the cruise and go on a night bus tour.

K：Wow! That sounds exciting.

Q１. How many hours will it take to look around the Louvre Museum?

ア More than three hours.　　イ At least three hours

ウ Less than three hours.　　エ About four hours.

Q２. Where will Kyoko and Mary have lunch?

ア At a restaurant near the Eiffel Tower.　　イ At a café outside the museum.

ウ On a sightseeing cruise.　　エ At a café inside the Louvre.

Q３. Where will Kyoko and Mary go after lunch?

ア The Eiffel Tower.　　イ The sightseeing cruise.

ウ Notre Dame Cathedral.　　エ Going on a night bus.

Q４. What will Kyoko and Mary do after the cruise?

ア They will eat dinner.

イ They will go up the Eiffel Tower.

ウ They will visit Notre Dame Cathedral.

エ They will go home.

Q５．Why won't Kyoko and Mary go up the Eiffel Tower?

ア Because they will not be in time for the departure time of the cruise.

イ Because it is distant away.

ウ Because they will have a hard time going up it.

エ Because they want to go to another museum.

Ⅳ 次の英文を読んで、後の設問に答えなさい。

Levi Strauss was born in Germany in the mid 1800's and moved (a) the United States (b) a young man. He lived in New York City and learned the *dry-goods business for several years. In 1853 he took his knowledge and his dreams to San Francisco. His dream to succeed came (①) over the next 20 years as he became a very successful businessman.

Many of Levi Strauss' customers were cowboys and miners. They needed clothing that was strong and *durable. Strauss found a special *fabric from France that was comfortable and lasted a long time. It was "serge *de Nimes*," which was later called "*denim*" (c) short.

Another man named Jacob Davis bought large amounts of the denim fabric from Levi Strauss. He was a *tailor who made pants for hard-working men. One of his customers was always tearing the pockets (d) his pants. So Jacob Davis decided to put *rivets on certain parts of the pants to make them stronger. The customer loved the new pants (②) much that he told all his friends, and soon Jacob Davis was busy making lots of pants with rivets.

Jacob Davis soon realized that using rivets was a great business idea, and he didn't ③[that / steal / want / anybody / nobody / to] idea. He decided that he would need to get a *patent. But because he was a poor tailor, he didn't ④[money / pay / have / little / to / enough] for the patent. After thinking it over, he went to the businessman Levi Strauss and told him his idea. He said, "If you agree to pay for the patent, we will share the *profits from the riveted pants." Levi Strauss agreed, and the new riveted pant business was called Levi Strauss and Company. Today Levi's jeans are more popular than ever, and Levi's name continues to live on.

注：* dry-goods 繊維製品　* durable 耐久性のある　* fabric 布地
* tailor 仕立屋　* rivet リベット(金属の留め具)　* patent 特許　* profit 利益

問１　空所(a)～(d)に入る最も適切な語を、次のア～キから１つずつ選び、記号で答えなさい。

ア as　イ for　ウ from　エ by　オ off　カ at　キ to

問2　空所(①)、(②)に入る最も適切な語を、それぞれ1語で答えなさい。

問3　下線部③、④の[　　]内の語句を正しく並べかえなさい。ただし、それぞれ不要な語が1つずつある。

問4　以下の説明に当てはまる語を本文中から1語で書き抜きなさい。
"a person who buys something from a shop"

問5　本文の内容に一致するものを、次のア～エから1つ選び、記号で答えなさい。
ア Levi Strauss left Germany in 1853 to start his business in San Francisco.
イ Levi Strauss used denim to make pants that were strong and durable.
ウ Jacob Davis put rivets in pants because the pockets looked good.
エ Jacob Davis and Levi Strauss became business partners.

V　次の英文を読んで、後の設問に答えなさい。

Scientists have developed a tiny camera that can be put on the back of a *beetle. The camera can record where the bug goes. This will give the scientists a bug's-eye view of the world. The researchers want to use the camera to explore places never seen before. Researcher Vikram Iyer explained why the camera could be (①). He said: "Insects can cross rocky environments, which is really challenging for robots to do at this scale. So this system can also help us out by letting us see or collect samples from hard-to-navigate spaces." Mr. Iyer is excited to see what the cameras record. He said: "This is the first time that we've had a *first-person view from the back of a beetle while it's walking around."

The scientists are from the University of Washington in the USA. They wanted to develop a camera light enough for bugs to wear. It weighs just 250 milligrams. Their wireless camera records images at up to five frames per second. A researcher said: "We have created a low-power, low-weight, wireless camera system that can capture a first-person view of what's happening from an actual live insect." He said one of the biggest challenges when making the camera was the battery. It had to be very small and very light, with enough (②) to last a few hours. The researchers stressed that no beetles were hurt in their tests and that all the insects "lived for at least a year" after the experiments finished.

注：* beetle 甲虫(カブトムシなど)
　　* first-person view 一人称の眺め(まるで自分が見ているような眺めということ)

問1　空所(①)、(②)に入る最も適切な語を、次のア～エからそれぞれ1つずつ選び、記号で答えなさい。

(①)	ア tiny	イ light	ウ useful	エ hard
(②)	ア time	イ power	ウ weight	エ light

問2　以下は本文をまとめたものです。(1)～(8)に適する語を、ア～チの中から選び、記号で答えなさい。同じ記号は2回以上使用してはいけません。

Scientists made a (1) camera that can be put on a beetle. It records where the beetle goes. It gives a beetle's view of the world. A researcher says that insects can go (2) environments full of (3), and that is very (4) for robots. The camera is (5) light that bugs can wear it. Its (6) is just 250 milligrams. It has a wireless camera. They had (7) making the small battery. According to the researchers, no beetles were (8) in their tests.

ア cross	イ damaged	ウ stress	エ difficult	オ to
カ trying	キ small	ク challenge	ケ weighs	コ so
サ across	シ rocky	ス weight	セ rocks	ソ very
タ difficulty	チ challenges			

Ⅵ

(　　)内の日本語を[　　]の語を用いて英語に直しなさい。その際、[　　]内の語も含み英語6語になるようにしなさい。(don'tなどの短縮形は1語と数える。)

A：Hi, Judy, you had your hair cut! You look nice.

B：Thanks, Bill. I made it short for the first time in ten years.

A：Did you? And (なぜ短くしたの[short])?

B：Just to refresh myself.

Ⅶ

以下の会話文で、空欄に[　　]の語を用いて適切と思われる6語の英語を入れなさい。その際、[　　]内の単語も語数に含める。(don'tなどの短縮形は1語と数える。)

A：I'm going to the library.

B：Today's Monday. It's closed.

A：You can use the return box when it's closed.

B：Then ＿＿＿[these]＿＿＿ me, too?

【数　学】（50分）〈満点：100点〉

（注）分数は既約分数に直し，無理数は分母を有理化し，根号内はできるだけ簡単に，比はもっとも簡単な整数値にして答えること。

1　次の各問いに答えなさい。

(1)　$(2+\sqrt{2}+\sqrt{3})(2-\sqrt{2}+\sqrt{3})$ を計算しなさい。

(2)　$\dfrac{2x+3y}{6}+\dfrac{x-2y}{3}-\dfrac{3x+y}{2}$ を計算しなさい。

(3)　２次方程式 $(x+4)^2-7x-28=0$ を解きなさい。

(4)　$y=ax^2$ について，x の変域が $-\dfrac{1}{3}\leqq x\leqq 2$ のとき，y の変域が $b\leqq y\leqq 8$ である。
a，b の値を求めなさい。

(5)　$\sqrt{n^2+24}$ が整数となる正の整数 n の値をすべて求めなさい。

(6)　一辺１mの正六角形のひとつの頂点に長さ６mの糸をつけ，糸をピンと張った状態で，右図のAの位置から，六角形に時計回りに巻きつける。このとき糸の通る部分の面積を求めなさい。
ただし，図は巻きつけている途中の様子を表したものであり，糸は最後まで巻きつけるものとする。

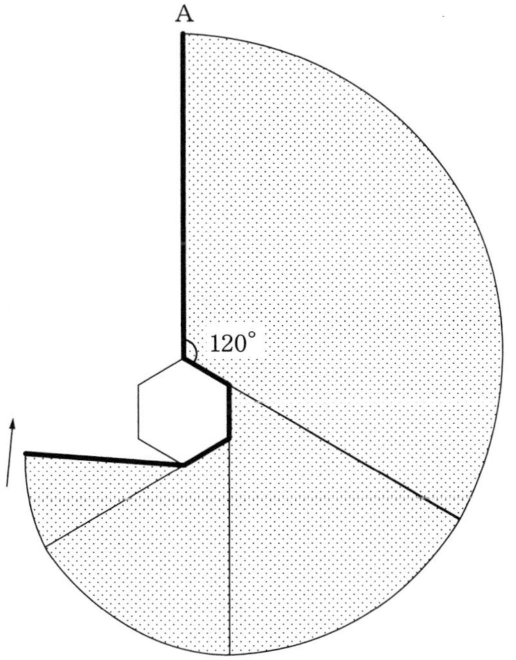

(7) 右図は，立方体の展開図である。これを組み立てて立方体にしたとき，

次の問いに答えなさい。

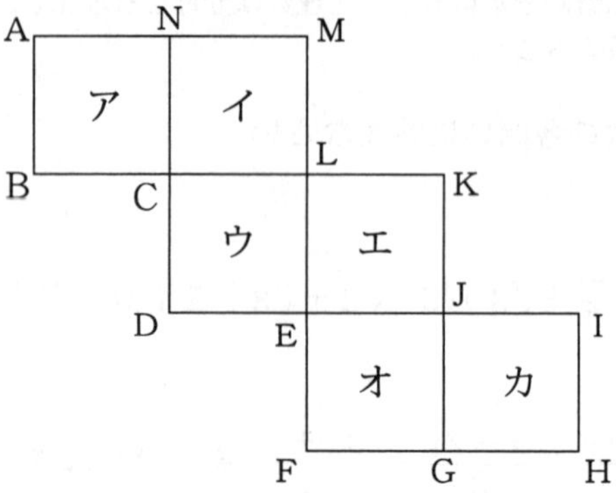

(i) 面ウと平行になる面を答えなさい。

(ii) 点Mと重なる点をすべて答えなさい。

2

次の各問いに答えなさい。

(1) 右の図は，関数 $y=x^2$…①と関数 $y=ax^2$…②のグラフである。

①，②のグラフ上に，それぞれ２点AとB，CとDがあり，線分ABとCDはx軸に平行である。

点Aのx座標を-4とし，四角形ACDBが正方形となるとき，次の各問いに答えなさい。

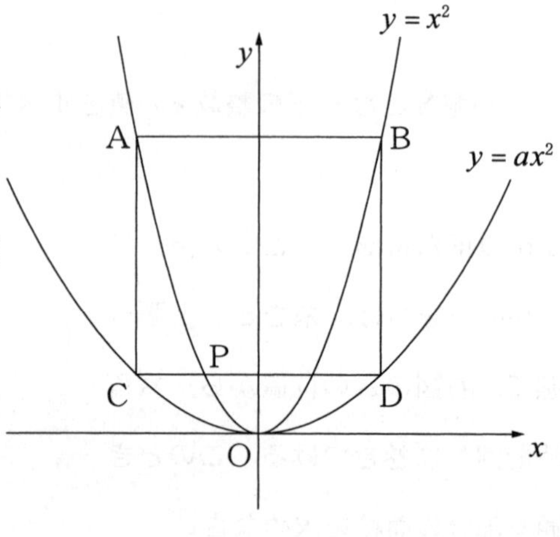

(i) aの値を求めなさい。

(ii) 図のように，線分CDと①の２つの交点のうち，x座標が負の点をPとする。直線PBの方程式を求めなさい。

(2) 右の図は，一辺が６cmの正方形ABCDの辺ADの中点をE，辺BCを３等分する点を順にF，Gとしたものである。図のように，AG，GD，FE，ECを真っすぐに結んだとき，次の各問いに答えなさい。

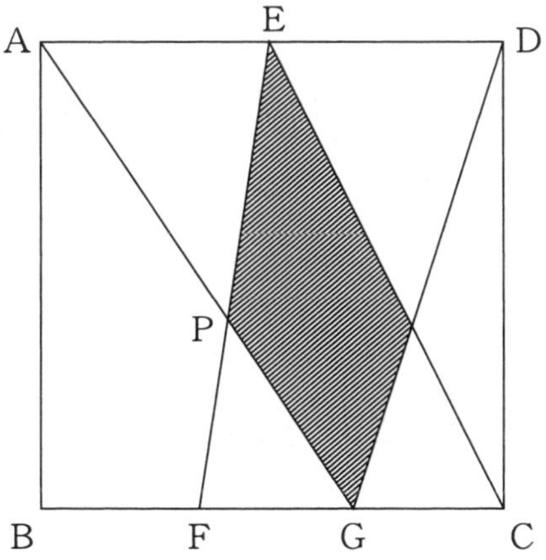

(i) 線分AGと線分EFの交点をPとするとき，AP：PGを求めなさい。

(ii) 斜線部分の四角形の面積を求めなさい。

3

１，２，４，４，５，６とかかれたサイコロを２回振るとき，次の問いに答えなさい。

(1) 目の和が偶数となる確率を求めなさい。

(2) 目の和が３の倍数となる確率を求めなさい。

(3) 目の積が４の倍数となる確率を求めなさい。

4　座標平面上にA(−5, 0), B(3, 0), C(0, 6)がある。

(1)　直線BCの方程式を求めなさい。

次に点PはAからBに向けて毎秒１の速さで進みBで止まり，点QはBからCに向けて毎秒$\sqrt{5}$の速さで進みCで止まる。点Pと点Qが同時に出発してから点Pが止まるまでを考える。

(2)　１秒後における△BPQの面積を求めなさい。

(3)　△BPQの面積が△ABCの面積の半分になるのは何秒後か。すべて答えなさい。

5　右図のような１辺の長さが２の立方体ABCD−EFGHがある。
このとき，次の各問いに答えなさい。

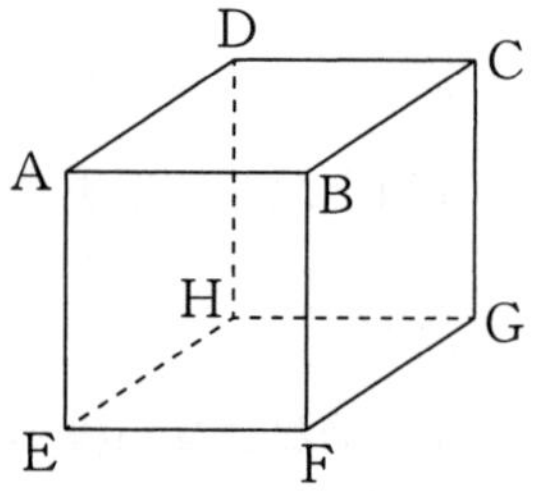

(1)　３点A，C，Fを通る平面で切ったとき、切り口の図形を最も適切な表現で答えなさい。

(2)　４点A，C，F，Hを結んでできる立体の体積を求めなさい。

(3)　(2)でできる立体に内接する球の半径を求めなさい。

注2 「袖くらべ」…商人の取引が行われる場所のこと。
注3 「下種」…身分の低い者のこと。
注4 「開眼」…開眼供養のこと。新しい仏像に目を描きこんで魂を入れる儀式。
注5 「櫃」…大型の入れ物のこと。
注6 「天帝釈」…帝釈天のこと。仏教を守る善神の一つ。
注7 「地蔵会」…地蔵菩薩を祭る法会(仏の教えを説く集会)。

問1 傍線部①「開眼もせで」の訳として最も適切なものを次の中から一つ選び、記号で答えなさい。

ア 開眼供養も既に終わって
イ 開眼供養も上手く行き
ウ 開眼供養も忘れてしまい
エ 開眼供養もやめてしまって
オ 開眼供養も行うことはなく

問2 傍線部②「忘れにける程に」とあるが、何を忘れていたのか、説明しなさい。

問3 傍線部A「といらふる声のすなり」、B「といふ声すなり」とあるが、それぞれ誰の声であったか。声の主を次の中からそれぞれ選び、記号で答えなさい。

ア 商人
イ 下種
ウ 地蔵菩薩
エ 大路を過ぐる者

問4 傍線部③「え参るまじく」の訳として最も適切なものを次の中から一つ選び、記号で答えなさい。

ア 参上する必要がない
イ 何とかして参上したい
ウ できれば参上したくない
エ 参上できそうである
オ 参上できそうにない

問5 傍線部④「何のかくは夢に見えつるにか」とあるが、どうしてこのような夢を見ることになったと考えられるか。理由として最も適切な一文を文中から抜き出し、その最初の五字を答えなさい。

もっていて、買物に楽しみを感じないところがある。

オ　四拾銭の文鎮や拾銭の棒パンなど、自分の買物やお金には興味があるが、母の買物などには無関心なところがある。

問9　この作品から読み取れることとして最も適切なものを次の中から一つ選び、記号で答えなさい。

ア　「母」が買うかどうか迷っていた九拾五銭の蝙蝠傘は、今では一〇〇倍以上の値段になっており、七年前に母に買ってあげればよかったという思いにとらわれている。

イ　七年間で世の中は大きく変わり、「芳子」は最愛の「母」を失った悲しみの中で、買物のときに適切なアドバイスを一つもできなかったことを思い出して後悔している。

ウ　戦争の影響で「芳子」の嫁ぎ先も実家も焼けてなくなってしまい、特に「母」との思い出は五拾銭銀貨と文鎮と蝙蝠傘だけしかなく、お金や商品以外の何かを求めている。

エ　「芳子」は若いころからお金に執着しており、そのために「母」との買物では意見が合わなかったが、今は文鎮にまつわる思い出を大切にして生きていこうとしている。

オ　「芳子」は結婚して横浜に住んでいたが、その家も実家も戦争中に空襲で焼けてしまい、「母」は死んでしまっており、七年前に買った文鎮は思い出の品になっている。

三　次の文章を読んで、後の問いに答えなさい。

これも今は昔（この話も今となっては昔のことですが、）、注1山科の道づら（道すじ）に、四の宮河原といふ所にて、注2袖くらべといふ商人集（集まる）る所あり。その辺の注3下種《げす》のありける、地蔵菩薩を一体造り奉りたりける（お造り申し上げていたが、）を、①注4開眼もせで注5櫃《ひっ》にうち入れて奥の部屋など思しき所に納め置きて（奥の部屋と思わしき所にしまいこんで、）、世の営み（日々の暮らし）に紛れて程経にければ（月日が経ったので、）、②忘れにける程に、三四年ばかり過ぎにけり。

ある夜、夢に、大路を過ぐる者（通る者が）の声高《こわだか》に人呼ぶ声のしければ（を呼ぶ声がしたので、）、「何事ぞ」（何事だ）と聞けば（聞いていると、）、「地蔵こそ」（地蔵さん）と、高く（大声で）この家の前にていふなれば、奥の方《かた》より、「何事ぞ」（何ですか）Aといらふる声のすなり（答える声がするようだ。）。「明日、注6天帝釈の注7地蔵会し給ふには参らせ給はぬか」（おいでになりませんか）といへば、この小家のうちより、「参らんと思へど（参上したいと思うが、）、まだ目のあかねば（開いていないので、）、③え参るまじく」といへば、「構へて参り給へ」（必ずおいでくださいな）といへば、「目も見えねば、いかでか参らん」（見えないのに、どうして参れましょうか）Bといふ声すなり。うち驚きて（ふと目が覚めて、）、④何のかくは夢に見えつるにか（どうしてこのような夢を見たのか）と思ひ参らすに（思案してみたが、）、あやしくて（解せなくて、）、夜明けて奥の方をよくよく見れば、この地蔵納めて置き奉りたりけるを思ひ出《いだ》して、見出したりけり（見つけだしたのだった。）。「これが見え給ふにこそ」（夢にお見えになったのだ）と驚き思ひて、急ぎ開眼し奉りけりとなん（を営んだ、ということだ。）。

（『宇《う》治拾遺《じしゅうい》物語《ものがたり》』）

注1　「山科」…京都の地名。

見えないもの。

イ　金額そのものは小さいが、当時の社会の中では希少価値をもっているもの。

ウ　たいした金額とはいえないが、お金としての重みはそれなりに感じるもの。

エ　「ちりも積もれば山となる」というように、少しずつ貯めていきたいもの。

オ　使い勝手がよく、注意していないと無駄づかいにつながってしまうもの。

問3　空欄部Aに入れるのに最も適切な語を次の中から一つ選び、記号で答えなさい。

ア　せっぱつまった

イ　つまらない

ウ　涙ぐましい

エ　ほほえましい

オ　誇らしげな

問4　傍線部②「急に元気づいた」とあるが、「母」はなぜ「急に元気づいた」のか。六〇字以上七〇字以内で説明しなさい。

問5　傍線部③「いるのなら誰かにとは言うまい」とあるが、それはどういうことか。最も適切なものを次の中から一つ選び、記号で答えなさい。

ア　母の身近な人はみな亡くなってしまって、母は孤独な生活を送っているということ。

イ　母は蝙蝠傘を買うつもりなどないが、適当なことを言って楽しんでいるということ。

ウ　母の年齢や性格から考えると、蝙蝠傘を渡す相手などはいるはずがないということ。

エ　誰かにあげるためではなく、母は自分自身のために蝙蝠傘を探しているということ。

オ　常識的に考えて、安物の蝙蝠傘をもらっても喜ぶ人などいるはずがないということ。

問6　傍線部④「自分の躊躇が腹立たしくなって来た」とあるが、その理由を五〇字以上六〇字以内で説明しなさい。

問7　傍線部⑤「出口へ急いだ」とあるが、この時の「芳子」と「母」の気持ちとして最も適切なものを次の中から一つ選び、記号で答えなさい。

ア　「芳子」は買物に興味がないので早く家に帰りたいと思っており、「母」はそんな「芳子」の気持ちをわかってあげたいと思っている。

イ　「芳子」は特売場の雰囲気が好きではないのでせいせいしているが、「母」は買物への未練を断ち切るために急いで歩こうとしている。

ウ　「芳子」は「母」が欲しいものを買えなかったことに責任を感じており、「母」は何も買わないことを「芳子」のせいにしたくないと思っている。

エ　「芳子」は「母」が衝動買いの欲望を抑えたことに感動しており、「母」も自分が特売場の熱気に負けなかったことを自慢に思っている。

オ　「芳子」は「母」が無駄な買物をせずに済んでよかったと思っており、「母」は特売場の雰囲気に押されていたが冷静さを取り戻している。

問8　この作品における「芳子」についての説明として最も適切なものを次の中から一つ選び、記号で答えなさい。

ア　四拾銭の文鎮を買うかどうか十日も迷うように、衝動買いや無駄づかいを嫌い、お金に対して慎重なところがある。

イ　四拾銭の文鎮を買うまでに十日も考えるように、優柔不断で警戒心が強く、お金を使う気になれないところがある。

ウ　四拾銭の文鎮や拾銭の棒パンにお小遣いを使ってしまったように、会社勤めをしているわりには幼いところがある。

エ　四拾銭の文鎮を高いと感じているように、独特の金銭感覚を

れに芳子、これは誰かに譲って上げたって喜ばれますよ。」

「そうね。譲って上げるのならいいわね。」

「誰だって、喜ばない人はありませんよ。」

芳子は笑ったが、母はその誰を目当に傘を見立てているのだろう。身近にそんな人はいない。③いるのなら誰かにとは言うまい。

「ねえ、芳子、どうかしら。」

「そうねえ。」

芳子はやはり気の進まぬ返事をしてしまったが、母の傍《そば》へ寄ってとにかく母によさそうな傘をさがしてみた。

人絹の注3薄物《うすもの》を着た女の人達が安い安いと言って、入れ替り立ち替りｂ無造作に買って行く。

芳子は少し顔をこわばらせてｃ上気したような母が気の毒になり、④自分の躊躇《ちゅうちょ》が腹立たしくなって来た。

「どれでも一本、早く買えばいいじゃないの。」と言うつもりで芳子が肩を振り向けると、

「芳子、よしましょう。」

「え?」

母は口のあたりに弱い微笑を浮べて、なにか振り払うかのように、芳子の肩に手をかけてそこを離れた。でもと今度は却って芳子がなにか心残りだったが、五六歩行くうちにせいせいした。

肩にある母の手を取ると、ぎゅっと握って一つ大きく振り、肩を重ねるように身を寄せて⑤出口へ急いだ。

今から七年前、昭和十四年のことだった。

焼《やけ》トタンの掘立《ほったて》小屋に雨が降ったりすると、あの時蝙蝠傘を買っておけばよかったと思い出して、芳子はうっかり実家の母に今は百円か二百円よと笑話してみたくなるが、その母は神田で焼け死んでいた。

あの傘を買っておいたところで焼けただろう。

あの硝子の文鎮は偶然残った。横浜の婚家が焼ける時、そこらにある物を夢中で非常袋へつかみ入れたなかに文鎮がまじっていて、実家のころの唯一の記念になった。

（『五拾銭銀貨』川端康成　一部改変）

注1　「とみこうみ」…左から見たり右から見たりすること。

注2　「人絹」…人工の絹糸。レーヨン。大正から昭和初期ごろに普及した。

注3　「薄物」…7月・8月ごろに着る薄手の着物。

問1　波線部ａ～ｃの語句の意味として最も適切なものを後の中からそれぞれ一つ選び、記号で答えなさい。

ａ　「手ずから」

ア　苦労して
イ　自由に
ウ　直接自分で
エ　手を借りて
オ　毎日

ｂ　「無造作に」

ア　気軽に
イ　上品に
ウ　すばやく
エ　つぎつぎに
オ　ぶざまに

ｃ　「上気したような」

ア　怒ったような
イ　興奮したような
ウ　取りつかれたような
エ　泣いているような
オ　なさけないような

問2　傍線部①「五拾銭銀貨」とあるが、この作品の中で「五拾銭銀貨」はどのようなものか。最も適切なものを次の中から一つ選び、記号で答えなさい。

ア　かなりの大金といってもよいが、それほどありがたそうには

家に戻ると母と姉は、
「こんなおもちゃみたいなもの買って。」と笑ったが、手に取って眺めているうちに、
「そうねえ、割に綺麗《きれい》に出来てるねえ。」
「器用なものだわ。」と言い出した。電燈《でんとう》にかざしてみたりした。
磨きあげた硝子の面とすり硝子のように霞《かす》みかかった浮彫とは微妙に調和し、六角形の切方《きりかた》にも精巧な格調があって、芳子には美しい芸術品だった。
七日も八日もかかって自分の所有物とする価値があると確めた芳子としては、誰がなんと言おうとよかったのだが、母や姉に認めてもらえるとやはり得意だった。
高《たか》が四十銭のものを買うのに十日近くかかるなど、大袈裟《げさ》なと人に笑われそうでも、それでないと芳子は気がすまない。うっかりいいなと思って気紛れに買ってから後悔するようなことはなかった。これならと見極めがつくまで幾日も眺めて考えてみる、それほどの思慮分別が十七の芳子にあったわけではない。しかし大切なものと頭にしみこんでいるお金を、安っぽく使うことが空恐ろしかったのである。
三年ばかりたって文鎮の話が出て皆大笑いした時、
「あのころはほんとうに可愛らしいと思ったわ。」と、母がしみじみ言った。
芳子の持物の一つ一つには、こうした［　A　］挿話《そうわ》がついていた。
上から下へと順に降りながら買物するのが楽だということで、先《ま》ずエレヴェタアで五階へ上った。日曜日、芳子は珍らしく母の買物に誘われて三越に来た。
その日の買物はすんで一階までおりたのに、母は当然のことのように地階の特売場へはいって行く。
「あんなに込んでて、お母さん、いやあね。」と芳子はつぶやいたが、母には聞こえなくて、先きを争うような特売場の空気が母にうつって来るらしい。
特売場は無駄づかいをさせるように出来ているものだけれど、うちのお母さんはどうかしらと、芳子はちょっと眺める気持に離れて後を追った。冷房がきいていてそれほど暑苦しくはない。
先ず母は三綴《みとじ》弐拾五銭の便箋《びんせん》を買って、芳子を振り返ると、二人でにっと笑った。このごろ母が芳子の便箋をちょいちょい使って苦情を言われていたので、まあこれで安心と顔を見合わせたわけだった。
台所道具の売場だの肌着の売場など、人のよけいたかっているところへ母は吸い寄せられて、しかし人を掻《か》きわける勇気はなく、伸びあがって覗《のぞ》いたり前の人の袖の隙間《すきま》から手を出したりしていたが、一つも買わないで、なにか割り切れないような、思い切り悪いような風で出口に足を向けた。その出口のところで、
「おや、これが九拾五銭ですって？　まあ……。」と母は蝙蝠傘《こうもりがさ》を一本つかんだ。そこに積み重なった蝙蝠傘を掘りかえすと、どれもこれも九拾五銭の値札がついているのに、母はさもおどろいて、
「安いわねえ、芳子。安いじゃないの。」と言いながら②急に元気づいた。もやもや迷った心残りがはけ口をみつけた風だった。
「ねえ、安いと思わないの？」
「ほんとう。」と芳子も一本手に取ってみた。それを母は自分が持ち添えて開いて、
「骨だけとしても安いもんだわ。布はまあ注7人絹《じんけん》だけどね、結構しっかりしてるじゃないの。」
（中略）
母が自分の年に合いそうなのをと夢中になって引っ掻《か》き廻《まわ》したり開いてみたりしているのを、しばらく待っていたが、
「お母さん、不断のはうちに持ってるでしょう。」
「ああ、だけどあれはねえ……。」と、ちょっと芳子を見ただけで、
「十年、いやもっと、十五年になるかな、使い古して昔風でね。そ

問3　空欄部Xに入る言葉を、本文中から抜き出して答えなさい。

問4　傍線部①「そうではない見方」とあるが、どのような「見方」か。「ではなく」という言葉を用いて説明しなさい。

問5　傍線部②「面白い実験があります」とあるが、どの点が「面白い」のか。最も適切なものを次の中から一つ選び、記号で答えなさい。

ア　瞬間的に判断することで、それぞれの質問で答えがばらける点。
イ　瞬間的に判断することで、大きい数字にだまされてしまう点。
ウ　瞬間的に判断することで、確率の計算まちがいを起こしてしまう点。
エ　瞬間的に判断することで、似た条件でも異なる答えを選んでしまう点。
オ　瞬間的に判断することで、細かな条件のちがいを意識してしまう点。

問6　傍線部③「合理的に考えれば、①でAを選んだ人が②でBに変わるのはとてもおかしなことです」とあるが、ここにおける「合理的に考える」とはどうすることか。最も適切なものを次の中から一つ選び、記号で答えなさい。

ア　お金を確実にもらえる選択肢を選ぶこと。
イ　もらえる確率の高い選択肢を選ぶこと。
ウ　もらえる金額の高い選択肢を選ぶこと。
エ　得だと思われる選択肢を瞬時に選ぶこと。
オ　期待値を計算してより得な選択肢を選ぶこと。

問7　傍線部④「脳にシステム1とシステム2がある」とあるが、なぜ人間の脳には2つの「システム」があると考えられるか。その理由を次のようにまとめた。空欄部1、2を埋めなさい。

　システム1は［　1　］が必要な場面に対応するためで、システム2は［　2　］が必要な場面に対応するため。

問8　傍線部⑤「数万年にも及ぶリスクの是非を判断することは、人間には不得手です」とあるが、なぜか。その理由を分かりやすく説明しなさい。

二

次の文章は、一九四六（昭和二十一）年に発表された、川端康成の『五拾銭銀貨』という作品である。文章を読んで、後の問いに答えなさい。

月始にもらう二円のお小遣《こづかい》は、母がa手ずから芳子《よしこ》の蟇口《がまぐち》に①五拾銭銀貨で入れてくれる習わしだった。

五拾銭銀貨はそのころ少くなって来ていた。軽いようで重みのあるようなこの銀貨は、赤皮の小さい蟇口いっぱいに堂々と威厳にあふれて、芳子には見えた。五拾銭銀貨はお小遣をつかわないようにとの用心で、月末まで手提鞄《てさげかばん》のなかの蟇口に納まっていることが多かった。

勤先《つとめさき》きの友達同士で映画を見に行ったり喫茶店へはいったり、そういう娘らしい享楽を芳子は排斥する気持はなかったが、自分の生活の外のものと見過ごしていた。経験がないので誘惑を感じなかった。

週に一度会社の帰りに百貨店へ寄って、一本拾銭の塩味のついた大好きな棒パンを買う以外、これと言って自分で金をつかうことのない芳子だった。

それが或《あ》る日、三越の文房具部で硝子《がらす》製の文鎮が目についた。六角形で、犬を浮彫《うきぼり》にしてある。その犬が可愛くてつい手に取ってみると、ひやりとした冷たさと、ふとした重みと、急に快い感触で、こういう利巧な細工物の好きな芳子は、思わず惹《ひ》きつけられた。芳子はしばらくそれを掌《てのひら》に載せて注1とみこうみしてから、惜しそうにそっと元の箱のなかに返した。四拾銭だった。

翌日も来た。同じようにその文鎮に見入った。その翌日もまた来て見た。そうして十日ほど日を重ねてやっと決心がついて、「これ頂戴《ちょうだい》。」と言った時は胸がわくわくした。

リスク(将来の危険)よりも、いま目の前にある危険について高速で判断することが必要だったからでしょう。しかし現代は状況がちがいます。この複雑な社会では、まだ起きていないけれども将来起きるであろうことに対する判断も、生きてゆくために重要です。現代は脳のシステム2をたくさん使わなければならない時代なのです。

　このことから、最初に少し紹介した原子力発電について考えてみましょう。ロベルト・ユンクというドイツのジャーナリストはかつて次のようにdシテキしました。

　原子力発電はひとたび動かすと止めるのが難しい。止めたからといって、核燃料の保管や放射性廃棄物の問題がなくなるわけではない。しかし一旦稼働させたら、廃棄物の保管には数万年という時間にわたる手間がかかる。人間は、途中で止めることができない技術と、それに伴う将来のリスクについて、その是非をうまく判断できない生き物である。［D］、原子力発電技術には手を出すべきではない、そう主張しました。ユンクのシテキは最新の脳科学の考え方とも一致しています。⑤数万年にも及ぶリスクの是非を判断することは、人間には不得手です。少なくとも、とっさの判断(システム1)では正しい判断を下せないと考えられます。

　人間が将来をちゃんと計算した上で判断するシステム2を正しく使いこなすことは簡単ではありません。地球温暖化や戦争のように長期的に見れば誰の得にもならないはずのことが、短期的な目先の利益に引きずられて止められない場合も多くあります。原発についても、科学や工学の技術として可能かどうか、ではなく(万能とは言えない)人間の脳にとってうまく使いこなせる技術かどうか、を考え直す必要があります。

　反射的に即答するシステム1ではなく、システム2をうまく働かせるには、じっくりと反省して考える時間が必要なのです。

　けれども、現代社会では、人間の判断や行動には素早さがどんどん求められるようになっています。たとえば、みなさんもよく知っている注1LINEのようなインターネットのやり取りは、手紙での文通と比べものにならないスピードです。素早いやり取りをしている中で、流れの勢いで不必要に人を傷つける非難や攻撃をしたりされたりして「注2炎上」することもあります。これは、リスクや後先をよく考えずにとっさに反射的に応答するシステム1の働きに人間が引きずられてしまうからです。

　意志決定する「脳」という一つのことに注目すると、スマホでの会話から原発や地球温暖化までの社会のさまざまな問題に共通するリスクの問題が見えてきますね。これが、大学や大学院での学問や研究の面白いところです。大学は英語で「ユニバーシティ」といいますが、これは「ユニバーサル(eフヘン)」と同じ語源です。つまり、一つのことを専門的に調べていくと、フヘン的で一般的な知識につながっていくのです。

　ただ、みなさんが今後の進路を考えるときは、システム2を使うだけではちょっとつまらないですね。ここでお話ししたことは矛盾するようですが、ときには直感的なシステム1に従ってなんとなくやりたいことに反射的に進むのも一つの選択です。

　コンピュータと違って、矛盾してもフリーズしたり壊れたりしないのが人間の脳のよいところなのです。

(『リスクで物事を考える』美馬達哉　一部改変)

注1「LINE」…電話やチャットなどが使えるアプリケーションの一つ。
注2「炎上」…インターネット上で、非難や批判が殺到し、収拾がつかなくなった状態のこと。

問1　波線部a～eのカタカナをそれぞれ漢字に直しなさい。なお、文字は楷書で一画ずつ丁寧に書くこと。

問2　空欄部A～Dに当てはまる語として、最も適切なものを次の中からそれぞれ選び、記号で答えなさい(ただし記号は重複しない)。

ア　たとえば　　イ　言い換えれば
ウ　しかし　　エ　したがって
オ　なぜならば

したね。③は、①のプラスとマイナスが逆になっているだけです。正負が逆なので、今度はAの方が有利なのですが、みなさんが選んだのはBでした。

　この結果からどのようなことがわかるでしょうか。人間には、確率を何となく見た目で選んでしまう性質があります。これは単なるうっかりミスではなく、人間の脳に備わったクセなのです。bブンセキすると確率の見た目に対していくつかの観点で捉えていることがわかります。ひとつ目はリスクの有無です。①のテストで、選択肢Aは確実で、Bは不確実な要素があります。つまりリスクです。人間はリスクを嫌う性質があるのです。この場合のリスクは、答えにバラツキがあることを意味しています。Bを選んで、ある時は四〇〇〇円を得られ、ある時は何も得られないというバラツキを嫌うのです。これは、リスクを嫌っている安全性指向です。

　リスクの有無を気にする一方、人間の脳には小さなちがいをあまり気にしないという性質もあります。テスト②で、二〇%と二五%のちがいと、三〇〇〇円と四〇〇〇円のちがいのどちらが印象に残りましたか？　二〇%と二五%のちがいの方が気になったという人はほとんどいないと思います。三〇〇〇円と四〇〇〇円の差という大きなちがい、はっきりとしたちがいの方に注意がゆくのです。

　加えて人間には、安全性指向だけではなく、リスク指向という性質もあります。どのみち安全な選択肢はないと判断すると、リスク、つまり結果にバラつきのあるほうの選択肢を好むのです。テスト③にその傾向は表れています。どちらもマイナスだと判断した瞬間から、イヤなものが必ずあるAよりは、イヤなものがあるか何もないか、どちらかという賭《か》けというリスクの要素があるBのほうがマシだと考えるのです。別の言い方をすれば、人間の頭の中では、利益になることについては安全性指向と、損になることについてはリスク指向とで、別の判断を働かせているのです。

　これを脳科学では、④脳にシステム1とシステム2があると考えています。

システム1は直感的に、いわば勝手に働いてしまいます。パッと瞬間的な判断が求められている場面ではどうしても直感に引きずられてしまいます。システム2は自分で計算して答えを出す時の脳の働きです。先ほどのテストでいえば、①では「必ず」という言葉を聞いた瞬間に、システム1は「必ずもらえるという安全性の方が良い」と判断してしまいます。「　X　」という不確実性を嫌がります。②では、システム1は「A、B、どちらもくじ引きだ」と判断します。そして「三〇〇〇円より四〇〇〇円の方が大きい」と判断してしまうのです。③では、「罰金」と聞いてまずイヤだなと感じ、「ちょっとでもイヤさが少ない可能性がある方が良い」と思ってしまうのです。脳のシステム1にはそのようなクセがあります。

　人間が誕生した数十万年前、木の実をとったり魚や獣を捕って食べていた時代には、システム1が重要だったと考えられます。鋭い歯を持った大型獣が襲《おそ》ってきたら逃げる、小さな獲物が来たら捕らえるという直感的で素早い判断が大事でした。やがて農耕文明が始まり、いつ種を播《ま》いていつcシュウカクするかなどを計画するようになり、システム2が必要になったと考えられます。つまり、システム1は人間の動物に近い部分と、システム2は文化的な部分と関係しているのです。

　現代社会でシステム1を使うのは、　C　スポーツです。ルールはありますが、いちいちそれを参照していてはゲームに勝てません。もっと直感的で素早い判断が求められます。ちょっと意外ですが、文字を読むことも一部はシステム1の働きです。緑色の「赤」という文字と、赤色の「緑」という文字をでたらめな順序で一つずつ短時間に示して、瞬間的に「その文字の色」を答えてもらう実験があります。すると、つい書かれた文字の「意味」を答えてしまうことがあります。ちなみにこれは、ストループ・テストという心理学や錯覚の有名な実験です。

　リスクという、いまここに存在しないものに対しては、システム1はうまく働くことができません。人間の脳が形作られた時代には、

二〇二一年度 開智高等学校（第二回）

【国 語】（五〇分）〈満点：一〇〇点〉

一　次の文章は、医師で医学者の筆者が中学生に向けて行った授業をまとめたものである。文章を読んで、後の問いに答えなさい。

健康に生きることの中には、医学や生物学などの理科系の学問だけでは解決できない問題がたくさん含まれています。たとえば、どうやって生きるかという社会や経済に関わる問題や、どんな環境をいい環境と考えるかを問う哲学的な問題などです。医学や生物学や化学では扱い切れない、そのようなことをaタイショウにする研究には、社会学や歴史学も重要だと私は考えました。具体的にお話ししましょう。

医学にとって死亡率は確率の問題です。たとえば一〇〇万人あたり三〇〇〇人死ぬのならば、集団の中で死ぬ人もいれば死なない人もいる。そのようなリスクがあることになります。他方、どんなに低い死亡率の社会でも、死ぬ人は確実に存在しています。その個人にとっては、死ぬか死なないか、二つに一つです。現実に病気になり、いま苦しんでいる人にとっては、それはもはや確率＝リスクではなく、危険であり自分の身に及ぶ危害です。医学は病気をリスクと捉えますが、①そうではない見方で考えなければ、その人たちの置かれた状況を捉えられません。[A]、個人としての人間と集団としての人間の健康状態をどうやったらバランスよく考えることができるか、それが私のテーマです。

脳科学から見たとき、人間は確率というものをどのように理解しているのでしょうか。一、二、三、という数字を理解することと、％で表される確率という現象を理解することには、何かちがいがあるのでしょうか。簡単で②面白い実験があります。二つの選択肢AとBのうち、どちらを選ぶか瞬間的に判断してもらうテストです。やってみましょう。

①
A：必ず三〇〇〇円もらえる
B：四〇〇〇円もらえる確率が八〇％、ハズレると一円ももらえない

②
A：二五％の確率で三〇〇〇円もらえる
B：二〇％の確率で四〇〇〇円もらえる

③
A：どのクジを引いても三〇〇〇円罰金を必ず取られる
B：四〇〇〇円取られる確率が八〇％、二〇％の確率で何も取られない

やってみると、①ではAが多数派になります。つぎに②では今度はBが多くなります。最後の③では、Bを選ぶ人の方が多くなります。冷静に期待値を計算すれば、AとBのどちらが有利か答えは出ます。期待値とは、この場合もらえるお金の平均値をさし、確率とお金をかけて算出します。

さて[B]、問題を読み上げ、聞いただけですぐに手を上げてもらうと、誤った選択肢を選ぶ人が多数になります。①では、Bの方が期待値は三二〇〇円とAよりも高くなります。実は①を4で割っただけですので、Bが有利であることは変わりません（期待値はAが七五〇円でBは八〇〇円）。ですから多くの人は②でBを選びましたから正解となります。ただ、③合理的に考えれば、①でAを選んだ人が②でBに変わるのはとてもおかしなことです。ところが実際には多くの人がAからBに考えを変えてしまいます。

2021年度／開智高等学校（第２回）

英語解答

Ⅰ (1) 朝　(2) ４個　(3) 正倉院
(4) 浮力　(5) Wednesday

Ⅱ (1) イ　(2) ア　(3) イ　(4) イ
(5) ウ　(6) ア　(7) エ　(8) ア
(9) イ　(10) ア　(11) イ　(12) エ
(13) ア　(14) ウ　(15) ウ

Ⅲ Q１ イ　Q２ エ　Q３ ウ
Q４ ア　Q５ ア

Ⅳ 問１　a…キ　b…ア　c…イ　d…オ
問２　① true　② so
問３　③ want anybody to steal that
④ have enough money to pay
問４　customer　問５　エ

Ⅴ 問１　①…ウ　②…イ
問２　１…キ　２…サ　３…セ　４…エ
５…コ　６…ス　７…タ　８…イ

Ⅵ (例)why did you make it short

Ⅶ (例)could you return these books for

Ⅰ〔総合問題〕

(1)＜対話文完成―適語補充(漢字)＞Ａ：日と月の入った漢字って何だと思う？／Ｂ：わからないな。／Ａ：答えは「明」だよ。／Ｂ：ああ，なるほど。おもしろいね。／Ａ：じゃあ，日と月と十と十が入った漢字は？／Ｂ：「朝」だ！／Ａ：正解！∥「明」という漢字は「日」と「月」を組み合わせてできている。同様に，「日」「月」「十」「十」を組み合わせてできる漢字は「朝」。

(2)＜要旨把握―計算＞「ある日，モモコはスーパーに行ってリンゴとミカンをいくつか買い，全部で1230円払った。リンゴは１個150円，ミカンは１個90円だった。リンゴとミカンの個数は全部で11個だった。モモコはリンゴをいくつ買ったか」　リンゴの個数をx，ミカンの個数をyとすると，リンゴとミカンの合計数は$x+y=11$…①。またリンゴとミカンの合計金額は$150x+90y=1230$…②。①と②の連立方程式を解くと$x=4$，$y=7$となる。

(3)＜要旨把握―歴史＞「これは奈良時代に建築された倉庫である。この中にはたくさんの宝物や品物が収められている。いくつかは聖武天皇によって用いられたものである。いくつかは中東やインドからもたらされたものである。これは『シルクロードの終着駅』としても知られている」　奈良時代の建造物で，当時の貴重な宝物が収められたものとして考えられるのは「正倉院」。

(4)＜単語の定義＞「buoyancy は，物が浮くのを助ける力だ。例えば，水に入ると，体はより軽くなる。これは buoyancy，つまり日本語でいう『浮力』のおかげである」　buoyancy「浮力」　float「浮く，浮かぶ」

(5)＜要旨把握―計算＞「2021年の10月18日は月曜日である。2021年の８月18日は何曜日か」　10月18日を９月の日付に直すと$18+30=48$より９月48日となる。さらに８月の日付に直すと$48+31=79$より８月79日となる。$79-18=61$より，８月18日は10月18日の61日前とわかる。$61\div7=8$あまり５より，月曜日から５日前の水曜日だとわかる。

Ⅱ〔対話文総合〕

Ａ＜英問英答＞

(1)Ａ：この電車は１時30分に発車することになってるのに，もう１時40分だよ！／Ｂ：電気系統の点検をしているせいだって車掌さんが言ってたよ。あと30分はかかるって。／Ａ：ええ，それは

困ったな。

Q：「この電車はおそらく何時に発車するか」―イ．「２時10分」　今の時刻は１時40分で，それからまだ30分かかると言っている。

(2)A：明日映画に行こうよ。／B：しなきゃならない仕事が少しあるんだ。明日の朝までにそれが終わったら行けるよ。／A：私が手伝えるよ。／B：ありがとう，でも自分でやりたいんだ。／A：わかった。明日の朝電話するね。そのときにどんな状況か教えて。／B：なるべく早く終わるように最善を尽くすよ。

Q：「Ａさんは明朝何をするつもりか」―ア．「Ｂさんに電話する」

(3)A：あれ，僕のプリンターのカートリッジ，インクが切れてる。／B：新しいのを買いたいの？ いいオンラインショップを知ってるよ。／A：実はね，会社の僕のデスクに余分なカートリッジがあるんだ。明日それを家に持ってこなくちゃ。／B：じゃあ，また今度そのショップを見てみてね。

Q：「Ａさんはどうやってインクのカートリッジを手に入れるだろうか」―イ．「会社から持ってくる」　extra「余分な」

(4)A：スキー場まで電車で行かない？　その方が飛行機で行くよりも安上がりだよ。／B：そうだけど，駅からはタクシーに乗るかレンタカーを借りないといけないよ。それならむしろ旅行中ずっと車を運転したいな。／A：でも，あなたが疲れちゃうんじゃない。／B：ご心配なく！

Q：「ＡさんとＢさんはどうやってスキー場まで行くつもりか」―イ．「自分たちの車で行く」　Ｂがthe whole journey「全行程」を運転していくと言っているので，自分たちの家からスキー場まで自分たちの車で行くと考えられる。

(5)A：パーティーが始まるまで２時間しかないね。やることが多すぎるよ。／B：手伝おうか？／A：ええ，お願い。料理の準備を手伝ってくれる？／B：いいよ。何をしてほしいの？／A：シーフードサラダをつくってくれるかな。冷蔵庫にレタスとツナとエビとトマトが入ってるの。何でも好きなものを使ってね。／B：問題ないよ。僕に任せといて。

Q：「Ｂさんは今から何をするつもりか」―ウ．「シーフードサラダをつくる」　‘leave＋物＋to＋人’「〈物〉を〈人〉に任せる，委ねる」

(6)A：すみません。このバスはセントラル駅に行きますか？／B：申し訳ありませんが，わからないんです。ここに来るのは初めてなので。／A：私もそうなんです。このバスターミナルはすごく広いし，バスが多すぎますよね。／B：ここにバスの路線図を持ってるんです。一緒に見て調べてみましょう。／A：ありがとうございます。とても助かります。

Q：「Ａさんは何をするつもりか」―ア．「Ｂさんと一緒にバスの路線を調べる」

(7)A：やあ，ジョン。来月の学校のコンサートで君は何の楽器を演奏したいの？／B：僕はピアノを弾きたいんだ。君はどうなの，タロウ？／A：僕はサクソフォンの音が大好きなんだ。だけど君も知ってるように，僕は全然吹けないんだよ。だから何か打楽器をやろうかと思ってるんだ。／B：それはいい考えだと思うよ。サクソフォンよりもそっちの方が簡単だろうからね。

Q：「タロウが演奏する可能性が最も高いのは何か」―エ．「打楽器」

(8)A：今夜７時に始まるコンサートのＢチケットが欲しいんですが。／B：大変申し訳ございませ

んが，今夜の分はA，B両チケットとも完売となっております。／A：えっ，それは残念だな。じゃあ，立見席ならありますか？／B：はい。お客様は大変幸運です。5枚だけチケットが残っております。

Q：「Aさんはどのチケットを買う可能性が高いか」―ア.「午後7時に始まる立見席のチケット」　be sold out「売り切れである」

(9)A：今日はどうされましたか？／B：どこも悪くないんです。就職活動のために健康診断を受けたくて。／A：かしこまりました。より徹底的な検診をお受けになりませんか？　少額の追加料金で，通常の健康診断よりも詳しい結果をお知りになれますが。／B：いいえ，けっこうです。私の目的にとっては通常の健康診断だけで十分ですから。

Q：「Bさんはこの病院で何が必要だったか」―イ.「健康診断」　(medical) check-up は「健康診断」のこと。　thorough「完全な，徹底的な」

(10)A：では，これまでレストランに勤務した経験はありますか？／B：はい。高校生のときにマリオズというイタリアンレストランで2年間働いていました。／A：そこでどんなことをしていましたか？／B：皿洗いから始めて，1年後にはウェイターになりました。／A：それはいいですね。ぜひあなたを採用したいと思います。明日から始められますか？／B：もちろん大丈夫です。

Q：「この会話では何が行われているか」―ア.「Bさんが面接を受けている」　全体の内容から飲食店での採用面接の場面だとわかる。interview には「面接(をする)」の意味がある。

B<適文選択>

(11)A：右肩がものすごく痛いんだ。／B：それは大変だね。何か重い物を持ち上げたの？／A：違うよ，でも昨日ラグビーをしたんだ。／B：激しいタックルだったの？∥Aがラグビーをして肩を痛めたと言った後の応答として適するのは，ラグビーに関連する内容のイ。

(12)A：洗濯機が動かなくなっちゃった。／B：困ったな，明日きれいなユニフォームが必要なのに。／A：うーん…そうだ，近くに新しいコインランドリーがオープンしたんじゃなかった？／B：ああ，そうだったね，郵便局の向かいにできたって聞いたよ。∥最近新しくコインランドリーができたんじゃないかときかれた際の応答。a new laundromat を it で受けて，その場所を説明するエが最も適切。　laundromat「コインランドリー」

(13)A：来週一緒に遊園地に行かない？／B：友達をそこへ連れていくんだと思ってた。／A：今週そこは閉まってるんだ，だから代わりに動物園へ行くつもりだよ。／B：トラを見るのを忘れずにね。∥今週友人と動物園へ行くAにかける言葉として適切なものを選ぶ。　be sure to ～「きっと〔必ず〕～する」

(14)A：これはすばらしいわね。どこで手に入れたの？／B：へえ，君は芸術に目が利くの？　去年パリのフリーマーケットで買ったんだよ。これはクロード・モネが描いた本物に違いないと思うんだ。／A：そうなの？　でも実はね，私はこの絵の額縁のことを言ったのよ。絵のことはよくわからないわ。／B：額縁？　それは屋根裏で見つけた，ただの古びた品だよ。∥Aが額縁について話していたことを知ったBの応答。額縁について答えるウが適切。

(15)A：何かお探しですか？／B：はい。フォーマル用のドレスを探しているんです。／A：そうですね，壁にかけてあるあのドレスなどいかがですか？／B：よさそうですね。どこで製造された

ものですか？／Ａ：フランスの製品です。∥どこでつくられたかという質問に対する返答。生産国を答えるウが適切。

Ⅲ〔長文読解―英問英答―対話文〕

≪全訳≫❶キョウコ(Ｋ)：メアリー，朝食の後すぐにルーブル美術館に行かない？❷メアリー(Ｍ)：いい考えね。見て回るのに最低でも３時間はかかるもんね。じゃあ，ルーブルの近くにあるレストランで昼食をとるのはどう？❸Ｋ：美術館の中にあるカフェで食べる方がもっといいかもしれないよ。❹Ｍ：確かにそうだね。じゃあそうしよう。❺Ｋ：昼食後は何をしようか？❻Ｍ：セーヌ川でクルーズ船に乗るのはどう？❼Ｋ：それはすごくいいわね！　でも出発時刻は午後４時だから，その前にエッフェル塔に上ろうよ。❽Ｍ：そうすると，時間が足りなくなっちゃうよ，だって塔に上るには長時間並んで待たないといけないから。❾Ｋ：そうか，確かにそのとおりだね。だったらノートルダム寺院に行くっていうのはどう？❿Ｍ：それは申し分ないわね！　それからクルーズの後，夕食をとって，それから夜のバスツアーに行こうよ。⓫Ｋ：いいわね！　わくわくするわ。

＜解説＞Ｑ１．「ルーブル美術館を見て回るのに何時間かかるか」―イ．「最低３時間」　第２段落参照。　at least「少なくとも，最低でも」　Ｑ２．「キョウコとメアリーはどこで昼食をとるつもりか」―エ．「ルーブルの中にあるカフェ」　第２～４段落参照。　Ｑ３．「キョウコとメアリーは昼食後どこへ行くつもりか」―ウ．「ノートルダム寺院」　第５～10段落参照。　Ｑ４．「キョウコとメアリーはクルーズの後に何をするつもりか」―ア．「夕食をとる」　第10，11段落参照。　Ｑ５．「キョウコとメアリーはなぜエッフェル塔に上らないのか」―ア．「クルーズ船の出発時刻に間に合わないから」　第７～９段落参照。　in time for ～「～に間に合う」

Ⅳ〔長文読解総合―説明文〕

≪全訳≫❶リーバイ・ストラウスは1800年代中頃にドイツで生まれ，若い頃にアメリカに移住した。彼はニューヨーク市で暮らし，数年間は繊維製品の商いを学んだ。1853年に，彼は知識と夢を携えてサンフランシスコへ行った。成功したいという彼の夢は，その後20年かけて彼がビジネスマンとして大成功を収めたときに成就した。❷リーバイ・ストラウスの顧客の多くはカウボーイや鉱夫だった。彼らは丈夫で耐久性のある服を必要としていた。ストラウスは着心地がよくて長持ちするフランス製の特別な布地を見つけた。それは「セルジュ・ドゥ・ニーム」といい，後に省略して「デニム」と呼ばれた。❸ジェイコブ・デイビスという別の人物が，リーバイ・ストラウスからデニムの布地を大量に買った。彼は一生懸命働く男たち向けのズボンをつくっている仕立屋だった。彼の顧客の１人はズボンのポケットをしょっちゅう引きちぎってしまっていた。そこでジェイコブ・デイビスはズボンの特定の箇所にリベットを打って補強することにした。その客はこの新しいズボンが大変気に入ったので，友人みんなにその話をし，すぐにジェイコブ・デイビスはリベットのついたズボンを大量につくるのに忙しくなった。❹ジェイコブ・デイビスはリベットを使うのがすばらしいビジネスアイデアだということにまもなく気がつき，③誰にもそのアイデアを盗まれたくないと思った。彼は特許をとる必要があると考えた。だが，彼は貧しい仕立屋だったので，特許料を支払うのに④十分なお金を持っていなかった。熟考した後，彼は実業家であるリーバイ・ストラウスのところへ行き，彼に自分のアイデアについて話した。彼はこう言った。「もしあなたが特許料の支払いに応じてくださるのなら，リベットつきズボンから得られる収益を折半しましょう」　リーバイ・ストラウスは同意し，この新しいリベットつきズボンの会社はリー

バイ・ストラウス・アンド・カンパニーと呼ばれることとなった。今日，リーバイスのジーンズはかつてないほどの人気となり，リーバイスの名は生き続けている。

問１＜適語選択＞a．move to ～で「～へ引っ越す，移転する」。　b．「若いときに」という意味になると考えられる。前置詞 as には「～のときに」という意味がある。　c．for short で「略して」。　d．‘tear ～ off …’「…から～を引きはがす」

問２＜適語補充＞① come true で「(夢などが)実現する」。　②後ろにある that に着目する。‘so ～ that …’「とても～なので…」の構文。

問３＜整序結合＞③前後の内容から，「自分のアイデアを誰にも盗まれたくなかった」という意味になると推測できるので，‘want＋人＋to ～’「〈人〉に～してほしい」の形にする。‘人’の部分には前にある didn't から，nobody ではなく anybody が入るとわかる。　④貧しい仕立屋なので「十分なお金がなかった」という意味になると推測できる。didn't の後に have を置き，その後は‘enough＋名詞＋to ～’「～するのに十分な…」の形にまとめればよい。不要語は little。

問４＜単語の定義＞「店から何かを買う人」―customer「顧客」　第３段落第５文など。a person ... となっているので複数形は不可。

問５＜内容真偽＞ア.「リーバイ・ストラウスはサンフランシスコでビジネスを始めるために1853年にドイツを離れた」…×　第１段落第１～３文参照。　イ.「リーバイ・ストラウスは丈夫で耐久性のあるズボンをつくるためにデニムを使った」…×　第２，３段落参照。リーバイ・ストラウスは布地などの繊維製品を扱う実業家で，自分でズボンを製作していたわけではない。　ウ.「ジェイコブ・デイビスはポケットの見た目が良くなるのでズボンにリベットをつけた」…×　第３段落第４文参照。丈夫にするためだった。　エ.「ジェイコブ・デイビスとリーバイ・ストラウスはビジネスパートナーとなった」…○　第４段落に一致する。

V〔長文読解総合―説明文〕

≪全訳≫❶科学者たちは，甲虫の背中に乗せることのできる小さなカメラを開発した。このカメラは虫の行き先を記録できる。これにより科学者は虫の目から見た世界を見ることができる。研究者たちはこのカメラを使って以前は決して見ることのできなかった場所を探索したいと考えている。研究者のヴィクラム・アイヤーは，なぜこのカメラが有用なのかを説明した。彼はこう語った。「昆虫は岩だらけの環境を渡っていくことができますが，ロボットがこの大きさでそうすることは非常に難しいことです。ですから，このシステムは，通ることが難しい空間からのサンプルを見せたり集めたりしてくれることで，私たちに役立つのです」　アイヤー氏はこのカメラが記録するものを見るのに胸を躍らせている。彼はこう語った。「歩き回っている甲虫の背中から我々が一人称視点で眺めるのはこれが初めてなのです」❷この科学者たちはアメリカのワシントン大学の科学者である。彼らは虫に装着させられるほど軽いカメラを開発したいと思っていた。その重さはたったの250ミリグラムである。彼らの開発したワイヤレスカメラは１秒間に最大５コマの画像を記録する。ある研究者はこう語った。「我々は，本物の生きている昆虫から，実際に起こっている物事を一人称視点からとらえることのできる，低出力で軽量のワイヤレスカメラシステムをつくり出したのです」　彼が言うには，このカメラをつくる際の最大の難題はバッテリーだった。それは超小型かつ超軽量で，数時間は十分にもつ電力がなければならなかった。研究者たちは，自分たちの実験で傷ついた甲虫は１匹もおらず，全ての昆虫はこの実験の終了後，「少

なくとも1年は生きていた」と力説した。

問1＜適語選択＞①この後で，昆虫に取りつけたカメラが自分たちの研究にどのように「役立つ」かについて説明している。　②必要とされるバッテリーの性能について述べた部分。直後の to last a few hours「数時間もつ(ための)」から power「動力，電力」が適切。‘enough＋名詞＋to 〜’「〜するのに十分な…」の形。　last「続く」

問2＜要約文完成＞≪全訳≫科学者たちは甲虫に乗せることのできる1小型のカメラをつくった。それは甲虫が行く場所を記録する。それは甲虫から見た世界の見え方を教えてくれる。ある研究者が言うには，昆虫は3岩だらけの環境を2横切っていくことができるが，それはロボットにとってはとても4難しいことである。このカメラは5非常に軽いので虫が装着することができる。その6重さはたったの250ミリグラムである。それにはワイヤレスカメラがついている。彼らはその小さなバッテリーをつくるのに7苦労した。研究者らによれば，実験中に8傷を負った甲虫は全くいなかったということだ。

＜解説＞1．第1段落第1文参照。tiny「とても小さい」を small で言い換える。　2・3．第1段落第6文前半参照。cross「横切る，渡る」を go across「横切る，渡る」に，rocky「岩の多い」を full of rocks に言い換える。　(be) full of 〜「〜でいっぱいの」　4．第1段落第6文後半参照。challenging「きつい，挑戦的な」を difficult で言い換える。　5．第2段落第2文参照。‘so 〜 that …’「とても〜なので…」の形にすればよい。　6．第2段落第3文参照。本文では動詞 weigh「重さが〜である」が使われているが，要約文では Its「それの」に続く主語となる部分なので，名詞 weight「重さ」を選ぶ。　7．第2段落第6文参照。小さなバッテリーをつくるのが大変だった，という部分。have difficulty 〜ing で「〜するのに苦労する」という意味を表せる。　8．第2段落最終文参照。were hurt「傷つけられた」を were damaged と言い換える。

Ⅵ〔対話文完成─和文英訳〕

≪全訳≫A：やあ，ジュディ，髪を切ったんだね！　似合うね。／B：ありがとう，ビル。10年ぶりに短くしたの。／A：そうなの？　なぜ短くしたの？／B：単に気分転換したかっただけよ。

＜解説＞まず why「なぜ」を初めに置き，後は疑問文の形を続ける。「短くする」は直前のBの発言と同様に‘make＋目的語＋形容詞’「〜を…(の状態)にする」の形で make it short と表せばよい。

Ⅶ〔対話文完成─条件作文〕

≪全訳≫A：図書館に行ってくるね。／B：今日は月曜日だよ。図書館は閉まってるよ。／A：閉まってるときは返却ボックスを利用できるんだよ。／B：じゃあ(例)私のためにこれらの本も返してきてくれる？

＜解説＞話の流れと，文末の me, too？から，Bが借りていた本も返してきてほしいと頼む文が入ると推測できる。「〜してくれませんか」と‘依頼’を表す表現の could〔would〕 you 〜？や can〔will〕 you 〜？を用いればよい。動詞は return「〜を返す，返却する」とし，these を用いるという条件があるので，目的語を these books と複数形にする。me の前には「〜のために」を表す前置詞 for を置く。

2021年度／開智高等学校（第２回）

数学解答

1 (1) $5+4\sqrt{3}$　(2) $\dfrac{-5x-4y}{6}$

(3) $x=-4,\ 3$　(4) $a=2,\ b=0$

(5) 1, 5　(6) $\dfrac{127}{6}\pi\mathrm{m}^2$

(7) (i) カ　(ii) K, I

2 (1) (i) $\dfrac{1}{2}$

(ii) $y=(4-2\sqrt{2})x+8\sqrt{2}$

(2) (i) 3 : 2　(ii) $\dfrac{36}{5}\mathrm{cm}^2$

3 (1) $\dfrac{5}{9}$　(2) $\dfrac{13}{36}$　(3) $\dfrac{2}{3}$

4 (1) $y=-2x+6$　(2) 7

(3) 2秒後，4秒後

5 (1) 正三角形　(2) $\dfrac{8}{3}$　(3) $\dfrac{\sqrt{3}}{3}$

1〔独立小問集合題〕

(1)＜平方根の計算＞与式$=\{(2+\sqrt{3})+\sqrt{2}\}\{(2+\sqrt{3})-\sqrt{2}\}$として，$2+\sqrt{3}=A$とおくと，与式$=(A+\sqrt{2})(A-\sqrt{2})=A^2-(\sqrt{2})^2=A^2-2$となる。$A$をもとに戻して，与式$=(2+\sqrt{3})^2-2=4+4\sqrt{3}+3-2=5+4\sqrt{3}$となる。

(2)＜式の計算＞与式$=\dfrac{2x+3y+2(x-2y)-3(3x+y)}{6}=\dfrac{2x+3y+2x-4y-9x-3y}{6}=\dfrac{-5x-4y}{6}$

(3)＜二次方程式＞$x^2+8x+16-7x-28=0$，$x^2+x-12=0$，$(x+4)(x-3)=0$　$\therefore x=-4,\ 3$

(4)＜関数―$\boldsymbol{a}$，$\boldsymbol{b}$の値＞関数$y=ax^2$において，xの変域が$-\dfrac{1}{3}\leqq x\leqq 2$のとき，$y$の変域が$b\leqq y\leqq 8$なので，$y$の最大値が正より，$a>0$である。これより，$x$の値の絶対値が最も大きいとき，$y$の値は最大となり，$x$の値の絶対値が最も小さいとき，$y$の値は最小となる。よって，$x$の値の絶対値が最も大きいのは$x=2$だから，このとき，$y=8$となる。したがって，$8=a\times2^2$より，$a=2$である。また，$x$の値の絶対値が最も小さいのは$x=0$だから，このとき，$y=b$より，$b=a\times0^2$，$b=0$である。

(5)＜数の性質＞$\sqrt{n^2+24}=m$とすると，$\sqrt{n^2+24}$が整数より，mは正の整数となる。また，$n^2+24=m^2$，$m^2-n^2=24$，$(m+n)(m-n)=24$となる。m，nは正の整数だから，$m+n$は正の整数であり，$m-n$も正の整数となる。$m+n>m-n$だから，考えられる$m+n$，$m-n$の組は$(m+n,\ m-n)=(24,\ 1)$，$(12,\ 2)$，$(8,\ 3)$，$(6,\ 4)$である。$m+n=24$……①，$m-n=1$……②のとき，①＋②より，$2m=25$，$m=\dfrac{25}{2}$となり，正の整数でないから，適さない。$m+n=12$……③，$m-n=2$……④のとき，③＋④より，$2m=14$，$m=7$となり，③－④より，$2n=10$，$n=5$となる。m，nはともに正の整数だから，適する。以下同様にして，$m+n=8$，$m-n=3$のとき，$m=\dfrac{11}{2}$，$n=\dfrac{5}{2}$だから，適さない。$m+n=6$，$m-n=4$のとき，$m=5$，$n=1$だから，適する。以上より，求める正の整数nは，$n=1,\ 5$である。

図１

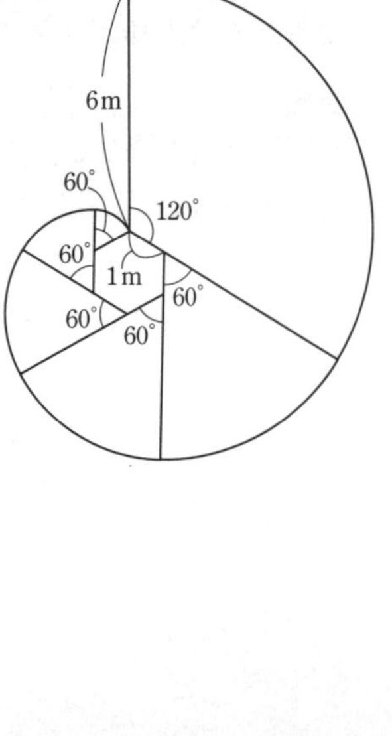

(6)＜図形―面積＞正六角形の外角は$360°\div6=60°$だから，右図１で，正六角形に糸を最後まで巻きつけると，糸が通る部分は，半径が6m，中心角が120°のおうぎ形と，半径が，$6-1=5$，$5-1=4$，$4-1=3$，$3-1=2$，$2-1=1$で，いずれも中心角が60°のおうぎ形を合わせたものとなる。よって，求める面積は，$\pi\times6^2\times\dfrac{120°}{360°}+\pi\times5^2\times\dfrac{60°}{360°}+\pi\times4^2\times\dfrac{60°}{360°}+\pi\times3^2\times\dfrac{60°}{360°}+\pi\times2^2\times\dfrac{60°}{360°}+\pi\times1^2\times\dfrac{60°}{360°}=\dfrac{127}{6}\pi(\mathrm{m}^2)$である。

(7)＜図形―展開図＞(i)次ページの図２の展開図を組み立てて立方体にす

るとき，面ア，イ，エ，オは，面ウと頂点を共有しているから，面ウと垂直になる。よって，面ウと平行になる面は面カである。　(ii)図2で，辺LMと辺LK，辺JKと辺JIが重なる。よって，点Mと重なるのは，点Kと点Iである。

図2
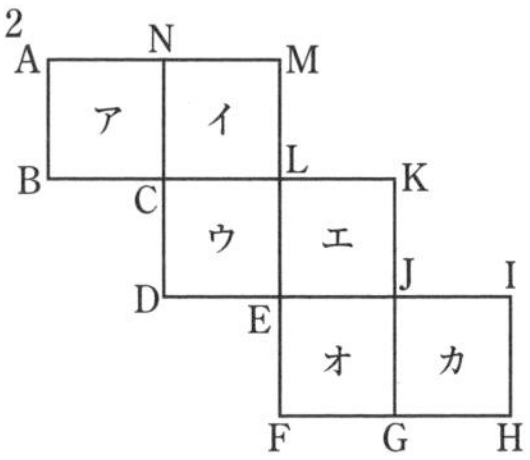

2〔独立小問集合題〕

(1)＜関数—比例定数，直線の式＞(i)右下図1で，関数$y=x^2$のグラフはy軸について対称だから，AB∥〔x軸〕より，関数$y=x^2$のグラフ上の点Aと点Bはy軸について対称な点となる。よって，点Aのx座標が-4より，点Bのx座標は4であり，$AB=4-(-4)=8$となる。四角形ACDBは正方形だから，$AC=AB=8$である。また，$y=(-4)^2=16$より，A$(-4,\ 16)$であり，ACはy軸に平行となるから，点Cは，x座標が-4，y座標が$16-8=8$となり，C$(-4,\ 8)$である。点Cは関数$y=ax^2$のグラフ上の点だから，$8=a\times(-4)^2$より，$a=\frac{1}{2}$となる。

図1
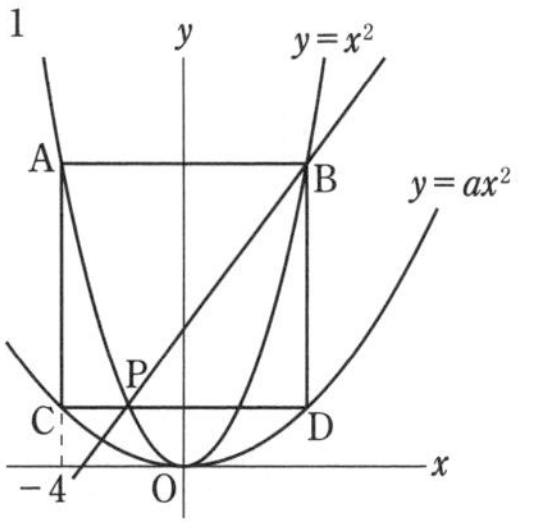

(ii)図1で，CD∥〔x軸〕だから，点Pのy座標は点Cのy座標に等しく8である。点Pは関数$y=x^2$のグラフ上の点だから，$8=x^2$より，$x=\pm2\sqrt{2}$となり，点Pのx座標は負だから，$-2\sqrt{2}$である。よって，P$(-2\sqrt{2},\ 8)$である。また，A$(-4,\ 16)$より，B$(4,\ 16)$である。これより，直線PBの傾きは$\frac{16-8}{4-(-2\sqrt{2})}=\frac{8}{4+2\sqrt{2}}=\frac{4}{2+\sqrt{2}}=\frac{4(2-\sqrt{2})}{(2+\sqrt{2})(2-\sqrt{2})}=\frac{4(2-\sqrt{2})}{4-2}=4-2\sqrt{2}$となるから，その式は$y=(4-2\sqrt{2})x+b$とおける。点Bを通ることから，$16=(4-2\sqrt{2})\times4+b$，$b=8\sqrt{2}$となるので，直線PBの式は$y=(4-2\sqrt{2})x+8\sqrt{2}$である。

(2)＜図形—長さの比，面積＞(i)右図2で，四角形ABCDが正方形より，AD∥BCだから，△APE∽△GPFである。点Eは辺ADの中点，2点F，Gは辺BCを3等分する点より，$AE=\frac{1}{2}AD=\frac{1}{2}\times6=3$，$GF=\frac{1}{3}BC=\frac{1}{3}\times6=2$だから，AP：PG＝AE：GF＝3：2である。　(ii)図2のように，線分ECと線分DGの交点をQとし，2点E，Gを結ぶ。△AGEは，AE＝3を底辺と見ると，高さはAB＝6となるから，$\triangle AGE=\frac{1}{2}\times AE\times AB=\frac{1}{2}\times3\times6=9$である。(i)よりAP：PG＝3：2だから，△APE：△EPG＝3：2となり，$\triangle EPG=\frac{2}{3+2}\times\triangle AGE=\frac{2}{5}\times9=\frac{18}{5}$となる。次に，(i)と同様にして，△EQD∽△CQGとなり，ED＝AE＝3，CG＝GF＝2だから，DQ：GQ＝ED：CG＝3：2である。これより，△EQD：△EGQ＝3：2だから，$\triangle EGQ=\frac{2}{3+2}\triangle EGD=\frac{2}{5}\triangle EGD$である。$\triangle EGD=\frac{1}{2}\times ED\times AB=\frac{1}{2}\times3\times6=9$だから，$\triangle EGQ=\frac{2}{5}\times9=\frac{18}{5}$となる。したがって，〔四角形EPGQ〕＝$\triangle EPG+\triangle EGQ=\frac{18}{5}+\frac{18}{5}=\frac{36}{5}$(cm²)である。

図2
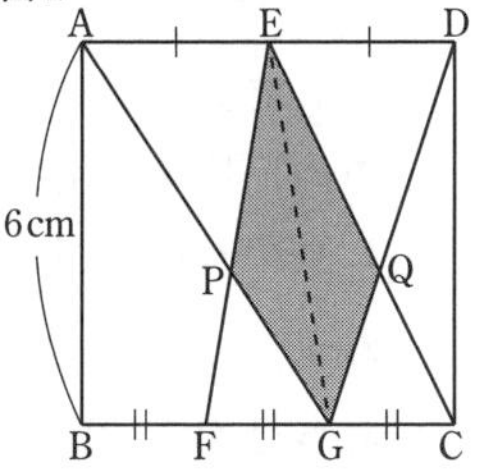

3〔確率—サイコロ〕

(1)＜確率＞サイコロの目の出方は6通りあるから，サイコロを2回振るときの目の出方は全部で6×6＝36(通り)ある。このうち，目の和が偶数になるのは，2回とも奇数の目が出る場合と2回とも偶数の目が出る場合である。2つの4の目を4_A，4_Bとすると，奇数の目は1，5の2通り，偶数の目は2，4_A，4_B，6の4通りあるから，2回とも奇数の目が出る場合は2×2＝4(通り)，2回とも偶数の目が出る場合は4×4＝16(通り)あり，目の和が偶数になるのは4＋16＝20(通り)ある。よって，求める確率は$\frac{20}{36}=\frac{5}{9}$となる。

(2)<確率>36通りの目の出方のうち，目の和が3の倍数になるのは，和が3のとき(1回目，2回目)=(1，2)，(2，1)の2通り，和が6のとき(1，5)，(2，4_A)，(2，4_B)，(4_A，2)，(4_B，2)，(5，1)の6通り，和が9のとき(4_A，5)，(4_B，5)，(5，4_A)，(5，4_B)の4通り，和が12のとき(6，6)の1通りある。よって，目の和が3の倍数になる場合は$2+6+4+1=13$(通り)あるから，求める確率は$\frac{13}{36}$となる。

(3)<確率>36通りの目の出方のうち，目の積が4の倍数になるのは，2回とも偶数の目が出るときか，奇数の目と4の目が出るときである。(1)より，2回とも偶数の目が出る場合は16通りある。また，奇数の目と4の目が出る場合は，奇数の目は2通り，4の目は2通りだから，1回目が奇数，2回目が4のとき$2\times2=4$(通り)，1回目が4，2回目が奇数のとき$2\times2=4$(通り)より，$4+4=8$(通り)ある。よって，目の積が4の倍数となる場合は$16+8=24$(通り)あるから，求める確率は$\frac{24}{36}=\frac{2}{3}$となる。

4 〔関数―関数と図形・運動〕

≪基本方針の決定≫(2)　点Qからx軸に垂線を引き，△OBCと相似な三角形をつくる。　(3)　点Qが点Cで止まる前と後で場合分けして考える。

(1)<直線の式>右図で，B(3，0)，C(0，6)より，直線BCの傾きは$\frac{0-6}{3-0}=-2$であり，切片は6である。よって，直線BCの式は$y=-2x+6$となる。

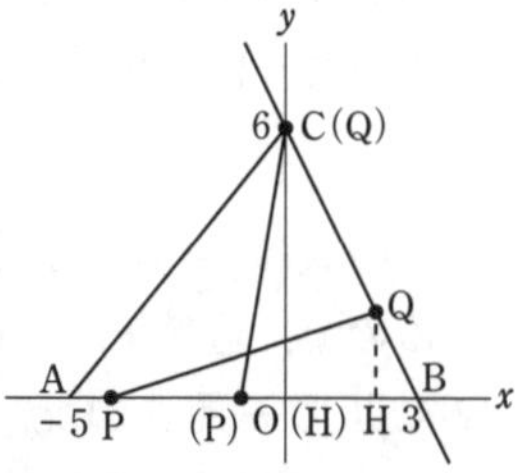

(2)<面積>点Pは，速さが毎秒1より，1秒間で$1\times1=1$進むから，出発してから1秒後の点Pのx座標は$-5+1=-4$となり，P(-4，0)である。点Qは，速さが毎秒$\sqrt{5}$より，1秒間で$\sqrt{5}\times1=\sqrt{5}$進むから，BQ=$\sqrt{5}$である。右上図で，△OBCは∠COB=90°の直角三角形であり，OB=3，OC=6だから，三平方の定理を利用すると，$BC=\sqrt{OB^2+OC^2}=\sqrt{3^2+6^2}=\sqrt{45}=3\sqrt{5}$となる。よって，点Qから$x$軸に垂線QHを引くと，△HBQ∽△OBCとなり，相似比は，$BQ:BC=\sqrt{5}:3\sqrt{5}=1:3$である。これより，$QH=\frac{1}{3}CO=\frac{1}{3}\times6=2$だから，△BPQの底辺をBPと見ると，$BP=3-(-4)=7$であり，高さはQH=2なので，$\triangle BPQ=\frac{1}{2}\times BP\times QH=\frac{1}{2}\times7\times2=7$となる。

(3)<時間>右上図で，$AB=3-(-5)=8$より，点PがAからBまで進むのにかかる時間は，$8\div1=8$(秒)である。(2)より，$BC=3\sqrt{5}$だから，点QがBからCまで進むのにかかる時間は，$3\sqrt{5}\div\sqrt{5}=3$(秒)である。これより，2点P，Qが出発してから点Qが点Cで止まる3秒後までと，3秒後から点Pが点Bで止まる8秒後までの2通りに分けて考える。2点P，Qが同時に出発してからの時間をt秒とする。$0\leqq t\leqq3$のとき，$AP=1\times t=t$より，$BP=AB-AP=8-t$となる。また，$BQ=\sqrt{5}\times t=\sqrt{5}t$である。△HBQ∽△OBCより，QH：CO=BQ：BCだから，$QH:6=\sqrt{5}t:3\sqrt{5}$が成り立ち，$QH\times3\sqrt{5}=6\times\sqrt{5}t$，$QH=2t$である。よって，$\triangle BPQ=\frac{1}{2}\times(8-t)\times2t=8t-t^2$と表せる。$\triangle ABC=\frac{1}{2}\times AB\times CO=\frac{1}{2}\times8\times6=24$だから，$\triangle BPQ=\frac{1}{2}\triangle ABC$のとき，$8t-t^2=\frac{1}{2}\times24$が成り立ち，$t^2-8t+12=0$，$(t-2)(t-6)=0$より，$t=2$，6となる。$0\leqq t\leqq3$だから，$t=2$である。次に，$3\leqq t\leqq8$のとき，$BP=8-t$，QH=CO=6だから，$\triangle BPQ=\frac{1}{2}\times(8-t)\times6=3(8-t)$と表せる。$\triangle BPQ=\frac{1}{2}\triangle ABC$より，$3(8-t)=12$が成り立ち，$8-t=4$，$t=4$となり，$3\leqq t\leqq8$だから，適する。以上より，△BPQの面積が△ABCの半分になるのは，2秒後と4秒後である。

5〔空間図形―立方体〕

(1)<切り口>右図1で，立方体ABCD-EFGHを3点A，C，Fを通る平面で切ったときにできる切り口は△ACFである。辺AC，CF，FAは，合同な正方形ABCD，BCGF，ABFEの対角線だから，AC＝CF＝FAとなる。よって，△ACFは正三角形である。

図1

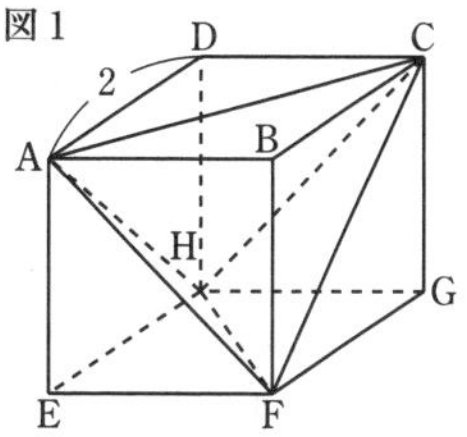

(2)<体積>右図1で，4点A，C，F，Hを結んでできる立体は，立方体ABCD-EFGHから，合同な4つの三角錐ABCF，AEFH，ADCH，CGFHを除いた立体となる。立方体ABCD-EFGHの体積は$2\times2\times2=8$，三角錐ABCFの体積は$\frac{1}{3}\times\triangle \mathrm{ABC}\times \mathrm{BF}=\frac{1}{3}\times\frac{1}{2}\times2\times2\times2=\frac{4}{3}$だから，求める立体の体積は，$8-\frac{4}{3}\times4=\frac{8}{3}$である。

(3)<長さ>右上図1で，4点A，C，F，Hを結んでできる立体の辺は，全て立方体ABCD-EFGHの各面の対角線であるから，長さが等しくなる。これより，4つの面は合同な正三角形となるから，立体ACFHは正四面体である。1辺の長さは$\mathrm{AC}=\sqrt{2}\mathrm{AB}=\sqrt{2}\times2=2\sqrt{2}$である。右図2で，正四面体ACFHに内接する（全ての面に接する）球の中心をOとし，中心Oと4点A，C，F，Hをそれぞれ結ぶと，図形の対称性から，正四面体ACFHは，4つの合同な正三角錐OCFH，OACF，OAFH，OACHに分けられる。よって，〔正三角錐OCFH〕＝$\frac{1}{4}$〔正四面体ACFH〕＝$\frac{1}{4}\times\frac{8}{3}=\frac{2}{3}$となる。また，点Oから面CFHに垂線OIを引くと，線分OIは正三角錐OCFHの底面を△CFHとしたときの高さである。点Iは球Oと面CFHの接点となるから，線分OIは球Oの半径でもある。点Hから辺FCに垂線HMを引くと，△HCMは3辺の比が$1:2:\sqrt{3}$の直角三角形となるから，$\mathrm{HM}=\frac{\sqrt{3}}{2}\mathrm{HC}=\frac{\sqrt{3}}{2}\times2\sqrt{2}=\sqrt{6}$となり，$\triangle\mathrm{CFH}=\frac{1}{2}\times2\sqrt{2}\times\sqrt{6}=2\sqrt{3}$となる。よって，$\mathrm{OI}=h$とおくと，正三角錐OCFHの体積について，$\frac{1}{3}\times2\sqrt{3}\times h=\frac{2}{3}$が成り立つ。これを解くと，$h=\frac{\sqrt{3}}{3}$となるから，求める球の半径は$\frac{\sqrt{3}}{3}$である。

図2

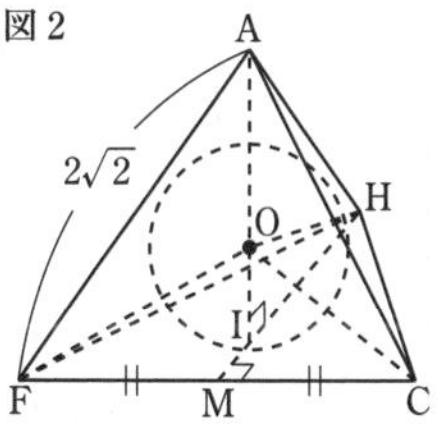

2021年度／開智高等学校（第２回）

国語解答

一 問１　a　対象　b　分析　c　収穫　d　指摘　e　普遍

問２　A…イ　B…ウ　C…ア　D…エ

問３　八○％

問４　病気を死亡率というリスクとする医学的な見方ではなく，病気となり苦しむ患者にとっては死につながる危害であるという見方。

問５　エ　　問６　オ

問７　１　目の前の出来事に対して，直感的ですばやい判断や行動

２　将来起こるであろうことを計算したうえでの判断や行動

問８　数万年先にも及ぶリスクの是非については，直感的ですばやい判断では正しく判断できず，また計算しつくすことも難しいうえに，短期的な目先の利益に引きずられることもあるから。

二 問１　a…ウ　b…ア　c…イ

問２　ウ　　問３　エ

問４　特売場へ行ったのに適当な買い物が見つからず，何か割り切れないような，もやもやした気分だったが，安くてしっかりした蝙蝠傘が見つかったから。(68字)

問５　エ

問６　自分が中途半端な返事をしたために，自分に合いそうな蝙蝠傘を探していた母を気の毒なほど迷わせてしまったと感じたから。(57字)

問７　オ　　問８　ア　　問９　オ

三 問１　オ

問２　つくった地蔵菩薩を櫃に入れて，奥の部屋にしまい込んだこと。

問３　A…ウ　B…ウ　　問４　オ

問５　その辺の下

一〔論説文の読解―教育・心理学的分野―心理〕出典；美馬達哉「リスクで物事を考える」。

《本文の概要》健康に生きることの中には，理科系の学問だけでは解決できない問題がたくさんある。例えば，医学にとって死亡率は，確率＝リスクの問題だが，現実に病気で苦しんでいる人にとっては，確率＝リスクではなく，自分の身に及ぶ危害である。医学とは違う見方で考えなければ，病気の人たちの置かれた状況はとらえられない。脳科学的に見たとき，人の脳には，確率というものを，瞬間的な判断に基づいて，見た目で選んでしまう性質がある。冷静に考えれば，どれが有利な選択か答えが出る問題について，パッと見て不確実そうなものや，嫌だと感じるものを避けた結果，誤った選択肢を選ぶ人が多いのである。これを脳科学では，脳にシステム１とシステム２があると考える。システム１は，瞬間的な判断が求められるとき，システム２は，自分で計算して答えを出すときの脳のはたらきである。現代の複雑な社会では，目の前にある危険に対する瞬間的な判断だけでなく，将来起きるであろうことに対する判断が必要で，システム２をたくさん使わなければならない。ただ，皆さんが今後の進路を考えるときは，システム２を使うだけでは少しつまらない。ときには直感的なシステム１に従って，何となくやりたいことに反射的に進むのも，一つの選択である。

問１＜漢字＞a.「対象」は，はたらきかける目標や相手となるもののこと。　b.「分析」は，物事を要素ごとに分解して，性質などを細かく調べること。　c.「収穫」は，実った農作物のとり入れをすること。　d.「指摘」は，注意すべきものを取り上げて示すこと。　e.「普遍」は，全てに例外なく共通して当てはまること。

問２＜接続語＞A.「医学にとって死亡率は確率の問題」だが，「そうではない見方」をして，病気の人たちの置かれた状況をとらえることは，別の言い方をすれば，「個人としての人間と集団として

の人間の健康状態をどうやったらバランスよく考えることができるか」ということである。　B．「冷静に期待値を計算すれば，ＡとＢのどちらが有利か」の答えは出るのだが，「問題を読み上げ，聞いただけですぐに手を上げてもらうと，誤った選択肢を選ぶ人が多数に」なる。　C．「スポーツ」は，「現代社会でシステム１を使う」ものの一例である。　D．ロベルト・ユンクは，「人間は，途中で止めることができない技術と，それに伴う将来のリスクについて，その是非をうまく判断できない生き物」なので，「原子力発電技術には手を出すべきではない」と主張した。

問３＜文章内容＞脳のシステム１は，三〇〇〇円を「必ずもらえるという安全性の方が良い」と判断し，「四〇〇〇円もらえる確率」が一〇〇％ではなく，「八〇％」であるという「不確実性」を嫌がる。

問４＜指示語＞死亡率は「確率＝リスク」の問題であるという医学の見方をするのではなく，「現実に病気になり，いま苦しんでいる人」の立場になって，病気は「危険であり自分の身に及ぶ危害」だという見方をしなければ，病気の人の置かれた状況をとらえられないのである。

問５＜文章内容＞②は，「①を４で割っただけ」の問題で，①も②も条件の似た問題であり，どちらも有利なのはＢの選択肢なのに，実験してみると，「①でＡを選んだ人が②でＢに変わる」ことが多いという結果になるのが，「面白い」のである。

問６＜文章内容＞「冷静に期待値を計算」して，「ＡとＢのどちらが有利か」を判断した場合，①でも②でもＢを選ぶはずで，「①でＡを選んだ人が②でＢに変わる」のは，「おかしなこと」なのである。

問７＜文章内容＞脳のシステム１は，「いま目の前にある」状況に対して，「直感的で素早い判断」をするための機能であり（…１），システム２は，「まだ起きていないけれども将来起きるであろうこと」に対して，「ちゃんと計算した上で判断する」ための機能である（…２）。

問８＜文章内容＞「数万年にも及ぶリスクの是非」について考えるには，「将来をちゃんと計算した上で判断するシステム２」が必要となるが，人間は，システム１で行うような，「直感的で素早い判断」や，「短期的な目先の利益に引きずられて」しまうことによって，誤った選択をしてしまう場合も多いのである。

二〔小説の読解〕出典；川端康成『五拾銭銀貨』（『掌の小説』所収）。

問１＜語句＞a．「手ずから」は，自らの手で直接行うさま。　b．「無造作」は，深い考えもなく手軽に行うこと。　c．「上気」は，顔に血が上ってのぼせること。

問２＜文章内容＞五拾銭自体はそれほど高い金額ではないが，芳子には五拾銭銀貨は「堂々と威厳にあふれて」見えており，「軽いようで重み」を感じさせるものだった。

問３＜表現＞母は，芳子が文鎮を買うのに，十日近くかけたことを思い出して「可愛らしい」と言った。芳子の買った他の持ち物にも，文鎮と同様に，芳子の「可愛らしい」エピソードがついていたのである。「ほほえましい」は，思わず微笑したくなるような様子。

問４＜文章内容＞母は，特売場に来たのに，「三綴弐拾五銭の便箋」以外に適当な買い物ができず，「なにか割り切れないような，思い切り悪いような風」でいたのだが，「九拾五銭」という安くて「しっかりして」いる蝙蝠傘を見つけて，「もやもや迷った心残り」が晴れて，喜んだのである。

問５＜文章内容＞母の口から，蝙蝠傘を「譲って上げる」相手の具体的な名が出なかったため，母は人のためではなく，自分のための蝙蝠傘を買おうとしているのだと，芳子は思ったのである。

問６＜心情＞芳子は，母に，どうかと尋ねられて，「そうねえ」と，あまり「気の進まぬ返事」をした。その結果，母はどの傘を選ぶかで，「気の毒に」なるほど迷うことになったので，芳子は，母の買い物を止めることを「躊躇」して適当な返事をしてしまった自分に，腹を立てたのである。

問７＜心情＞芳子は，母が蝙蝠傘を買わずに済んだことに，「せいせいした」気分になった。母は，

「先きを争うような特売場の空気」に流されて，蝙蝠傘を選ぶのに「夢中になって」いたが，じきに冷静になり，「よしましょう」と芳子に言って，迷いを「振り払うかのように」特売場を離れた。

問８＜要旨＞「高が四十銭」の文鎮を買う決心をするのに「十日近く」かけるように，芳子は，買い物のときには，慎重に判断するようにしていた。芳子は，衝動買いや無駄遣いを避け，「うっかりいいなと思って気紛れに買ってから後悔するようなこと」にならないようにしていたのである。

問９＜要旨＞芳子は，若い頃からお金を「大切なもの」と考えて，買い物には慎重だったが，お金に執着していたわけではない(エ…×)。「焼トタンの掘立小屋に雨が降ったりする」ときには，芳子は，特売場の蝙蝠傘のことを思い出し，「買っておけばよかった」と考えて，死んだ母に，「笑話」として「今は百円か二百円よ」と話したい気持ちになることがある(ア・イ…×)。芳子の「横浜の婚家」は戦争で焼け，実家の母も「神田で焼け死んで」いて，十七歳のときに買った文鎮だけが，「実家のころの唯一の記念」として残った(オ…○)。芳子は蝙蝠傘を買っておらず，「実家のころの唯一の記念」として残ったのは，文鎮である(ウ…×)。

三〔古文の読解―説話〕出典；『宇治拾遺物語』巻第五ノ一。

≪現代語訳≫この話も今となっては昔のことですが，山科への道筋の，四宮河原という所で，袖くらべという商人の集まる場所があった。その辺りにある身分の低い者がいて，地蔵菩薩を一体おつくり申し上げていたが，開眼供養も行うことはなく入れ物の中に入れて奥の部屋と思わしき所にしまい込んで，日々の暮らしに紛れて月日がたったので，(地蔵のことを)忘れているうちに，そのまま三，四年ほど過ぎた。／ある夜，夢の中で，大路を通る者が大声で人を呼ぶ声がしたので，(身分の低い者が)「何事だ」と聞いていると，(大路を通る者が)「地蔵さん」と，大声でこの(身分の低い者の)家の前で言うと，奥の方から，「何ですか」と答える声がするようだ。「明日，帝釈天が地蔵会をなさるのにおいでになりませんか」と(大路を通る者が)言うと，この小さな家の中から，「参上したいと思うが，まだ目が開いていないので，参上できそうにない」と言うと，(大路を通る者は)「必ずおいでくださいな」と言うので，「目も見えないのに，どうして参れましょうか」と言う声がするようだった。(身分の低い者は)ふと目が覚めて，どうしてこのような夢を見たのかと思案してみたが，解せなくて，夜が明けてから奥の方をよくよく見ると，この地蔵をおしまい申し上げておいたのを思い出して，(地蔵を)見つけ出したのだった。(身分の低い者は)「これが夢にお見えになったのだ」と驚いて，急いで開眼供養を営んだ，ということだ。

問１＜現代語訳＞「せで」の「で」は，～ないで，という打ち消しの意味を表す。したがって，「開眼もせで」は，開眼供養もしないで，という意味。

問２＜古文の内容理解＞身分の低い者は，地蔵菩薩をつくったにもかかわらず，櫃に入れて「奥の部屋など思しき所」にしまい込んだまま，忘れてしまったのである。

問３＜古文の内容理解＞A．「奥の方」にしまい込まれた地蔵菩薩が，「地蔵こそ」と呼ばれたのに対して，「何事ぞ」と答えたのである。　B．「天帝釈の地蔵会」に誘われた地蔵菩薩が，「構へて参り給へ」と重ねて言われて，「目も見えねば，いかでか参らん」と答えたのである。

問４＜現代語訳＞「え」は，打ち消しの表現を伴って，～できない，という意味を表す。「まじく」は，打ち消し推量「まじ」の連用形で，～しそうにない，～ないだろう，という意味。

問５＜古文の内容理解＞身分の低い者は，つくった地蔵菩薩に目を描き入れず，櫃に入れて奥の部屋にしまい込んで，ずっと忘れていた。「帝釈天の地蔵会」に誘われた地蔵菩薩が，目が見えないので参上できないと答える夢を見て，身分の低い者は，放置していた地蔵菩薩が夢に現れたのだと，思い当たったのである。

Memo

Memo

2020年度 開智高等学校(第1回)

【英　語】 (50分) 〈満点：100点〉

I　以下の各設問に答えなさい。

(1) 以下の英文を読んで、指示に従い数字で答えなさい。単位は解答欄に記載してある。

The figure below shows trapezoid ABCD with AD//BC and AD⊥DC. Find the *area of the trapezoid when AB=10cm, AD=12cm and BC=18cm.

注：* area 面積

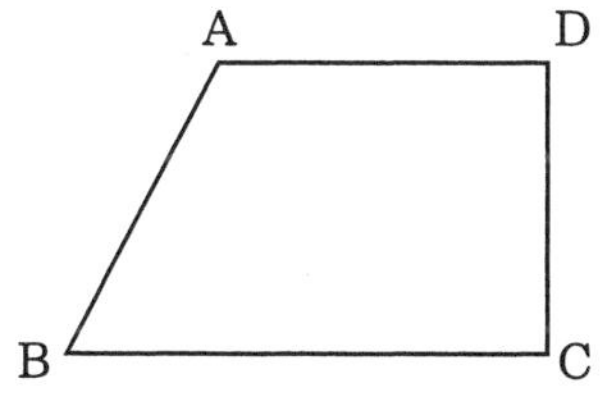

(2) 以下の英文を読んで、質問に数字で答えなさい。単位は解答欄に記載してある。

Tom is reading a book. He has already read 90 pages, and that is 40% of the book. How many pages does the book have in total?

(3) 以下の英文を読んで、指示に従い記号で答えなさい。

One day Kenta looked at the night sky. He saw Cassiopeia in the north sky at 21:00. One month later, he saw Cassiopeia again. It was in the same position as when he saw it last month. What time was it? Choose from the alternatives below.

ア About 19:00.　　イ About 20:00.　　ウ About 21:00.
エ About 22:00.　　オ About 23:00.

(4) 以下の英文を読んで、質問に日本語で答えなさい。

Amphibians are animals which can live both on land and in water. They are not fish, reptiles, birds or mammals. Frogs are amphibians. What does the word "amphibian" mean? Answer in Japanese.

(5) 以下の英文を読んで、指示に従って日本語で答えなさい。

The woman lived in Japan about one thousand years ago and worked for the palace. She wrote a famous essay. The essay starts with the sentence: "Spring is best just before the sunrise." Answer the name of the woman.

Ⅱ　以下の各設問に答えなさい。

A　それぞれの対話を読み、質問(Q)に対する答えとして最も適切なものを、ア～エのうちから一つずつ選びなさい。

(1)　A：How many taxis shall I call?
B：Twelve people are attending the party, but John and Paul said they're going by bike.
A：Each taxi carries up to four, so ....
B：Oh, James said he and Tomoko will go in his car.

Q．How many taxis will Ms. A call?
ア 1　　イ 2　　ウ 3　　エ 4

(2)　A：Mary, what time is it?
B：It's already nine thirty.
A：Then, I'll get some drinks at the kiosk.
B：No, Bill, we have only three minutes before the train leaves. Don't go out.

Q．At what time will the train leave?
ア 9:03　　イ 9:27　　ウ 9:30　　エ 9:33

(3)　A：Can I park my car in your garage?
B：Thirteen cars are parked there now, but we can accommodate five more.
A：I see. I'll show up in ten minutes.
B：OK, I'm waiting for you.

Q．How many cars is the garage able to park altogether?
ア 5　　イ 18　　ウ 35　　エ 13

(4)　A：How time flies!
B：Yes. The year 2007 is now coming to a close.
A：Next year will be our thirtieth wedding anniversary. You will remember that, don't you?

Q．When did the couple get married?
ア 1975　　イ 1977　　ウ 1978　　エ 1998

(5) A：How often does the bus leave for City Hall?

B：Every fifteen minutes. And the trip takes about twenty minutes.

A：When is the next bus?

B：It'll leave in twelve minutes.

Q. How many buses are there each hour?

ア 3　　イ 4　　ウ 12　　エ 15

(6) A：I need to put your name on the participants list. Is the spelling correct?

B：Almost. But you need "q" after "c", and "s" at the end.

A：Then, your name is pronounced "jacks"?

B：No, you don't pronounce the last "s".

Q. Which is the correct spelling of the man's name?

ア Jaques　　イ Jacques　　ウ Jacgk　　エ Jacks

(7) A：It's almost April.

B：Yeah. The big project will start in a month.

A：No. Mr. Smith said that the start of that project has been put off for another two months.

B：Really? But we have to prepare for it soon anyway.

Q. About when will the project start?

ア March　　イ April　　ウ June　　エ August

(8) A：I heard you are going to Australia to study.

B：Yes. I'm going to study English there for five months.

A：When will your school begin?

B：September the 1st.

Q. When will Mr. B finish studying abroad?

ア June　　イ September　　ウ January　　エ April

(9) A：I'm coming to your soccer game, Bob. It's on the last day of this month, right?

B：Well, it was scheduled on that Sunday at first, but ...

A：But it was rescheduled, right?

B：Yeah, it's been put off till the next Saturday.

Q. When will Bob's soccer game take place?
ア Saturday, September 30
イ Sunday, September 30
ウ Saturday, October 6
エ Sunday, October 6

(10) A : Won't you come to the barbeque this weekend?
B : I'd love to, but I can't.
A : Why not?
B : I have to take care of my little sister. My parents are going to a concert.

Q. Where will B be on the weekend?
ア At his friend's party.
イ At a concert hall.
ウ At his house.
エ At a barbeque restaurant.

B それぞれの対話を読み、最後の発言に対する応答として最も適切なものをア～エのうちから一つずつ選びなさい。

(11) A : How do you come to the driving school here?
B : My house is not far from here. So I walk over here.
A : (　　　)

ア You had better buy a used car first.
イ You have enough time to take a walk.
ウ How lucky you are! I have to take a bus.
エ Please take care not to drive too fast.

(12) A : We'd like to stay at this hotel tonight. Do you have a twin-bed room?
B : I'm sorry. We don't have any twin-bed rooms available tonight.
A : (　　　)

ア I'll pay with a credit card.
イ Do you have another twin-bed room?
ウ How about a double-bed room?
エ We don't need two single-bed rooms.

(13) A：Give me Ken's phone number.
B：I really want to, but I don't remember what it is.
A：Didn't you bring your cellphone with you?
B：(　　　)

ア No.　I left it on the desk in my room.
イ No.　I bought a new one about a month ago.
ウ No.　In fact, I don't know his cellphone number.
エ No.　I let him know your cellphone number.

(14) A：Hi Mike, long time no see.
B：Hey Sue, will you be in English class tomorrow?
A：Of course I will.　Why?
B：(　　　)

ア Could you take notes for me?
イ I forgot to do the homework.
ウ I was sick all week.
エ Thanks!　I really appreciate it.

(15) A：Have you been to that new Italian restaurant?
B：Not yet.　Have you?
A：I went last night for the first time.
B：(　　　)

ア Haven't you been there yet?
イ I did, too.　I went last weekend.
ウ Really?　I heard it's Italian food.
エ Did you?　How was the food?

Ⅲ　以下の対話文を読んで、設問に答えなさい。

A：Read this article.　It's about how nurses, doctors, pilots and teachers get rid of stress.
B：Well, it says that nurses like talking with others and (　①　) they like shopping very much.　They also like listening to music.
A：That's right.　Among doctors, shopping and sleeping are very popular.　They like playing sports, too.　How about pilots?
B：They seem to like sleeping and playing sports best.　Shopping, talking, and

listening to music aren't so popular among pilots.

A：That's interesting. Among teachers, talking with others is the most popular. They also like listening to music.

B：So, people ②[職業が違えば方法も違う] of getting rid of stress, right?

(1) 以下の(A), (B), (C)はそれぞれ誰の意見か。それぞれア～エから選びなさい。

(A) I like talking with a friend of mine and listening to classical music, not shopping.

(B) I like sleeping and playing soccer, not going to a department store.

(C) I like playing baseball, sleeping, and going to my favorite shop to buy something.

ア a pilot　　イ a teacher　　ウ a nurse　　エ a doctor

(2) (①)に入る適切な語を答えなさい。

(3) ②の[　]内の日本語に合うように以下の語を並べかえたとき、１語不要な語がある。その語を答えなさい。

[different / different / have / jobs / of / ways / with]

Ⅳ 次の英文を読んで、後の各設問に答えなさい。

Research at Yale and Oxford universities has shown that exercise is more important than money when it comes to mental health and happiness.

Researchers asked over ①1.2 million US adults how ②[they / many / sad / happy / times / felt], stressed, or had other emotional problems in the past 30 days. They also asked about income and physical activities.

The results showed that ③[are / stay / people / calm / who / active] usually happier. For example, people who don't exercise feel bad for 53 days a year, (a) average, while those who do exercise only feel bad for 35 days a year. The study also found that people who are physically active are as happy as people that don't exercise often but who earn around $25,000 more per year.

(④), the team found that too much exercise may be bad for mental health. To get the most benefit, you only need to exercise (b) about 30 to 60 minutes, three to five times a week. People who exercised more than five times a week had worse results. And those who exercised more than three hours a day felt more negative emotions than those who didn't exercise (c) all.

The study also showed that (⑤) sports – where players must work together

with others – usually improve a person's mental and emotional health the most. However, cycling and aerobic activities, such (d) walking and running, can have almost the same positive effect.

問1　空所(a)~(d)に入る語を、次のア～キから選び、記号で答えなさい。

ア as　イ for　ウ on　エ to　オ by　カ at　キ in

問2　下線部①を漢数字で答えなさい。

問3　本文中の下線部②、③の[　　]内の語を正しく並べかえなさい。ただし、それぞれ不要な語が1つずつある。

問4　空所(④)に入る適切な語を次のア～エの中から1つ選び、記号で答えなさい。

ア So　イ Moreover　ウ Therefore　エ However

問5　空所(⑤)に入る適切な語を、本文中から探して書き抜きなさい。

問6　以下の説明に当てはまる語を本文中から1語で書き抜きなさい。

"The money that people make."

V　次の英文を読んで、後の設問に答えなさい。

New research shows that insects feel pain. The researchers say it isn't the same kind of pain that humans feel. The pain that insects feel is a sensation that is like pain. The research was conducted at the University of Sydney in Australia. Professor Greg Neely, co-author of the research report, said: "People don't really think of insects as feeling any kind of pain, but it's already been shown in lots of different *invertebrate animals that they can sense and avoid dangerous things that we think of as painful." He added: "We knew that insects could sense 'pain' but what we didn't know is that an injury could lead to long-lasting hyper-sensitivity ... in a similar way to human patients' experiences."

The researchers looked at how *fruit flies reacted to injuries. The scientists damaged one leg on the flies and (①) the leg to heal. They found that after the leg fully healed, the flies became more sensitive and tried harder to protect their legs. Professor Neely said the pain the flies felt stayed in their memory and this changed their behavior. He said: "After insects are (②) once badly, they are

hypersensitive and try to protect themselves for the rest of their lives." Neely says he hopes to carry out more research to better understand how humans feel pain. He said: "We are focused on making new *stem cell therapies or drugs that target the *underlying cause and stop pain for good."

注：* invertebrate 無脊椎(セキツイ)の　　* fruit fly ショウジョウバエ
　　* stem cell 幹細胞　　* underlying 隠された

問１　空所(①)、(②)に入る適切な語を、次のア～オから選び、それぞれ記号で答えなさい。

ア hurt　　イ let　　ウ protected　　エ allowed　　オ avoided

問２　以下は本文をまとめたものです。(1)～(8)に適する語を、ア～チの中から選び、記号で答えなさい。同じ記号は２回以上使用してはいけません。

Research shows that insects feel pain. One of the researchers said insects know (1) by pain and (2) them. He said he didn't know that an injury could make insects more (3). The researchers damaged one leg on fruit flies. After it (4), the flies were more sensitive. The flies (5) the pain and tried to protect their legs until they (6). The researcher wants to research (7) pain. He wants to make (8) to stop pain.

ア dangerous　　イ human　　ウ cured　　エ medicines　　オ dangers
カ sensitivity　　キ sensitive　　ク sense　　ケ feel　　コ remembered
サ died　　シ injured　　ス made　　セ heal　　ソ memory
タ prevent　　チ insect

Ⅵ　それぞれの対話文の(　　)内に、[　　]内の単語を用いて自然な会話文になるように５語の英文を当てはめなさい。([　　]内の単語は１語と数え、また、don'tなどの短縮形も１語と数える。)

(1)　A：Bill, did you attend the last class yesterday? I don't think I saw you.
　　B：Actually, I left early. I felt sick then.
　　A：Oh, did you? ([right]) now?

(2)　A：Dad, have you seen my cell phone? I can't find it.
　　B：I saw it next to your computer.
　　A：It's not there.
　　B：Look again. ([probably]).

【数　学】（50分）〈満点：100点〉

（注）分数は既約分数に直し，無理数は分母を有理化し，根号内はできるだけ簡単に，比はもっとも簡単な整数値にして答えること。

1　次の各問いに答えなさい。

(1)　$(\sqrt{3}-1)(\sqrt{3}+3)+(1-\sqrt{3})^2$ を計算しなさい。

(2)　$\dfrac{3x+y}{2}+\dfrac{5x-y}{6}-\dfrac{4x-2y}{3}$ を計算しなさい。

(3)　$(x^2+5x)^2+10(x^2+5x)+24$ を因数分解しなさい。

(4)　234に3桁の自然数 n をかけて，ある整数の2乗にしたい。

このとき最も小さい自然数 n を求めなさい。

(5)　$x=\dfrac{2+\sqrt{5}}{\sqrt{3}}$，$y=\dfrac{2-\sqrt{5}}{\sqrt{3}}$ のとき，

$(x+y)(x+2y)-y^2$ の値を求めなさい。

(6)　$\angle x$，$\angle y$ の大きさはそれぞれ何度になるか求めなさい。

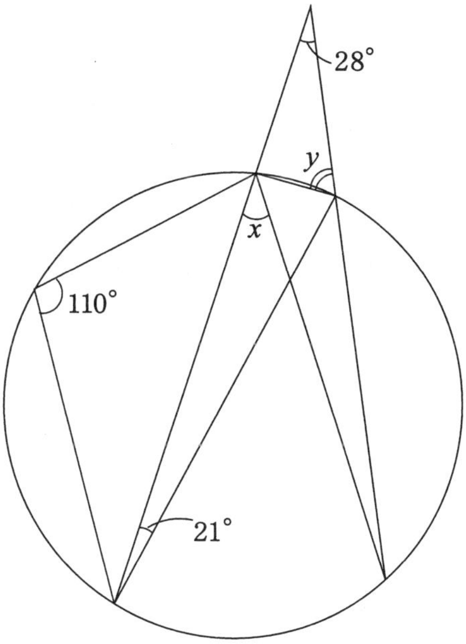

(7)　1辺10の正方形ABCD，およびBCを直径とする半円がある。

AEは半円と点Fで接しているとき，

AEの長さを求めなさい。

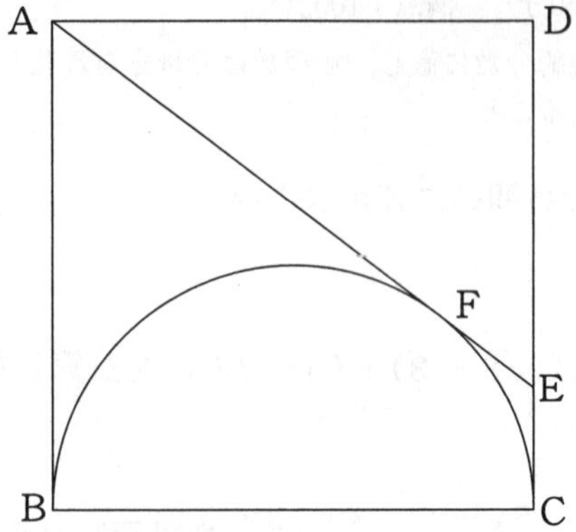

2　次の各問いに答えなさい。

(1)　右の図のように数字がならんでいる。

このとき，次の各問いに答えなさい。

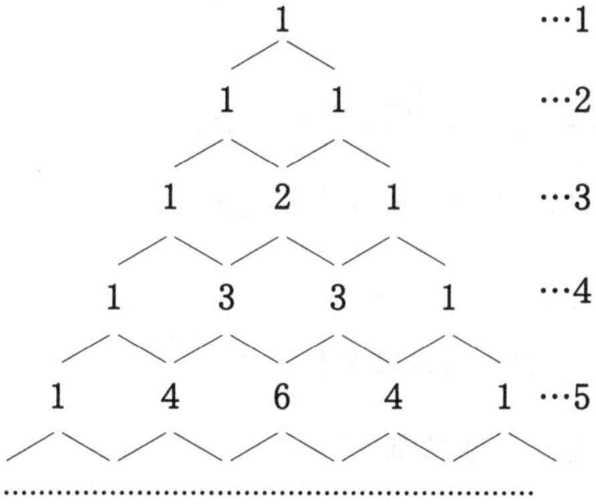

(i)　8段目のすべての数の和を求めなさい。

(ii)　k段目のすべての数の和が1024であるとき，kの値を求めなさい。

(iii)　$(a+b)^3=a^3+3a^2b+3ab^2+b^3$ であることと，上の図を参考にして $(a+b)^8$ を展開したときの a^5b^3 の係数を求めなさい。

(2) 3直線

ℓ : $y=2x$

m : $y=-3x+a$

n : $y=-\frac{1}{2}x+b$

の直線ℓ, mの交点をA,

直線m, nの交点をB,

直線n, ℓの交点をCとする。

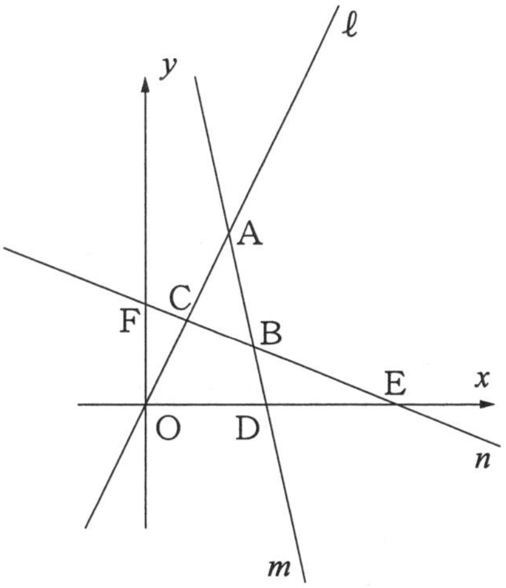

また，直線m, nとx軸との交点をそれぞれD, E, 直線nとy軸との交点をFとする。

A $\left(\frac{3}{2}, 3\right)$, C (1, 2) とするとき，次の各問いに答えなさい。

(i) a, bの値を求めなさい。

(ii) △BDEの面積を求めなさい。

(iii) 3つの三角形の面積比

△FOC : △ACB : △BDEを求めなさい。

3 5個の数字0，1，3，5，7から異なる3個の数字をえらんで，3桁の整数をつくる。このとき，次の各問いに答えなさい。

(1) 3桁の整数は全部で何通りあるか求めなさい。

(2) 3の倍数は全部で何通りあるか求めなさい。

(3) 5の倍数は全部で何通りあるか求めなさい。

(4) 25の倍数は全部で何通りあるか求めなさい。

4　放物線 $y=x^2$ 上に点A，Bがあり，点Aの x 座標は -1，直線ABの傾きは1である。直線OA，OBと放物線 $y=\frac{3}{2}x^2$ との交点をそれぞれC，Dとする。

このとき，次の各問いに答えなさい。

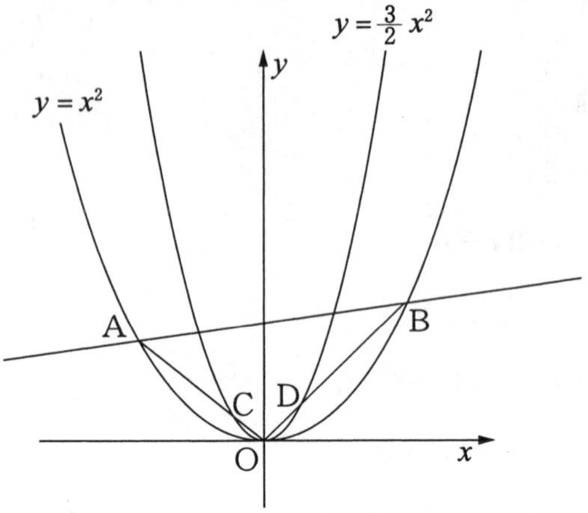

(1)　点Bの座標を求めなさい。

(2)　点Dの座標を求めなさい。

(3)　△OABと△OCDの面積比を求めなさい。

(4)　原点Oを通る直線が四角形ACDBの面積を2等分するとき，その直線の方程式を求めなさい。

5　右図のような三角錐ABCDがあり，

AB＝10

AC＝8

∠ACB＝90°

△ABC≡△ABD

を満たすとする。

また，辺AB上にCH⊥ABとなるように点Hをとる。∠DHC＝30°のとき，次の各問いに答えなさい。

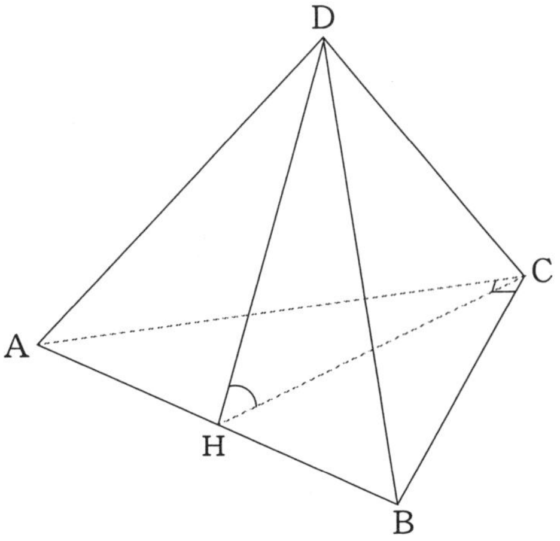

(1)　BCの長さを求めなさい。

(2)　CHの長さを求めなさい。

(3)　△CDHの面積を求めなさい。

(4)　三角錐ABCDの体積を求めなさい。

(5)　∠DHC＝60°となったとき，新しくできた三角錐ABCDの体積は，もとの三角錐ABCDの体積のP倍となる。

このときPの値を求めなさい。

問6　傍線部④「それでもこの人は、とセイジは思った」とあるが、どのようなことを「思った」のか。分かりやすく説明しなさい。

問7　傍線部⑤「あんな妙な事件」とあるが、どのような「事件」か。説明として最も適切なものを次の中から選び、記号で答えなさい。

ア　店員がセイジを老女の「夫」ではなく「孫」だと思い込んだこと。

イ　店員が二人の関係を取り間違えて、警察沙汰にしてしまったこと。

ウ　二人がセイイチを呼び出す必要があるほどの粗相を起こしてしまったこと。

エ　二人の関係が勘違いされて、なかなか納得してもらえなかったこと。

オ　セイイチを呼び出して、三人でデートをする羽目になってしまったこと。

問8　傍線部⑥「若い男二人は、老女の両脇を持ち上げて、白い毛並みで金のたてがみの馬に乗せ」とあるが、なぜ二人はこのような行動をとったと考えられるか。理由を説明しなさい。

三

次の文章を読んで、後の問いに答えなさい。

今は昔、a紀貫之といふ歌詠みありけり。b土佐守になりてその国に下りてありけるほどに、任はての年（任期満了の年、）、七つ八つばかりなる男子《をのこご》の、①形いつくしかりければ、②いみじくかなしく愛し思しけるが（たいそういとしくかわいく思っていた子が、）、日ごろ③わづらひてはかなくしてc失せにければ、貫之限りなくこれを歎《なげ》き泣きまどひて（ひどく泣いて、）、病みつくばかり思ひこがれけるほどに、月ごろになりにければ任ははてぬ（病気になるほどしきりに思っているうちに、何か月もたったので任期が終わった。）。かくてのみあるべき事にもあらねば（このようにしてばかりいられることでもないので、）、④上りなむといふほどに、かの児の⑤ここにてとかく遊びし事など思ひ出でられて、いみじく悲しく思えければ、柱にかく書きつけけり、

都へと思ふ心のわびしきは（つらいのは）⑥帰らぬ人のあればなりけり

と。上りて後もその悲しみの心d失せでありける。その館の柱に書きつけたりける歌は、今までe失せでありけりとなむ語り伝へたるとや（語り伝えたということだ。）。

（『今昔物語集』一部改変）

問1　二重傍線部a、bの読みをひらがなで書きなさい。

問2　二重傍線部c〜eの「失せ」のうち、一つだけ他とは意味の異なるものがある。それを選び、記号で答えなさい。

問3　傍線部①「形いつくしかりければ」、④「上りなむ」の訳として最も適切なものを後の中からそれぞれ選び、記号で答えなさい。

①「形いつくしかりければ」

ア　形がなつかしいので　　イ　容姿が整っていたので

ウ　まだ幼かったので　　エ　顔がいかめしいので

オ　愛情の深い子だったので

④「上りなむ」

ア　上がるだろう　　イ　大きくなるだろう

ウ　家に入ろう　　エ　天に昇ろう

オ　都へ帰ろう

問4　傍線部②「いみじくかなしく愛し思しける」、③「わづらひ」の主語を文中からそれぞれ抜き出して答えなさい。

問5　傍線部⑤「ここ」とあるが、どこのことか。傍線部⑤よりも後ろの文中から抜き出して答えなさい。

問6　傍線部⑥「帰らぬ人」とあるが何を指しているか。文中から二つ抜き出して答えなさい。

と彼女は言った。
「兄ちゃんは俳優志望だったんですよ」
「だったってことは、過去形？」
「食えないんで『なんでも屋』を始めたんです。ちなみに弟は作家志望です」
「なに、言ってんだ、兄ちゃん」
「若いっていいわね」
頭にスカーフを巻いた老女は、遠い日を思い出すように目を細め、
「うちの主人は音楽家だったの。若い頃はうんと貧乏だったわ」
と言った。それから、
「ねえメリーゴーラウンドに乗りましょうよ」
と、両手で兄弟のそれぞれの手を握った。
あれ、子供用なんじゃないかなあ、大の大人が乗っていいのかなあと、躊躇《ちゅうちょ》するセイイチをｃ一顧《いっこ》だにせず、老女は二人の手を引っ張るようにしてメリーゴーラウンドまで行き、券を買ってポニーを選んだ。⑥若い男二人は、老女の両脇を持ち上げて、白い毛並みで金のたてがみの馬に乗せ、自分たちは前後のポニーに跨《またが》った。
遊具が旋回を始め、馬が上がったり下がったりした。
メリーゴーラウンドはゆっくり回り、夜の東京に光の糸が幾本《いくほん》も流れた。
老女とセイイチとセイジは、黙ったきり、遊具が動くままに二回転した。

（『よろず化けます』中島京子　一部改変）

問１　二重傍線部ａ～ｃの語句の本文中での意味として最も適切なものを後の中からそれぞれ選び、記号で答えなさい。

ａ「勘繰り」
ア　勘違い　イ　第六感　ウ　うたがい
エ　判断　オ　気遣い

ｂ「やにわに」
ア　ゆったりと　イ　突然に　ウ　やんわりと
エ　やっとのことで　オ　びくびくして

ｃ「一顧だにせず」
ア　相談もしないで　イ　少しも試そうとしないで
ウ　落ち着かせることもなく　エ　気に掛けることもなく
オ　一度だけしか考えないで

問２　空欄部に漢字一字を入れて慣用表現を完成させなさい。

問３　傍線部①「待ち合わせ場所として動物園の入り口を指定した」とあるが、なぜ老女は「動物園の入口」を指定したのか。三十字以上四十字以内で説明しなさい。

問４　傍線部②「そんな依頼に応じるのはばかげている」とあるが、老女はどのような仕事を「依頼」したのか。説明として適切でないものを次の中から選び、記号で答えなさい。
ア　一日だけ夫の代わりとして行動を共にする仕事。
イ　セイジにスーツを着させて夫の代わりをさせる仕事。
ウ　他にお願いする人がおらず、依頼した仕事。
エ　理由も説明せずに当日になって依頼した仕事。
オ　他の業者にすべて断られて、セイジに依頼した仕事。

問５　傍線部③「それは兄のセイイチ向きの仕事だと思えた」とあるが、どういう意味か。説明として最も適切なものを次の中から選び、記号で答えなさい。
ア　女性をエスコートするような仕事は、女性慣れしている兄向きの仕事だと思えたということ。
イ　夫役として老女と過ごすような仕事は、演じることが得意な兄向きの仕事だと思えたということ。
ウ　演技力が求められるような仕事は、人をだますことに慣れている兄向きの仕事だと思えたということ。
エ　人と触れ合うような仕事は、肉体労働には向いていない兄向きの仕事だと思えたということ。
オ　他人をだましつづけていくような仕事は、頭の回転が早い兄向きの仕事だと思えたということ。

「今日は結婚記念日だから、思い出の場所めぐりをしたいんだけど、一人きりではさびしいし、友達をつきあわせるのも気が引ける。私には子供がいないから、息子や孫に頼むわけにもいかない」

④それでもこの人は、とセイジは思った。

なんでも屋に「孫」ではなく「夫」を発注した。

寒い動物園を後にしてデパートに買い物に向かったときは、⑤あんな妙な事件になるとは思わなかった。

齢《よわい》七十は過ぎている彼女が、二十三歳のセイジを「夫」と呼び、デパートの中の宝石店でbやにわに現金五十万円近くをつかみ出して、

「あなた、あの指輪を私に買って」

と言ったせいだ。

おたおたしながら札束を受け取り、妻がこれを欲しがっているので指輪を見せてくれと店員に伝えると、いったん畏《かしこ》まりましたと答えておきながら店員は、ショーケースのどこかに隠してある非常用のブザーを押して、警備員を呼んだのだった。

人目を避けるようにして裏の警備員室に連れて行かれた二人は、慇懃《いんぎん》な口調で関係を問われた。困ったことに老女が「夫妻」と言い張ったため、身分証まで要求されて、果てはセイジが携帯でセイイチを呼び出して商売を説明させる羽目に至ったのだった。

「このたびはたいへんな失礼を」

と、支店長まで出てきて頭を下げたが、本当のところデパート側は、そう悪いことをしたと思ってもいないようだった。紛らわしいことをするのが悪いと言いたげだった。なんでも、「振り込め詐欺」に似た手法で、独居老人を騙《だま》して同行し、高額な買い物をさせて品物を奪う、新手の詐欺が頻出しているという話だ。「お客様の安全をお守りするために正確な事情を把握してからお買い上げいただくことになっておりまして」というわけだった。

警備員に洗いざらい事情を説明してしまうと、「夫ごっこ」はすっかり破《は》綻《たん》した。これでは仕事が成立したとは言えないから、代金はいただきませんと、兄のセイイチは老女に頭を下げた。

「いいんですよ」

と老女は言って、二人を食事に誘った。

どのみち、本当に夫代わりが欲しいわけではなくて、誰かいっしょにいて欲しいだけなのよ、お二人に夫代をお支払いしたいくらいだわと付け加えた。

老女は、昔、主人とよく行った店に連れて行くと言って、先頭に立って歩きだした。着いたのは、駅前の大衆食堂で、三人は靴を脱いで下足箱に入れた。

（中略　食事の後、老女は「デパートの屋上の遊園地に行きたい」と言い、二人も一緒に連れて行こうとする）

タクシーを呼びとめて、これも観光地近くの老舗《しにせ》デパートを目指したのだが、たどり着いて屋上に上がってみると、そこはひどく間の抜けた「遊園地」で、ぱっとしないミニゴーカートや豆電車といった、幼児向けの遊具が乗る人もなく置かれているのだった。

「セイジ、知ってる？　ここ。『東京暗黒街　竹の家』のロケ地だったんだぜ」

役者崩れのセイイチは、背を丸めて煙草に火をつけ、口から煙を吐き出しながら、傍らの弟に言った。

「有名な映画？」

「うん。サミュエル・フラーって、ゴダールの『気狂いピエロ』や、アキ・カウリスマキの『ラヴィ・ド・ボエーム』に出てる、頭の爆発した映画監督が撮った。ここでFBIだかなんだかとアメリカ人ギャングが、ばこんばこん銃撃戦をやるんだ。土星みたいな形のヘンな乗り物があってさ。オールカラーで昭和三十年の東京が見られる、とんでもない映画だよ」

「古い映画がお好きなの？」

いつのまにかセイイチとセイジの間に割って入った小柄な老女は、来たときと同じようにスカーフを頭に巻いていた。寒いんですもの、

年男女もいるという話だ。いわゆるレンタル家族を商売にしている専門業者もいるけれど、都合がつかなかったり、費用が高かったりするのか、尾上兄弟にもときどきそんな依頼が来た。

けれど、「夫になってください」と突然告げられたセイジは答えに窮した。

しかもいまからすぐ、一時間後に夫の格好《かっこう》をしてやってこいとまで言われると、少し依頼人にからかわれているのではというa勘繰りも生まれる。

「夫はべつに珍しい格好をする人ではありませんでした。だから、きちんとしたスーツを着てきてくだされればいいんです」

そう言って女の声は、①待ち合わせ場所として動物園の入り口を指定した。何か目印になるようなものがあればと、セイジがもごもご訴《うった》えると、

「頭にスカーフを巻いて行きます」

と、女は答えた。

スカーフを巻いた頭の女性がどれくらいいるのかは測りかねたけれど、とりあえず引き受けることにして電話を切った。セイイチの携帯に連絡すると留守電だった。

②そんな依頼に応じるのはばかげているし、規定料金より多い謝礼を払うからというだけの理由で、打ち合わせもなくいきなり「仕事」に入るのは間違っているとセイジも思う。けれど、兄の衣装棚からそれらしいスーツにコートを着込んであたふた出かけることにしたのは、ひょっとしたらその時点で、電話の女の声に惹《ひ》かれるところがあったせいかもしれない。

セイジは玄関の鏡の前で髪を整えることすらした。

あきらかに、③それは兄のセイイチ向きの仕事だと思えた。なんでも屋の仕事のうちでも、頭や機転や見てくれのよさを要求されるものはセイイチが、肉体労働は主にセイジが請《う》け負《お》っていた。そもそもセイイチがこの仕事を始めることにしたのは、役者として芽が出なかったからで、なんでも屋の仕事の中でも演技的な要素を要求されるものは、兄の得意分野と言ってよかった。でも、このときとにかくセイイチに連絡は取れなかったし、相手がセイジでいいというのだからと自らを納得させ、女性と待ち合わせるというシチュエーションにどぎまぎしながら、息せき切って地下鉄に乗り込んだのだった。

セイジは待ち合わせの場所へ行った。十分ほど待つと、キャメルのロングコートを着た小柄な女性が頭に黒っぽいスカーフを巻いて、歩いてくるのが見えた。

「なんでも屋さんですね」

驚いたことに女のほうから話しかけてきた。

セイジは目印になるようなものは身に着けてもいなかったし、特別目立つ風貌《ふうぼう》でもなかったから驚いた。

「はい」

と答えると、

「じゃあ、行きましょう」

と言って、女はスカーフを外した。小柄で白髪の老女がそこに居た。若々しい声にだまされたと、そのときセイジは思った。

まだ春が遠く感じられる二月のことで、動物園にあまり人はいなかった。入ったからといって、女は何をするのでもなかった。ただぐるぐると園内を巡《めぐ》り、檻《おり》の前に黙って佇《たたず》んだ。

「夫が亡くなったのは、三年も前」

パンダの檻の前で、女はそう話した。とうのパンダは寒さに□を上げたのか隠れていて、檻はがらんどうのように見えた。

「思い出といっしょに暮らしていけばいいだけの話なのに、ときどき一人でいるのがものすごくさびしくなる」

「もう三年も経ってるんだったら、誰かとつきあったっていいんじゃないですか」

「若い人はおもしろいこと言うのね。私のようなおばあさんに、そういうことは起こらないのよ」

女はそう言って笑った。

オ　データが示している事実なのだ

問5　傍線部①「データ分析から因果関係を導くことの難しさ」について、ここで言う「難しさ」が生じる理由として最も適切なものを次の中から選び、記号で答えなさい。

ア　アイスクリームの例も、電力の例も、留学の例も、すべては価格がデータに反映されるもので、各家庭の経済的な状況を考慮しなければ因果関係を分析できないから。

イ　データを分析した場合にはっきり見えてくるのは相関関係の方だけであって、因果関係を明らかにするためにはデータ分析という手法に頼っていては不十分であるから。

ウ　因果関係は表やグラフのようなデータに表れるものではなく、人間が頭で考えるものなので、どんなにデータを分析しても因果関係を説明することなどできないから。

エ　ある現象について因果関係を説明するためには、さまざまな要因を考察しなければならず、ひとつのデータを分析した結果だけを見て判断することなどできないから。

オ　世の中には相関関係と因果関係を混同させた怪しい分析結果が多いため、ひとつのデータを改めて分析し直さなければならず、膨大《ぼうだい》な時間と労力がかかるから。

問6　空欄えに入れるのに適切な表現を二十字以内で考えて書きなさい。

問7　傍線部②「このような論調」とはどのような論調のことですか。四十字以内で説明しなさい。

問8　次のア～オの説明の中から、因果関係を表しているものをすべて選び、記号で答えなさい。

ア　昨日の夜からずっと雨が降っていたので、今朝は地面がぬれている。

イ　サッカーの人気が高くなったので、プロ野球の人気は低下している。

ウ　体育の授業で転んでひざをすりむいたので、今日はひざが少し痛む。

エ　女子学生の就職率が上昇したので、男子学生の就職率が低下している。

オ　今年は文化祭が盛り上がったので、秋の体育祭も盛り上がっている。

問9　この文章について説明したものとして最も適切なものを次の中から一つ選び、記号で答えなさい。

ア　「あなたは経済産業省の職員で」のような仮定の例を提示することで、読者を空想の世界へと引き込む効果を生んでいる。

イ　過去のデータを多数提示することによって、説明が客観的であることを示し、自らの主張が正しいことを表そうとしている。

ウ　新聞記事からの例を多く用い、日常生活におけるデータ分析が非常に重要であることを読者に意識させようとしている。

エ　読者が広告やマスコミによってだまされないようにするため、なるべく極端な例を多めに挙げて、注意を喚起している。

オ　読者が読みやすく感じられるように、できるだけ簡単な表現を用いて、起承転結の流れを重視して文章を構成している。

二

次の文章を読んで、後の問いに答えなさい。

尾上セイジは、傍《かたわ》らでおとなしく話を聴いている五歳の男の子を一瞬忘却して、あの日のことを思い浮かべた。

兄弟が「尾上なんでも商会」を開業してまもなくのことだった。

私の夫になってくださいと、電話口で女性が言った。

その依頼自体は、珍しいものでもなかった。

しつこい男をまくために一日だけ彼氏になって欲しい、記憶障害の進んだ老人を訪ねて息子のふりをして欲しい、結婚式に兄のふりをして出席してもらいたいなどなど。どうしても何かの都合で親族代わりが必要なときに、人は金を出してでも雇おうと考えるらしい。

このパターンでもっとも需要が高いのは、結婚に際しての親役だという。結納《ゆいのう》から披露宴《ひろうえん》まで数回に亘《わた》って親役を演じるベテランの中

住むことが本当の要因なのかは明らかではない。

「電力市場の自由化改革を行った国の電力価格は、行っていない国の価格よりも高い。よって、電力市場自由化改革を行うと電力価格が上がってしまう」

↓電力市場の自由化改革を行った国とそれ以外の国では様々な要素が異なるので、自由化改革自体が価格に影響したのかは明らかではない。また、そもそも［　え　］という逆の因果関係もあり得る。

②このような論調は、一見すると^{e}スドオりして因果関係と捉えてしまいがちです。しかし、一歩立ち止まってよく考えてみると、「XがYへ影響したと結論づけているけれども、他の要因Vも影響している可能性があるのでは？」「もしかしたらYがXへ影響している可能性もあるのでは？」という疑問が出てきます。しかし残念ながら、新聞やテレビで主張されていることの多くは、相関関係を誤って解釈して因果関係のごとく示されているものなのです。

（『データ分析の力　因果関係に迫る思考法』伊藤公一朗）

図表1−1　広告の影響でアイスクリームの売り上げが伸びた？

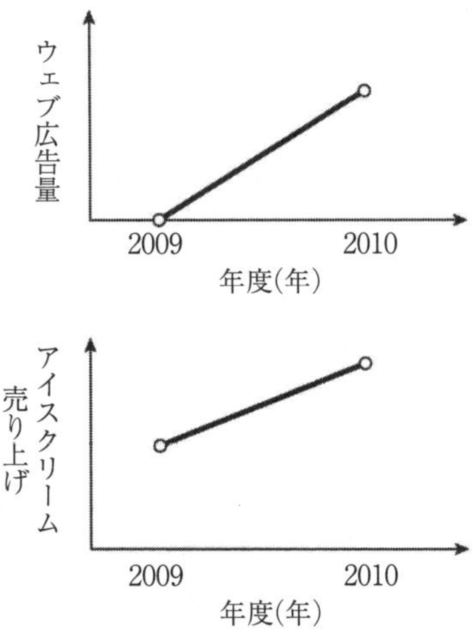

図表1−2　電力価格上昇による影響で電力消費量が下がった？

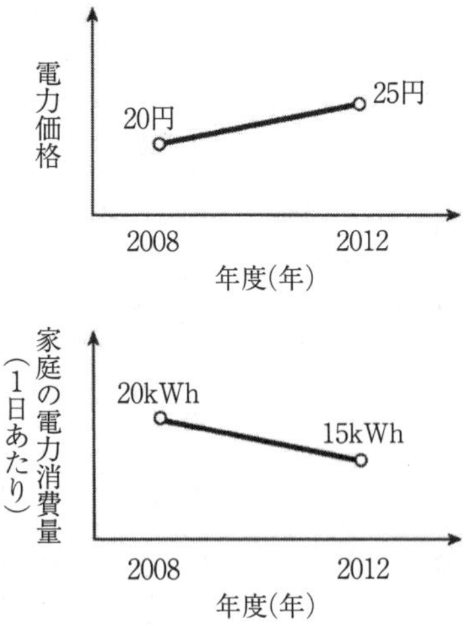

問1　波線部a〜eのカタカナをそれぞれ漢字に直しなさい。なお、文字は楷書で一画ずつ丁寧に書くこと。

問2　空欄A〜Dに当てはまる語として、最も適切なものを次の中からそれぞれ選び、記号で答えなさい（ただし記号は重複しない）。

ア　あたかも　　イ　例えば　　ウ　ですから
エ　ところが　　オ　または

問3　空欄あに入れるのに適切な三字以内の表現を考えて答えなさい。

問4　空欄い・うに当てはまる表現として最も適切なものを後の中からそれぞれ選び、記号で答えなさい。

い
ア　電力価格の変化が電力消費量の変化をもたらした
イ　電力価格が変化するときはさまざまな要因がある
ウ　電力消費量が変化するときはさまざまな要因がある
エ　気温の変化や災害によって電力消費量が変化する
オ　節電効果を上げるには電力価格を上げる必要がある

う
ア　データが示している因果関係なのだ
イ　データが示している偶然の結果なのだ
ウ　データが示している異なる可能性なのだ
エ　データが示している危険性なのだ

さてここで、なぜあなたの結論が間違っている可能性があるのか考えてみてください。どんな可能性が考えられますか？

ここでは電力の価格が消費量に及ぼした影響を言いたいわけですが、他の要因が色々と考えられないでしょうか。

例えば、２０１２年は比較的涼しい夏だったため、エアコン利用が減った可能性があります。もしくは、２０１１年に起きた東日本大震災によって、消費者の節電意識が高まったのかもしれません。そうすると、広告とアイスクリームの例と同様、このデータ分析からでは「　い　」という因果関係を判定できない、という問題が残るのです。

同じようなデータ分析の問題を、教育の例を使って見てみましょう。

先日、以下の新聞記事を目にしました。

「海外留学に力を入れているある大学の調査では、留学を経験した学生が、留学を経験しなかった学生よりも就職率が高いことがわかった。このデータ分析の結果から、留学経験は就職率を向上させるのであると大学は報告している」

留学を経験した学生が、留学を経験しなかった学生よりも就職率が高かったという記事の前半部分は、　う　と思います。

しかし、その結果から、

「留学を経験する　→　就職率が上がる」

という因果関係を導くことはできるでしょうか？

ここで、留学経験がある学生Ａさんと、留学経験がない学生Ｂさんを考えてみましょう。問題は「留学を経験した」という点以外についても、ＡさんとＢさんは異なる可能性が高いということです。

（Ａ）、Ａさんは留学をできるほどの財力が家庭にあった可能性が高いかもしれません。（Ｂ）、留学のｃショウガク金を受けられるほど、もともと成績が良かったのかもしれません。さらに、そもそも留学をしたいという強い意志や、好奇心があった可能性もあります。

以上のように、留学をしたという点以外でＡさんとＢさんに違いがあった場合、２人の就職率に影響を与えたのは留学だったのかもしれないし、それ以外の要因だったのかもしれないのです。

（中略）

こうやって説明されてみると、①データ分析から因果関係を導くことの難しさは直感的に理解できると思います。（Ｃ）、ニュースや新聞を見てみると相関関係と因果関係を混同させた怪しい分析結果は世の中に溢《あふ》れています。さらに問題なのは、怪しい分析結果に基づく単なる相関関係が「（Ｄ）因果関係のように」主張され、気をつけないと読者も頭の中で因果関係だと理解してしまっていることが多いという点です。

以下の例は、実際に著者が見かけたことのある新聞記事のｄバッスイです。

「ある企業では社長が代わった次の年に株価が上昇した。これは新社長の改革の成果である」

→社長が代わった以外にも株価が上昇した他の要因があり得る。

「政府が数億円かけて実施した補助金政策によって、補助金交付後、各地域で消費が増加した。これは、補助金が地域経済を活性化した証である」

→補助金以外にも消費が増加した他の要因があり得る。

「ある学校では新たなカリキュラムを導入した。すると、生徒の理解度と成績が前年に比べて向上した。よって、新カリキュラムは旧カリキュラムよりも優れていることが示された」

→カリキュラム導入以外にも成績へ影響するような変化があった可能性がある。

「マンションの高層階に住む女性の不妊率が高いことがデータから示された。よって、子供を産みたい女性がマンションの高層階に住むのは危険である」

→マンションの高層階に住む女性と低層階に住む女性では、所得・年齢・職業など様々な別の要因が違う可能性があり、高層階に

二〇二〇年度　開智高等学校（第一回）

【国　語】（五〇分）〈満点：一〇〇点〉

一　次の文章を読んで、後の問いに答えなさい。

あなたはアイスクリームを売る企業のマーケティング部に所属しています。現在社内では、ウェブサイト上で広告を表示することによって今年夏のアイスクリームの売り上げを伸ばすことができないか、ということが検討されています。あなたは上司から、広告を出すと売り上げがどれだけ伸びるのかデータ分析をしてほしいと頼まれました。

過去のデータを見てみると、次のことがわかりました。

２０１０年にあなたの会社では、あるアイスクリーム商品についてのウェブ広告を出しました。すると、広告を出さなかった２００９年と比較して、２０１０年の売り上げは40％上がっていました。そのデータの動きをグラフにしたのが図表１－１です。この図では、広告を出した影響で売り上げが伸びたように見えます。そのため、あなたは上司に対し以下のような報告をしました。

「この図を見ていただくとわかるように、広告を出した影響により２０１０年の売り上げは２００９年に比べて40％上がった、ということが分析からわかりました」

さてここで、なぜあなたの結論が間違っている可能性があるのか考えてみてください。どんな可能性が考えられますか？

ここでの問題は、

「広告を出した　→　広告の影響で売り上げが40％伸びた」

という広告から売り上げへの因果関係が、あなたのデータ分析結果から導けるかどうかです。

例えば、２０１０年の夏が２００９年の夏よりも猛暑だった場合はどうでしょうか？

実際に日本では２００９年は比較的ａレイカで、２０１０年夏は猛暑でした。その場合、40％の売り上げ増というのは、広告の影響ではなく、単に気温が高くなったために消費者がアイスクリームを求めたから、という可能性はないでしょうか？

他にも様々な理由が考えられます。

例えば、日本では２００８年の世界ｂキンユウ危機以降、消費が冷え込みましたが、２０１０年あたりから少しずつ消費が上向きになりました。その場合、40％の売り上げ増は広告の効果ではなく、単に経済が全体的に良くなって消費者がお財布の紐《ひも》を［　あ　］始めたからだった、という可能性はないでしょうか？

２つ目の例として、政策を実施する政策担当者の抱える課題について考えてみましょう。

あなたは経済産業省の職員で、来年夏の節電対策を考えています。今回のプロジェクトの目的は、電力の価格を上げるとどれだけの節電効果につながるのかについて上司に報告することです。その目的のため、あなたは過去の電力価格と電力消費量のデータを集めました。

データを見てみると次のことがわかりました。

日本のある地域では２０１２年に電力価格の上昇がありました。仮に、２００８年の電力１単位あたりの価格は20円、２０１２年の価格は25円としましょう。一方、消費量のデータを見ると、２０１２年の電力消費量は２００８年と比較して１時間あたり５ｋＷｈ下がっていました（注：ｋＷｈ＝キロワットアワーは電力消費量の単位です。日本の平均的なご家庭の使用量は、夏の間は１時間あたり20ｋＷｈほどです）。そのため、上司に対し以下のような報告をしました。

「図表１－２を見ていただくとわかるように、５円の電力価格上昇による影響で、消費量が５ｋＷｈ下がったことがわかりました。そのため、電力価格を上げれば大きな節電効果が得られると期待できます」

2020年度／開智高等学校(第１回)

英語解答

Ⅰ (1) 120　(2) 225　(3) ア
(4) 両生類　(5) 清少納言

Ⅱ A (1)…イ　(2)…エ　(3)…イ　(4)…イ
(5)…イ　(6)…イ　(7)…ウ　(8)…ウ
(9)…ウ　(10)…ウ
B (11)…ウ　(12)…ウ　(13)…ア　(14)…ア
(15)…エ

Ⅲ (1) (A)…イ　(B)…ア　(C)…エ
(2) that　(3) of

Ⅳ 問１　a…ウ　b…イ　c…カ　d…ア
問２　百二十万
問３　②　many times they felt sad
③　people who stay active are
問４　エ　問５　team
問６　income

Ⅴ 問１　①…エ　②…ア
問２　１…オ　２…タ　３…キ　４…ウ
５…コ　６…サ　７…イ　８…エ

Ⅵ (1) (例)Do you feel all right
(2) (例)It's probably under your notebook

Ⅰ〔総合問題〕

(1)＜図を見て答える問題＞「下の図は，AD∥BC，AD⊥DC の台形を示している。AB＝10cm，AD＝12cm，BC＝18cm のとき，この台形の面積を求めよ」　頂点Ａから辺 BC に対して下ろした垂線を AE とすると，BE＝BC－AD なので18－12＝6(cm)とわかる。BE＝6，AB＝10なので，三平方の定理より AE＝8とわかり，台形の面積は(12＋18)×8÷2＝120(cm^2)となる。

(2)＜要旨把握＞「トムは本を読んでいる。すでに90ページ読んだが，これはこの本の40％にあたる。この本は全部で何ページか」　本全体のページ数をxページとすると，0.4x＝90より，x＝225(ページ)となる。

(3)＜要旨把握＞「ある日，ケンタは夜空を見た。21時に北の空にカシオペア座が見えた。１か月後，彼は再びカシオペア座を見た。カシオペア座は先月見たときと同じ位置にあった。それは何時だったか。下の選択肢の中から選べ」　星座が同じ位置に見える時刻は，１か月で２時間ずつ早くなる。よって，21－2＝19より，アの「19:00頃」となる。

(4)＜単語の定義＞「amphibians とは，水陸両方で生きられる動物である。魚でもは虫類でも鳥類でも哺乳類でもない。カエルは amphibians である。『amphibians』とは何のことか。日本語で答えよ」

(5)＜要旨把握＞「この女性は約1000年前の日本に生きた人で，宮廷で働いていた。彼女は有名な随筆を著した。この随筆は『春はあけぼの』という文で始まる。この女性の名前を答えよ」　「春はあけぼの」で始まる随筆は『枕草子』。その著者は「清少納言」である。

Ⅱ〔対話文総合〕

Ａ＜英問英答＞

(1)Ａ：タクシーを何台呼ぼうか？／Ｂ：パーティーに参加するのは12人だけど，ジョンとポールは自転車で行くって言ってたよ。／Ａ：タクシー１台につき４人まで乗れるよね，だから…／Ｂ：そうだ，ジェームズが，彼とトモコは自分の車で行くって言ってたよ。

Ｑ：「Ａさんはタクシーを何台呼ぶか」─イ．「２台」　参加者12人のうち，タクシーに乗ら

ない人が４人で，１台に４人乗れる。

(2)Ａ：メアリー，今何時かな？／Ｂ：もう９時半よ。／Ａ：じゃあ，売店で飲み物を買ってくるよ。／Ｂ：だめよ，ビル，電車が発車するまでに３分しかないもの。外に出ないで。

Ｑ：「この電車が発車するのは何時何分か」―エ．「９時33分」　現在の時刻が９時30分で，その３分後に発車すると言っている。

(3)Ａ：そちらの駐車場に車をとめられますか？／Ｂ：今，13台とまっていますが，あと５台までとめられます。／Ａ：わかりました。10分後にそちらへ行きます。／Ｂ：承りました，お待ちしております。

Ｑ：「この駐車場には全部で何台の車をとめられるか」―イ．「18台」　accommodate「～を収容する」

(4)Ａ：時間がたつのは早いなあ！／Ｂ：そうね。2007年も，もう終わりに近づいているものね。／Ａ：来年は僕たちの結婚30周年だよ。そのこと，覚えているかい？

Ｑ：「この夫婦はいつ結婚したか」―イ．「1977」　Ｂの発言から，この会話は2007年の年末に行われたとわかる。翌年の2008年が結婚30周年ということは，結婚した年から31年目にあたるので，結婚したのは2008－31＝1977(年)である。

(5)Ａ：市役所行きのバスはどのくらいの間隔で出ていますか？／Ｂ：15分おきです。そして市役所までは約20分かかります。／Ａ：次のバスはいつ出ますか？／Ｂ：12分後に発車します。

Ｑ：「１時間に何本のバスがあるか」―イ．「４本」　バスは15分間隔で出ている。

(6)Ａ：あなたのお名前を参加者リストに載せる必要があるんです。つづりはこれで合っていますか？／Ｂ：ほぼ合っています。でも，「c」の後に「q」を，あと末尾に「s」をつけていただかないと。／Ａ：では，お名前は「jacks」とお読みするんですね？／Ｂ：いいえ，最後の「s」は発音しないんです。

Ｑ：「この男性の名前の正確なつづりはどれか」―イ．「Jacques」　c の後に q があり，末尾が s で終わっているのはイ。

(7)Ａ：もうすぐ４月だね。／Ｂ：そうだね。あの一大プロジェクトは１か月後に始まるんだな。／Ａ：違うよ。あのプロジェクトの開始はもう２か月先に延期になったって，スミスさんが言ってたよ。／Ｂ：本当？　でも，いずれにしてもすぐに準備をしないとね。

Ｑ：「このプロジェクトはいつ頃始まるか」―ウ．「６月」　この会話が行われているのは３月の下旬。プロジェクトは予定されていた１か月後よりさらに２か月延期されたとある。

(8)Ａ：オーストラリアに留学に行くんだってね。／Ｂ：うん。そこで５か月間，英語の勉強をするつもりなんだ。／Ａ：学校はいつ始まるの？／Ｂ：９月１日だよ。

Ｑ：「Ｂ氏はいつ留学を終えるか」―ウ．「１月」　９月に始まり５か月間留学するので，終わるのは１月。

(9)Ａ：君のサッカーの試合に行くよ，ボブ。それって今月の最終日だったよね？／Ｂ：それがね，初めはその日曜日に予定されてたんだけど…／Ａ：でも予定が変更になったってこと？／Ｂ：うん，その次の土曜日まで延期になったんだ。

Ｑ：「ボブのサッカーの試合はいつ行われるか」―ウ．「10月６日土曜日」　月の最終日の日

曜日だった予定が次の土曜日まで延期されている。

(10)A：今週末のバーベキューに君も来ない？／B：ぜひ行きたいんだけど，行けないんだ。／A：どうして来られないの？／B：妹の面倒をみないといけなくてね。両親がコンサートに行く予定なんだよ。

Q：「Bは週末どこにいるか」―ウ．「自分の家」　妹の世話をすると言っているので，自宅にいると考えるのが自然。

B＜適文選択＞

(11)A：この自動車教習所までどうやって通ってるの？／B：僕の家はここから遠くないんだ。だから歩いてここまで来てるよ。／A：君は運がいいなあ！　僕はバスに乗らないといけないんだ。∥相手に交通手段を尋ねた後なので，その応答に対する感想と，自分はどうやって通っているかを答えているウが適切。

(12)A：今夜こちらのホテルに泊まりたいんです。ツインの部屋はありますか？／B：申し訳ございません。今夜はツインのお部屋に空きがないんです。／A：ダブルの部屋は空いてますか？∥available は「利用可能な」という意味。希望の部屋が空いていないと言われた後の発言として適切なのは，それに代わる希望を伝えるウ。

(13)A：ケンの電話番号を教えてよ。／B：そうしたいのは山々なんだけど，番号が何だったか覚えてなくて。／A：携帯電話を持ってきてないの？／B：ないんだ。自分の部屋の机の上に置いてきちゃったんだよ。∥「携帯電話を持ってきていないのか」という質問に対して，全ての選択肢が No.「持ってきていない」と答えている。それに続く内容として最も適切なのは，今持っていない理由を説明するア。

(14)A：こんにちはマイク，久しぶりだね。／B：やあ，スー，明日の英語の授業に君は出るつもり？／A：もちろん出るよ。どうして？／B：僕のためにノートをとってもらえないかと思ってね。∥相手に明日の授業に出席するかどうかを尋ねた理由となるアが適切。

(15)A：あの新しくできたイタリアンレストランに行ったことある？／B：いや，まだないよ。君は？／A：昨夜，初めて行ってみたんだ。／B：そうなの？　料理はどうだった？∥自分が行ったことのない飲食店に相手はもう行ったと言っているので，その感想を尋ねるエが適切。

Ⅲ〔長文読解総合―対話文〕

≪全訳≫❶A：この記事を読んでみて。看護師や医者，パイロット，それに教師がどうやってストレスを解消しているかについて書いてあるんだ。❷B：なになに，これによると，看護師は他の人とおしゃべりするのが好きで，買い物が大好きなんだね。あと音楽を聴くのも好きなのか。❸A：そうだね。医者の間では，買い物と睡眠がとても人気だね。スポーツをするのも好きなのね。パイロットはどうかな？❹B：パイロットは眠るのとスポーツをするのが1番好きみたいだね。買い物やおしゃべり，音楽鑑賞はパイロットの間ではあまり人気がないんだな。❺A：それは興味深いわね。教師の間では，他の人とのおしゃべりが1番人気よ。音楽を聴くのも好きなのね。❻B：つまり，職業が違えばストレスを解消する方法も違う，ってことだね。

(1)＜要旨把握＞(A)「私は友達と話したり，クラシック音楽を聴いたりするのは好きだが，買い物は好きではない」―イ．「教師」　第5段落参照。　(B)「私は眠ることとサッカーをすることが好き

で，デパートに行くことは好きではない」—ア．「パイロット」　第４段落参照。　(C)「私は野球をすることと眠ることと，何かを買いにお気に入りの店に行くことが好きだ」—エ．「医者」第３段落参照。

(2)＜適語補充＞空所の前に it says that 〜「それによると〜ということだ」と記事の内容を説明するthat節があり，空所の後の「看護師は買い物がとても好きである」という内容も記事の一部だと考えられるので，「〜ということ」という名詞節を導く接続詞の that を補う。

(3)＜整序結合＞語群より，この文の動詞は have だとわかるので，「違う職業を持つ人々は，（ストレスを解消するための）違う方法を持っている」と読み換える。主語となる「違う職業を持つ人々」は with を「〜を持った」という意味の前置詞として用いて people with different jobs と表せる。動詞は have で，目的語となる「違う方法」は different ways とする。不要語は of。　... people with different jobs have different ways of ...

Ⅳ〔長文読解総合—説明文〕

≪全訳≫❶イェール大学とオックスフォード大学における調査により，心の健康と幸福ということになると，お金よりも運動の方が重要だということがわかってきている。❷研究者はアメリカの120万人以上の成人に対し，悲しみやストレス，またはその他の感情的な問題を感じることが，過去30日で何回あったか質問した。また，収入と身体活動についても尋ねた。❸その結果によると，たいていは活動的に過ごしている人の方が幸福だということがわかった。例えば，運動をしない人は平均すると年間で53日，嫌な気分だと感じ，一方で運動をする人が不快だと感じたのは年間で35日だけだった。さらにこの研究では，身体的に活発な人は，運動を頻繁にはしないが年収が約２万5000ドル多い人と同じくらい幸福だということもわかった。❹しかしながら，この研究チームによると，運動のしすぎは心の健康にとって良くない可能性があることが判明した。最大の利益を得るためには，１週間に３〜５回，約30〜60分間の運動をするだけでよい。週に５回を超えて運動をした人は，より悪い結果を出したのだ。そして，１日に３時間を超えて運動した人は，全く運動しなかった人よりも悪い感情を覚えることが多かったのである。❺この研究はまた，チームスポーツ，つまり選手が他の人たちと協力する必要のあるスポーツは，たいていの場合，人の心と感情の健康を最もよく改善することも明らかにした。とはいえ，サイクリングや，ウォーキング，ランニングなどの有酸素運動は，チームスポーツとほぼ同様の良い効果を持ちうる。

問１＜適語選択＞ａ．on average で「平均で」。　ｂ．「約30〜60分間」という意味だと考えられるので，「〜の間」と‘期間’を表す for が適切。　ｃ．not 〜 at all で「全く〜ない」。　ｄ．such as 〜で「〜などの」。

問２＜単語の意味＞million は「100万」なので，1.2 million は「120万」を表す。指示に従って「百二十万」と漢数字で答えること。

問３＜整序結合＞②文全体は‘ask＋人＋物事’「〈人〉に〈物事〉を尋ねる」の形で，‘物事’にあたる部分を‘疑問詞＋主語＋動詞...’の間接疑問で表す。‘疑問詞’を how many times とし，‘主語’を they，‘動詞...’を felt sad「悲しいと感じる」とする。この後，emotional problems「感情的な問題」とあるので，肯定的な感情を表す happy が不要。　③この後，運動しない人よりする人の方が幸福度が高いという研究結果が示されるので，「活動的にしている人は，（そうでない人に比

べ)より幸福だ」という文になると推測できる。people are usually happier「人々はたいてい，より幸福だ」を文の骨組みとし，who を関係代名詞として用いて who stay active「活動的にしている」とまとめ，people の後に置いて修飾する。stay active は‘stay＋形容詞’「～の状態を保つ」の形。不要語は calm「穏やかな，静かな」。

問４＜適語選択＞前の段落は運動することが幸福度を高めるという内容だが，空所の後には運動のしすぎはかえって幸福度を低下させるという内容が続くので，‘逆接’を表す However「しかしながら」が適切。

問５＜適語補充＞ハイフンの後に「そこでは選手たちが他の人たちと協力しなければならない」という説明があるので，複数の選手が協力して行うスポーツ，つまり team sports「チームスポーツ，団体競技」だとわかる。team という語は第４段落第１文にある。

問６＜単語の定義＞「人々が稼ぐお金」―income「収入」　第２段落第２文にある。

V〔長文読解総合―説明文〕

≪全訳≫❶新たな研究により，昆虫が痛みを感じることが明らかになった。研究者によると，それは人間が感じる痛みと同種の痛みではないそうである。昆虫が感じる痛みは，痛みに似た感覚である。この研究はオーストラリアのシドニー大学で行われた。この調査報告の共同執筆者であるグレッグ・ニーリー教授はこう述べている。「皆さんは，昆虫が何らかの痛みを感じるものだとは全く思っていないでしょうが，多くのさまざまな無脊椎動物は，我々が痛いと感じるような危険な物事を感じたり避けたりできるということがすでに明らかになってきているのです」　彼はさらにこう述べた。「昆虫が『痛み』を感じられることはわかっていましたが，けがが人間の患者が経験するのと同じように長期にわたる過敏性につながる可能性があるということはまだ知られていなかったのです」❷研究者たちは，ショウジョウバエがけがにどう反応するかを観察した。科学者たちはハエの片脚に傷をつけ，その脚が治るまで放っておいた。脚が完治した後，そのハエはより敏感になり，脚を以前よりも必死に守ろうとするようになったのがわかった。ニーリー教授は，ハエの感じた痛みが記憶に残っており，それがハエの行動を変化させたのだと語った。彼はこう述べた。「昆虫は一度ひどいけがをすると，過敏状態になり，その後の生涯ずっと自分を守ろうとするのです」　ニーリーは，さらに研究を進め，人間が痛みを感じる仕組みをもっとよく理解したいと望んでいる。彼はこう語った。「我々は現在，幹細胞を用いた新たな治療法や，隠れた原因を探し出して痛みを永久に止められるような医薬品の開発に重点的に取り組んでいます」

問１＜適語選択＞①前後の内容から「ハエの脚に傷をつけて，治るまで放っておいた」といった文意になると考えられる。「～が…するままにしておく」といった意味で使える動詞はここでは let と allow だが，後ろに the leg to heal と‘目的語＋to不定詞’が続いているので，‘allow＋目的語＋to不定詞’の形をとる allowed が適切。let は let＋目的語＋動詞の原形’という形をとるのでここでは不可。　②文章の内容から，昆虫が過敏になり自己防衛本能がはたらくようになるのは，「けがをした」後だとわかる。この are hurt は動詞 hurt「～を傷つける」の受け身形。　hurt－hurt－hurt

問２＜要約文完成＞≪全訳≫調査は昆虫が痛みを感じることを示している。研究者の１人は，昆虫は痛みにより$_{1}$危険を察知し，それを$_{2}$防いでいると述べた。彼は，けがが昆虫をより$_{3}$敏感にしうるとい

うことは知らなかったと語った。研究者たちはショウジョウバエの片脚に傷をつけた。脚が4治った後，そのハエはより敏感になった。ハエは痛みを5覚えており，6死ぬまでずっと脚を守ろうとした。研究者は7人間の痛みを調査したいと考えている。彼は痛みを止める8医薬品をつくりたいのである。

1・2．第1段落後半参照。they can sense and avoid dangerous things ...「それら(＝無脊椎動物)は危険な物事を感じたり避けたりできる」とある。この sense は「～を感じる，～に気づく」という意味。また，avoid「～を避ける」に最も近い動詞は，ここでは prevent「～を妨げる，防ぐ」。　3．第1段落最終文参照。けがが慢性的な過敏症につながるかどうかはわかっていなかった。要約文は‘make＋目的語＋形容詞’の形。　4．第2段落第3文参照。healed を cured に言い換える。　heal「(傷などが)治る」　cure「病気が治る」　5．第2段落第4文参照。「ハエの感じた痛みが記憶に残っており」とある。これは「痛みを覚えていた」ということ。　6．第2段落第5文参照。「残された一生の間」とは，「死ぬまでずっと」ということ。　7・8．第2段落最後の2文参照。ニーリー教授は human「人間」の痛覚について解明し，痛みを永久に止める drugs「薬品」をつくりたいと考えている。　medicine(s)「医薬品，薬」

Ⅵ〔対話文完成―条件作文〕

(1)A：ビル，昨日の最後の授業に出た？　あなたを見かけなかったように思うんだけど。／B：実は早退したんだ。そのとき具合が悪くてね。／A：ええ，そうだったの？　(例)今はもう大丈夫なの？　〃昨日体調不良で早退したBに対してかけるべき言葉としては，「もう大丈夫ですか」や「具合は良くなりましたか」などが適切。5語という指定があるので Are you all right は不可。

(2)A：お父さん，私の携帯電話を見なかった？　見つからないの。／B：お前のパソコンの横にあるのを見かけたぞ。／A：そこにはないの。／B：もう一度見てごらん。(例)もしかするとノートの下にあるかもしれないよ。〃パソコンの横をもう一度見るようにと言っているので，その付近の見えづらい場所にあるかもしれないという内容にするとよい。probably を含め5語で表現するには，解答例のように It's probably の後に‘場所’を表す前置詞と名詞句を続け，「それはたぶん～にあるだろう」という形にするとうまくまとまる。

2020年度／開智高等学校（第１回）

数学解答

1 (1) 4　(2) $x+y$
(3) $(x+1)(x+2)(x+3)(x+4)$
(4) 104　(5) 5
(6) $\angle x=49^\circ$，$\angle y=61^\circ$　(7) $\dfrac{25}{2}$

2 (1) (i) 128　(ii) 11　(iii) 56
(2) (i) $a=\dfrac{15}{2}$，$b=\dfrac{5}{2}$　(ii) $\dfrac{15}{8}$
(iii) 2：1：3

3 (1) 48通り　(2) 20通り
(3) 21通り　(4) 5通り

4 (1) (2，4)　(2) $\left(\dfrac{4}{3},\ \dfrac{8}{3}\right)$
(3) 9：4　(4) $y=5x$

5 (1) 6　(2) $\dfrac{24}{5}$　(3) $\dfrac{144}{25}$
(4) $\dfrac{96}{5}$　(5) $\sqrt{3}$

1〔独立小問集合題〕

(1)＜平方根の計算＞与式$=3+3\sqrt{3}-\sqrt{3}-3+1-2\sqrt{3}+3=4$

(2)＜式の計算＞与式$=\dfrac{3(3x+y)+(5x-y)-2(4x-2y)}{6}=\dfrac{9x+3y+5x-y-8x+4y}{6}=\dfrac{6x+6y}{6}=x+y$

(3)＜因数分解＞$x^2+5x=A$とおくと，与式$=A^2+10A+24=(A+4)(A+6)$となる。Aをもとに戻して，与式$=(x^2+5x+4)(x^2+5x+6)=(x+1)(x+4)(x+2)(x+3)=(x+1)(x+2)(x+3)(x+4)$となる。

(4)＜整数の性質＞$234=2\times3^2\times13$だから，$234n$がある整数の２乗になるような自然数nは，kを自然数として，$n=2\times13\times k^2$で表される数である。$k=1$のとき$n=2\times13\times1^2=26$，$k=2$のとき$n=2\times13\times2^2=104$だから，最も小さい３けたの自然数nは104である。

(5)＜式の値＞与式$=x^2+3xy+2y^2-y^2=x^2+2xy+y^2+xy=(x+y)^2+xy$と変形できる。$x+y=\dfrac{2+\sqrt{5}}{\sqrt{3}}+\dfrac{2-\sqrt{5}}{\sqrt{3}}=\dfrac{4}{\sqrt{3}}$，$xy=\dfrac{2+\sqrt{5}}{\sqrt{3}}\times\dfrac{2-\sqrt{5}}{\sqrt{3}}=\dfrac{4-5}{3}=-\dfrac{1}{3}$だから，与式$=\left(\dfrac{4}{\sqrt{3}}\right)^2+\left(-\dfrac{1}{3}\right)=\dfrac{16}{3}-\dfrac{1}{3}=\dfrac{15}{3}=5$となる。

(6)＜図形―角度＞右図１のように，点Ａ～点Ｆを定める。$\overset{\frown}{\mathrm{AE}}$に対する円周角だから，∠ADE＝∠ACE＝21°である。よって，△FADで内角と外角の関係より，$\angle x$＝∠AFE＋∠ADE＝28°＋21°＝49°となる。次に，点Ｂと２点Ｄ，Ｅをそれぞれ結ぶ。$\overset{\frown}{\mathrm{AE}}$，$\overset{\frown}{\mathrm{CD}}$に対する円周角より，∠ABE＝∠ACE＝21°，∠CBD＝$\angle x$＝49°だから，∠DBE＝∠ABC－∠ABE－∠CBD＝110°－21°－49°＝40°となる。$\overset{\frown}{\mathrm{DE}}$に対する円周角より，∠DAE＝∠DBE＝40°となるから，△ADEで内角と外角の関係より，$\angle y$＝∠ADE＋∠DAE＝21°＋40°＝61°となる。

図１

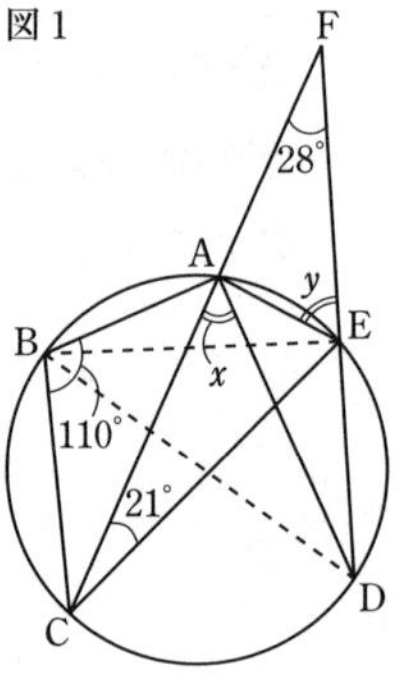

(7)＜図形―長さ＞右下図２で，半円の中心をＯとし，点Ｏと３点Ａ，Ｆ，Ｅをそれぞれ結ぶ。∠AFO＝∠ABO＝90°であり，AO＝AO，OF＝OBより，△AOF≡△AOBだから，AF＝AB＝10である。同様にして，△OEF≡△OECだから，EF＝ECである。EF＝EC＝xとおくと，AE＝AF＋EF＝$10+x$，DE＝DC－EC＝$10-x$となる。△AEDで三平方の定理$\mathrm{AD}^2+\mathrm{DE}^2=\mathrm{AE}^2$より，$10^2+(10-x)^2=(10+x)^2$が成り立つ。これを解くと，$100+100-20x+x^2=100+20x+x^2$より，$-40x=-100$，$x=\dfrac{5}{2}$となるから，$\mathrm{AE}=10+\dfrac{5}{2}=\dfrac{25}{2}$である。

図２

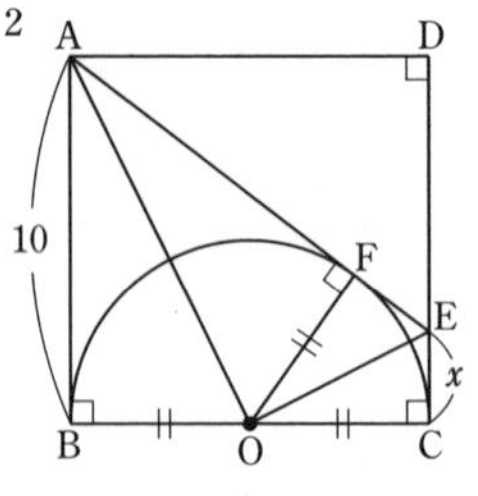

2〔独立小問集合題〕

(1)＜特殊・新傾向問題＞(i)各段の全ての数の和は，１段目は１，２段目は$1+1=2$，３段目は$1+2+1$

$=4=2^2$，4段目は$1+3+3+1=8=2^3$，5段目は$1+4+6+4+1=16=2^4$，……である。よって，8段目の全ての数の和は$2^7=128$となる。　(ⅱ)$1024=2^{10}$であるから，全ての数の和が1024になるのは11段目である。よって，$k=11$である。　(ⅲ)$(a+b)^3=a^3+3a^2b+3ab^2+b^3$で，右辺の各式の係数は，順に1，3，3，1である。これは4段目の数の並び方と同じである。$(a+b)^2=a^2+2ab+b^2$だから，右辺の各項の係数は，3段目の数の並び方と同じである。このことから，$(a+b)^8$を展開したときの各項の係数は9段目の数の並び方と同じであると考えられる。9段目の数の並び方を求めると，上図1のようになる。左から，a^8，a^7b，a^6b^2，a^5b^3，……の係数を表すから，a^5b^3の係数は，左から4番目の56である。

図1

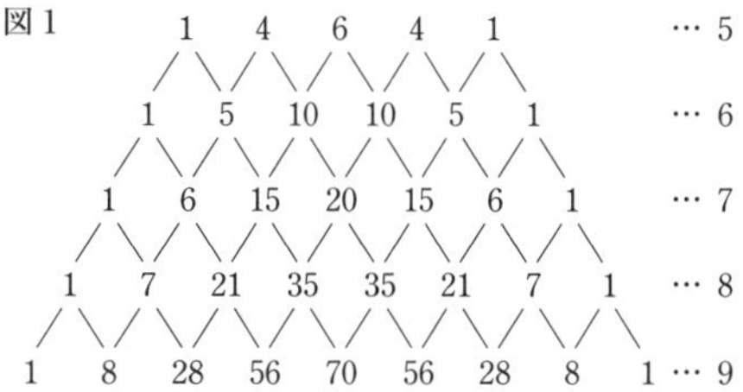

(2)<関数―切片，面積，面積比>(ⅰ)右図2で，直線$y=-3x+a$は$\mathrm{A}\left(\frac{3}{2},\ 3\right)$を通るから，$3=-3\times\frac{3}{2}+a$より，$a=\frac{15}{2}$となる。また，直線$y=-\frac{1}{2}x+b$は$\mathrm{C}(1,\ 2)$を通るから，$2=-\frac{1}{2}\times1+b$より，$b=\frac{5}{2}$となる。　(ⅱ)図2で，(ⅰ)より，直線$m$の式は$y=-3x+\frac{15}{2}$，直線$n$の式は$y=-\frac{1}{2}x+\frac{5}{2}$である。点Bは2直線$m$，$n$の交点より，$-3x+\frac{15}{2}=-\frac{1}{2}x+\frac{5}{2}$，$-\frac{5}{2}x=-5$，$x=2$となり，$y=-3\times2+\frac{15}{2}$，$y=\frac{3}{2}$となるから，$\mathrm{B}\left(2,\ \frac{3}{2}\right)$である。よって，辺DEを底辺としたときの△BDEの高さは$\frac{3}{2}$となる。また，点Dは直線mとx軸の交点だから，$0=-3x+\frac{15}{2}$より，$x=\frac{5}{2}$となり，$\mathrm{D}\left(\frac{5}{2},\ 0\right)$である。点Eは直線$n$と$x$軸の交点だから，$0=-\frac{1}{2}x+\frac{5}{2}$より，$x=5$となり，E(5，0)である。$\mathrm{DE}=5-\frac{5}{2}=\frac{5}{2}$となるから，$\triangle\mathrm{BDE}=\frac{1}{2}\times\frac{5}{2}\times\frac{3}{2}=\frac{15}{8}$となる。　(ⅲ)図2で，2点O，Bを結び，3点A，B，Cからx軸に垂線AA′，BB′，CC′を引く。C(1，2)，$\mathrm{B}\left(2,\ \frac{3}{2}\right)$だから，FO∥CC′∥BB′より，FC：CB＝OC′：C′B′＝1：(2－1)＝1：1であり，△FOC＝△BOCである。また，$\mathrm{A}\left(\frac{3}{2},\ 3\right)$だから，CC′∥AA′より，OC：CA＝OC′：C′A′＝$1:\left(\frac{3}{2}-1\right)=2:1$であり，△BOC：△ACB＝2：1となる。よって，$\triangle\mathrm{ACB}=\frac{1}{2}\triangle\mathrm{BOC}=\frac{1}{2}\triangle\mathrm{FOC}$である。直線$n$の切片より，$\mathrm{F}\left(0,\ \frac{5}{2}\right)$だから，$\mathrm{OF}=\frac{5}{2}$である。OFを底辺と見ると，△FOCの高さは1だから，$\triangle\mathrm{FOC}=\frac{1}{2}\times\frac{5}{2}\times1=\frac{5}{4}$となり，$\triangle\mathrm{ACB}=\frac{1}{2}\times\frac{5}{4}=\frac{5}{8}$となる。したがって，$\triangle\mathrm{FOC}:\triangle\mathrm{ACB}:\triangle\mathrm{BDE}=\frac{5}{4}:\frac{5}{8}:\frac{15}{8}=2:1:3$となる。

図2

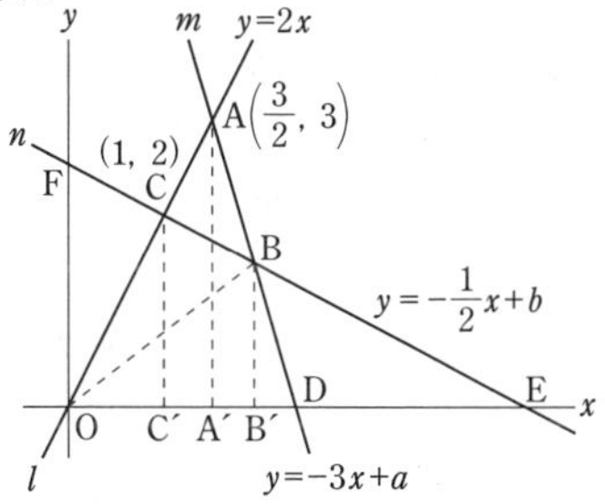

3〔場合の数〕

≪基本方針の決定≫(2)　3個の数字の和に着目する。

(1)<場合の数>百の位は1，3，5，7の4通りの選び方がある。それぞれの場合において，十の位は，百の位の数字以外の4個の中から1個なので，4通りの選び方があり，一の位は，百の位，十の位の数字以外の3個の中から1個なので，3通りの選び方がある。よって，3けたの整数は4×4×3＝48(通り)ある。

(2)<場合の数>3けたの整数が3の倍数になるのは，各位の数字の和が3の倍数のときである。和が

3の倍数となる3個の数字の組は，(0，1，5)，(0，5，7)，(1，3，5)，(3，5，7)である。(0，1，5)のとき，105，150，501，510の4通りあり，(0，5，7)のときも同様に4通りある。(1，3，5)のとき，135，153，315，351，513，531の6通りあり，(3，5，7)のときも同様に6通りある。よって，3の倍数は$4\times2+6\times2=20$(通り)ある。

(3)＜場合の数＞3けたの整数が5の倍数になるのは，一の位の数字が0，5のときである。一の位の数字が0のとき，百の位が4通り，十の位が3通りより，$4\times3=12$(通り)あり，一の位の数字が5のとき，百の位が3通り，十の位が3通りより，$3\times3=9$(通り)ある。よって，5の倍数は$12+9=21$(通り)ある。

(4)＜場合の数＞25の倍数の下2けたは00，25，50，75のいずれかだから，3けたの整数が25の倍数になるのは，下2けたが50，75のときである。そのような数は150，350，750，175，375の5通りある。

4 〔関数―関数 $y=ax^2$ と直線〕

≪基本方針の決定≫(3)　2直線AB，CDの位置関係に着目する。

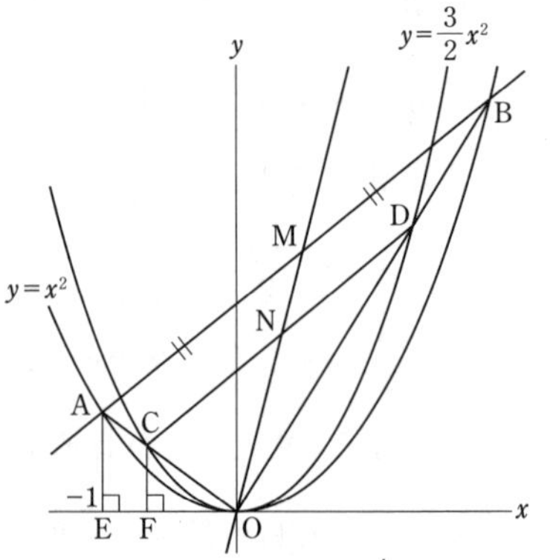

(1)＜交点の座標＞右図で，点Aは放物線$y=x^2$上にあってx座標は-1だから，$y=(-1)^2=1$より，A$(-1,\ 1)$である。直線ABの傾きは1だから，その式を$y=x+b$とおくと，点Aを通ることより，$1=-1+b$，$b=2$となるから，直線ABの式は$y=x+2$である。点Bは放物線$y=x^2$と直線$y=x+2$の交点だから，$x^2=x+2$より，$x^2-x-2=0$，$(x+1)(x-2)=0$　$\therefore x=-1,\ 2$　よって，点Bのx座標は2であり，$y=2^2=4$より，B(2，4)である。

(2)＜交点の座標＞右図で，(1)よりB(2，4)だから，直線OBの傾きは$\frac{4}{2}=2$であり，その式は$y=2x$である。点Dは放物線$y=\frac{3}{2}x^2$と直線$y=2x$の交点だから，$\frac{3}{2}x^2=2x$より，$3x^2-4x=0$，$x(3x-4)=0$　$\therefore x=0,\ \frac{4}{3}$　よって，点Dのx座標は$\frac{4}{3}$であり，$y=2\times\frac{4}{3}=\frac{8}{3}$より，D$\left(\frac{4}{3},\ \frac{8}{3}\right)$である。

(3)＜面積比―相似＞右上図で，A$(-1,\ 1)$より，直線OAの傾きは$\frac{0-1}{0-(-1)}=-1$だから，その式は$y=-x$である。点Cは放物線$y=\frac{3}{2}x^2$と直線$y=-x$の交点だから，$\frac{3}{2}x^2=-x$より，$3x^2+2x=0$，$x(3x+2)=0$　$\therefore x=0,\ -\frac{2}{3}$　よって，点Cのx座標は$-\frac{2}{3}$であり，$y=-\left(-\frac{2}{3}\right)=\frac{2}{3}$より，C$\left(-\frac{2}{3},\ \frac{2}{3}\right)$である。したがって，直線CDの傾きは$\left(\frac{8}{3}-\frac{2}{3}\right)\div\left\{\frac{4}{3}-\left(-\frac{2}{3}\right)\right\}=1$である。直線ABの傾きも1だから，AB∥CDであり，△OAB∽△OCDとなる。2点A，Cからx軸に垂線AE，CFを引くと，AE∥CFより，OA：OC＝OE：OF$=1:\frac{2}{3}=3:2$だから，相似比が3：2となり，△OAB：△OCD$=3^2:2^2=9:4$である。

(4)＜直線の式＞右上図で，線分ABの中点をMとし，直線OMと線分CDの交点をNとする。△OABと△OCDは，原点Oを相似の中心とする相似の位置にあるから，点Nは線分CDの中点である。よって，△OAM＝△OBM，△OCN＝△ODNだから，△OAM－△OCN＝△OBM－△ODNより，〔四角形ACNM〕＝〔四角形BDNM〕となり，直線OMが四角形ACDBの面積を2等分する直線となる。A$(-1,\ 1)$，B(2，4)より，点Mのx座標は$\frac{-1+2}{2}=\frac{1}{2}$，$y$座標は$\frac{1+4}{2}=\frac{5}{2}$だ

から，M$\left(\frac{1}{2},\ \frac{5}{2}\right)$である。直線OMの傾きは$\frac{5}{2}\div\frac{1}{2}=5$だから，求める直線の式は$y=5x$となる。

5〔空間図形―三角錐〕

《基本方針の決定》(2)　△ABCの面積に着目する。　(3)　∠DHCの大きさに着目する。

(1)＜長さ―三平方の定理＞右図1で，∠ACB＝90°だから，△ABCで三平方の定理より，$BC=\sqrt{AB^2-AC^2}=\sqrt{10^2-8^2}=\sqrt{36}=6$である。

図1

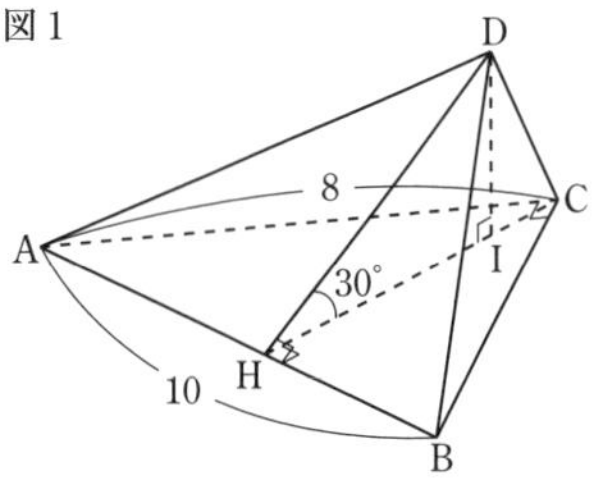

(2)＜長さ＞右図1で，CH⊥AB，AC⊥BCだから，△ABCの面積について，$\frac{1}{2}\times AB\times CH=\frac{1}{2}\times AC\times BC$より，$\frac{1}{2}\times10\times CH=\frac{1}{2}\times8\times6$が成り立つ。これを解くと，$CH=\frac{24}{5}$となる。

(3)＜面積―特別な直角三角形＞右図1で，点Dから線分CHに垂線DIを引くと，∠DHI＝30°より，△DHIは3辺の比が$1:2:\sqrt{3}$の直角三角形となる。△ABC≡△ABDより，$DH=CH=\frac{24}{5}$だから，$DI=\frac{1}{2}DH=\frac{1}{2}\times\frac{24}{5}=\frac{12}{5}$であり，$\triangle CDH=\frac{1}{2}\times CH\times DI=\frac{1}{2}\times\frac{24}{5}\times\frac{12}{5}=\frac{144}{25}$となる。

(4)＜体積＞右上図1で，CH⊥ABであり，△ABC≡△ABDより，DH⊥ABである。よって，AB⊥〔面CDH〕であり，〔面ABC〕⊥〔面CDH〕となる。DI⊥CHだから，DI⊥〔面ABC〕である。したがって，〔三角錐ABCD〕$=\frac{1}{3}\times\triangle ABC\times DI=\frac{1}{3}\times\frac{1}{2}\times10\times\frac{24}{5}\times\frac{12}{5}=\frac{96}{5}$である。

《別解》図1で，AB⊥〔面CDH〕だから，〔三角錐ABCD〕＝〔三角錐A-CDH〕＋〔三角錐B-CDH〕$=\frac{1}{3}\times\triangle CDH\times AH+\frac{1}{3}\times\triangle CDH\times BH=\frac{1}{3}\times\triangle CDH\times(AH+BH)=\frac{1}{3}\times\triangle CDH\times AB=\frac{1}{3}\times\frac{144}{25}\times10=\frac{96}{5}$である。

(5)＜体積比―特別な直角三角形＞右図2の三角錐A′B′C′D′と右上図1の三角錐ABCDで，面A′B′C′，面ABCをそれぞれの底面とすると，底面積は等しいから，〔三角錐A′B′C′D′〕：〔三角錐ABCD〕＝D′I′：DIである。∠D′H′I′＝60°より，△D′H′I′は3辺の比が$1:2:\sqrt{3}$の直角三角形だから，$D'I'=\frac{\sqrt{3}}{2}D'H'$である。また，$DI=\frac{1}{2}DH$，$D'H'=DH$だから，$D'I':DI=\frac{\sqrt{3}}{2}D'H':\frac{1}{2}DH=\frac{\sqrt{3}}{2}DH:\frac{1}{2}DH=\sqrt{3}:1$となる。よって，〔三角錐A′B′C′D′〕：〔三角錐ABCD〕$=\sqrt{3}:1$だから，$P=\sqrt{3}\div1=\sqrt{3}$(倍)である。

図2

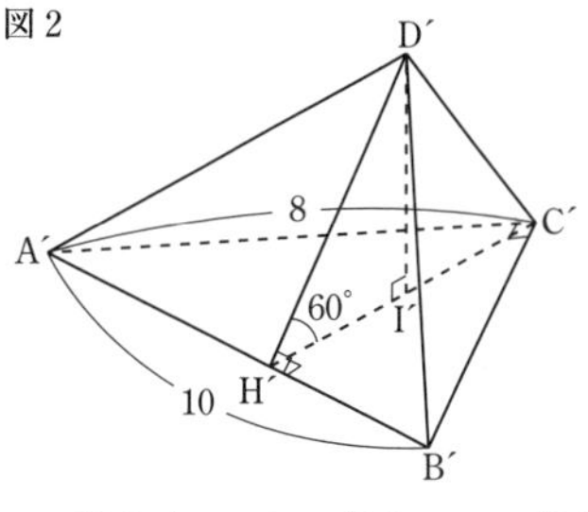

═読者へのメッセージ═

2には，$(a+b)^n$を展開したときの係数の並び方を求める図が登場しました。この図は「パスカルの三角形」といいます。

国語解答

一　問１　a　冷夏　b　金融　c　奨学
　　　　　d　抜粋　e　素通
問２　A…イ　B…オ　C…エ　D…ア
問３　ゆるめ　　問４　い…ア　う…オ
問５　エ
問６　価格が高い国ほど自由改革に取り組んだ
問７　相関関係と因果関係を混同させた怪しい分析結果による，読者の誤解を招くような論調。(40字)
問８　ア，ウ　　問９　ウ

二　問１　a…ウ　b…イ　c…エ
問２　音
問３　三年前に他界した夫との結婚記念日を，夫との思い出の場所で過ごしたかったから。(38字)
問４　オ　　問５　イ
問６　亡き夫との思い出の場所を巡るなら孫役でもよいはずなのに，夫役を老女が依頼したのは，夫をいまだに愛している〔夫とのデートを味わいたかった〕からだろうということ。
問７　エ
問８　メリーゴーラウンドに乗りたがっていた老女がポニーを選ぼうとしていたので，折角ならば遠慮せずに立派な白馬に乗ってもらいたいと，二人は思ったから。

三　問１　a　きのつらゆき
　　　　　b　とさのかみ
問２　c　　問３　①…イ　④…オ
問４　②　(紀)貫之　③　男子〔かの児〕
問５　(その)館　　問６　男子／かの児

一〔論説文の読解―社会学的分野―情報〕出典；伊藤公一朗『データ分析の力　因果関係に迫る思考法』。

≪本文の概要≫アイスクリームを売る企業で，広告を出さなかった2009年に比べて，広告を出した2010年は売り上げが40％上がったというデータから，あなたは，広告を出した影響で，売り上げが上がったという分析結果を出すかもしれない。だが，例えば，2010年の夏が2009年より猛暑だった場合，売り上げ増は気温の影響という可能性はないか。他にも売り上げ増の理由はさまざまに考えられるのであり，一つのデータ分析だけでは，因果関係を判定できない。データ分析から因果関係を導くことは難しいが，ニュースや新聞を見ると，世の中には相関関係と因果関係を混同させた怪しい分析結果があふれている。また，怪しい分析結果に基づく単なる相関関係が，因果関係のように主張され，読者側が，因果関係があると誤解することも多い。そのような論調は，よく考えてみると，「XがYへ影響したと結論づけているけれども，他の要因Vも影響している可能性があるのでは？」「もしかしたらYがXへ影響している可能性もあるのでは？」などの疑問が出てくるものなのである。

問１＜漢字＞a.「冷夏」は，例年に比べて気温が低く涼しい夏のこと。　b.「金融」は，金の貸し借りをすること。　c.「奨学金」は，学生の研究や学業を助けるために貸し与えられる補助金のこと。　d.「抜粋」は，書物などの一部分を抜き書きすること。　e.「素通り」は，ある場所に寄らずに通り過ぎてしまうこと。

問２．A＜接続語＞Bさんと違って，「Aさんは留学をできるほどの財力が家庭にあった可能性が高い」というのは，「留学を経験した」かどうかという点以外で，AさんとBさんの間の「異なる可能性」の一例である。　B＜接続語＞Bさんと違って，「Aさんは留学をできるほどの財力が家庭にあった可能性」が高いかもしれないし，あるいは「留学の奨学金を受けられるほど，もともと成績が良かった」可能性もある。　C＜接続語＞「データ分析から因果関係を導くことの難しさ

は直感的に理解できる」が，それに反して「相関関係と因果関係を混同させた怪しい分析結果は世の中に溢《あふ》れて」いる。　D＜表現＞「怪しい分析結果に基づく単なる相関関係」が，まるで「因果関係のように」主張されることが多い。

問３＜慣用句＞「財布のひもをゆるめる」は，多くの金を使いがちになる，という意味。

問４＜文章内容＞い．「2012年の電力消費量」が「2008年と比較して１時間あたり５kWh下がって」いたのは，2012年が「比較的涼しい夏」で「エアコン利用が減った可能性」や，「2011年に起きた東日本大震災によって，消費者の節電意識が高まった」可能性など，いろいろな要因が考えられる。そのため，「電力価格上昇による影響で，消費量が５kWh下がった」とはいいきれない。　う．「留学を経験した学生が，留学を経験しなかった学生よりも就職率が高かった」というのは，データの示すとおりで，本当のことだと思われるが，だからといって「『留学を経験する→就職率が上がる』という因果関係」が成り立つわけではない。

問５＜文章内容＞「就職率が高かった」要因が，「留学を経験した」こと以外にも，いろいろと考えられるように，ある現象の要因には，さまざまな可能性が考えられるため，たった一つのデータ分析の結果だけでは，因果関係を判断することはできないのである。

問６＜文章内容＞「電力市場の自由化改革を行った国の電力価格」が，「行っていない国」より高いというデータだけでは，「電力市場自由化改革」が原因で電力価格が高くなったのかはわからず，そもそも電力価格の高い国だからこそ，「電力市場の自由化改革を行った」という，「逆の因果関係もあり得る」のである。

問７＜指示語＞ある企業で「社長が代わった」ことと，「次の年に株価が上昇した」ことを，他の要因を考察せずに因果関係として結びつけてしまうような，「相関関係と因果関係を混同させた怪しい分析結果」に基づいた論調は，読者に単なる相関関係を因果関係だとする誤った認識を与えかねない。

問８＜文章内容＞ア．「昨日の夜からずっと雨が降っていた」ことと，そのときの雨水が原因で「今朝は地面がぬれている」ことには，因果関係がある(…○)。　イ．「プロ野球の人気」が「低下している」要因は，「サッカーの人気が高くなった」こと以外にも考えられるので，因果関係があるとはいいきれない(…×)。　ウ．「体育の授業で転んでひざをすりむいた」ことと，すりむいた傷のせいで「ひざが少し痛む」ことには，因果関係がある(…○)。　エ．「男子学生の就職率が低下している」要因は，「女子学生の就職率が上昇した」こと以外にも考えられるので，因果関係があるとはいいきれない(…×)。　オ．「秋の体育祭」が「盛り上がっている」要因は，「文化祭が盛り上がった」こと以外にも考えられるので，因果関係があるとはいいきれない(…×)。

問９＜主題＞「実際に著者が見かけたことのある新聞記事の抜粋」をいくつも挙げ，身近な新聞の中でも「相関関係と因果関係を混同させた怪しい分析結果」が多いことを示して，日常生活において，さまざまな要因を念頭に置いたうえでの「データ分析」が重要であることを，読者に意識させている。

二〔小説の読解〕出典；中島京子『よろず化けます』（『眺望絶佳』所収）。

問１＜語句＞ａ．「勘繰り」は，さまざまに気を回して疑うこと。　ｂ．「やにわに」は，急に，という意味。　ｃ．「一顧だにせず」は，全く気にとめずに，という意味。

問２＜慣用句＞「音を上げる」は，どうしても耐えきれずに降参する，という意味。

問３＜文章内容＞今日は，老女と「三年も前」に死んだ夫との「結婚記念日」だったので，老女は「思い出の場所めぐりをしたい」と考え，その一環として動物園を待ち合わせ場所にしたのである。

問４＜文章内容＞老女からの依頼は，今日一日「夫になってください」というものだった(ア…○)。

事前の「打ち合わせも」なく，「いまからすぐ，一時間後に夫の格好をしてやってこい」と言われて(エ…○)，セイジは理由もわからないまま，「きちんとしたスーツ」を着て，老女に会いにいった(イ…○)。老女は，亡き夫との「思い出の場所めぐり」をしたいと考えたが，「一人きりではさびしいし，友達をつきあわせるのも気が引ける」うえ，「子供がいない」という事情で，頼める人がいなかったので，セイジに夫の代わりを依頼したのである(ウ…○，オ…×)。

問５＜文章内容＞兄のセイイチは，もともと役者志望で，役を演じることに慣れているため，老女の夫の役をするような「演技的な要素を要求される」仕事は，兄の「得意分野」だったのである。

問６＜心情＞老女が「私には子供がいないから，息子や孫に頼むわけにもいかない」と言いながらも，「思い出の場所めぐり」のために「『孫』ではなく『夫』を発注した」のは，「結婚記念日」に「思い出の場所」で，夫と過ごしたいという願望があったからだろうと，セイジは察したのである。

問７＜文章内容＞セイジは，老女とともに宝石店を訪れたとき，店員に「独居老人を騙《だま》して同行し，高額な買い物をさせて品物を奪う，新手の詐欺」ではないかと勘違いされた。セイジは，「セイイチを呼び出して商売を説明させる」ことまでして，ようやく店側に納得してもらえたのである。

問８＜心情＞「メリーゴーラウンドに乗りましょうよ」と，セイジとセイイチを誘った老女が，「ポニー」に乗ろうとしたので，二人は，どうせならば，老女には自分たちに気がねせずに，「白い毛並みで金のたてがみ」の立派な馬に乗って楽しんでほしいと考えたのである。

三〔古文の読解―説話〕出典；『今昔物語集』巻第二十四ノ第四十三。

≪現代語訳≫今はもう昔のことだが，紀貫之という歌よみがいた。土佐守になってその国に下向していたが，任期満了の年，七，八歳ほどの男の子で，容姿が整っていたので(貫之が)たいそういとしくかわいく思っていた子が，何日か病気をしてあっけなく亡くなってしまったので，貫之はこのうえなくこのことを嘆きひどく泣いて，病気になるほどしきりに思っているうちに，何か月もたったので任期が終わった。このようにしてばかりいられることでもないので，都へ帰ろうというときに，あの子がここであれこれ遊んでいたことなどが自然と思い出されて，たいそう悲しく思われたので，柱にこのように書きつけた。／都へ帰ろうと思う心がつらいのは，(死んでしまって私とともに)帰らない人がいるからであるよ／と。上京した後もその悲しみの心はなくならないでいたのだった。その館の柱に書きつけた歌は，今に至るまでなくならずに残っていると(世の人々は)語り伝えたということだ。

問１．ａ＜文学史＞紀貫之は，平安時代の歌人で，『古今和歌集』の編者の一人であり，また『土佐日記』の作者でもある。　ｂ＜古典の知識＞土佐守は，現在の高知県にあたる土佐の国の国司のこと。

問２＜古語＞「失せにければ」の「失せ」は，死んでしまったので，という意味。「心失せで」と「今まで失せで」の「失せ」は，失う，ものがなくなる，という意味。

問３＜現代語訳＞①ここでの「形」は，容貌のこと。「いつくし」は，整って美しいさま。　④「上る」は，地方から京都へ行く，という意味。連用形につく「なむ」は，～しよう，という強い意志を表す。

問４＜古文の内容理解＞②貫之は，「七つ八つばかりなる男子」を「かなしく愛し」と思っていた。③貫之のかわいがっていた「七つ八つばかりなる男子」が，「わづらひて」亡くなった。

問５＜古文の内容理解＞「かの児」が生きていたときに，貫之の住んでいた「館」で遊んでいたことを思い出して，貫之は「その館の柱」に，歌を書きつけたのである。

問６＜古文の内容理解＞貫之は，「かの児のここにてとかく遊びし事」を思い出して，この「男子」が死んでしまって，一緒に都へ「帰らぬ」ことへの嘆きを歌によみ，柱に書きつけたのである。

高校を受験する生徒とご父母のための…

2025年度用 高校合格資料集

■首都圏有名書店にて今秋発売予定！

※表紙は昨年のものです。

内容目次

定価1430円（税込）

当社発行物の無断使用は固くお断りいたします。御使用の前はまずご相談ください。

　当社発行物には500点余の首都圏中・高過去問をはじめ、6点の学校案内、そのほかいくつかの情報誌などがございます。その多くが年度版で、限られたスタッフが来るべき受験シーズン前に余裕を持って受験生へ届けられるよう、日夜作業にあたり出版を重ねております。

最近、通塾生ご父母や塾内部からの告発によって、いくつかの塾が許諾なしに当社過去問を複写（コピー）し生徒に配布、授業等にも使用していることが発覚し、その一部が紛争、係争に至っております。過去問には原著作者や管理団体、代行出版等のほか、当社に著作権がございます。当社としましては、著作権侵害の発覚に対しては著作権を有するこれらの著作権関係者にその事実を開示して、マスコミにリリースする場合や法的な措置を取る場合がございます。その事例としましては、毎年当社過去問の発行を待って自由にシステム化使用していたA塾、個別教室でコピーを生徒に解かせ指導していたB塾、冊子化していたC社、生徒の希望によって書籍の過去問代わりにコピーを配布していたD塾などがあります。

当社発行物の全部もしくは一部を無断使用することは固くお断りいたします。

　当社コンテンツの中にはリーズナブルな設定で紙面の利用を許諾している塾もたくさんございますので、ご希望の方は、お気軽にご相談くださいますようお願いします。同時に、当社発行物を無断で使用している会社などにつきましての情報もお寄せいただければ幸いです。　　　　　　　　　　　　　　　　　　　**株式会社 声の教育社**

2025年度用 高校スーパー過去問

■編集人　声 の 教 育 社・編集部
■発行所　株式会社　声 の 教 育 社
〒162-0814 東京都新宿区新小川町8-15
☎03-5261-5061㈹ FAX03-5261-5062
https://www.koenokyoikusha.co.jp

禁無断使用・転載

※本書の内容についての一切の責任は当社にあります。内容・解説・解答その他の質問等は文書にて当社に御郵送くださるようお願いいたします。

カコを追いかけ
ミライをつかめ
「今の説明、もう一回」を何度でも
web過去問
ストリーミング配信による入試問題の解説動画
声の教育社
詳しくはこちらから

開智高等学校

別冊解答用紙

丁寧に抜きとって、別冊としてご使用ください。

★合格基準点

年度		2024	2023	2022	2021	2020
第1回	単願	160	170	164	151	152
	併願	170	185	179	160	174
第2回	単願	160	170	164	153	152
	併願	170	185	179	162	174

注意

○ 解答用紙は、収録の都合により縮小したものや、小社独自に作成したものもあります。
○ 学校配点は学校発表のもの、推定配点は小社で作成したものです。

○ 解答用紙を拡大コピーする場合、表示した拡大率に対応する用紙サイズは以下のとおりです。
101%〜102%＝B5　103%〜118%＝A4　119%〜144%＝B4　145%〜167%＝A3
(タイトルと配点表は含みません)

２０２４年度　開智高等学校　第１回

英語解答用紙

番号		氏名		評点	/100

Ⅰ

1	(1)	cm²	(2)	cm²	
2		3		4	

Ⅱ

(1)		(2)		(3)		(4)		(5)	
(6)		(7)		(8)		(9)		(10)	
(11)		(12)		(13)		(14)		(15)	

Ⅲ

問1		問2		問3		問4		問5	

Ⅳ

問1	a		b		c		d	
問2	②							
	⑤							
問3	①		③		④			
問4								

Ⅴ

問1	①		②					
問2	(1)		(2)		(3)		(4)	
	(5)		(6)		(7)		(8)	

Ⅵ

1	
2	

（注）この解答用紙は実物を縮小してあります。Ａ３用紙に167%拡大コピーすると、ほぼ実物大で使用できます。（タイトルと配点表は含みません）

学校配点	
Ⅰ～Ⅴ　各２点×45　Ⅵ　各５点×２	
100点	計

２０２４年度　　　開智高等学校　第１回

数学解答用紙　No. 1

番号		氏名	

評点	／100

1

(1)		(2)	
(3)		(4)	
(5)		(6)	

2

(ア)		(イ)	
(ウ)		(エ)	
(オ)		(カ)	

3

(ア)		(イ)	
(ウ)		(エ)	
(オ)		(カ)	
(キ)		(ク)	

２０２４年度　開智高等学校　第１回

数学解答用紙　No. 2

4

(1)

(2)

(3)
【考え方】

答え

5

(1)

(2)
【考え方】

答え

(3)
【考え方】

答え

（注）この解答用紙は実物を縮小してあります。Ａ３用紙に164％拡大コピーすると、ほぼ実物大で使用できます。（タイトルと配点表は含みません）

学校配点		計
	1 各４点×６ 2 (1) ３点 (2) ４点 (3) ３点 (4) ４点 (5) ３点 (6) ４点 3 各３点×８　4 (1), (2) 各４点×２ (3) ７点 5 (1) ４点 (2), (3) 各６点×２	100点

二〇二四年度 開智高等学校 第一回

国語解答用紙

番号 / 氏名 / 評点 /100

一

問1 A れば B C わる D える

問2 a b c d e

問3

問4

問5

問6 問7

問8

二

問1 a b c

問2 問3 問4

問5

問6 問7

問8

三

問1 a b c

問2 ① ②

問3 問4 問5 問6

(注) この解答用紙は実物を縮小してあります。A３用紙に147%拡大コピーすると、ほぼ実物大で使用できます。(タイトルと配点表は含みません)

推定配点	計
一 問1 各1点×4 問2 各2点×5 問3 6点 問4 3点 問5 8点 問6 2点 問7 3点 問8 10点 二 問1 各2点×3 問2～問4 各3点×3 問5 8点 問6、問7 各3点×2 問8 6点 三 問1～問4 各2点×7 問5 3点 問6 2点	100点

２０２４年度　開智高等学校　第２回

英語解答用紙

番号		氏名		評点	/100

Ⅰ

1	(1)		(2)	2	
3		4			

Ⅱ

(1)		(2)		(3)		(4)		(5)	
(6)		(7)		(8)		(9)		(10)	
(11)		(12)		(13)		(14)		(15)	

Ⅲ

問1		問2		問3		問4		問5	

Ⅳ

問1	a		b		c		d	
問2	②							
	③							
問3	①		④		⑤			
問4								

Ⅴ

問1	①		②					
問2	(1)		(2)		(3)		(4)	
	(5)		(6)		(7)		(8)	

Ⅵ

1	
2	

（注）この解答用紙は実物を縮小してあります。Ａ３用紙に167％拡大コピーすると、ほぼ実物大で使用できます。（タイトルと配点表は含みません）

学校配点	
Ⅰ～Ⅴ　各２点×45 Ⅵ　各５点×２	
100点	計

２０２４年度　開智高等学校　第２回

数学解答用紙　No. 1

番号		氏名		評点	／100

1

(1)		(2)	
(3)		(4)	
(5)		(6)	

2

(ア)		(イ)	
(ウ)		(エ)	
(オ)		(カ)	
(キ)		(ク)	
(ケ)		(コ)	
(サ)			

3

(1)		(2)	
(3)		(4)	
(5)		(6)	

２０２４年度　　開智高等学校　第２回

数学解答用紙　No. 2

4

(1)

(2)

【考え方】

答え

(3)

【考え方】

答え

5

(1)

(2)

【考え方】

答え

(3)

【考え方】

答え

（注）この解答用紙は実物を縮小してあります。172%拡大コピーすると、ほぼ実物大で使用できます。（タイトルと配点表は含みません）

学校配点	1　各４点×６　2　ア～ケ　各２点×９　コ，サ　各３点×２ 3　(1)～(4)　各３点×４　(5)，(6)　各４点×２ 4　(1)　４点　(2)　５点　(3)　７点 5　(1)　４点　(2)，(3)　各６点×２	計 100点

二〇二四年度　開智高等学校　第二回

国語解答用紙

番号		氏名		評点	/100

一

問1	a　b　c　d　e
問2	
問3	
問4	
問5	
問6	
問7	
問8	

二

問1	A　B　C
問2	
問3	
問4	
問5	
問6	
問7	
問8	

三

問1	
問2	
問3	
問4	
問5	
問6	

（注）この解答用紙は実物を縮小してあります。Ａ３用紙に149%拡大コピーすると、ほぼ実物大で使用できます。（タイトルと配点表は含みません）

推定配点	
	一　問１　各２点×５　問２　４点　問３、問４　各３点×２　問５　６点　問６　４点　問７　８点　問８　４点 二　問１　各３点×３　問２　４点　問３　６点　問４、問５　各４点×２　問６　６点　問７　４点　問８　８点 三　問１～問４　各２点×４　問５　３点　問６　２点
計	100点

2023年度　開智高等学校　第1回

英語解答用紙

番号		氏名		評点	/100

I

1	(1)	cm²	(2)	cm	2	
3		4				

II

(1)		(2)		(3)		(4)		(5)	
(6)		(7)		(8)		(9)		(10)	
(11)		(12)		(13)		(14)		(15)	

III

(1)		(2)		(3)		(4)		(5)	

IV

問1	a		b		c		d	
問2	①							
	③							
問3	②		④		⑤			
問4								

V

問1	①		②					
問2	1		2		3		4	
	5		6		7		8	

VI

1	
2	

（注）この解答用紙は実物を縮小してあります。Ａ３用紙に167%拡大コピーすると、ほぼ実物大で使用できます。（タイトルと配点表は含みません）

学校配点	
I～V 各2点×45 VI 各5点×2	
100点	計

２０２３年度　開智高等学校　第１回

数学解答用紙　No. 1

番号		氏名	

評点	／100

1

(1)		(2)	
(3)		(4)	
(5)	$a =$ 　　　, $b =$	(6)	
(7)			

2

(1)	(i)	【考え方】 答え	(2)	(i)	
	(ii)	【考え方】 答え		(ii)	【考え方】 答え
	(iii)			(iii)	

3

(1)		(2)		(3)	

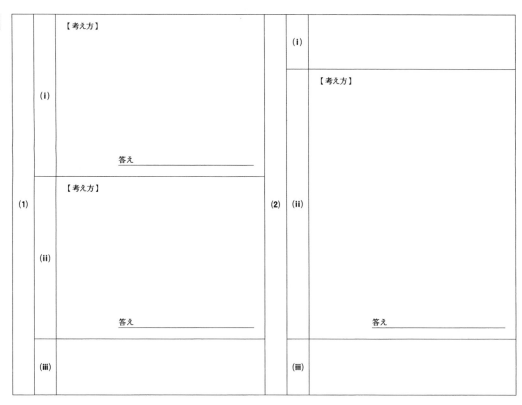

２０２３年度　開智高等学校　第１回

数学解答用紙　No. 2

4

(1)

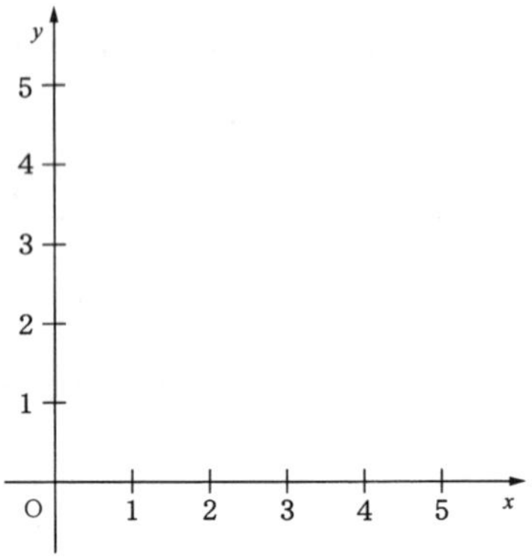

(3)

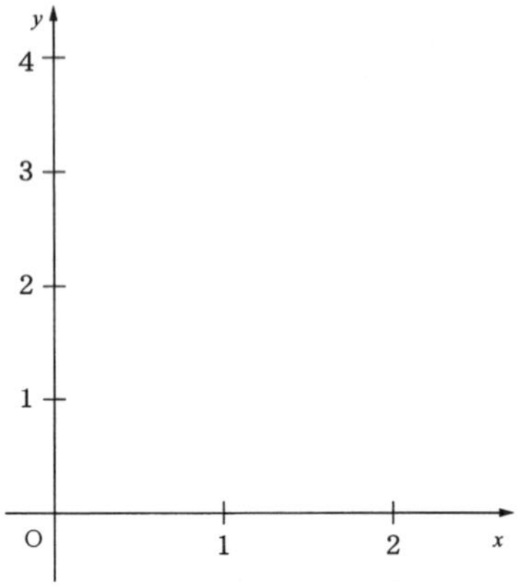

(2)

【考え方】

答え

(4)

【考え方】

答え

5

(1)

(2)

(3)

【考え方】

答え

(4)

【考え方】

答え

（注）この解答用紙は実物を縮小してあります。169％拡大コピーすると、ほぼ実物大で使用できます。（タイトルと配点表は含みません）

学校配点		計
	1～3　各４点×16 4　(1)　５点　(2)　４点　(3)　５点　(4)　４点 5　(1)～(3)　各４点×３　(4)　６点	100点

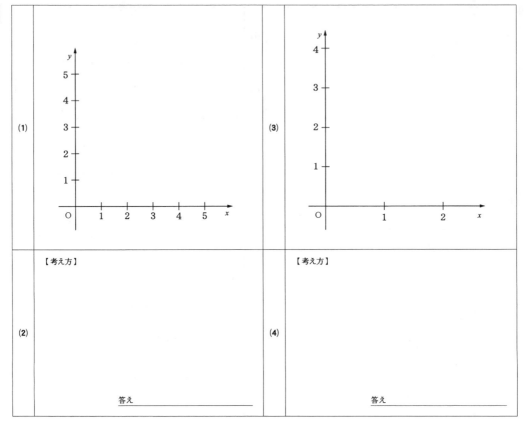

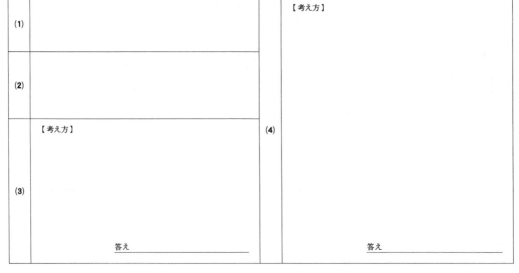

二〇二三年度　開智高等学校　第一回

国語解答用紙

番号　　氏名　　評点　/100

一

問1 a　b　c　d　e

問2

問3

問4　問5　問6　問7

問8

二

問1 a　b　c

問2 A　B　C

問3

問4　問5

問6

問7

問8

三

問1 a　b　c　問2　問3

問4　問5

問6 ⑤　⑥　問7　問8

(注)　この解答用紙は実物を縮小してあります。Ａ３用紙に154%拡大コピーすると、ほぼ実物大で使用できます。(タイトルと配点表は含みません)

学校配点	
一 問1　各2点×5　問2　3点　問3　8点　問4　2点　問5〜問7　各3点×3　問8　8点 二 問1　各2点×3　問2　各1点×3　問3　6点　問4、問5　各3点×2　問6　6点　問7　10点　問8　3点 三 問1〜問5　各2点×7　問6　各1点×2　問7、問8　各2点×2	計 100点

2023年度　開智高等学校　第2回

英語解答用紙

番号		氏名		評点	/100

I

1	(1)	cm	(2)	cm²	2	
3			4			

II

(1)		(2)		(3)		(4)		(5)	
(6)		(7)		(8)		(9)		(10)	
(11)		(12)		(13)		(14)		(15)	

III

(1)		(2)		(3)		(4)		(5)	

IV

問1	a		b		c		d	
問2	①		②		⑤			
問3	③							
	④							
問4								

V

問1	①		②					
問2	1		2		3		4	
	5		6		7		8	

VI

1	
2	

(注) この解答用紙は実物を縮小してあります。A３用紙に167％拡大コピーすると、ほぼ実物大で使用できます。(タイトルと配点表は含みません)

学校配点	
I～V 各２点×45 VI 各５点×２	
100点	計

２０２３年度　　　開智高等学校　第２回

数学解答用紙　No. 1

番号		氏名	

評点	／100

1

(1)		(2)	
(3)		(4)	
(5)	$a =$ 　　　　, $b =$	(6)	
(7)			

2

(1)	(i)		(ii)	
(2)	(i)		(ii)	

3

(1)		(2)	
(3)	【考え方】 答え		

２０２３年度　開智高等学校　第２回

数学解答用紙　No. 2

4

(1)		(2)	

(3)

【考え方】

答え

5

(1)		(2)	

(3)

【考え方】

答え

（注）この解答用紙は実物を縮小してあります。175％拡大コピーすると、ほぼ実物大で使用できます。（タイトルと配点表は含みません）

学校配点		計
	1〜5　各５点×20	100点

二〇二三年度　開智高等学校　第二回

国語解答用紙

番号　　氏名　　評点　／100

一

問1　a　b　c　d　e

問2

問3

問4

問5

問6　問7　問8

二

問1　a　b　c

問2

問3　問4　問5　問6　問7

問8

三

問1　問2　②　④　問3

問4　A　B

問5　問6

（注）この解答用紙は実物を縮小してあります。B４用紙に141％拡大コピーすると、ほぼ実物大で使用できます。（タイトルと配点表は含みません）

学校配点		計
	一　問1　各2点×5　問2　3点　問3　6点　問4　4点　問5　8点 問6〜問8　各3点×3 二　問1　各2点×3　問2　6点　問3〜問7　各4点×5　問8　8点 三　問1〜問3　各2点×4　問4〜問6　各3点×4	100点

２０２２年度　開智高等学校　第１回

英語解答用紙

番号		氏名		評点	/100

I

1	(1)	km	(2)	times	
2		3		4	

II

(1)		(2)		(3)		(4)		(5)	
(6)		(7)		(8)		(9)		(10)	
(11)		(12)		(13)		(14)		(15)	

III

(1)		(2)		(3)		(4)		(5)	

IV

問1	a		b		c		d	
問2								
問3	②							
	③							
問4		問5						
問6								

V

問1		問2						
問3	1		2		3		4	
	5		6		7		8	

VI

1	
2	

（注）この解答用紙は実物を縮小してあります。Ａ３用紙に167％拡大コピーすると、ほぼ実物大で使用できます。（タイトルと配点表は含みません）

学校配点	
I～V 各２点×45 VI 各５点×２	
100点	計

２０２２年度　　開智高等学校　第１回

数学解答用紙　No. 1

番号		氏名		評点	／100

1

(1)		(2)	
(3)	$x =$ 　　　　　, $y =$	(4)	
(5)	$a =$ 　　　　　, $b =$	(6)	
(7)			

2

(1)	(i)			(ii)	
	(iii)	【考え方】 答え			
(2)	(i)	A		B	
	(ii)				

3

(1)		(2)		(3)	

２０２２年度　開智高等学校　第１回

数学解答用紙　No. 2

4

(1)

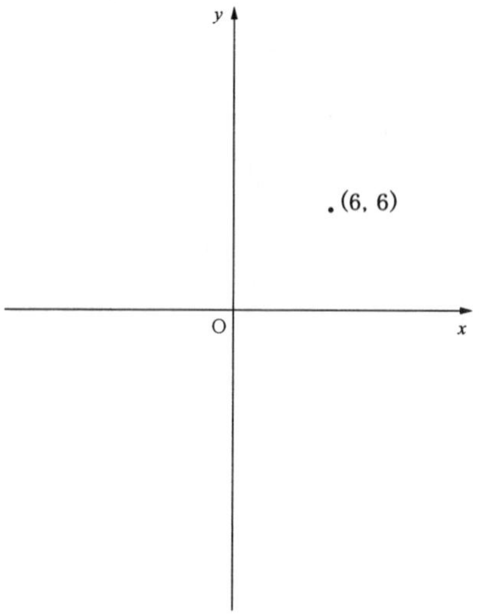

(2)

(3)

【考え方】

個

5

(1)

【証明】

(2)

【考え方】

∠DAC＝

(3)

（注）この解答用紙は実物を縮小してあります。169％拡大コピーすると、ほぼ実物大で使用できます。（タイトルと配点表は含みません）

学校配点	1　各４点×７　2, 3　各５点×８〔2(2)(i)は完答〕 4　(1), (2)　各５点×２　(3)　６点 5　(1)　６点　(2), (3)　各５点×２	計 100点

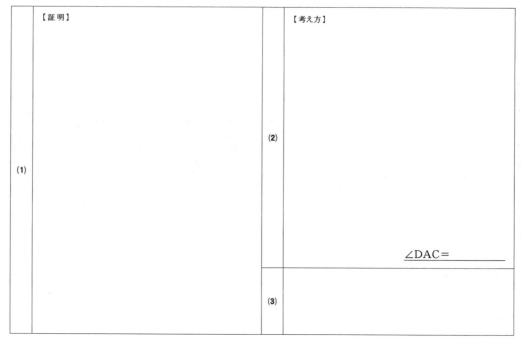

二〇二三年度　開智高等学校　第一回

国語解答用紙

番号　　氏名　　評点 /100

一

問1　a　b　c　d　e

問2　A　B　C

問3

問4

問5

問6

問7

問8

二

問1　a　b

問2

問3

問4

問5

問6

問7

三

問1

問2

問3

問4

問5　③　④

問6

問7　A　B

(注) この解答用紙は実物を縮小してあります。Ｂ４用紙に143%拡大コピーすると、ほぼ実物大で使用できます。(タイトルと配点表は含みません)

推定配点	計
一 問1、問2 各1点×8 問3 5点 問4～問6 各4点×3 問7 8点 問8 各5点×2 二 問1 各2点×2 問2 4点 問3 3点 問4 5点 問5、問6 各4点×2 問7 7点 三 問1 1点 問2 2点 問3 3点 問4 4点 問5 各3点×2 問6 4点 問7 (A) 2点 (B) 4点	100点

2022年度　開智高等学校　第2回

英語解答用紙

番号		氏名		評点	/100

I

1	(1)	hours	(2)	
2		3		4

II

(1)		(2)		(3)		(4)		(5)	
(6)		(7)		(8)		(9)		(10)	
(11)		(12)		(13)		(14)		(15)	

III

(1)		(2)		(3)		(4)		(5)	

IV

問1	a		b		c		d	
問2	②		③		④			
問3	①							
	⑤							
問4								

V

問1	①		②					
問2	1		2		3		4	
	5		6		7		8	

VI

1	
2	

（注）この解答用紙は実物を縮小してあります。A3用紙に167%拡大コピーすると、ほぼ実物大で使用できます。（タイトルと配点表は含みません）

学校配点	計
I～V 各2点×45　VI 各5点×2	100点

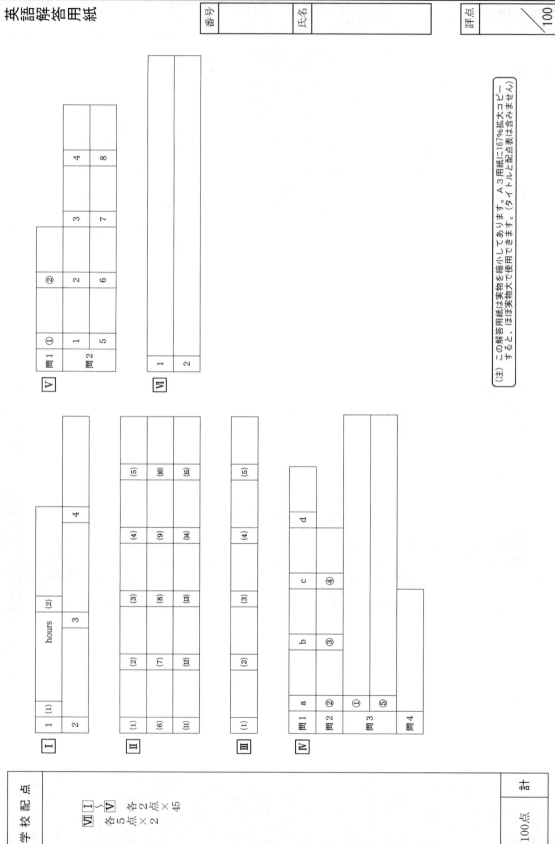

２０２２年度　開智高等学校　第２回

数学解答用紙　No. 1

番号		氏名		評点	／100

1

(1)		(2)	
(3)		(4)	
(5)		(6)	
(7)			

2

(1)	(i)		(ii)	
	(iii)	【考え方】 答え		
(2)	(i)		(ii)	

3

(1)		(2)		(3)	

２０２２年度　開智高等学校　第２回

数学解答用紙　No. 2

4

(1)		(2)		(3)	
(4)	【考え方】 答え				

5

ア	【考え方】 答え				
イ		ウ		エ	
オ		カ		キ	
ク		ケ		コ	

（注）この解答用紙は実物を縮小してあります。179％拡大コピーすると、ほぼ実物大で使用できます。（タイトルと配点表は含みません）

学校配点		計
	1～3　各４点×15　4　(1)～(3)　各４点×３　(4)　６点 5　ア，イ～エ，オ～キ　各４点×３　ク　２点　ケ，コ　各４点×２	100点

二〇二三年度　開智高等学校　第二回

国語解答用紙

番号　　氏名　　評点　/100

一

問1　a　b　c　d　e

問2　A　B　C

問3

問4

問5　～

問6

問7

問8

二

問1　a　b　c

問2

問3

問4

問5　1　2

問6

問7

問8

問9

三

問1

問2

問3

問4

問5

問6

（注）この解答用紙は実物を縮小してあります。Ａ３用紙に145%拡大コピーすると、ほぼ実物大で使用できます。（タイトルと配点表は含みません）

推定配点

一　問1、問2　各1点×8　問3～問6　各4点×4　問7　5点　問8　8点

二　問1、問2　各2点×4　問3、問4　各4点×2　問5　各5点×2　問6　4点　問7　6点　問8　3点　問9　5点

三　問1　2点　問2　4点　問3　3点　問4、問5　各4点×2　問6　2点

計　100点

２０２１年度　開智高等学校　第１回

英語解答用紙

番号		氏名		評点	/100

I

(1)		(2)	時　　分	(3)	
(4)		(5)			

II

(1)		(2)		(3)		(4)		(5)	
(6)		(7)		(8)		(9)		(10)	
(11)		(12)		(13)		(14)		(15)	

III

(1)		(2)		(3)		(4)		(5)	

IV

問１	a		b		c		d	
問２								
問３	②							
	④							
問４		問５		問６				

V

問１		問２						
問３	1		2		3		4	
	5		6		7		8	

VI

VII

（注）この解答用紙は実物を縮小してあります。Ａ３用紙に167％拡大コピーすると、ほぼ実物大で使用できます。（タイトルと配点表は含みません）

推定配点

I～V　各２点×45
VI、VII　各５点×２

計
100点

２０２１年度　　開智高等学校　第１回

数学解答用紙　No. 1

番号		氏名		評点	／100

1

(1)		(2)	
(3)			
(4)		(5)	$a=$　　　　，$b=$
(6)		(7)	

2

(1)	(i)			
	(ii)	【考え方】 個	(iii)	【考え方】 個
(2)	(i)		(ii)	C(　　　，　　　)
	(iii)	△OAB：四角形OBCE：△CDE＝　　　：　　　：		

3

(1)		(2)		(3)	

2021年度　開智高等学校　第1回

数学解答用紙　No. 2

4

(1)		(2)	C(　　　,　　　)
(3)	【考え方】 D(　　　,　　　)	(4)	【考え方】 AE : ED=

5

(1)		(2)	
(3)	【考え方】 BE=	(4)	【考え方】 AD=

（注）この解答用紙は実物を縮小してあります。172％拡大コピーすると、ほぼ実物大で使用できます。（タイトルと配点表は含みません）

学校配点	1～3　各4点×16 4　(1), (2)　各4点×2　(3), (4)　各5点×2 5　(1), (2)　各4点×2　(3), (4)　各5点×2	計 100点

二〇二二年度　開智高等学校　第一回

国語解答用紙

番号　　氏名　　評点　/100

一

問1　a　b　c　d　e

問2　A　B　C　D

問3　①　③

問4

問5

問6

問7

問8

二

問1　a　b　c

問2

問3

問4

問5　1　2

問6　個人の感情　伝統意識

問7

三

問1　A　E

問2　B　C

問3

問4

問5　②　③

問6

問7

(注)　この解答用紙は実物を縮小してあります。B４用紙に141％拡大コピーすると、ほぼ実物大で使用できます。(タイトルと配点表は含みません)

推定配点	
一　問1、問2　各1点×9　問3　各3点×2　問4　6点 問5、問6　各4点×2　問7　5点　問8　4点 二　問1　各2点×3　問2　8点　問3、問4　各3点×2 問5　各4点×2　問6　各5点×2　問7　4点 三　問1、問2　各2点×4　問3　1点　問4　3点　問5～問7　各2点×4	計　100点

２０２１年度　開智高等学校　第２回

英語解答用紙

番号		氏名		評点	/100

I

(1)		(2)	個	(3)	
(4)		(5)			

II

(1)		(2)		(3)		(4)		(5)	
(6)		(7)		(8)		(9)		(10)	
(11)		(12)		(13)		(14)		(15)	

III

(1)		(2)		(3)		(4)		(5)	

IV

問1	a		b		c		d	
問2	①				②			
問3	③							
	④							
問4					問5			

V

問1	①		②					
問2	1		2		3		4	
	5		6		7		8	

VI

VII

（注）この解答用紙は実物を縮小してあります。Ａ３用紙に167％拡大コピーすると、ほぼ実物大で使用できます。（タイトルと配点表は含みません）

推定配点	
I～V 各2点×45 VI、VII 各5点×2	
100点	計

２０２１年度　開智高等学校　第２回

数学解答用紙　No. 1

番号		氏名		評点	／100

1

(1)		(2)	
(3)		(4)	$a=$ 　　　, $b=$
(5)			
(6)	【考え方】 面積は		
(7)	(i)	(ii)	

2

(1)	(i)	$a=$	(2)	(i)	AP：PG＝
	(ii)	【考え方】 直線の方程式		(ii)	【考え方】 面積は

２０２１年度　　開智高等学校　第２回

数学解答用紙　No. 2

3

(1)		(2)		(3)	

4

(1)		(2)	
(3)	【考え方】 秒後		

5

(1)			
(2)	【考え方】 体積は	(3)	【考え方】 半径は

（注）この解答用紙は実物を縮小してあります。179％拡大コピーすると、ほぼ実物大で使用できます。（タイトルと配点表は含みません）

学校配点	1 (1)〜(5)　各４点×５　(6)　５点　(7)　各３点×２ 2 (1)　(i)　５点　(ii)　６点　(2)　(i)　５点　(ii)　６点 3 各５点×３　　4 (1), (2)　各４点×２　(3)　８点 5 (1)　４点　(2), (3)　各６点×２	計 100点

二〇二二年度　開智高等学校　第二回

国語解答用紙

番号　　氏名　　評点　／100

一

問1　a　b　c　d　e

問2　A　B　C　D

問3

問4

問5

問6

問7　1　2

問8

二

問1　a　b　c

問2

問3

問4

問5

問6

問7

問8

問9

三

問1

問2

問3　A　B

問4

問5

（注）この解答用紙は実物を縮小してあります。B４用紙に141％拡大コピーすると、ほぼ実物大で使用できます。（タイトルと配点表は含みません）

推定配点	計
一 問1、問2　各1点×9　問3　3点　問4　6点 問5、問6　各4点×2　問7　各5点×2　問8　8点 二 問1　各2点×3　問2　4点　問3　2点　問4　6点　問5　4点 問6　6点　問7、問8　各4点×2　問9　5点 三 問1　2点　問2　4点　問3、問4　各2点×3　問5　3点	100点

２０２０年度　開智高等学校　第１回

英語解答用紙

番号		氏名		評点	/100

Ⅰ

(1)	cm^2	(2)	ページ	(3)	
(4)		(5)			

Ⅱ

(1)		(2)		(3)		(4)		(5)	
(6)		(7)		(8)		(9)		(10)	
(11)		(12)		(13)		(14)		(15)	

Ⅲ

(1)	(A)		(B)		(C)	
(2)		(3)				

Ⅳ

問1	a		b		c		d	
問2								
問3	②							
	③							
問4		問5		問6				

Ⅴ

問1	①		②					
問2	1		2		3		4	
	5		6		7		8	

Ⅵ

(1)	
(2)	

（注）この解答用紙は実物を縮小してあります。Ａ３用紙に167%拡大コピーすると、ほぼ実物大で使用できます。（タイトルと配点表は含みません）

推定配点	
Ⅰ〜Ⅴ　各２点×45 Ⅵ　各５点×２	
100点	計

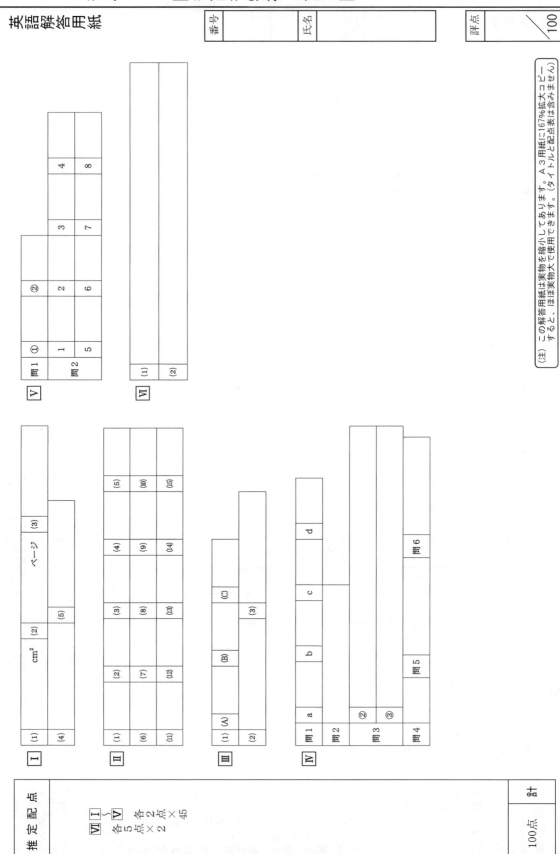

２０２０年度　開智高等学校　第１回

数学解答用紙　No. 1

番号		氏名		評点	／100

1

(1)		(2)		(3)	
(4)	$n=$	(5)		(6)	$x=$　　　, $y=$
(7)	【考え方】 AE＝				

2

(1)	(i)		(ii)	$k=$	(iii)	
(2)	(i)	$a=$　　　, $b=$	(ii)			
	(iii)	【考え方】 △FOC : △ACB : △BDE＝　　:　　:				

3

(1)		(2)		(3)		(4)	

２０２０年度　開智高等学校　第１回

数学解答用紙　No. 2

4

(1)	B(　　　,　　　)	(2)	D(　　　,　　　)
(3)	【考え方】 △OAB : △OCD＝　　:	(4)	【考え方】 方程式は

5

(1)	BC＝	(2)	CH＝
(3)	【考え方】 面積は	(4)	【考え方】 体積は
(5)	$P=$		

学校配点		計
	1 (1)〜(5)　各４点×５　(6)　各２点×２　(7)　４点 2 (1)　各４点×３　(2)　(i)　各２点×２　(ii), (iii)　各４点×２ 3 各４点×４ 4 (1), (2)　各３点×２　(3), (4)　各４点×２ 5 (1), (2)　各３点×２　(3)〜(5)　各４点×３	100点

二〇二〇年度 開智高等学校 第一回

国語解答用紙

番号　氏名　評点　/100

一

問1 a b c d e

問2 A B C D

問3

問4 い う

問5

問6

問7

問8

問9

二

問1 a b c

問2

問3

問4

問5

問6

問7

問8

三

問1 a b

問2

問3 ① ④

問4 ② ③

問5

問6

(注) この解答用紙は実物を縮小してあります。Ｂ４用紙に141％拡大コピーすると、ほぼ実物大で使用できます。(タイトルと配点表は含みません)

推定配点

一 問1、問2 各1点×9 問3 3点 問4〜問6 各4点×4 問7 6点 問8 2点 問9 4点

二 問1、問2 各2点×4 問3 6点 問4、問5 各4点×2 問6 6点 問7 4点 問8 8点

三 問1 各1点×2 問2〜問5 各2点×6 問6 各3点×2

計 100点

(advertisement)

社会情勢の影響で中止の可能性がございます。必ず弊社HPをご確認ください。

○首都圏最大級の進学相談会

第43回 中・高入試 受験なんでも相談会

主催 声の教育社

1都3県の有名校が参加‼

会場 新宿住友ビル三角広場

交通●JR・京王線・小田急線「新宿駅」西口徒歩8分
●都営地下鉄大江戸線「都庁前駅」A6出口直結
●東京メトロ丸ノ内線「西新宿駅」2番出口徒歩4分

日時 6月22日(土)… **中学受験** のみ
6月23日(日)… **高校受験** のみ

中学受験 午前・午後の2部制
高校受験 90分入れ替え4部制

特設ページ

入場予約6/8〜(先行入場抽選5/31〜)
当日まで入場予約可能(定員上限あり)
詳しくは弊社HP特設ページをご覧ください。

新会場の三角広場は天井高25m、換気システムも整った広々空間

●参加予定の中学校・高等学校一覧

22日(中学受験のみ)参加校

麻布中学校
跡見学園中学校
鷗友学園女子中学校
大妻中学校
大妻多摩中学校
大妻中野中学校
海城中学校
開智日本橋学園中学校
かえつ有明中学校
学習院女子中等科
暁星中学校
共立女子中学校
慶應義塾中等部(午後のみ)
恵泉女学園中学校
晃華学園中学校
攻玉社中学校
香蘭女学校中等科
駒場東邦中学校
サレジアン国際学園世田谷中学校
実践女子学園中学校
品川女子学院中等部
芝中学校
渋谷教育学園渋谷中学校
頌栄女子学院中学校
昭和女子大学附属昭和中学校
女子聖学院中学校
白百合学園中学校
成城中学校
世田谷学園中学校
高輪中学校
多摩大学附属聖ヶ丘中学校
田園調布学園中等部
千代田国際中学校
東京女学館中学校
東京都市大学付属中学校
東京農業大学第一中等部
豊島岡女子学園中学校
獨協中学校
ドルトン東京学園中等部
広尾学園中学校
広尾学園小石川中学校
富士見中学校
本郷中学校
三田国際学園中学校
三輪田学園中学校
武蔵中学校
山脇学園中学校
立教女学院中学校

早稲田中学校
和洋九段女子中学校
青山学院横浜英和中学校
浅野中学校
神奈川大学附属中学校
カリタス女子中学校
関東学院中学校
公文国際学園中等部
慶應義塾普通部(午後のみ)
サレジオ学院中学校
森村学園中等部
横浜女学院中学校
横浜雙葉中学校
光英VERITAS中学校
昭和学院秀英中学校
専修大学松戸中学校
東邦大学付属東邦中学校
和洋国府台女子中学校
浦和明の星女子中学校
大妻嵐山中学校
開智未来中学校

23日(高校受験のみ)参加校

岩倉高校
関東第一高校
共立女子第二高校
錦城高校
錦城学園高校
京華商業高校
国学院高校
国際基督教大学高校
駒澤大学高校
駒場学園高校
品川エトワール女子高校
下北沢成徳高校
自由ヶ丘学園高校
潤徳女子高校
杉並学院高校
正則高校
専修大学附属高校
大成高校
大東文化大学第一高校
拓殖大学第一高校
多摩大学目黒高校
中央大学高校
中央大学杉並高校
貞静学園高校
東亜学園高校
東京高校

東京工業大学附属科学技術高校
東京実業高校
東洋高校
東洋女子高校
豊島学院・昭和鉄道高校
二松学舎大学附属高校
日本大学櫻丘高校
日本大学鶴ヶ丘高校
八王子学園八王子高校
豊南高校
朋優学院高校
堀越高校
武蔵野大学附属千代田高校
桐蔭学園高校
東海大学付属相模高校
千葉英和高校
川越東高校
城西大学付属川越高校

22・23日(中学受験・高校受験)両日参加校

【東京都】
青山学院中等部・高等部
足立学園中学・高校
郁文館中学・高校・グローバル高校
上野学園中学・高校
英明フロンティア中学・高校
江戸川女子中学・高校
学習院中等科・高等科
神田女学園中学・高校
北豊島中学・高校
共栄学園中学・高校
京華中学・高校
京華女子中学・高校
啓明学園中学・高校
工学院大学附属中学・高校
麹町学園女子中学校・高校
佼成学園中学・高校
佼成学園女子中学・高校
国学院大学久我山中学・高校
国士舘中学・高校
駒込中学・高校
駒沢学園女子中学・高校
桜丘中学・高校
サレジアン国際学園中学・高校
実践学園中学・高校
芝浦工業大学附属中学・高校

芝国際中学・高校
十文字中学・高校
淑徳中学・高校
淑徳巣鴨中学・高校
順天中学・高校
城西大学附属城西中学・高校
聖徳学園中学・高校
城北中学・高校
女子美術大学付属中学・高校
巣鴨中学・高校
聖学院中学・高校
成蹊中学・高校
成城学園中学・高校
青稜中学・高校
玉川学園 中学部・高等部
玉川聖学院中等部・高等部
中央大学附属中学・高校
帝京中学・高校
東京大学附属高輪台高校・中等部
東京家政学院中学・高校
東京家政大学附属女子中学・高校
東京成徳大学中学・高校
東京電機大学中学・高校
東京都市大学等々力中学・高校
東京立正中学・高校
桐朋中学・高校
桐朋女子中学・高校
東洋大学京北中学・高校
トキワ松学園中学・高校
中村中学・高校
日本工業大学駒場中学・高校
日本学園中学・高校
日本大学第一中学・高校
日本大学第二中学・高校
日本大学第三中学・高校
日本大学豊山中学・高校
日本大学豊山女子中学・高校
富士見丘中学・高校
藤村女子中学・高校
文化学園大学杉並中学・高校
文京学院大学女子中学・高校
文教大学付属中学・高校
法政大学中学・高校
宝仙学園中学・高校共学部理数インター
明星学園中学・高校
武蔵野大学中学・高校
明治学院中学・東村山高校
明治大学付属中野中学・高校
明治大学付属八王子中学・高校

明治大学付属明治中学・高校
明法中学・高校
目黒学院中学・高校
目黒日本大学中学・高校
目白研心中学・高校
八雲学園中学・高校
安田学園中学・高校
立教池袋中学・高校
立正大学付属立正中学・高校
早稲田実業学校中等部・高等部
早稲田大学高等学院・中学部

【神奈川県】
中央大学附属横浜中学・高校
桐光学園中学・高校
日本女子大学附属中学・高校
法政大学第二中学・高校

【千葉県】
市川中学・高校
国府台女子学院中学・高等部
芝浦工業大学柏中学・高校
渋谷教育学園幕張中学・高校
昭和学院中学・高校
東海大学付属浦安高校・中等部
麗澤中学・高校

【埼玉県】
浦和実業学園中学・高校
開智中学・高校
春日部共栄中学・高校
埼玉栄中学・高校
栄東中学・高校
狭山ヶ丘高校・付属中学校
昌平中学・高校
城北埼玉中学・高校
西武学園文理中学・高校
東京農業大学第三高校・附属中学校
獨協埼玉中学・高校
武南中学・高校
星野学園中学校・星野高校
立教新座中学・高校

【愛知県】
海陽中等教育学校

※上記以外の学校や志望校の選び
方などの相談は